日本政治学会 編

政党研究のフロンティア

年報政治学2016 - Ⅱ

木鐸社

はじめに

　本号の特集テーマは「政党研究のフロンティア」である。このテーマを選んだ理由として，政党と政党研究の双方に，これまでとは異なる大きな変化が生じていることが挙げられる。
　まず，政党の変化について考えてみよう。アメリカ，イギリス，フランス，ドイツなど当時の主要国においては，おおむね1920年代までに成人男子普通選挙制度が導入され，代議制民主主義が成立した。そこでの政党は，社会経済構造と密接に結びついた存在であった。非富裕層にまで拡大した有権者は，その社会経済的立場に基づく利害関心を持ち，それを政策過程に反映してくれる政党を支持するとともに，場合によっては党員として政党の運営にも参画するようになった。
　多くの国において，19世紀以前の名望家政党にルーツを持つ保守政党と，比較的新しく有権者となった層を組織化された支持基盤とする左派政党が対峙するという構図が生まれた。しばしば政権交代を伴い，福祉国家としてのあり方など経済成長に伴って生じる富の分配を主争点とする左派と右派の政党間競争は，第二次世界大戦後に政党を中心とする代議制民主主義の安定期をもたらしたのである。
　ところが，このような構図は1960年代末頃から動揺し始める。戦後の復興期から続いていた先進各国の経済成長は鈍化の兆しが表れ，パイが増えていくことを前提とした分配のみを争点とすることは難しくなった。豊かさを当然のものとして育ったベビーブーマー以降の世代は，社会経済的立場とは必ずしも関係しない，環境保護やマイノリティの権利保障などの新しい争点を重視する傾向を強めた。
　その結果として，2つの変化が生じた。1つは政党システムの変化であり，従来の主要政党の弱体化や新しい政党の登場を指す。1970年代の石油危機以降，経済成長はいっそう鈍化し，誰もが前世代より豊かになれることは想定しにくくなった。そこに80年代末の冷戦終結と90年代以降の経済のグローバル化による新興国の台頭が加わった。既成政党は，新しい争点

への対応のみならず，それまで最も得意としてきた社会経済的利害の表出についても，支持者たちの期待に十分に応えられなくなってしまったのである。

　もう1つは，政党組織の変化である。20世紀に主流となった大衆政党の組織構造は，社会経済的地位と深く結びついた，安定した支持基盤が確立されていることを前提とし，支持者・一般党員・党内活動家・政治家の間にピラミッド構造を想定するものであった。組織構造の末端に位置する，活動家以外の一般党員や支持者たちは，政党が自分たちの利害関心を政策に反映させてくれることを期待して，投票や党費納入などを行っていた。しかし，それが期待できなくなるとき，組織を維持することは次第に困難になる。政党と支持者の間の関係は流動化し，党員も減少して，各政党は組織を維持するだけの収入や人員の確保ができなくなったのである。代わって，堅固な組織構造を持たず一時的なブームに全面的に依存する政党や，政党助成金など公的資金に依存する政党が目立つようになった。

　政党システムと政党組織に生じたこれらの変化を映し出すように，政党研究にも新しいアプローチが登場した。従来，政党研究を発展させてきた代表的な研究者たちが主たる関心を寄せてきたのは，ヨーロッパの政党であった。そこでは，リプセットとロッカンの凍結仮説が典型的にそうであるように，社会経済的要因が政党システムや政党組織を生み出すという因果関係が想定されていた。

　そのような想定は日本など非ヨーロッパ諸国の政党についても基本的に援用可能だとされていたが，アメリカの政党は顕著な例外として位置づけられていた。アメリカの政党は，名称（ラベル）を共有していても地域ごとに異なった支持基盤や政策的立場を持っており，党員概念もヨーロッパとは大きく異なる上に，中央組織が極めて貧弱で，議会でも一致した行動を取らないことが一般的だったからである。

　しかし，政党が支持基盤の社会経済的利害を媒介し，政策過程に表出する機能を低下させ，有権者との関係が流動化するにつれて，アメリカとアメリカ以外の政党のあり方は接近するようになった。とりわけ，組織面において上に述べたピラミッド型の構造が失われ，政党としての存続が活動家と政治家（議員を擁することによって受けられる国庫からの助成金を含む）に大きく依存するようになると，それは以前からアメリカに存在した

政党と大きく変わらないということになってしまうのである。

　こうした変化と軌を一にするように，個々の議員が政治家として持つ自己利益追求のための組織として政党を定式化し，分析する研究がアメリカを中心に台頭することになった。それは政党の研究について独立に生じた動きではなく，政治学において個人を分析の基礎単位とする方法論的個人主義の強まりを反映したものであるがゆえに，比較的短期間に大きな影響を与えることになった。この研究潮流は「ミクロ的基礎付け（micro-foundation）」を重視するアプローチ，あるいは単にミクロ・アプローチと呼ぶことができよう。

　ミクロ・アプローチにおいては，有権者や政治家といった個々のアクターは主として制度が与える誘因に反応して行動することが想定される。政党研究の場合であれば，最も重視されるのは小選挙区制か比例代表制かといった選挙制度と，議院内閣制か大統領制かといった執政制度の影響を考慮した分析になるのが一般的である。

　そこで想定されている基本的な因果関係は，選挙制度と執政制度が個々のアクターの行動によって政党のあり方を規定し，政党のあり方が政策選択とその帰結を規定する，というものである。もちろん，たとえば小選挙区制の下で同じように二大政党制が成立するとしても，政党間の対立軸や争点がどのようなものになるかについては社会経済的要因や文化的要因に依存する面が大きく，政党研究がすべてミクロ的基礎付けに回収できると考えているわけではない。しかし，選挙制度・執政制度と政党（政党は従属変数），政党と政治的帰結（政党は独立変数）という２つの分析が政党研究の中心になることも確かである。

　本号においては，このような認識に基づきつつもミクロ・アプローチには限定せず，政党のあり方と直接あるいは間接的に深く関係する，先端的で多様な研究成果の提示を試みた。特集に収めたのは投稿からの採録２本（網谷論文，奥論文）を含む９本の論文である。

　政党システムや政党組織を生み出す要因のうち，とくに選挙制度とその帰結に注目するのが，清水論文と西川論文である。

　清水論文は，帝国議会開設時に行われた衆議院選挙の選挙区割りに焦点を合わせ，そこにどのような方針が存在し，いかにして具体的な区割りが進められたのかを検討する。当時の区割りは定数の配分とも密接に関係し

ていたが，重視されたのは選挙事務という行政的な要因と歴史的な地域のまとまりであり，それが政党政治のあり方にも影響を与えた。

　西川論文は，選挙制度改革の具体的事例としてアメリカ・カリフォルニア州における予備選挙形式の変遷を丹念に追跡し，利益集団やアクティヴィスト（活動家）のような政策要求者集団ではなく，自らの再選や党勢拡大を標榜する政治家や政党こそが，予備選挙形式を変化させてきたことを見出している。

　選挙制度との連関だけではなく，政権形成のあり方を含めた，より包括的な政党システムに関する議論を提示するのが，岡﨑論文である。1993年の選挙制度改革をはじめとした日本におけるサルトーリの見解の受容を意識しながら，政党システムについて「政権交代可能な二大政党制」と「民意反映可能な穏健多党制」という二分法とは異なる，修正された分類法を提示しようと試みる。

　網谷論文は，理論的な検討と歴史的な考察を通じて政党の機能を考えようとしている。代議制民主主義における政党は，社会に存在する諸利益を政策過程に媒介する存在として相互に競争するというシュンペーター的な理解に対して，網谷は1920年代に提出されたケルゼンの政党論と，オーストリアやドイツの事例を手がかりとしつつ，政党相互間の妥協とそれを通じた社会統合機能を再認識しようとする試みである。

　政党組織のあり方を扱うのが，藤村論文，奥論文，中島論文である。

　藤村論文は，参議院選挙における首相の選挙区訪問を分析する作業を通じて，政党執行部が党勢拡大という目的合理的な観点から，1人区（小選挙区）であるかどうかといった選挙区の制度的性質や当該選挙区の接戦度，さらには首相の人気などにも依存する効果を考慮しつつ，党首である首相の訪問を活用していることを明らかにする。

　奥論文は，自民党政務調査会の機能を歴史的アプローチによって明らかにする試みである。従来考えられてきたよりも早い1955年の自民党結党直後から，とくに政局的な動きがない場合には，政務調査会が内閣提出法案の事前審査などの政策調整に果たした役割が大きかったことを，1956年の健康保険法改正の事例分析から論じる。

　中島論文は，スペインとギリシャの左翼ポピュリスト政党を分析し，有権者と政党組織の関係を考察する。経済危機に直面した両国の左翼ポピュ

リスト政党は，台頭する段階では反緊縮を求める社会運動のエネルギーを活用したが，議会内多数派を目指す段階で集権的な組織構造に転換した。その背景には左翼ポピュリズムに固有の困難も存在していた。

　有権者と政党の関係を扱うのが，善教論文と舟木論文である。先に提示した因果関係は政策の帰結までだったが，それに基づいて有権者が実績を評価する，あるいは将来を期待する政治参加の過程があって，代議制民主主義は初めて完結する。しばしば政党研究は政策過程分析と結びつけられるが，これらの論文が扱う有権者の投票行動もまた，政党のあり方を考える上で不可欠なテーマを扱っている。

　善教論文は，近畿圏におけるサーヴェイ実験の結果分析を通じて，有権者の政党支持が投票行動をどの程度まで強く規定しているのかについて，それを自明視してきた従来の見解に挑戦を行っている。政党支持の規定性は限定的であり，「揺らぎ」が生じているという知見は，先に述べた政党組織の変容と整合的であるといえよう。

　舟木論文は，大統領制の下で議会下院選挙には小選挙区比例代表併用制を導入しているボリビアを対象としながら，大統領選挙と下院小選挙区選挙で生じる分割投票の原因を探求する。分析の結果，社会主義運動党（MAS）が勢力を強めるとともに分割投票が増大する傾向にあるが，これは候補者要因と有効性感覚の減退によることを明らかにしている。

　これらの特集論文に加え，本号には独立したテーマの投稿論文を7本掲載することができた。谷口尚子査読委員長および査読委員会メンバー，ならびに査読の労を取られた方々のご尽力に謝意を表したい。多数の投稿があることは学会の活性化と政治学の発展のために必要不可欠であり，今後も会員諸氏からの活発な投稿がなされることを願っている。

　本号刊行に際しては，辻中豊理事長，竹中佳彦常務理事をはじめとする日本政治学会事務局の皆様方に，さまざまな形で年報編集委員会へのご支援を賜った。また，木鐸社の坂口節子社長には，入稿から出版まで丁寧にご対応いただいた。末筆ながら心よりの御礼を申し上げたい。

2016年度Ⅱ号年報編集委員長
待鳥聡史

日本政治学会年報　2016‐Ⅱ

目次

はじめに　　　　　　　　　　　　　　　　　　　　　待鳥聡史（3）

〔特集〕　政党研究のフロンティア

日本の選挙区はどう作られたのか
　　―空間的政治制度の始点を考える―　　　　　　清水唯一朗（13）

選挙制度改革の政治学
　　―カリフォルニア州のプライマリー改革の事例研究―　西川　賢（37）

サルトーリ再考
　　　　　　　　　　　　　　　　　　　　　　　　岡﨑晴輝（56）

20世紀ヨーロッパにおける政党デモクラシーの現実モデル
　　―H. ケルゼンの民主政論を手がかりに―　　　　網谷龍介（78）

政党の選挙戦略と党内の資源配分
　　―内閣総理大臣による選挙期間中の候補者訪問―　藤村直史（99）

自民党結党直後の政務調査会
　　―健康保険法改正問題の事例分析―　　　　　　奥健太郎（120）

左翼ポピュリズムという幻影
　　―ギリシアの急進左翼連合とスペインのポデモスから―
　　　　　　　　　　　　　　　　　　　　　　　　中島晶子（144）

政党支持は投票行動を規定するのか
　　―サーベイ実験による長期的党派性の条件付け効果の検証―
　　　　　　　　　　　　　　　　　　　　　　　　善教将大（163）

ボリビア小選挙区比例代表併用制における投票行動
　　―白票を含む分割投票の規定要因について―　　舟木律子（185）

〔公募論文〕

「学力」をめぐる政治
　——アメリカ初等中等教育改革をめぐる「社会的学習」の交錯——
　　　　　　　　　　　　　　　　　　　　　　　　坂部真理（208）

医療保険政策をめぐるアイディアの継承と変容
　——なぜ保険者入院事前審査制度は導入されなかったのか——
　　　　　　　　　　　　　　　　　　　　　　　　三谷宗一郎（237）

「『総評‒社会党ブロック』と『同盟‒民社党ブロック』の対立」
成立の萌芽
　——独立青年同盟の結成と排撃——　　　　　　堀内慎一郎（261）

英国における所得税廃止論争（1816年）の再検討
　——麦芽税廃止論争との関連性を中心に——　　板倉孝信（285）

日米関係における「価値観の共有」　1973‒1976年
　——冷戦変容期における同盟の基盤——　　　　長　史隆（312）

リアリズムにおける慎慮（プルーデンス）の
　　意味内容に関する一考察
　——H・J・モーゲンソー，R・アロン，永井陽之助，高坂正堯を
　対象として——　　　　　　　　　　　　　　　宮下　豊（334）

影響を受ける者が決定せよ
　——ステークホルダー・デモクラシーの規範的正当化——　松尾隆佑（356）

〔学界展望〕

2015年学界展望　　　　　　　　　　　日本政治学会文献委員会（376）

2016年度日本政治学会総会・研究大会日程　　　　　　　　　（407）

『年報政治学』論文投稿規程　　　　　　　　　　　　　　　　（420）

査読委員会規程　　　　　　　　　　　　　　　　　　　　（424）

『年報政治学』の著作権に関する規程　　　　　　　　　　（427）

Summary of Articles　　　　　　　　　　　　　　　　　（429）

政党研究のフロンティア

日本の選挙区はどう作られたのか
―― 空間的政治制度の始点を考える ――

清水唯一朗 *

要旨：日本の選挙区制度は，1889年の小選挙区制にはじまり，大→小→中→大→中選挙区制と転変を経て，今日，小選挙区比例代表並立制に到達している。他方，個別の選挙区割りは，明治以来，相応の連続性をもって現代に維持されている。選挙区を空間的な政治制度として捉え，その歴史的展開を論じることは日本の選挙制度を理解する上で欠かせない作業となろう。

　よって本稿では，選挙区を空間的政治制度として捉える第一歩としてその始点となる1889年の選挙区がどのような考えのもとでどう線引きされたのかを，当時の議論から明らかにする。そこでは内閣，内務省，府県知事だけが策定に関与した結果，選挙事務の実施という行政的な側面と，選挙を安定的に運営すべく旧藩域を極力維持する方法が取られた。とりわけ旧秩序の継承と小選挙区の選択は選挙に対する地方名望家の影響力を残し，その後の立憲政治の展開に大きな制約を与えることとなった。

キーワード：日本政治史，選挙区，区割り，政党政治，歴史的制度論

はじめに―選挙区を歴史的制度として捉える

　　　国民の代表が新設の議会に招集される際ないしはそれ以前に，日本は一定数の選挙区に分けられなければならないだろう。しかしその分割に関しては，大いに配慮が払われなければならない。そのような地区の形成は，日本の新しい憲政の最も重要なポイントのひとつとなるべきである。ひとたび選挙区が作られると，それらを再調整するという難事を将来に引き延ばすことはほとんど不可能だろう。（ローレンツ・フォン・シュタイン）1

---

* 慶應義塾大学総合政策学部准教授　日本近現代政治史

選挙区というのはなんとも不思議な枠組みである。人々は誰かに区切られた範囲のなかで選挙活動を行い，投票し，当選する。政党支部も選挙区を単位として組織される。選挙区は代議制民主主義における政治活動の基礎単位といってよいだろう。

政治活動がそのなかで行われるということは，その枠組み自体が人々の政治的行為を規定しているということだ。その意味において，選挙区は空間的政治制度として捉えることができる。

その空間は歴史的に連続している。選挙が回を重ねるごとに候補者と有権者の関係は積み重なり，候補者の戦術は熟練し，有権者の意識は選挙区に馴致する。加えて日本では候補者の世襲が両者の関係をより密接なものにする。かくして空間的政治制度たる選挙区は様々な利害関係を包摂したものとなり容易には変えがたいものとなる。

では，この枠組みはいつから続いているのだろうか。選挙区が連続する制度であるなら，その淵源に遡って考究することが制度理解の前提となるはずだ。

これまで，多くの研究はその淵源を1994（平成6）年の選挙制度改革に求めてきた。もちろん，現行制度の誕生から理解することが緊要なアプローチであることに異論はない。

一方で，現行の小選挙区制はそれ以前の中選挙区制の区割りを踏まえたものであることは通説的な理解となっている。加えて，この中選挙区制はさらに遡って大正期の小選挙区制と高い連続性を持っていることが明らかにされている（清水 2013a）。すなわち，現況の小選挙区区割りは，一般に想像されるより遥かに長い歴史的連続性を持っている[2]。

過去との連続性を論じるのは歴史研究，すなわち政治史の仕事であろう。

表1　選挙区制度と選挙区単位，一議席あたりの人口標準の変遷

制定年	制度概要	選挙区単位	議席／人口	選挙区数	議席数
1889年	小選挙区（2人区あり）	郡	12万人	257	300
1900年	大選挙区＋市部	府県／市	13万人／3万人	97	369
1919年	小選挙区（2・3人区あり）	郡／市	13万人／3万人	374	464
1925年	中選挙区（3～5人）	郡＋市	13万人	122	466
1945年	大選挙区	都道府県	15.5万人	54	466
1947年	中選挙区（3～5人）	市町村	15.5万人	117	466
1994年	小選挙区＋比例代表	市町村／ブロック		300／11	480

しかし，意外なことに，これまで制度としての選挙区の歴史的展開は，中選挙区制以降に集中し（杣 1986；松尾 1989），それ以前との連続・非連続が積極的に論じられることはなかった。

なかでも，制度の始点となる1889年選挙法における区割りがどう作られたのかについてはいまだ判然としない。公的な通史においても「公職選挙法の別表に相当する部分は附録と称されているが，この審議は別に行われたようで，その原案及び審議経過については，今日知ることを得ない」とその過程を知る材料はないとされてきた（衆議院・参議院 1990）。

それにはやむを得ない事情もある。帝国議会は開設直後に議事堂が全焼し，臨時議会制度事務局の資料は灰燼に帰した[3]。起草者の手元にあった資料も震災や戦災によって大半が失われた。選挙区の設定に関する公文書はほとんど失われたとされ[4]，河村（1943），稲田（1962）といった嚆矢的研究は編纂資料と回想録を用いて推論を重ねてきた。

もっとも，こうした状況は近年になって変化しつつある。川人（1992），永山（1997，1998）によって数的なデータ整備が進み，政治史でも制度設計者たちがとらえた代議士の理想像を追った季武（2010），制度構築の過程を捉え直した清水（2013b），永山による人口推計を新資料で補う末木（2014），選挙制度と政党の戦略を論じた玉井（1999），伏見（2013），中選挙区制に至る構造を論じた奈良岡（2009），拙稿（2013a）など，選挙区と政党政治に関する体系だった研究が現れ始めている。

よって本稿では，選挙区を空間的政治制度として捉え，その連続，非連続を体系的に検討する端緒として，1889（明治22）年に初めて設定された衆議院議員選挙の区割りについて，その策定の意図，構造，結果を論じる。まず第1章で策定の過程を概観し，第2章でその意図を検討し，第3章ではそれが政党政治に与えた影響について考察する。検討にあたっては，現在確認される3つの区割り（原案，修正案，成案）の比較を軸に，特に近世的な秩序との連続，非連続に注目していく。

1．選挙区確定までの過程

廃藩置県から10年後の1881（明治14）年，自由民権運動の高まりを受けて10年後の国会開設を約束する勅諭が発せられた。ここに憲法制度，議会制度とともに選挙制度の検討が本格的に開始された[5]。

制度起草の責任者となった伊藤博文とその幕僚たちは自ら欧米に渡って実地に学び，同地から招聘した専門家と議論をしつつ制度設計を進め，1889年に衆議院議員選挙法を公布した。以下，詳細な過程追跡は別稿に譲りつつ，選挙区の策定過程の概要を明らかにする。

1.1 直接選挙か，間接選挙か

制度検討の初期における大方針は，間接選挙（選挙区は府県単位，議員定数は2名）であった[6]。これには伊藤が独墺調査の経験から強いこだわりを持っていたことが知られている（稲田 1962）。財産篤志のある地方名望家層から厳選された議員を選び，有能な議員による国会運営が期待できることがその眼目であった。

しかし，幕僚たちは強く反対した。国民の政治参加が減退する，不正の危険性が高まる，地方政党の国政への影響が懸念されるというのがその論旨であった。その結果，1885年までには直接選挙に方針が改められた[7]。

1.2 人口10万人基準案（原案）

直接選挙とする方針が定まったことで，具体的な選挙区の設定が論じられていく。まず府県を選挙大区と称し，これに対して人口10万人につき1議席を割り当て，府県内では人口8万人以上16万人以下を基準に1郡または数郡を合併して1議席の選挙小区を作る案がまとめられた[8]。制度起草者たちは実務官僚たちに命じて欧米諸国の議員人口比を調査させており，平均して人口7万5000人あたり1議席という数字を得ており，そこから選挙区では8万人という基準が導かれたのであろう。

あらかじめ全体の議席数を定めず人口標準を示したのは，選挙区の設定に無理が生じないようにするためであったという[9]。16万人を越える2人区，24万人を越える3人区も許容されていた。投票の容易さや信用のある議員が当選しやすいという利点から全ての選挙区を1人区とすべきという異論もあったが[10]，起草者たちは選挙区設定の柔軟性を重視し，この異論を押さえ込んだ[11]。なお，ここで採られた方法は単純な割り当て（クオータ）であり，最大剰余法や最高平均法が用いられた形跡は確認されない[12]。

この方針に基づく区割り案が伊藤の私文書である「秘書類纂」に収められている[13]。それは内閣用箋に記されており，1887年12月から翌年8月ま

でのあいだに法制局で作成されたものと考えられる。現在確認できる最初の区割り案であるので，仮に原案と呼ぶ。

原案の作成には林田亀太郎ら法制局の実務官僚があたったが，その作業は難航を極めた[14]。選挙区の単位とされた郡はおよそ1,200年前に大宝律令によって定められた区画である。1886年当時，北海道・沖縄を除く選挙区設定地域にある郡区は754（伊豆七島を含む）を数えたが，人口規模はまちまちであり，最大197,725人（新潟県中頸城郡）最小1,953人（山口県見島郡）とその格差は10倍に達していた。

林田らは詳細な事情に囚われず，事務的に地図と人口表を照らし合わせながら選挙区の線引きを行ったという。結果，従来の郡区域を切り分けずに線引きがなされ，287選挙区352議席（うち1人区227，2人区55，3人区5）という案が作成された。全人口は37,307,565人とされたから，10万人基準であれば373議席が充当される。それに較べて21議席少ない区割りであった。

1.3　人口12万人基準案（修正案）

ところが，政府はこれでは議員数が多すぎると見たのだろうか，府県への議席割り当て基準を「12万人に付1人の割合を超えさるものとす」として12万人以下に引き上げ，10万人以上20万人以下を1人区，以下，10万人単位で1議席加えて選挙区を設ける案を作成した。これは内大臣であった三条実美の私文書に「機密　衆議院議員選挙法附録」として残されている[15]。仮に修正案とする。外務大臣であった大隈重信の私文書にも同様のものが残されており，大臣には共有されていたものと考えられる[16]。

同案は蒟蒻版で書かれた和綴本であり，その形状，封入物などから1888年10月に枢密院本会議審議に提出する際のものと見られる。衆議院議員選挙法は憲法附属の重要法案であり，枢密院の審議を経る必要があった。林田は10万人と12万人の2案を作成したと回想しており[17]，原案と同様にこの修正案も法制局が作成したとみてよい。ここでも従来の郡区域の切り分けは行われていない。

修正案が提示した選挙区は256区298名であり，2人区は38，3人区は2と原案に較べて抑えられている。もちろんそれは原案からの単純な削減ではなく，新しい人口基準に基づいた抜本的な書き換えの結果であった。こ

の際に参照された全人口は38,221,731人であり，人口12万人基準では318.5議席となるから，基準より約20議席少ない区割りであった。

1.4 枢密院への諮詢

　かくして区割り案は衆議院議員選挙法の別表として枢密院へ諮詢されることとなった。諮詢されたのはいずれの案だろうか。実は，原案には内閣用箋のものに加えて枢密院用箋に書かれた「最終確定案　10月21日」がある。制度設計者たちは，この段階に及んでもどちらにすべきか逡巡していたようである。

　そして，驚くべきことに同年10月21日の諮詢の際，区割り案は枢密顧問官たちに示されなかった。その理由は11月26日の本会議で伊藤議長から明らかにされている。それによれば，「附録」という名前を与えられた区割り別表は目下，府県知事に照会中であり，審議に付すことができないというのである[18]。実際，審議経過を見ても当時の枢密顧問官たちが残した私文書を見ても，区割り別表を見出すことはできない。

　枢密院での憲法・附属法令審議に際しては，顧問官に対して厳格な情報管理が行われており，法案を持ち帰ることも禁じられていた。制度設計者は，内容が外部に漏れて様々な批判に晒されることに神経質になっていた。民党の関心が高く地域の利害とも密接に結びつく選挙区割りは，とりわけ取扱に注意を要するものであり，法制局での作業も極秘裏に行われていた。慎重に慎重を期した管理が行われたということであろう。

1.5　府県知事への照会と選挙区の確定（成案）

　もっとも，伊藤の発言は虚偽ではなかった。今回，各都道府県公文書館に悉皆調査を行った結果，府県知事への照会は1888年11月に山縣有朋内務大臣から知事に対する内訓として行われていることが確認できた[19]。大臣名の文書では，選挙法制定に際して選挙区を別紙の通り画定したが地理上の実況は地図だけでは判然としないので，差し支えがある場合は翌12月10日迄に回答するように指示がなされている。この内訓も厳秘扱いで行われている。照会されたのは原案ではなく修正案であった。

　府県知事からの回答の結果，26府県で区割りが変更された。修正案と比較すると1人区は2減（214選挙区），2人区は5増（43選挙区），3人区は

2減して消滅する一方，島嶼を独立選挙区とする措置により議席数が2増して300となった。衆議院の定数が300から始まったことについては江戸時代の「諸侯300藩」に由来するなど諸説があったが，実際には298＋2という偶然の産物であった。

　さて，府県知事への照会結果を待つ枢密院は別表を保留しつつ審議を進めていた。ところが，2ヶ月近くが経った12月17日，伊藤議長は第三読会の結了を告げると同時に，未回答の府県があることを理由に，別表は後日に回すとして法案の決議を強行した[20]。この後，翌年1月17日に再案審議が行われているが別表が審議された記録はない。

　この結果，枢密院は別表について審議を行わずに決議，了承させられることとなった。元老院も翌年になって発布後の事後検視を形式的に行うに止まっている[21]。別表は事実上，法制局，内務省，府県知事の三者，すなわち行政のみの手で確定に至ることとなった。

2．成案の特徴

2.1　人口格差の許容，もしくは軽視

　かくして，1人区214，2人区（連記制）43，合計257区300議席で初めての衆議院議員選挙の区割りは確定した。1郡で1選挙区をなすものと複数の郡を組み合わせて1選挙区としたものがあるが，いずれの場合も原案・修正案と同様に従来の郡区域を切り分けずに線引きがなされた。

　1議席あたりの人口は12万人が基準として府県ごとに割り当てられた。人口12万人あたり1議席の基準に対して約18議席少ないものとなった。結果的に政府は基準より少ない議員数を選択したことになる。

　府県単位で単純な割り当てを行ったことで，いわゆる「一票の格差」が生まれた。原案，修正案いずれの場合も2倍以下の格差は許容する方針であったが，実際にどの程度格差が生じたのだろうか。

　表2は，島嶼独立選挙区を除く各府県と選挙区の人口についてまとめたものである。まず1人区を見てみよう。

　修正案では最大が愛媛7区（宇摩・三野・豊田郡，198,526人），最小が大分1区（西国東・東国東郡，100,632人）で1.97倍，府県知事の照会を経た成案では最大が香川1区（香川・山田・小豆郡，195,997人），最小が兵

表2　修正案と成案にみる選挙区間の人口格差

府県	現住人口	配分議席	人口/議席	修正案 1人区 最多	修正案 1人区 最小	修正案 1人区 倍率	2・3人区 最小	2・3人区 倍率
東京府	1,538,121	12	128,177	173,031	105,705	1.64		
京都府	849,362	7	121,337	168,953	106,732	1.58	*202,031*	1.67
大阪府	1,207,907	10	*120,791*	159,494	106,895	1.49	224,409	1.42
神奈川県	896,948	7	128,135	176,486	106,544	1.66	212,199	1.66
兵庫県	1,480,685	12	123,390	184,814	103,324	1.79	204,060	1.81
長崎県	729,042	5 + 2	121,507	150,054	109,916	1.37	349,560	1.29
新潟県	1,632,257	13	125,558	179,551	107,099	1.68	204,430	1.76
埼玉県	1,015,824	8	126,978	190,505	117,027	1.63	209,270	1.82
群馬県	667,931	5	133,586	161,593	108,957	1.48	250,046	1.29
千葉県	1,141,621	9	126,847	169,803	101,681	1.67		
茨城県	967,480	8	120,935	154,398	118,210	1.31	*202,942*	1.52
栃木県	655,880	5	131,176	177,244	129,676	1.37	219,247	1.62
奈良県	488,289	4	122,072	178,941	*101,500*	1.76	207,848	1.72
三重県	892,654	7	127,522	173,889	103,531	1.68	229,302	1.52
愛知県	1,404,106	11	127,646	194,225	101,969	**1.90**		
静岡県	1,019,301	8	127,413	162,371	102,723	1.58	227,324	1.43
山梨県	430,996	3	**143,665**	177,907	125,920	1.41		
滋賀県	654,558	5	130,912	155,105	120,679	1.29	244,021	1.27
岐阜県	889,732	7	127,105	193,246	105,970	1.82		
長野県	1,074,069	8	134,259	189,497	103,527	1.83	256,003	1.48
宮城県	688,124	5	137,625	171,763	116,938	1.47		
福島県	870,822	7	124,403	160,520	104,714	1.53	211,253	1.52
岩手県	641,395	5	128,279	173,264	102,678	1.69	206,924	1.67
青森県	515,779	4	128,945	172,196	134,750	1.28	208,908	1.65
山形県	722,979	6	*120,497*	145,349	111,322	1.31	223,510	1.30
秋田県	654,037	5	130,807	188,410	124,468	1.51	209,789	1.80
福井県	585,776	4	**146,444**	169,971	122,016	1.39		
石川県	728,974	6	121,496	161,834	131,380	1.23	203,744	1.59
富山県	713,384	5	142,677	188,108	106,386	1.77	**265,367**	1.42
鳥取県	386,083	3	128,694	134,860	122,313	1.10		
島根県	684,257	5 + 1	136,851	171,569	120,879	1.42		
岡山県	1,043,029	8	130,379	179,504	104,756	1.71	214,272	1.68
広島県	1,276,461	10	127,646	162,252	106,864	1.52	220,176	
山口県	897,557	7	128,222	142,812	118,750	1.20	259,179	*1.10*
和歌山県	613,862	5	122,772	140,178			234,115	1.20
徳島県	661,548	5	132,310	149,903	113,107	1.33		
香川県	647,130	5	129,426	**198,526**	103,036	**1.93**	309,313	**1.93**
愛媛県	881,636	7	125,948	176,350	121,079	1.46		
高知県	557,776	4	139,444	145,468	141,385	*1.03*	273,692	*1.06*
福岡県	1,159,294	9	128,810	167,695	104,004	1.61		
大分県	762,275	6	127,046	162,854	*100,632*	1.62		
佐賀県	534,981	4	133,745	143,155	137,886	*1.04*	255,697	1.12
熊本県	1,020,460	8	127,558	168,814	105,274	1.60	203,821	1.66
宮崎県	394,261	3	131,420	160,152	114,638	1.40		
鹿児島県	943,088	7	134,727	**196,212**	120,946	1.62	207,482	**1.89**
全国	38,221,731	300	129,266	1人区平均 136,618			2人区平均 227,608	

各府県の数値中、上位2つに網掛け太字、下位2つに網掛け斜体とした。成案には人口が記さ帝国民籍戸口調査』（1886年）に記載されている人口をもとに算出した。

成案				
1人区			2人区	
最多	最小	倍率	最小	倍率
173,031	105,705	1.64		
168,953	106,732	1.58	*202,031*	1.67
159,494	106,895	1.49	224,409	1.42
172,379	106,544	1.62	212,199	1.62
184,814	*97,140*	**1.90**	204,060	**1.81**
150,054	130,451	1.15	212,221	1.41
179,551	107,099	1.68	*201,886*	1.78
190,505	117,027	1.63	209,270	**1.82**
164,876	107,132	1.54		
169,803	*101,681*	1.67	241,558	1.41
154,398	127,935	1.21	202,942	1.52
177,244	129,676	1.37	219,247	1.62
178,941	101,500	1.76	207,848	1.72
127,522	103,531	1.23	229,302	1.11
194,225	101,969	**1.90**		
162,371	102,723	1.58	227,324	1.43
172,211	125,920	1.37		
155,105	120,679	1.29	244,021	1.27
193,246	105,957	1.82		
188,746	103,527	1.82	256,003	1.47
171,763	116,938	1.47		
185,926	111,695	1.66	211,253	1.76
159,342	102,678	1.55		
138,737	134,750	*1.03*	242,367	1.14
158,876	129,719	1.22	211,076	1.51
188,410	110,851	1.70	233,430	1.61
169,971	122,016	1.39		
161,834	131,380	1.23	203,744	1.59
188,108	106,386	1.77	265,367	1.42
134,860	122,313	1.10		
171,569	113,387	1.51		
187,012	114,285	1.64	236,090	1.58
162,252	106,864	1.52	218,993	1.48
142,812	118,750	1.20	259,179	*1.10*
140,178			234,115	1.20
149,903	113,107	1.33		
195,997	103,036	**1.90**		
157,813	102,958	1.53	225,029	1.40
145,468	141,385	*1.03*	273,692	*1.06*
167,695	104,004	1.61	226,040	1.48
162,854	100,632	1.62		
143,155	137,886	1.04	255,697	1.12
182,986	117,028	1.56	203,821	1.80
166,300	108,940	1.53		
190,323	104,782	1.82		
1人区平均			2人区平均	
134,802			229,268	

れていないため、内務省総務局戸籍課編『日本

庫1区（神戸区，97,140人）で2.02倍となっている。兵庫1区は基準とされた1886（明治19）年調査では10万人に満たないが照会の段階では10万人を超えており、知事からの提案で1人区になったと考えられる。許容範囲のほぼ限界まで達している。

1人区と2・3人区についても議員1人あたりの人口格差を確認しておこう。修正案では愛媛10区（3人区、香川郡ほか）との間で1.93倍、成案では新潟5区（古志・三島郡）との間で1.94倍ときわめて高い。これらの結果は、府県知事を含めた実務官僚たちが議員1人あたりの人口を平準化することに重きを置いていなかったことを物語っている。

府県内ではどうだろうか。成案を見てみると、1人区間では兵庫県、愛知県、香川県内で最大1.90倍、2人区との間では埼玉県で最大1.82倍となっている。

府県内において1人区間の格差が1.5倍以下に収まっているのは44府県中17県に止まる。2人区との間ではやや緩和されるものの30府県中16府県とようやく半数に届く程度である。全国的な格差は認知しにくいかもしれないが、隣の選挙区との間に2倍近い格差があれば当然にして不満が生じるのは当然だろう。こうした「一票の格差」は、第1回総選挙の実施後、全国レベ

ルではなく府県レベルで問題視されていくこととなる。

　むしろ当初から指摘されたのは，有権者数で見た場合の格差であった（メイソン 1973）。すなわち，有権者と人口の比率で見た場合，最多の滋賀県が人口100人あたり2人を超えたのに対して，標準とされた100人に1人に達したのは1府25県に過ぎず，鹿児島は0.41人，東京に至っては最低の0.38人であった[22]。

2.2　郡を単位とした区割り―地方行政再編のなかで

　選挙区間の人口格差という問題が生じた原因は，いうまでもなく郡を選挙区の構成単位としたことにある。先述したように郡の人口規模は大小様々であり，従来の郡域を切り分けない方針が取られている以上，どうしても選挙区間の人口格差は生じる。では，なぜそうした制約にもかかわらず，郡を選挙区の構成単位としたのであろうか。

　なぜ府県を対象とした大選挙区ではなかったのか。議席配分の対象とされたのは府県である。府県知事は選挙事務を統括するとされたが，府県を選挙区とする考えは，直接選挙の方針が確定して以降は見当たらない。

　このことは，制度設計者たちが求めた代議士の理想像と密接に関係している。季武（2010）が明らかにしたように，彼らは地域の有権者がよく熟知した人物を自らの代表として帝国議会に送り出すことを予定していた。それはまだ見ぬ帝国議会に対し，国民が一定の信頼を寄せるためにも必要な方途であった。この条件を満たすためには選挙区は狭くならざるを得ない。府県を単位とした大選挙区は，理想的な候補者像を第一に考えた制度設計者たちの念頭にはなかったというのが実際であろう。

　大選挙区が念頭になく，その理由が有権者と候補者の密接な関係を重視することにあったならば，より小さい区域である市町村を選挙区の構成単位とすることが合理的なように思われる。しかし，それは現実的ではなかった。地方制度の整備が緒に就いたばかりであったためである。

　当該期の地方制度を規定した郡区町村編制法，府県会規則，地方税規則（いわゆる三新法）では町村の位置づけがきわめて曖昧であり，その混乱を収拾すべく新たな制度への改革が図られていた（大島 1994）。新制度となる市制・町村制の公布が1888年4月であるから，衆院議員選挙制度の制定は地方制度の改正と同時進行で進められていた。権限が曖昧で混乱が生

じている町村に選挙の運営を託すことは，少なくともこの段階では不可能であった。

くわえて，この制度のもとでは町村の長である戸長が民選であり，行政の長と住民代表の二つの顔を持っていた（松沢 2013）。ここで制度設計者たちが間接選挙を廃した際の論理を想起したい。それは，地方政治の利害対立が衆議院議員を介して直接に国政と結びつくことは避けるべきであり，その観点から，すでに政党化しつつある府県会議員を選挙人とすることは望ましくないというものであった。すでに戸長の政党化も進んでおり，それは地方制度改正の眼目ともなっていた。戸長による選挙不正の恐れを廃することはできなかった（小山 1967）。このような状況のもとでは，府県単位の大選挙区も不可，市町村単位の小選挙区も不可であった。

こうして見てくると，郡を選挙区の構成単位とすることは必然であった。地理的にも，有権者たちが相互に人物を知りうる範囲に収まり，郡長は官選である。「一票の格差」に目を瞑りさえすれば，郡は唯一無二の構成単位であった。上記の事情に鑑みれば，開票は郡役所で行うほかなく，人口格差を是正するために郡を切り分けることができなかった理由も理解される。

郡を選挙区の構成単位とすることには積極的な理由も存在した。郡は自治体ではなく行政区画であるから，郡を単位とする選挙区から選ばれた議員は，地域の利益代表ではなく国民全体の代表であるという論理が立つ。

これはすでに府県会議員の選挙区を郡とする際にも用いられ，広められた論理であった[23]。衆議院議員選挙においても大正期には通説として定着していたことが確認されるほか[24]，選挙法制定直後の解説書においても同様の記述が見られる[25]。

人物のわかる範囲において，政党や地域の利害とは切り離して代表を選ぶ。そのためには郡を選挙区の構成単位とするほかなく，人口格差の問題は，これらの目的を前に，2倍以内という範囲において許容する。これが制度設計者たちの意図であった。

2.3　行政による区割りの決定―郡役所と選挙事務

その観点は府県知事にも共有されていた。表2から明らかなように，彼らへの照会を経ても人口格差はほとんど縮減されていない。では，府県知事はどのような方針に基づいて，どのような変更を回答したのだろうか。

照会には山縣内務大臣からの内訓に加えて，地方行政を担当する末松謙澄県治局長からの書簡が付されており，その概要を窺うことができる。

まず目を引くのは郡の合併に関する記述である。末松は地方制度改革の一環として郡の合併が進められている状況を踏まえ，郡域を変更せずに郡の合併を行うことが予定されている場合には，その計画を選挙区割りに反映させるよう求めている。

これは何を意味しているのか。実は選挙実務を担うことが期待された郡役所は，すべての郡に設置されていたわけではなかった。1889年に衆議院議員選挙法が施行された郡は717あったが，郡役所の数は502に止まっている[26]。実に215に及ぶ郡役所を持たない郡は，他郡に置かれた郡役所を共用していた。

表3に掲げた茨城県では，猿島・西葛飾，結城・岡田・豊田，信太・河内の3カ所で郡役所の共用が行われている。修正案が参照したと見られる1886年の人口調査では，人口は郡単位ではなく役所単位で示されている[27]。地方行政が共用されていた郡役所単位で行われていたことが確認できる。

表3　郡役所共用の状況：茨城県の例

国名	郡名	現住人口		区割り			郡役所	行政機構
		原案	修正案	原案	修正案	成案		その後の合併など
常陸	東茨城郡	99,221	103,269	茨城3	茨城2（2）	茨城1（2）	○	旧茨城郡。
	鹿島郡	53,999	56,211	茨城6			○	
	行方郡	42,892	43,462				○	
	久慈郡	77,188	82,206	茨城1	茨城1（2）	茨城2（2）	○	
	多賀郡	42,116	44,288				○	
	那珂郡	83,966	88,557	茨城2			○	
	西茨城郡	45,285	46,734	茨城5	茨城3	茨城3	○	旧茨城郡。
	真壁郡	80,693	84,817				○	
下総	西葛飾郡	30,877	79,862	茨城8	茨城5	茨城4		1896年，西葛飾郡を猿島郡に編入。
	猿島郡	48,580					○	
	結城郡	24,888						1896年，岡田郡，豊田郡を結城郡に編入。
	岡田郡	17,751	74,536	茨城9				
	豊田郡	30,658					○	
常陸	筑波郡	54,101	54,801	茨城7	茨城6	茨城5	○	
	新治郡	86,691	92,098	茨城4	茨城4		○	
	信太郡	28,426	75,415	茨城7		茨城6	○	1896年，合併して稲敷郡。
	河内郡	46,623			茨城6		○	
下総	北相馬郡	48,130	47,859	茨城9			○	旧相馬郡。

修正案の人口は選挙区単位でしか記されていないため，内務省総務局戸籍課編『日本帝国民籍戸口調査』
旧藩領は国立歴史民俗博物館が提供する「旧高旧領取調帳データベース」を用いて，各郡の字で20％以上を占

郡役所の共用に注意しつつ修正案と成案の差分を見てみると，修正案が信太・河内郡を別の選挙区としているのに対して，府県知事への照会を経た成案では信太・河内郡を切り離さず，北相馬郡と合わせることで人口123,274人の1人区とする修正を行っている。郡役所の共用を理由とした変更と見てよいだろう。こうした変更は滋賀県，熊本県などでも見られる。

　他方，大阪府，三重県，愛媛県では郡役所を共用する郡を切り分けた選挙区区割りが見られる。これらはいずれも人口規模の大きくない郡であり，ほどなく切り分けられた先の郡に編入されている。共用する郡役所を切り替えたケースである[28]。

　すなわち，選挙区の単位は，郡というより郡役所であった。そこから読み取れることは，区割りに際して，いかにして選挙事務を滞りなく行うかという点が重視されていたことであろう。それは区割りの制定過程を振り返ってみれば当然の帰結である。区割り案は法制局で起案され，内務省県治局の手を経て府県知事に照会され，枢密院の審議を経ることなく決定された。そこには立法府の関与はなく，行政のみの論理が貫徹されたのである。こののち，郡は郡役所の共用という行政事務の実態に沿って統廃合されていく。

2.4　旧秩序の継承

　内務省から府県知事に対する内訓には，もう一つ注目される記述がある。「地理，人口の多少，道路の交通，舟車の便否および人情風俗によりやむを得ず場合に限り，数郡区を合併し一選挙区より特に二人の議員を選挙せしむることを得る」という2人区に関する記述である。

　ここから，まず読み取れるのは3人区廃止という方針である。修正案では，3人区は2つ，香川県と長崎県にのみ存在した。香川県はこの段階では愛媛県の一部であり，両県域を横断する選挙区（宇摩・三野・豊田郡。宇摩郡以外は香川県域）も設定されていた。両県は人口1,533,988人に対して割り当てられた12議席を香

旧藩領
幕府・旗本領
幕府・旗本領
水戸藩，麻生藩ほか
水戸藩
水戸藩，松岡藩ほか
水戸藩
笠間藩，幕府・旗本領ほか
笠間藩，下館藩ほか
古河藩，関宿藩ほか
関宿藩，幕府・旗本領
結城藩，幕府・旗本領ほか
幕府・旗本領
幕府・旗本領
幕府・旗本領，土浦藩ほか
土浦藩，幕府・旗本領ほか
幕府・旗本領，土浦藩ほか
幕府・旗本領，谷田部藩ほか
幕府・旗本領
(1886年)により補った。
める旧領主を割合順に示した。

川5，愛媛7で再分配し，それを受けて香川県は修正案で3人区となっていた愛媛10区（303,913人）を香川1区（香川・山田・小豆郡，195,997人）と2区（大内・寒川・三木郡，113,316人）と2つの1人区とした。

　長崎県は修正案で3人区となっていた長崎1区（長崎区ほか，349,590人）から五島（南松浦郡，71,758人），対馬（上県・下県郡，31,068人），壱岐（壱岐・石田郡，34,543人）と3つの島嶼を切り出し，五島と対馬は独立選挙区，壱岐は北松浦郡と合わせた1人区とした。同時に島根県から隠岐（周吉ほか3郡，33,206人）が島嶼独立選挙となった。

　それ以上に注目すべきは「地理，人口の多少，道路の交通，舟車の便否および人情風俗によりやむを得ずの場合」というくだりであろう。山縣内相の内訓が求めたのは地理的な「差支」であったが，その解釈は判然としない。府県知事たちはこの内訓にある2人区の規定を援用して「差支」の解釈を広く捉え，多くの選挙区で見直しを回答した。その結果が，実に26府県に及ぶ広範な選挙区区割りの変更であった。

　府県知事たちがこれだけ広範な見直しを回答したことには前段がある。選挙区割り案が照会される前年，町村制が公布される際にひとつの大きな争論が起こっていた。府県知事が会同する地方官会議において，町村制導入に伴う変化があまりに大きく性急すぎるという批判が強く示されたのである。会議は収拾の見込みがつかないほど紛糾し，政府は対応に奔走する結果となった。

　この苦い経験は政府内にも広く共有されており，選挙制度が固まりつつあるなか，井上は伊藤に対して地方官会議を招集して制度の趣旨を説明する必要があると進言している[29]。丹念に地方長官たちの意見を聞き地方の実情に照らした対応を取ることが，地方制度の整備途上にある政府にとって必要な手続きとなっていたのである。そうして見ると，この内訓が起案者である法制局（内閣）ではなく，内務省から，なかでも地方行政を担当する県治局から行われている事情が首肯される。

　では，府県知事たちは何を重視して区割りの変更を回答したのだろうか。今回，全府県の公文書館に悉皆調査を行った結果，この内訓とそれに対する回答を発見できたのは栃木県と山口県だけであった。残念ながらこの両県は修正案の区割りをそのまま承認しており，変更の事情を論じたくだりはない。各府県史も調査したが，いずれも「本県の選挙区は7つであり」

といった具合に選挙区をアプリオリなものとして論じるばかりであり，変更の事実すら触れられていない。

　このため本稿では，修正案と成案の区割りを比較し，その理由について検討する。具体的な例として岩手県（表4）を見てみよう。

　岩手県では県庁所在地である南岩手郡などを含む岩手1区を除く全地域を対象とした大幅な変更が行われている。そのきっかけとなったのは気仙郡の扱いであった。気仙郡は旧陸前国であるが，1876年の第二次統廃合の際に，江刺郡・胆沢郡とともに磐井県から岩手県に編入されていた。それはこの3郡が仙台伊達家の支藩としての統一性を持っていたことによるものであった。

　旧仙台藩域（伊達家）と旧盛岡藩域（南部家）は，それぞれ独自の文化風土を持っていた。加えて，幕末に仙台藩が盛岡藩を奥羽越列藩同盟に引き込んだために，明治期に盛岡藩が困難な道を歩むことになった経緯もあり，近代初期における関係も複雑であった。

　そうした事情にもかかわらず，法制局が作成した案では旧仙台藩領は，

表4　府県知事照会による変更：岩手県の例

国名	郡名	現住人口 原案	現住人口 修正案	区割り 原案	区割り 修正案	区割り 成案	行政機構 郡役所	行政機構 その後の合併など	行政機構 旧藩領
陸奥	二戸郡	33,645	34,812				○		盛岡藩
	南岩手郡	63,283		岩手1	岩手1	岩手1	○	旧岩手郡。1897年に再合併。	盛岡藩
	北岩手郡	23,509	124,930						盛岡藩
	紫波郡	37,220							盛岡藩
陸中	東閉伊郡	38,134					○	旧閉伊郡。1897年に合併，下閉伊郡。	盛岡藩
	中閉伊郡	3,971	59,149	岩手5		岩手2			盛岡藩
	北閉伊郡	15,802			岩手4（2）				盛岡藩
	南九戸郡	19,351	50,596				○	旧九戸郡。1897年に再合併。	八戸藩，盛岡藩
	北九戸郡	30,138							八戸藩，盛岡藩
	西閉伊郡	24,565	43,963	岩手e		岩手3	○	旧閉伊郡。1897年に合併，上閉伊郡。	盛岡藩
	南閉伊郡	18,435							盛岡藩
陸前	気仙郡	47,870	53,216				○		仙台藩
	江刺郡	37,965	82,901	岩手2		岩手4			仙台藩
	胆沢郡	47,383			岩手2		○		仙台藩
陸中	稗貫郡	40,504					○		盛岡藩
	東和賀郡	43,172	90,363	岩手3		岩手3		旧和賀郡。1897年に再合併。	盛岡藩
	西和賀郡	6,374							盛岡藩
	西磐井郡	38,848	102,678	岩手4	岩手3	岩手5	○	旧磐井郡。	一関藩，仙台藩
	東磐井郡	60,381							仙台藩，一関藩

出典：表3に同じ。

旧盛岡藩領の諸郡と混交して岩手2・4区とされた。加えて，岩手2区では旧仙台藩域と旧盛岡藩域の人口が拮抗しており，このまま選挙を行えば，旧藩の対立を引きずった苛烈な選挙戦が展開されることは想像に難くなかった。

　成案では，旧仙台藩域の3郡で1人区となった。知事への照会を経て解消されたということであろう。知事は，両者を分けることが「人情風俗によりやむを得」ない場合にあたると判断したということであろう。

　旧藩域を重視する姿勢は，修正案の段階からも各府県で確認することができる。表5に挙げた福岡県はその典型例である。幕藩体制下における旧藩の領域はきわめて複雑に入り組んでおり，1つの郡のなかに様々な藩の領地が入り組んでいるが，字単位での領主を既存のデータベースを用いて確認することは可能である。

　表3〜5に掲げた「旧藩領」は，各郡の字のうち20％以上を所有する藩（幕府・旗本領の場合もある）を割合の大きい順に並べたものである。表5で示した福岡県の場合，1〜3区は旧福岡藩，4・5区は旧久留米藩，6区は旧柳川藩，7・8区は旧小倉藩と明確に分けられているのがわかる。表3からもほぼ同様の傾向が見て取れるだろう。

　もう一つ，表5からは旧国をまたぐ選挙区が設定されていないことも確認できる。こうした事例は随所で見られ，京都府（山城・丹波・丹後），大阪府（摂津・河内・和泉），神奈川県（武蔵・相模），新潟県（越後・佐渡），愛知県（尾張・三河），岐阜県（美濃・飛騨），岡山県（備前・備中・美作），島根県（出雲・石見・隠岐），大分県（豊前・豊後）では全県域で確認される。

　旧国を跨ぐ選挙区が設定されているケースでは，殆どの場合，旧国を越えた旧藩があり，旧藩域が優先されている。石川県，鳥取県，広島県，山口県，鹿児島県など複数の旧国に跨がる大大名の旧領が代表的である。明治維新後に複雑な入れ替えのあった東北地方，利根川の流域変化の影響を受けた埼玉・千葉・茨城を除けば，旧国・旧藩を無視した選挙区は兵庫県の一部（摂津，播磨）と長崎県の一部（肥前，壱岐）の2つだけである。

　かくして「人情風俗」を重視した配慮が行われた結果，選挙区は近世以前の旧藩域，旧国域との連続性のあるかたちで線引きされることとなった。

　こうした選挙区のあり方は，地方行政制度において自然村の領域とは異

表5　旧藩域・旧国域の重視：福岡県の例

国名	郡名	現住人口 原案	現住人口 修正案	区割り 原案	区割り 修正案	区割り 成案	行政機構 郡役所	その後の合併など	旧藩領
筑前	福岡区	46,458	48,486	福岡1(2)	福岡1	福岡1	○	那珂郡・早良郡域	福岡藩
	怡土郡	22,093	77,744					1896年に合併し、糸島郡。	中津藩，福岡藩
	志摩郡	25,831					○		福岡藩
	早良郡	29,885							福岡藩
	那珂郡	33,509	63,103	福岡4	福岡2	福岡2(2)		1896年に合併し、筑紫郡。	福岡藩
	席田郡	3,002							福岡藩
	御笠郡	23,585					○		福岡藩
	糟屋郡	44,153	44,838	福岡2	福岡3		○	表・裏糟屋郡	福岡藩
	宗像郡	42,437	42,172				○		福岡藩
	上座郡	28,764	75,927	福岡4	福岡4			1896年に合併し、朝倉郡。	福岡藩
	下座郡	15,017							福岡藩（秋月藩）
	夜須郡	32,040					○		福岡藩（秋月藩）
	嘉麻郡	26,049	51,747	福岡3	福岡3	福岡3		1896年に合併し、嘉穂郡。	福岡藩（秋月藩）
	穂波郡	24,476					○		福岡藩
	遠賀郡	53,632	53,746				○		福岡藩
	鞍手郡	46,834	47,246				○		福岡藩
筑後	上妻郡	79,747	90,465	福岡7	福岡8	福岡5	○	1896年に合併し、八女郡。	久留米藩
	下妻郡	10,438							久留米藩
	三潴郡	77,860	77,230	福岡5(2)	福岡9	福岡6	○		久留米藩，柳河藩
	山門郡	78,189	78,933				○		柳川藩
	三池郡	40,237	44,912				○		柳川藩
	生葉郡	31,508	54,369	福岡6	福岡7	福岡4		1896年に合併し、浮羽郡。	久留米藩
	竹野郡	21,935							久留米藩
	御井郡	68,120	94,569				○	1896年に合併し、三井郡。	久留米藩
	御原郡	16,376							久留米藩
	山本郡	10,907							久留米藩
豊前	京都郡	22,042	54,085	福岡8	福岡6	福岡8	○	1896年に編入し、京都郡。	小倉藩
	仲津郡	32,051							小倉藩
	築城郡	22,026	61,060				○	1896年に合併し、築上郡。	小倉藩
	上毛郡	38,562					○		小倉藩，中津藩
	企救郡	55,267	58,830	福岡9	福岡5	福岡7	○		幕府領・旗本領
	田川郡	43,539	45,174				○		小倉藩

出典：表3に同じ。

なるかたちで行政村の設置を進めた政府の方針と相容れないように思われる。それは，選挙の安定した実施，地域対立の回避，政治意識の涵養という，地方自治制度とは異なる目的が設定されていたためと考えられる。

3．小選挙区制による創始と日本の政党政治

こうして小選挙区を基本とする選挙区割りが日本の選挙制度の始点とな

った。このことは日本の政治に，政党に，選挙にどのような影響をもたらしたのだろうか。1900（明治33）年の大選挙区・独立選挙区制に至る10年間についてアウトラインを描いてみたい。

3. 1　政治的連続性の現出，地方政治と国政の接続

　制度創設初期の衆議院議員総選挙では，最大勢力となるはずであった自由党系の分裂などにより，全国各地の選挙区で候補者が乱立した。これは小選挙区となったことで，各勢力がそれぞれに当選の見込みを立てて自派の候補者を擁立した結果であり，大同団結運動の決定的な破綻を示すものとなった。畢竟，選挙戦は苛烈を極め，それは大選挙区への見直しを求める議論を喚起した[30]。

　もっともこの状況は次第に収斂していく。旧藩領域が相当程度選挙区に継承されたことで，近世からの地域秩序が機能していったからである。主たるアクターであった地方名望家層（地主層が中心）と民権運動グループ（旧士族が中心）は，それぞれが高い凝集性を持っており，選挙での勝利を共通目標として両者は接近する。当時の選挙法には選挙期間の定めがなく，運動に関する規制もきわめて少なかったから，地元の有力者であること，選挙資金を自己調達できることが立候補の実質的な条件であり，野心のある名望家を担ぐか，名望家の支援を受けて民権運動グループが出馬するか，選択肢は事実上そのいずれかであった。

　選挙区そのものについてはどう捉えられたのだろうか。政府が秘密主義を取って進めた効果もあってか，制定前においては，選挙区についての確固とした論説は新聞雑誌にもほとんど現れず，誤解にまみれた憶測が飛び交うばかりであった[31]。

　その反動であろう。選挙法が公布されるとその是非をめぐる議論が一挙に吹き出した。民党，とりわけ自由党系は早くから大選挙区への変更を求めて運動を始める。第1回総選挙を2ヶ月後に控えた1890年5月，自由党系政党を集めた大同倶楽部は1県1区とすることをその綱領に盛り込んだ[32]。帝国議会開会後に立憲自由党が発足すると，同党も選挙法改正を党議に掲げ[33]，翌1891年12月には大選挙区制への改正案を国会に提出した（大霞会 1970）。もう一つの民党である立憲改進党も同様の議論を展開していく[34]。

民党側のこうした動きは，小選挙区制のもとでは地方名望家と手を組まなければ当選が覚束ないこと，候補者選定において彼らに主導権を握られてしまうこと，なにより，地方の政治的利害が国政に強く及びすぎることを嫌ったものであった。大選挙区となれば，地域における名望家の影響力は相対化され，府県全体にネットワークを持つ民党側がイニシアティブを握ることができると見たからである。

　もっとも，この段階では集会及政社法の規定が厳しく，民党は地方政社や地方支部を公式に作ることはできなかった。このため，地域における彼らの活動は任意団体としてのそれに留まらざるを得なかった。

　新聞各紙も特集を組むなどして選挙区割りの詳細を報じ，その是非を論じた[35]。人口格差をめぐる不満も早期に現れ，選挙法公布からわずか3ヶ月後には，岐阜6区（加茂・可児・土岐・恵那郡，193,246人）が元老院に直接訴願している[36]。もっとも彼らの訴願は伊藤によって早々に退けられている。

3.2　民党優位の選挙戦と選挙干渉

　候補者の乱立という状況にもかかわらず，第1回総選挙は政府批判の立場を取る民党の圧勝に終わった。条約改正問題による黒田内閣の総辞職により予期せず首相として総選挙に臨むこととなった山縣の迷いは深く，その結果，選挙はきわめて公正に行われたと言われる。それでも一部では選挙事務に携わった町村長が様々な不正を働いたことが知られている[37]。制度設計者たちの懸念は杞憂ではなかった。

　この機能が本格的に発揮されたのが第2回総選挙への品川弥二郎内相を中心とした選挙干渉であった。この問題については末木孝典氏による研究蓄積があり多言を要しないが，本稿の観点からすると，小選挙区制のもとで地方名望家と旧民権運動グループが提携している以上，政府が支援した吏党だけでなく，いかなる勢力の新規参入も困難であったこと，吏党勢力の登場と過度な干渉により，決して強固ではなかった名望家と民党の関係がかえって強められたことは指摘しておきたい。

3.3　選挙干渉の失敗と政党の組織化

　選挙干渉は失敗に帰した。政府は干渉政策を当面断念し，中央における

民党との関係構築に務めることとなる。その一つが集会及政社法を改正し，政党支部の設置を認めたことであった（村瀬1993）。これは党中央のコントロールのもとに全国の地方政党勢力を組織，統合しようとするものであり，政府側にも，党中央にとっても望ましい変更であった。

党幹部は党報を発行して政見の浸透や連絡の緊密化に努め，実質的な全国政党の樹立を目指した。新聞雑誌も盛んに大選挙区の必要を主張してこうした動きを支援したが[38]，如何せん小選挙区のもとでは郡単位，選挙区単位の勢力が強く，党中央－府県支部－選挙区・郡組織という直列的な組織は確立されなかった。それが実現するのは，市部以外の全県を1選挙区とした大選挙区制の導入，すなわち1900年の選挙法改正を待たなければならなかった。

選挙区レベルでは，さらに悩ましい状況が生じていた。衆議院議員になりたい者が多くいる状況のなかで，「名誉の分配」と称される議席のたらい回しが起こった（季武1993）。連続当選を認めず，より多くの人物に議員としての「名誉」を与えようというものである。これは地域内の融和を図るためにも重要な方途であった。

他方，選挙費用の面からみればこれは「負担の分配」でもあった。地方名望家層と旧民権運動グループは，候補者選定において協力はしても選挙戦にかかる費用は候補者個人に依存していた。連続当選を妨げようとする地域秩序があったことも事実であるが，実際には連続して選挙に臨むだけの資金を捻出しうる者は多くなかった。

この状況のもとでは，連続当選によって政策に深い理解を持つ議員を育てていくことはきわめて困難であった。中央における人間関係も生まれにくく，集金能力を高められるようなポークバレルも持ち得ない。その結果，政府による買収や利益供与が大きな力を持つこととなった。初期小選挙区制度がもたらした弊害といえるだろう。

おわりに

本稿を閉じるにあたり，なぜ近代日本は最初の国政選挙区制度として小選挙制を選んだのかという冒頭の問題に立ち返って考えてみたい。

制度起草者たちが考えていたのは，間接選挙＝府県単位，直接選挙＝郡単位という二択であった。間接選挙が退けられて以降，（枢密院における

間接選挙論を別にすれば）議論の中で府県単位の選挙区制度が取り上げられたことはない。

　では，なぜ直接選挙＝郡単位の小選挙区制なのか。もちろん，選挙区が小さいほど知名度に頼らず，候補者の実像が知れている範囲で選挙が行われるといういわゆる「人物本位」を重視する考えはあった。しかし，それだけでは小選挙区を導入することの是非，大選挙区を取らない理由としては希薄にすぎる。

　その理解の鍵は，原案に現れた選挙大区と選挙小区という発想にあるのではないだろうか。この概念は選挙区と投票区，ふたたび選挙大区と選挙小区と迷走を続けたのちに，選挙大区という概念が消え，選挙小区が単純に選挙区と称された。

　選挙大区が指し示すものは府県である。これは人口で議席を割り当てるための行政区画としての府県であり自治体としてのそれではない。選挙小区が指し示すのは郡であり，本稿で見たように共用された郡役所の管轄範囲がそれであり，これも行政区画である。すなわち，小選挙区を選択した理由はどのような候補者を選ぶかという概念的なことだけでなく，むしろそれ以上に，どうすれば選挙管理事務が安定的に実施できるかという行政面の事情によるように思われる。

　制度設計者たちは，国民から信頼される議会を構築するという大目標を掲げながら，いかにすればそれを実施できるかということについて，不安に苛まれていた。それは起草者の一人である金子が，モッセ，グナイスト，ロエスレルら外国人顧問たちからは学理を学ぶことはできるが実践に関する知識がないとして，憲政運用の実態を知るために欧米の政治家，実務家歴訪の旅に出たことに象徴されているだろう。彼らには実地を知り，実践に向けた見通しを持つことが必要であった。

　府県知事への照会は，まさに制度構築期において実地を知り，実践に向けた確証を得るための過程であった。そこで重視されたのは旧藩域をはじめとする秩序の継承であった。民権運動に直面してきた府県知事をはじめとする地方官たちにとって，旧秩序を交錯させた選挙区を作って選挙戦が苛烈になるより，秩序を継承した選挙区で安定的に選挙が行われる方が望ましいことは理解できる。

　かくして，明治の小選挙区制は地域の旧秩序ときわめて密接な関係性の

もとで線引きされた。そうした地域秩序との高い親和性のもとで選挙が繰り返され，集票構造が創りあげられていった。このシステムは，大選挙区制度の導入によって一度は党中央による組織化の方向に流れながらも大正の小選挙区制で息を吹き返し，そのまま中選挙区制のなかにビルトインされていったのである。この連続性については稿を改めて論じることとする。

（１）　瀧井一博編『シュタイン国家学ノート』信山社，2005年。
（２）　その制度における異同については，川人（2004）に詳しい。
（３）　「昭和二年四月九日旧話会」尚友倶楽部編刊『新編旧話会速記録』2004年，36頁。
（４）　金子堅太郎「議会開設当時の事情」『金子堅太郎著作集』2，109頁。
（５）　以下，1889年選挙法の策定全般については，清水（2013b）を参照。
（６）　「国会議員複選法草案」宮内庁書陵部蔵「秘書類纂」55巻。制度取調局（1884～85年）が作成したもの。
（７）　金子堅太郎「下院議員選挙法についての意見」宮内庁書陵部蔵「秘書類纂」62巻。制度取調局用箋に書かれており，1885年以前のものと考えられる。
（８）　「下院議員選挙法草案」（内閣用箋）宮内庁書陵部蔵「秘書類纂」55巻。
（９）　林田亀太郎『明治大正政界側面史』上（大日本雄弁会講談社，1926年），173頁。林田は当時，法制局試補として衆議院議員選挙法の起草を担当していた。
（10）　「ロエスレル氏選挙法に関する意見」1887年4月25日，宮内庁書陵部蔵「秘書類纂」54巻。
（11）　「選挙法案　十二月十三日最終修正」（内閣用箋），同上。
（12）　これらの方法を早期に紹介したものに，本野一郎「欧米議員選挙法ノ弊ヲ論ズ（承前）」『国家学会雑誌』4－41，1890年がある。
（13）　「選挙区区画案　最終確定案」「十月二十一日確定　議長　附録　選挙区区画案」宮内庁書陵部蔵「秘書類纂」。
（14）　前掲，林田『明治大正政界側面史』上，174頁。
（15）　「衆議院議員選挙法枢密院諮詢案附録」国会図書館憲政資料室蔵「三条家文書」37-24。本資料については末木（2014）が詳しく分析している。
（16）　早稲田大学図書館蔵「衆議院選挙法並同法案附録」。
（17）　前掲，林田，174頁。
（18）　「衆議院議員選挙法会議筆記　明治二十一年自十一月二十六日至十二月十七日」国立公文書館蔵「枢密院文書」所収。
（19）　「議会開設のため議員選挙法に於て選挙区上申の件」栃木県公文書館

蔵「明治二十一年特別秘密書類綴」所収．
(20) 「枢密院決議・一，衆議院議員選挙法・明治二十一年十二月十七日決議」国立公文書館蔵「枢密院文書」．これまでの文書では郡単位で人口が示されていたのに対して，この文書では人口が選挙区単位でしか示されていない．
(21) 『元老院会議筆記』34巻，議案618号，1890年3月．
(22) 末松謙澄「二十三年ノ総選挙」『国家学会雑誌』4-44，1890年．
(23) 府県会議員選挙と衆議院議員選挙の連続性については，村瀬（1992）を参照．
(24) 森口繁治『立憲主義と議会政治』（大阪毎日新聞社，1924年），美濃部達吉『憲法撮要』（有斐閣，1926年）など．
(25) 三好巻次『衆議院議員選挙法詳解』（博聞社，1890年），滋賀県編刊『衆議院議員選挙法実用』など．
(26) 「郡区役所及其所在地並所管戸長役場町村戸口ノ数及有税地ノ積」（内務省地理局編『地方行政区画便覧　全』1887年）．
(27) 内務省総務局戸籍課編『日本帝国民籍戸口調査』1886年．
(28) これらのケースに加え，修正案では福井県，熊本県，鹿児島県の数郡に△印が付されている．いずれも合併を含む再編，郡役所の新設などが行われた郡であり，そうした情報が共有されていたのであろう．
(29) 伊藤博文宛井上毅書翰，伊藤博文関係文書研究会編『伊藤博文関係文書』1（塙書房，1973年），383頁．
(30) 蟻川堅治『日本選挙法実用』同盟書館，1889年．
(31) 例えば『読売新聞』は，選挙区が行政区画とはまったく関係なく設定されるという噂を報じている（「国会議員の選挙区」1888年11月28日）．
(32) 前掲，林田『明治大正政界側面史』上，269頁．
(33) 同上，290頁．
(34) 「選挙法と自由改進連合運動」『太陽』128号，1891年．
(35) 例えば「社説　選挙区の大小」1～4『朝日新聞』1889年5月5～15日．
(36) 「衆議院議員選挙区改正の建議」『読売新聞』1889年5月12日．
(37) 前掲，末松「二十三年ノ総選挙」．
(38) 例えば「社説　大選挙区の必要」『朝日新聞』1892年4月9日，錦城生「選挙法改正に就て」『読売新聞』1898年5月17日など．

参考文献

稲田正次，1962．『明治憲法成立史』下，有斐閣
大島美津子，1994．『明治国家と地域社会』岩波書店

川人貞史，1992．『日本の政党政治1890－1937年』東京大学出版会
──，2004．『選挙制度と政党システム』木鐸社
河村又介，1943．「明治時代に於ける選挙法の理論及び制度の発達」3，『国家学会雑誌』57－2
小山博也，1967．『明治政党組織論』東洋経済新報社
品田裕，2012．「衆議院選挙区の都道府県間の配分について」『政策科学』19（3）
清水唯一朗，2013a．「立憲政友会の分裂と政党支持構造の変化」坂本一登・五百旗頭薫編『日本政治史の新地平』吉田書店
──，2013b．「日本の選挙制度─その創始と経路」『選挙研究』29－2
衆議院・参議院編刊，1990．『議会制度百年史　議会制度編』大蔵省印刷局
末木孝典，2014．「明治期小選挙区制における選挙区割りと選挙区人口」『選挙研究』30－1
季武嘉也，1993．「戦前期の総選挙と地域社会」『日本歴史』544
──，2010．「選挙区制度と期待された代議士像」『選挙研究』25－1
杣正夫，1986．『日本選挙制度史』九州大学出版会
玉井清，1999．『原敬と立憲政友会』慶應義塾大学出版会
永山正男，1997．「明治期小選挙区制の基礎的研究」『選挙研究』12
──，1998．「明治小選挙区制の効果」『鳥取大学教育学部研究報告（人文・社会科学）』49－2
奈良岡聰智，2009．「1925年中選挙区制導入の背景」『年報政治学』2009－1
伏見岳人，2013－15．「初期立憲政友会の選挙戦術」（1）～（3）『法学』77－5，6，7
松尾尊兊，1989．『普通選挙制度成立史の研究』岩波書店
松沢裕作，2013．『町村合併から生まれた日本近代』講談社
村瀬信一，1992．「議員選挙の導入と変容」『年報近代日本研究』14
──，1993．「明治期における政党と選挙」『日本歴史』544
Ｒ．Ｈ．Ｐ．メイソン，1973．『日本の第一回総選挙』法律文化社

選挙制度改革の政治学

――カリフォルニア州のプライマリー改革の事例研究――

西川　賢*

> 要旨：アメリカ合衆国の「プライマリー」(「予備選挙」)は多様で，同じ州でも時代ごとに形態が異なる。なぜ，プライマリーの形態は変化するのか。この疑問に，選挙制度改革を「特定の政策要求者集団が他の政策要求者集団に対して優位に立つために自らの影響下にある政治家を操作して行わせるもの」とみる立場から説明が試みられた。だが，先行研究で決定的事例に位置づけられるカリフォルニア州ですら，政策要求者集団が改革を規定する原因であったかどうか再検討の余地がある。本論文ではカリフォルニア州の事例を再度取り上げ，過程追跡の手法を用いて(1)多重立候補制度の禁止，(2)ブランケット・プライマリー導入，(3)ブランケット・プライマリー提訴，(4) TTVG 導入を「結果」と捉え，先行研究による説明の妥当性について追検証を試みた。その結果，政策要求者集団の影響はいずれの事例内観察においても左程顕著ではなく，プライマリー形態の変更を促す必要条件であったとは考えにくいのではないかという知見を得た。

キーワード：選挙制度，プライマリー，政策要求者集団，過程追跡，カリフォルニア州

1. はじめに

アメリカ合衆国における「プライマリー」(いわゆる「予備選挙」)の形態は州ごとに非常に多様であり，同じ州でも時代によって大きく異なることが知られている。

なぜ，プライマリーの形態は変化するのだろうか。この疑問に対して，選挙制度改革を「特定の政策要求者集団が他の政策要求者集団に対して優

---

* 津田塾大学学芸学部国際関係学科教授　アメリカ政治

位に立つために自らの影響下にある政治家を操作して行わせるもの」とみる立場から説明が試みられてきた（Cohen et.al. 2008; Masket 2016）。

　それら先行研究ではカリフォルニア州が選挙制度改革の決定的事例に位置づけられている。だが，決定的事例に位置づけられるカリフォルニア州ですら，政策要求者集団が改革を規定する原因であったかどうか再検討の余地があるのではないか。そこで，本論文ではカリフォルニア州の事例を再度取り上げ，過程追跡の手法を用いて先行研究による説明の妥当性について追検証を試みるものである。

　通説がいうように，政策要求者集団は選挙制度改革を規定する原因であったのか，そうでないとすれば，何がより決定的な原因になっていたのか。この問いに答えることが本論文の目的である。

２．先行研究の検討：
　　　カリフォルニア州でプライマリーはなぜ改革されてきたのか

　カリフォルニア州においては，プライマリーの形態が1908年以降，歴史的に何度も変革されてきた。同州で何度もプライマリーの形式が変更され，最終的に「上位二候補プライマリー（Top-Two-Vote-Getter Primary；以下TTVG）」が採用された事実をどのように説明できるであろうか[1]。先行研究では以下のような説明が提示されている。

　Cohen-Karol-Noel-Zaller の理論によれば，政党を形成する真のプリンシパルは政治家ではなく，広範な利益集団，社会運動家，資金提供者，メディア，アクティビスト（コンサルタント，ロビイスト，527条団体など）の連合からなる政策要求者集団（Policy Demanders）である。すなわち，政治家は彼らの単なるエージェントに過ぎない（Cohen et.al. 2008; Karol 2009; Bawn et.al. 2012; Noel 2013）。

　政策要求者集団が目指すのは，自らが実現を狙う政治的アジェンダを最大限尊重し，取り上げてくれる候補者を擁立・当選させることである。このため，政策要求者集団は候補者を発掘・擁立し，さらに候補者に資金をはじめとするリソースや選挙でのボランティアなどを提供し，支援する。そして，その見返りとして自らが望む政策や制度改変の実現を当選後に政治家に要求する（Cohen et.al. 2008）。

　セス・マスケットはこの立場に立ちつつ，カリフォルニア州のプライマ

リー制度の歴史的変遷を以下のように説明している。特定の政策要求者集団は他の政策要求者集団に対して優位に立つべく，当選した政治家に自集団に有利な選挙制度改革を実現させようとする。これに対して，他の政策要求者集団は自集団に近い候補者を当選させ，選挙制度を自らに有利なように再度改革し直そうと企てる（Masket 2016: 30-33）。

　選挙制度改革とは，以上の「改革→再改革」の繰り返しであるというのがマスケットの見解である。マスケットはカリフォルニア州のプライマリー改革を選挙制度改革の決定的事例に位置づけており，同州のプライマリーの形態が1908年以降，歴史的に何度も変革されて最終的にTTVGが採用されるに至った事実を上記のように説明できるという（Masket 2013b; Masket 2016: 104-126）。

　この説明は正しいのであろうか。本論文ではマスケットが決定的事例研究に位置づけるカリフォルニア州を対象として，マスケットの説明を再検証する。

　本論文のリサーチ・クエスチョンに答えるのに最適な手法は過程追跡（Process Tracing）である。本論文では，(1)1914年に導入された多重立候補制度の禁止（1958年），(2)ブランケット・プライマリー導入（1996年），(3)ブランケット・プライマリー提訴（2000年），(4)TTVG導入（2010年）をそれぞれ「結果」（Y）と捉え，異時点における事例内観察を通じて原因（Xs）となっている要因に関する情報を収集する（Goertz and Mahoney 2012）。そして，事例内観察を通じて得られた要因が先行研究の説明通りの因果的役割を果たしていたかどうかを検証することが最終的な目標となる（Goertz and Mahoney 2012）。

3．実証

3.1　プライマリーの導入と多重立候補制度

　カリフォルニア州におけるプライマリーの歴史は非常に独特である。

　カリフォルニア州は1908年に住民投票でプライマリー導入を決定，1909年には州議会で多数を占める共和党のイニシアチブでプライマリーを規定する法案が可決された（Reynolds 2006: 205）。かくして，1910年以降の選挙でプライマリーが実施されることになる。

初期のプライマリーはクローズド・プライマリーであったが，特定の政党のプライマリーにしか有権者が投票できない制度は閉鎖的であるとの批判が絶えなかった。この批判を受けて，1914年の選挙以降，候補者は複数政党からの立候補（多重立候補；Cross-Filing）が認められるようになった（Gaines and Cho 2002: 15）。この制度の下，同一候補が複数政党のプライマリーに同時に出馬することが慣例化した。同一候補が全ての政党のプライマリーで勝利を収め，本選を待たずに選挙の決着がつく場合も少なくなかった（Boatright 2014: 243-244）。

　当時のカリフォルニア州は共和党優位の州として知られており，1890年代から州議会両院ではほぼ一貫して共和党が多数を占めていた。1952年まではプライマリーの投票用紙に候補者の所属政党が明記されなかったため，多重立候補制度は知名度と実績のある共和党の現職候補者に有利に作用し，共和党の一党支配を強めているという批判が絶えなかった。1958年に民主党が知事選挙で勝利し，議会選挙でも民主党が多数を占めると，共和党の反対を押し切って民主党のイニシアチブで多重立候補が禁止された（Gaines and Cho 2002: 17; Masket 2015: 229）。

　以後1996年に至るまで，カリフォルニア州は多重立候補なしのクローズド・プライマリーを用いるようになる。すなわち，候補者は自らの所属政党のプライマリーからしか立候補できず，有権者もプライマリーの投票日までに特定の政党に有権者登録をしたもののみ当該政党のプライマリーでの投票を認めるシステムに切り替わったのである。この後，1890年代から続いてきた共和党の州議会両院での優位は崩れ，1959年以降は州議会両院で民主党が多数を占めるようになった（Boatright 2014: 244）。

　だが，今度はクローズド・プライマリーがイデオロギー的に極端な有権者の政治参加を高める効果を発揮しており，偏向した立場の候補者の当選につながっているという批判が起きるようになっていく（Gerber 2001: 144）。

3．2　ブランケット・プライマリーの導入

　クローズド・プライマリーの批判者が発起人となって，1996年3月にカリフォルニア州で提案198（Proposition 198）という住民発案が提案・可決される。これは同州にブランケット・プライマリーを導入するものであっ

た (Bullock and Clinton 2011: 916)。

　提案198の発起人を務めたのは，トマス・キャンベル元連邦下院議員，レベッカ・モーガン元州上院議員，ルーシー・キルレイ元州上院議員などの政治家である。このほか，ヒューストン・フラーノイ（南カリフォルニア大学教授），ダン・スタンフォード（法律家），ユージーン・リー（カリフォルニア大学バークレー校教授）などの政治的アクティビストもこの提案運動に参加していた（Gerber 2001: 144; Boatright 2014: 245）。

　提案の中心人物の一人であり，穏健派の共和党員として知られるトマス・キャンベルは，1992年に前任者の引退で空席となった連邦上院議員に立候補した経験を持つ。だが，彼は共和党のプライマリーで保守派ブルース・ハーシェンソンに僅差で敗れた。その後，本選に進んだハーシェンソンは結局民主党のバーバラ・ボクサーに敗北を喫している。

　中道派の民主党員だったルーシー・キルレイは1982年に共和党優位の州下院選挙区，第78選挙区からカリフォルニア州下院議員に当選した[2]。彼女はのちに州上院議員に転身して当選を果たすが，中道派ゆえに民主党のクローズド・プライマリーで苦戦が予想されたため，民主党を離党して無党派に転じ，本選挙で勝利している[3]。

　以上から分かるように，キャンベルやキルレイは自らの経験から，クローズド・プライマリーは自分たちのような穏健派を苦戦させ，イデオロギー的に極端な候補者の当選に有利に作用していると考えたのである。ゆえに，彼らは開放的なプライマリーの導入を主張して，提案198を推進する運動を先導した。

　彼らの呼びかけで，提案198への支持を広める運動には100万ドル弱の資金が集まったが，このうち半分ほどはデイヴィッド・パッカード，ウィリアム・ヒューレットなど，ヒューレット・パッカード社からの寄付である。また，キャンベル自身は9万7千ドル以上，モーガンも14万ドル以上の自己資金を拠出し，運動の展開を後押しした（Gerber 2001: 145）。

　だが，クローズド・プライマリーの下，安全選挙区（特定の政党の有権者登録数が50％を上回る選挙区）から当選を果たした二大政党の政治家たちの多くは，ブランケット・プライマリー導入に超党派で反対する。ブランケット・プライマリーが導入されることで自らの再選を危惧したからである。共和党からはブルース・ハーシェンソンやジョン・ヘリントン（レ

ーガン政権でエネルギー長官），民主党からはジョン・ヴァン・デ・キャンプやビル・プレス（カリフォルニア州民主党委員長）などの有力政治家が「超党派」でブランケット・プライマリー導入反対の論陣を張った（Masket 2013a: 209）。

カリフォルニア州の二大政党の州委員会は，政党は自発的政治結社として合衆国憲法修正第一条に規定された結社の自由を有すると主張して，政党にオープン・プライマリーを強制する提案198は憲法違反であるとする反対運動を展開しはじめた。メディア王として知られるルパート・マードックは4万8千ドル余りの資金を提供し，この反対運動を後援した（Gerber 2001: 145）。

結局，抵抗勢力の反対を押し切って1996年3月26日に提案198は可決され，ブランケット・プライマリーの導入が決定された（賛成59.41%，反対40.49%）。ブランケット・プライマリーの導入後，プライマリーでの交差投票が増える，投票率が上昇するなどの変化が見られるようになった（Gerber 2001: 148-149）。また，穏健な有権者の多い選挙区の政治家はプライマリーで交差投票する有権者に迎合するために中道化し，イデオロギー的に極端な自党のアクターから意図的に距離を置く変化が見られたことも実証されている（Bullock and Clinton 2011: 916）。

アルバレズとシンクレアの研究でも，カリフォルニア州議会のデータに基づいて検証したところ，ブランケット・プライマリー導入以降，議員の行動がより中道的・妥協的に変化したことを実証している（Alvarez and Sinclair 2012: 544-557）。

加えて，ブランケット・プライマリーが導入されると，穏健派の共和党ラティーノ政治家が民主党優位の選挙区で民主党の現職を破って当選するという現象が見られた。

カリフォルニア州のラティーノ有権者は全体の15%を占めており，社会的争点では保守的ながら，経済的には民主党の政策を支持する傾向があった。民主党に有権者登録しているラティーノが60%，共和党に登録しているものは22%に過ぎなかった。だが，ラティーノのなかに中流階層が形成されはじめると，ラティーノの中間階層は保守的な経済政策を支持するように変化し，ラティーノは潜在的には必ずしも強固な民主党の支持層とはいえなくなりつつあった（Segura and Woods 2002: 250）。

しかし，クローズド・プライマリーの下では，有権者登録上は民主党員が大多数を占めるラティーノは，共和党のプライマリーで投票できない。ゆえに，共和党の候補者の側にも民主党側にいるラティーノ有権者を意識して集票活動を展開したり，彼らを意識した政策を打ち出したりするインセンティブが生じなかった（Segura and Woods 2002: 252）。

　ちなみに，ブランケット・プライマリー導入以前の1996年の時点で，カリフォルニア州議会でラティーノの共和党議員はロッド・パチェコ一人のみである。彼は1881年以来の史上3人目のラティーノの共和党議員であった（Segura and Woods 2002: 253）。

3.3　ブランケット・プライマリーの終焉

　ブランケット・プライマリーが導入されて初の選挙となる1998年の州議会選挙において，13名のラティーノの共和党候補者が立候補し，再選されたパチェコを含めて4名が当選を果すという「異変」が見られた（Segura and Woods 2002: 256-259）。

　穏健派の共和党のラティーノ政治家は，プライマリーで登録上は民主党員であるラティーノの有権者から交差投票で支持を得ることに成功し，プライマリーおよび本選挙で勝利を収めたのである。のちにTTVG導入の立役者となるエイベル・マルドナード（Abel Maldonado）も，このとき州下院議員に当選している（Gerber 2001: 154）。

　ところが，カリフォルニア州のブランケット・プライマリーは2000年6月に突如終わりを迎える。2000年4月，カリフォルニア州の民主党，共和党，リバタリアン党，平和自由党の四党が連名でカリフォルニア州政府を相手取り，ブランケット・プライマリーが違憲であるとして訴訟を起こしたのである。

　同年6月，「カリフォルニア州民主党その他・対・ジョーンズ判決」の中で，連邦最高裁はカリフォルニア，アラスカ，ワシントン各州で採用されていたブランケット・プライマリーは憲法違反であるとの判決を下す（Bullock and Clinton 2011: 916; Hill and Kousser 2015: 7）。

　連邦最高裁によれば，政党は自発的な結社であり，合衆国憲法修正第一条に定められた結社の自由を有する。ゆえに，有権者に人種に基づく参加制限を設けたりしない限り，政党には候補者指名の方法を自由に定める権

利がある。つまり，政党は自党の予備選挙で誰が投票する権利を有するか，自由に定めることができるというのである。ゆえに，政党にブランケット・プライマリーを課すカリフォルニア州法は，政党の結社の自由を妨げるものであり，憲法違反であると判断された（Gerber 2001: 146; Boatright 2014: 238）。

この後，カリフォルニア州は有権者が事前に登録した政党に投票し，無党派層のみが任意の政党のプライマリーに投票を選択できる（ただし，政党は無党派層の参加を拒否することもできる）セミ・クローズド・プライマリーに移行し，閉鎖的なプライマリーに戻った。

この間，カリフォルニア州の経済状況は悪化の一途を辿った。州の失業率は2000年1月には約5％であったが，その後上昇しはじめ，2003年には7％に至った。失業率はその後も低下することなく，2007年の夏に急上昇し，2009年の7月には12％を超えた。いずれも全国平均を大きく上回る深刻な数値であった。州の失業救済プログラムには失業者が殺到し，これが大きな財政上の負担と化し，財政状況は悪化の一途を辿る（Alvarez and Sinclair 2015: 30-31）。

カリフォルニア州憲法の規定では，州知事は毎年の州予算案の作成に当たっては財政を均衡させ，州議会も均衡予算案を通過させることが義務づけられていた[4]。さらに，新規財源調達に必要な増税は議会で三分の二以上の賛成がないと通せない仕組みになっていたため，財政再建に必要な増税案が超党派の合意をみず，議会を通過しなかった。経済危機を目の前にして経済再生を目指す立法活動が停滞するという危機的状況を目の当たりにして，二大政党のイデオロギー対立を促し，立法活動に必要な妥協を阻んでいるイデオロギー的分極化こそ政治的停滞を生み出した元凶であるという批判が高まった（Masket 2013a: 206）。

マスケットの分析によれば，カリフォルニア州の二大政党は1970年代の終わり頃から急速にイデオロギー的に分極化し始めている。マスケットによれば，カリフォルニア州は全米で最も分極化の程度が甚だしかった州であり，これが財政再建に向けての立法的妥協を阻む要因になっていたという（Masket 2013a: 206）。

このような状況の下，有効な対策を打ち出せなかったグレイ・デイヴィス知事はリコールを受け解任される。デイヴィスの後任には，2003年10月

に行われた選挙で俳優のアーノルド・シュワルツネッガーが当選した（Alvarez and Sinclair 2015: 31）。

だが，シュワルツネッガー新知事による政府サービスの縮小と増税の両方を盛り込んだ財政再建案もまた，政府サービスの縮小を嫌う民主党，増税を嫌う共和党の双方から激しい批判を浴びたため妥協を見ず，議会を通過させることができなかった（Alvarez and Sinclair 2015: 33）。

このような情勢を目の当たりにして，閉鎖的で党派的に偏った予備選挙こそイデオロギー的に極端な候補者を当選させて経済危機の打開に必要な立法の成立を阻み，州政治に停滞と混乱をもたらす元凶であるとの声が強くなっていく（Hill and Kousser 2015: 8）。

3. 4　TTVG 導入

2010年に大きな転機が訪れることになる（Alvarez and Sinclair 2015: 34）。きっかけとなったのは2009年の州政府予算をめぐる攻防であった。エイベル・マルドナード州上院議員がイニシアチブを取り，民主党主導の増税を含む予算案を支持する代償として，TTVG の導入を提案したのである。

すでに述べたように，穏健派でラティーノの共和党員であるマルドナードは，ブランケット・プライマリー時代の1998年に当選を果たしていた。

マルドナードが TTVG 導入を提案すると，複数の政治組織がこれを支持する動きを見せた。例えば，「統一的無党派政党の実現を目指す委員会」（Committee of a Unified Independent Party; CUIP）は無党派の有権者を組織化し，党派的に偏らない政治の実現を目指して活動する諸団体の連合である。この団体のカリフォルニア州における下部組織である「無党派の声」（Independent Voice）は TTVG の導入を積極的に後押しした[5]。

同様に，有権者の教育や無党派層の政治参加促進などの手段を通じて，アメリカの民主政治を市民による政治的討議によって活性化させようと試みる「無党派教育機構」（Foundation of Independent Voter Education; FIVE）などの非営利公益法人（501（C）3 団体）も，TTVG の導入を積極的に推進した[6]。

CUIP や FIVE の支援も追い風となり，マルドナードの要求を民主党側も受け入れることを表明，TTVG 導入を盛り込んだ提案14（Proposition 14）が州議会を通過した。2010年 6 月のプライマリーでの有権者による投票で

同提案は賛成多数で可決され，カリフォルニア州に TTVG の導入が正式に決定した（Alvarez and Sinclair 2015: 34）。

カリフォルニア同様，2000年の判決でブランケット・プライマリーを廃止せざるを得なくなったワシントン州もカリフォルニア州に先立って2004年に TTVG の採用を決定しており，カリフォルニア州の導入決定は全米で二例目である。

また，カリフォルニアでは TTVG 導入に先んじて，2008年に提案11（Proposition 11）が成立しており，選挙区割を14人の一般有権者が行なう「市民による区割委員会」（Citizens Redistricting Commission）の設立も決定されていた。2010年からは，選挙区割についても脱党派的に実施する試みが導入されたのである（Kousser et.al. 2014: 1, 11）。区割委員会は二大政党の支持層が拮抗する選挙区（Swing Districts）を人為的に多く作り出すことで中道的な候補者の当選を後押ししようとする制度改革である。

さて，なぜマルドナードは TTVG の導入にあたって，積極的なリーダーシップを発揮したのだろうか。

マルドナードは2004年に州下院議員から州上院議員に鞍替えしており，第15州上院議員選挙区から当選を果たした。ちなみに，このとき第15州上院議員選挙区の共和党予備選挙にはマルドナード以外の共和党候補が出馬しなかった。2004年の時点で，予備選挙の形式はブランケット・プライマリーからセミ・クローズド・プライマリーへと切り替わっていたものの，マルドナードの予備選挙自体は無風だったのである[7]。

表1からも窺われるように，マルドナードの上院選挙区は二大政党の有権者登録者がいずれも過半数を占めておらず，彼の所属政党である共和党はむしろ少数派であり，ラティーノの占める割合が比較的多い区であった。予備選挙を無風で勝ち抜いたマルドナードは，本選挙において共和党票の61.9％を獲得，同時に民主党票も4割近くを吸収し，当選を果たすことに成功している（得票率52.5％）[8]。

メキシコ移民の息子で穏健派の共和党員であるマルドナードは，州内の中小企業を支持母体とし

表1　カリフォルニア州第15上院選挙区の有権者構成

有権者総数	民主党	共和党	政党支持なし	ラティーノ
1,393,517	615,277	436,423	270,460	423,629
(100%)	(44.2%)	(31.3%)	(19.4%)	(30.4%)

て擁していた。彼は中小企業への減税などを強く支持しており，企業寄り・経済保守的なスタンスを明確にしていた[9]。マルドナードは経済については共和党寄りの明確な姿勢を打ち出す一方で，人種問題，環境保護，人工妊娠中絶，銃規制といった社会的争点については曖昧なスタンスを取り，明確な姿勢を打ち出さなかった[10]。

マルドナードは2006年には州財務長官（State Controller）選挙に立候補するも，このときは州全域を対象とする共和党のセミ・クローズド・プライマリーにおいて，41％を獲得したトニー・ストリックランドに3.7％という僅差で敗れた[11]。

ストリックランドは宗教保守団体を支持母体としており，人工妊娠中絶反対，反人種割当制度，反環境規制，反銃規制，反同性愛の姿勢を取る強硬な社会的保守派であった[12]。ストリックランドはプライマリーでマルドナードを降したものの，本選挙では40.2％しか獲得できず，50.7％を獲得した民主党のジョン・チャンの前に惨敗した。

以上のように，2004年の選挙において中小企業を支持基盤に擁する共和党穏健派のラティーノ政治家であるマルドナードが明確な立場を打ち出したのは中小企業への減税のみであった。他の争点，特に社会的争点については曖昧な姿勢を取ることで当選を果たしたのである。しかし，2006年のプライマリーでは社会的に保守的な争点を掲げるストリックランドの前に僅差で敗れた。

マルドナードはブランケット・プライマリーが導入された1998年に州下院議員に当選を果たした。このときは，穏健派のラティーノの共和党政治家だった彼は，有権者登録上は民主党員であったヒスパニック系有権者からの交差投票を得て，勝利を収めたことはすでに述べた。

だが，ブランケット・プライマリーが2000年に違憲判決を受け，セミ・クローズド・プライマリーに移行した状況下では宗教保守に支持される保守強硬派の候補者のほうが共和党のプライマリーにおいては当選しやすく，マルドナードのような穏健派は制度改変によって不利になったと考えられるようになった。

表2　2006年のカリフォルニア州の有権者構成

有権者登録総数	共和党有権者登録	民主党有権者登録	ラティーノ
15,837,108	6,727,908	5,436,314	2,481,000
（100％）	（42.48％）	（34.33％）	（15.67％）

表1と表2を比較すると分かるが，第15上院選挙区とカリフォルニア州全体の有権者構成は似ている。穏健派共和党員でラティーノの政治家であるマルドナードにしてみれば，開放的なプライマリーならば保守派の候補者を抑えて自身が勝ち残る可能性が高く，そうなれば本選で民主党の候補者にも勝利できるとの判断が働いていたであろう。

カリフォルニア州では2004年8月，違憲判決を受けて廃止されたブランケット・プライマリーを再び復活させようとする提案62が提出された。マルドナードはこの動きに同調して提案を積極的に支持したが，提案62は反対多数で否決されている[13]。

マルドナードがブランケット・プライマリーの復活案に同調したり，TTVG導入に際して積極的な役割を発揮したりしたのは，閉鎖的なプライマリーは自分のような穏健派共和党候補者に不利で，自らの再選のためには制度を改革する必要があるとの合理的な判断による基づくものであったと考えられる。

4．結論

4.1 結論

事例内観察によって得られた知見を総括する。

まず，1914年に導入された多重立候補は1958年に禁止されたが，このルール変更は民主党のイニシアチブで行なわれた。民主党は多重立候補が共和党の一党優位をもたらす元凶と考え，ルールを変革することで自党の勢力拡大を図ったのである。

次いで，1996年にブランケット・プライマリー導入の先導役を務めたのは，民主・共和両党の穏健派政治家であった。彼らは開放的なプライマリーが導入されればイデオロギー的に極端な政治家が選出されにくくなり，自らのような中道派が優位に立てると考えたのである。

これに対して，2000年4月，ブランケット・プライマリーを憲法違反であるとして訴えたのはカリフォルニア州の主要四政党である。主要政党の政治家たちは開放的なプライマリーの導入が自らの当選を危うくすると考え，訴訟を起こしたのである。

他方，2010年のTTVG導入の功労者だったマルドナードは開放的なプラ

イマリーが導入されることで自らの再選が確実になることを期待して改革を先導した。

以上から明らかなように，カリフォルニア州のプライマリー制度の変更は，自らの勢力拡大や再選などの目標を合理的に追求する政党や政治家などのアクターの行動の帰結として生じたものである（Boix 1999; Benoit 2004; Colomer 2005; Benoit 2007）。すなわち，既存のプライマリー制度の下で不利益を被っている（と少なくとも認識する）アクターは，自らにより有利と思われる新しい制度の導入を繰り返し試み，それが歴史的に何度か成功を収めてきたのである。

マスケットの説明では，選挙改革とは特定の政策要求集団が他の政策要求者集団に対して優位に立つために，政治家に行わせるものと捉えられてきた。カリフォルニア州のプライマリーの形態が1908年以降，歴史的に何度も改革と再改革を経て最終的にTTVGが採用されたのは，まさにそのような事例であるというのがマスケットの説明である。

だが，カリフォルニア州の事例を再検証する限り政策要求者集団の影響はいずれの事例内観察においてもそれほど顕著ではなく，プライマリー形態の変更を促す必要条件であったとは考えにくいのではないだろうか。むしろ，自らに有利な選挙制度を実現することで当選・再選を確実なものにしようとする合理的かつ野心的な政党・政治家の行動こそ必要条件であり，選挙制度改革に決定的な影響を与える要因だったのではないだろうか（Schwartz 1989; Aldrich 2011: 5, 14, 21）。

4.2 含意

TTVG制度の下で行われた初の選挙である2012年を調査したアルバレズとシンクレア，マスケットは以下に示すような変化が生じたことを示している。

第一に，投票率の変化である。セミ・クローズド・プライマリーで行われた2008年，2010年のプライマリーでの投票率が28.2％，33.3％であったのに対して，TTVG導入後は2012年で31.1％，2014年で25.1％と変化しており，TTVG導入後に投票率が低下する傾向が見られた（Alvarez and Sinclair 2015; Hill and Kousser 2015）。

ホールとコーサーが属性別に検証を行ったところ，TTVG導入後，年齢

や支持政党など属性を問わず万遍なく投票率が下がっていることが判明した。年齢別には層が上がるほど投票率が下がる傾向にあるが，例外的に最若年層（18～19歳）のみ投票率が上がる傾向（7.0%→8.2%）にあった（Hill and Kousser 2015: 23）。特に2014年中間選挙のプライマリーの投票率25.1%は，1918年以降で最低の数字である（Kousser 2015: 4）。

　第二に，民主党の有権者が過半数を占める選挙区では民主党同士の，共和党の有権者が過半数を占める選挙区では共和党同士の候補者による本選挙が増加した（Masket 2013a: 214-215）。

　第三に，前節でも述べたことであるが，TTVGが導入されても選挙区の中位投票者と候補者のイデオロギー的距離は縮まらず，むしろ乖離する傾向がみられるとする研究結果が報告されている（Kousser et.al. 2014: 25）。

　アーラーらも実験的手法を用いた研究でTTVGは中道的な候補者を生み出す効果を発揮していないと結論付けている。彼らの研究ではTTVGが導入されても有権者が党派の軸を超えて投票しようとしないこと，そして情報が不足しているために有権者が中道的候補者とそうでない候補者を見分ける能力がないことが指摘されている（Ahler et.al. 2013）。

　また，各政党はTTVG導入直後から党の公認候補を指名して選挙当日までに有権者にリストを配布することを開始しており，これが無党派プライマリーの効果を無効化してしまっているとの指摘もある。共和党・民主党はともに，郡・州の共和党委員会で一定数以上の支持を集めた候補者を公認候補として発表している。2012年の選挙では両党が公認した113人の候補のうち，103人が本選挙まで生き残っている（Masket 2013a: 210-214; Boatright 2014: 247）。

　その他の政治参加等の面を見ても目立った変化は生まれておらず，TTVGは（現在までのところ）注目に値する効果を上げていないとされる。であるとすれば，こうした現行の制度に不満を抱く政党・政治家が必ず出現するであろう。

　それらの政党・政治家は再び制度を変化させようとするインセンティブを持つようになり，プライマリー制度の再改変に向けた新たなダイナミズムを生み出す動きにつながるのではないかと予測される。

　［注記］　この論文は，日本学術振興会科学研究費補助金（課題番号：

26301013）の助成により行われる研究の一部である。

（１） 補足すると，各州で導入が進められているオープン・プライマリーとは，通常(1)ブランケット・プライマリー，(2)上位二候補プライマリー（Top-Two-Vote-Getter; TTVG）に大別される（Mann and Ornstein 2012: 148-149）。ブランケット・プライマリーでは単一の投票用紙に公職と政党ごとに全候補者の姓名が列挙されており，有権者は公職ごとのプライマリーで任意の候補者に一票を投じる権利を有する。ここでは民主党に有権者登録している有権者であっても，共和党のプライマリーに参加し，候補者に投票することが可能である。そして，各政党の候補者で最大得票を得たものが本選挙に進出し，本選挙では政党別に選ばれた最終候補者が対決するという仕組みである。これに対して，TTVG では，まず候補者が自らの政党志向性を公表する。注意すべきことは，これはあくまで政党「志向性」であって，その政党からの公認や政策綱領の全面的容認などを必要とするわけではない。有権者は公職ごとに最もふさわしいと思う候補者に投票を行なっていく。そして，プライマリーで上位二位を占めた候補者同士が「決戦投票」を行なうというものである。この方式を採用すれば，例えば共和党員二人が州知事のプライマリーで勝利することもあり得るし，逆に民主党の候補者二名が勝利することもあり得る。民主党の候補者二名がプライマリーを勝ち抜いた場合，本選挙では「二人の民主党候補のうち，有権者の選好により合致した候補者はどちらか」をめぐる決戦が行なわれる。いわば，TTVG は段階的に理想的中位投票者（Ideal Median Voter）の選好を体現していると考えられる候補者を「党派的要素を排除して絞り込んでいく方法」であるといえる（Alvarez and Sinclair 2015: 7）。

（２） <http://articles.latimes.com/1986-09-22/local/me-8579_1_republican-assembly>, accessed June 1, 2015.

（３） <http://articles.latimes.com/1992-11-04/local/me-1112_1_state-senate>, accessed June 1, 2015.

（４） <http://www.ncsl.org/documents/fiscal/statebalancedbudgetprovisions2010.pdf>, accessed July 8, 2016.

（５） <http://www.independentvoterproject.org/top_two_primary>, accessed June 1, 2015.

（６） <http://www.independentvoterproject.org/who_we_are>, accessed June 1, 2015.

（７） <http://www.sos.ca.gov/elections/prior-elections/statewide-election-results/presidential-primary-election-march-2-2004/statement-vote/>, accessed June 1, 2015.

(8) <http://www.sos.ca.gov/elections/prior-elections/statewide-election-results/presidential-primary-election-march-2-2004/statement-vote/>, accessed June 1, 2015.
(9) <http://www.independent.com/news/2009/mar/26/maldonado-caught-free-fire-zone/>, accessed June 2, 2015.
(10) <http://votesmart.org/candidate/political-courage-test/16814/abel-maldonado/#.VWxn8M_tmko>, accessed June 2, 2015.
(11) <http://primary2006.sos.ca.gov/Returns/ctl/00.htm>, accessed June 1, 2015.
(12) <http://votesmart.org/candidate/political-courage-test/16765/tony-strickland/#.VWxzPc_tmko>, accessed June 2, 2015.
(13) <http://articles.latimes.com/2004/aug/12/local/me-cap12>, accessed June 1, 2015.

参考文献

Ahler, Douglas J., Jack Citrin, Gabriel S. Lenz, 2013. "Do Open Primaries Help Moderate Candidates? An Experimental Test on the 2012 California Primary." Paper Prepared for Presentation at the Annual Meeting of the Western Political Science Association.

Aldrich, John H., 2011. *Why Parties? A Second Look*, The University of Chicago Press.

Alvarez, Michael R., Betsy Sinclair, 2012. "Electoral Institutions and Legislative Behavior: The Effects of Primary Processes." *Political Research Quarterly*, Volume 65, Number 3.

Alvarez, R. Michael, J. Andrew Sinclair, 2015. *Nonpartisan Primary Election Reform: Mitigating Mischief*, Cambridge University Press.

Bawn, Kathleen, Martin Cohen, David Karol, Seth Masket, Hans Noel, and John Zaller, 2012. "A Theory of Political Parties: Groups, Policy Demands and Nominations in American Politics," *Perspectives on Politics*, Volume 10, Number 3.

Benoit, Kenneth, 2004. "Models of Electoral System Change." *Electoral Studies*, Volume 23.

Benoit, Kenneth, 2007. "Electoral Laws as Political Consequences: Explaining the Origins and Change of Electoral Institutions." *Annual Review of Political Science*, Volume 10, Number 1.

Boatright, Robert G., 2014. *Congressional Primary Elections*, Routledge.

Boix, Carles, 1999. "Setting the Rules of the Game: The Choice of Electoral Systems in the Advanced Democracies." *The American Political Science Review*, Volume 93, Number 3.

Brady, David W., Hahrie Han, Jeremy Pope, 2007. "Primary Elections and Candidate Ideology: Out of Step with the Primary Electorate?" *Legislative Studies Quarterly*, Volume 32, Issue 1.

Bullock, Will, Joshua D. Clinton, 2011. "More a Molehill than a Mountain: The Effects of the Blanket Primary on Elected Officials' Behavior from California." *The Journal of Politics*, Volume 73, Number 3.

Burden, Barry C., 2004. "Candidate Positioning in U.S. Congressional Elections." *British Journal of Political Science*, Volume 34, Issue 2.

Cho, Seok-Ju, Insun Kang, 2014. "Open Primaries and Crossover Voting." *Journal of Theoretical Politics*, 27: 351-378.

Cohen, Marty, David Karol, Hans Noel, John Zaller, 2008. *The Party Decides: Presidential Nominations Before and After Reform*, the University of Chicago Press.

Colomer, Josep M., 2005. "It's Parties that Choose Electoral Systems (Or Duverger's Laws Upside Down)." *Political Studies*, Volume 53, Number 1.

Gaines, Brian J., Wendy K. Tam Cho, 2002. "Crossover Voting before the Blanket: Primaries versus Parties in California History." in Bruce E. Cain and Elisabeth R. Gerber (eds.) *Voting at the Political Fault Line: California's Experiment with the Blanket Primary*, University of California Press.

Gerber, Elisabeth R., Rebecca B. Morton, 1998. "Primary Election Systems and Representation." *Journal of Law, Economics, & Organization*, Vol. 14, No. 2.

Gerber, Elizabeth R., 2001. "California's Experience with the Blanket Primary." in Peter F. Galderisi, Marni Ezra, and Michael Lyons (eds.) *Congressional Primaries and the Politics of Representation*, Rowman and Littlefield.

Goertz, Gary, James Mahoney, 2012. *A Tale of Two Cultures: Qualitative and Quantitative Research in the Social Sciences*, Princeton University Press.

Hill, Seth J., Thad Kousser, 2015. "Turning Out Unlikely Voters? A Field Experiment In The Top-Two Primary." Unpublished Manuscript.

Hirano, Shigeo, James M. Snyder, Stephen Ansolabehere, J. Mark Hansen, 2010. "Primaries and Polarization in the U.S. Congress." *Quarterly Journal of Political Science*, Volume 5, Number 2.

Karol, David, 2009. *Party Position Change in American Politics: Coalition Management*, Cambridge University Press.

Kaufman, Karen M., James G. Gimpel, Adam H. Hoffman, 2003. "A Promise Fulfilled? Open Primaries and Representation." *The Journal of Politics*, Volume

65, Number 2.

Kousser, Thad, Justin Phillips, Boris Shor, 2014. "Reform and Representation: A New Method Applied to Recent Electoral Changes." Unpublished Manuscript.

Kousser, Thad, 2015. "The Top-Two, Take Two: Did Changing the Rules Change the Game in Statewide Contests?" *California Journal of Politics and Policy*, Volume 7, Number 1.

Mann, Thomas E., Norman J. Ornstein, 2012. It's even Worse than It Looks: How the American Constitutional System Collided with the New Politics of Extremism, Basic Books.

Masket, Seth, 2009. *No Middle Ground: How Party Informal Organizations Control Nominations and Polarize Legislatures*, the University of Michigan Press.

Masket, Seth, 2013a. "Can Polarization be 'Fixed'? California's Experiment with the Top-Two Primary." in Scott A. Frisch and Sean Q. Kelly (eds.) *Politics to the Extreme: American Political Institutions in the Twenty-First Century*, Palgrave Macmillan.

Masket, Seth, 2013b. "Polarization Interrupted? California's Experiment with the Top-Two Primary." in Ethan Rarick (ed.) *Governing California: Politics, Government, and Public Policy in the Golden States*, Berkley Public Policy Press.

Masket, Seth, 2015. "The Costs of Party Reform: Two States' Experiences." in James A. Thurber, Antoine Yoshinaka (eds.) *American Gridlock: The Sources, Character, and Impact of Political Polarization*, Cambridge University Press.

Masket, Seth, 2016. *The Inevitable Party: Why Attempts to Kill the Party System Fail and How They Weaken Democracy*, Oxford University Press.

McGhee, Eric, 2010. *Open Primaries*, Public Policy Institute of California.

McGhee, Eric, Seth Masket, Boris Shor, Steven Rogers, Nolan McCarty, 2014. "A Primary Cause of Partisanship? Nomination Systems and Legislator Ideology." *American Journal of Political Science*. Volume 58, Number 2.

Noel, Hans, 2013. *Political Ideologies and Political Parties in America*, Cambridge University Press.

Norrander, Barbara. 1989. "Ideological Representativeness of Presidential Primary Voters." *American Journal of Political Science* 33(3): 570-87.

Oak, Mandar P. 2006. "On the Role of Primary System in Candidate Selection." *Economics and Politics* 18(2): 169-90.

Reynolds, John F., 2006. *The Demise of the American Convention System, 1880-1911*, Cambridge University Press.

Rogowski, Jon, Stephanie Langella, 2015. "Primary Systems and Candidate

Ideology: Evidence From Federal and State Legislative Elections." *American Political Research*, 43 (5): 846-871.

Schwartz, Thomas, 1989. *Why Parties?* Research Memorandum, Department of Political Science, University of California, Los Angels.

Segura, Gary M., Nathan D. Woods, 2002. "Targets of Opportunity: California's Blanket Primary and the Political Representation of Latino's." in Bruce E. Cain and Elisabeth R. Gerber (eds.) *Voting at the Political Fault Line: California's Experiment with the Blanket Primary*, University of California Press.

サルトーリ再考

岡﨑晴輝 *

要旨：日本の政治学では，ジョヴァンニ・サルトーリの類型論が支配的地位を占めてきた。しかし，サルトーリの類型論は，少なくとも原型のままでは有用性を喪失している。1988年から94年の「政治改革」以降，政党システム＝選挙制度をめぐる争点は＜政権選択可能な二大政党制＝小選挙区制か，民意反映可能な穏健多党制＝比例代表制か＞へと移っている。ところが，サルトーリの類型論は二大政党制と穏健多党制の相違を過小評価しているため，この問いに答えることができない。我々に必要なのは，このギャップを埋めるため，サルトーリの類型論を修正することである（第4節の表3を参照）。この修正類型論を採用すれば，政党システムをより構造的に分類できるようになるであろう。のみならず，穏健多党制を多極共存型・連立交渉型・二大連合型に下位類型化することで，政権選択可能かつ民意反映可能な政党システム，すなわち穏健多党制（二大連合型）を特定することができるようになるであろう。

キーワード：サルトーリ，政党システム，類型論，政治改革，
政権選択，民意反映

はじめに

政党システム論は，長きにわたって発達を遂げてきた政治学の一分野である[1]。しかし，こと政党システムの類型論（typology）となると，40年前に公刊されたジョヴァンニ・サルトーリ『現代政党学』(1976) が依然として支配的地位を占めている[2]。『現代政党学』は「原書の出版からほとんど時をおかずに」（馬場 1981：90）邦訳が出版された。すなわち，1980年に

---

* 九州大学大学院法学研究院教授　政治理論・比較政治学

岡沢憲芙・川野秀之訳『現代政党学——現代政党システムの分析枠組み』（早稲田大学出版部）が分冊で出版され，その後，「政治改革」直中の1992年に新装版が，2000年に普及版が出版されている。その類型論は，堀江湛・岡沢憲芙編『現代政治学』（法学書院，初版1982，新版1997，第2版2002）や岡沢憲芙『政党』（東京大学出版会，1988）などを通じて広く受容されてきた[3]。現在でも，ほとんどの政治学教科書がサルトーリの類型論に依拠している[4]。

　なぜサルトーリの類型論は，日本の政治学において支配的地位を占めてきたのであろうか。一つの理由は，サルトーリ類型論の持つ普遍的意義であろう。たとえば，ピーター・メアは，政党と政党システムに関する重要文献を収めた『西欧の政党システム』（1990）を編集し，「最も効果的かつ徹底的な類型論は，しかし，サルトーリが展開したものである」(Mair, ed. 1990: 19）と評し，その最終章に『現代政党学』の抜粋を再録している。また，スティーヴン・ウォリネッツは『政党政治ハンドブック』(2006) に寄稿した論文において，サルトーリ『現代政党学』以降，新しい類型論はほとんど見当たらないと指摘している（Wolinetz 2006: 58）。

　しかし，こうした普遍的意義に加えて，特殊日本的意義も影響していたように思われる。第1に，一党優位政党制の概念が55年体制下の政党システムを説明するのに適合的だったことである（たとえば，村上 1986：214-216）。第2に，穏健多党制と分極多党制の区別が，二大政党制＝小選挙区制論に対抗するための理論的支柱になったことである。サルトーリ等が援用されて，二大政党制だけでなく穏健多党制も安定的でありうるとされたのである（たとえば，篠原 1984：47）。

　しかし，サルトーリの類型論にとどまったままで，政党システムをめぐる現代的論争に対応することができるのであろうか。第1節で確認するように，1988年から94年の「政治改革」以降，政党システム＝選挙制度をめぐる争点は＜政権選択可能な二大政党制＝小選挙区制か，民意反映可能な穏健多党制＝比例代表制か＞へと移り，前者が優位に立つようになっている。そうした政治的文脈においては，サルトーリの類型論は少なくとも原型のままでは有用性を喪失し，政党システムを認識・変革する力を持ちえなくなっている。第2節で明らかにするように，サルトーリの類型論は二大政党制と穏健多党制の相違を過小評価しており，前述の二者択一を乗り

越える視点はおろか，いずれかを擁護する視点さえ欠いているからである。本稿では，そうした問題意識の下に，＜政権選択可能かつ民意反映可能な政党システム＞を構想する，新しい類型論を提示することを試みたい。

1．政権選択・民意反映論争

現代日本の政党システムの起点となったのは，1988年から94年の「政治改革」である。そこでは，二大政党制＝小選挙区制を志向する政治勢力と穏健多党制＝比例代表制を志向する政治勢力が激しい権力闘争を繰り広げただけでなく，激しい思想闘争も繰り広げたのである。その際，二大政党制＝小選挙区制の思想的基礎となったのが「政権選択」であり，穏健多党制＝比例代表制の思想的基礎となったのが「民意反映」である。この政権選択・民意反映論争は，サルトーリ類型論の有用性を判断する際，避けては通れない政治的文脈をなしている。まず最初に，この政権選択・民意反映論争を確認することにしたい[5]。

周知のように，自由民主党「政治改革大綱」（1989年5月）は，中選挙区制が「個人中心の選挙」をもたらし「政治家の資質，活動のかなりの部分をそこなう」とともに，「政権交代の可能性を見いだしにくくしている」と批判し，「小選挙区制の導入を基本とした選挙制度の抜本改革にとりくむ。そのさい，少数世論も反映されるよう比例代表制を加味することも検討する」ことを提言した（自由民主党 1989：7－8）。しかし「政治改革大綱」は，中選挙区制を否定する論拠は提示したが，有力な代替案である併用制を否定する論拠は提示しなかった。そうしたなか，併用制を否定する論拠として政権選択論を打ちだしたのが，第8次選挙制度審議会の「選挙制度及び政治資金制度の改革についての答申」（1990年4月），いわゆる第1次答申である[6]。第1次答申では「『政治改革大綱』に比べて具体的な制度設計が示され」（中北 2012：36）ただけでなく，併用制を退ける論拠も示されたのである。第1次答申によれば，

> 併用制には，小党分立となり連立政権となる可能性が高い」また，連立政権となる場合には政権を担当する政党が国民によって直接選択されるのではなく，政党間の交渉によって決定されてしまうという問題があることに加え，議席の配分の方式から生ずる結果として議員の総

定数を超える，いわゆる超過議席を生ずる場合もあるという問題がある（選挙制度審議会 1990：5）。

当時，選挙制度の専門家は「政権選択」を重視してはいなかった。日本選挙学会会員を対象とした「選挙制度改革に関する有識者調査」（1989年12月〜90年1月）において「衆議院における望ましい選挙区制を考える上で最も重視する点」を尋ねたが（3個選択），第1位は「議席配分に民意ができるだけ正確に反映されるようにする」（52.8％）であり，それに「政党・政策中心の選挙が行われるようにする」（51.9％），「政権交代を可能にする」（47.2％）が続いた。政権選択論に該当する「政権担当政党の決定に民意が反映されるようにする」（12.3％）は，「その他」を除く9個の選択肢中，8番目にとどまったのである（日本選挙学会 1990：50）。

それゆえ，政権選択論にたいする激しい批判が生じたのは必然だった。その急先鋒だった石川真澄によれば，イギリスでも，戦後，第一党の得票率が過半数を超えたことは一度もない。それどころか，得票上の第二党が議席上の第一党になった場合さえある（石川 1990：50；石川 1993：25-27）。他方，比例代表制では「連立政権が選挙後に各党の話し合いで政権を構成することが多いというのはほんとうである」が，「選挙前に各党が連合の話し合いと公約に努力することで，かなりの程度改善できる部分であって，基本的な欠陥ではない」（石川 1990：54）。そもそも，日本国憲法では，国政選挙の第一義的機能は「政権」を選択することではなく「代表」を選出することだというのである（石川 1993：19-20）。

国会では，こうした国会外の言説を摂取しつつ，政党システム＝選挙制度をめぐる激しい論争が繰り広げられた。第126回国会（宮澤内閣期）では，自民党は，政権選択論を主たる論拠にして，二大政党制＝小選挙区制を主張した。それによれば，衆議院議員総選挙は何よりもまず政権を選択する選挙であり，そのためには二大政党制＝小選挙区制が望ましい。そして，有権者が政権を選択できる二大政党制＝小選挙区制こそが，政権に関する民意を反映できるというのである。他方，社会党・公明党等は，民意反映論を主たる論拠にして，穏健多党制＝比例代表制（小選挙区併用型比例代表制）を主張した。それによれば，国会議員選挙は第一義的には代表を選出する選挙であり，そのためには民意を正確に反映しやすい比例代表制が

ふさわしいというのである。こうして，自民党による「民意反映」概念の再定義を伴いつつも，＜政権選択可能な二大政党制＝小選挙区制か，民意反映可能な穏健多党制＝比例代表制か＞という争点が鮮明に現れたのである。

第128回国会（細川内閣期）では，穏健多党制を志向する細川内閣＝連立与党は，小選挙区250と比例代表250（全国単位），2票制の並立制を主張した。これにたいして，二大政党制を志向する自民党は，衆議院議員総選挙は第一義的には政権選択選挙であるとし，小選挙区300，比例代表171（都道府県単位），1票制の並立制を主張した。共産党を除く与野党が並立制の導入では一致するにいたったため，争点は＜政権選択を重視すべきか否か＞へとシフトしたが，政権選択・民意反映という枠組み自体は変わらなかった。国会審議では，政権選択を重視する自民党からの批判にたいして，政権選択と民意反映を相互補完的に位置づけようとする細川内閣＝連立与党は，必ずしも効果的に反論できなかった。一例を挙げれば（岡﨑 2012b：4），1993年10月18日の衆議院政治改革調査特別委員会において，石破茂は，政権選択が可能なように「できるだけ二大政党に近いものであってほしい」と噛んで含めるように説明しているのに，細川首相は「ちょっと質問の御趣旨がよく私もつかみかねる」，「まだよくちょっとわかりません」と応答している。細川によれば，

> まだよくちょっとわかりませんが，おっしゃる意味は多分，数が少し多過ぎる，もっと穏健な多党制，まあ3つから5つぐらいのものになった方が国民の国家意思の選択というものは，決定というものはやりやすいのではないか，こういう御趣旨だろうと思いますが，それはおっしゃるとおりだと思います。（「第128回国会衆議院政治改革に関する調査特別委員会議録」第3号，1993年10月18日，38頁）

結局，第1次細川・河野会談後，連立与党は，小選挙区を274，比例代表を226に変更する修正案を国会に提出した。その際，細川首相は「自民党の方で主張しておられた，より強く政権の意思の選択ができるという点については，私どもとしても可能な限りの譲歩をさせていただいた」と答弁している（「第128回国会衆議院政治改革に関する調査特別委員会議録」第18号，1993年11月16日，6頁）。最終的には，1994年1月の参院社会党の造反

と第 2 次細川・河野会談を経て，小選挙区300，比例代表200（11ブロック単位），2 票制で劇的に決着している。

その後，政治改革推進協議会（民間政治臨調）が政権選択論を採用するようになり（中北 2012：90-97を参照），現代日本の政党システム＝選挙制度を思想的に支える役割を果たしてきた。その「構造改革を担う新しい政党と政治のあり方」（1997年 5 月）によれば，現代日本の民主主義は「比例代表制型民主主義ゲーム」から「小選挙区制型民主主義ゲーム」へと転換している。そこでは，有権者は選挙を通じて「二大政党ないし二大勢力（選挙連合）」を直接選択することができる。そして，有権者は「直接的な政権選択（政策選択，首相選択）という形で表明された民意」を反映することができる。しかしそのためには，「政党は，事前に明確で信頼性のある政権構想（政権政策と首相候補）」を明示し」なければならない（政治改革推進協議会 1997：2 - 9）。民間政治臨調を引き継ぐ21世紀臨調も，こうした政権選択論を堅持しつづけている（佐々木・21世紀臨調編著 2013：第 1 部第 2 章）[7]。

2．サルトーリの類型論

以上のように，「政治改革」以降，政党システム＝選挙制度をめぐる争点は＜政権選択可能な二大政党制＝小選挙区制か，民意反映可能な穏健多党制＝比例代表制か＞へと移っている。こうした政治的文脈の変化は，既存の類型論の有用性に関する疑問を引き起こさざるをえない。いったい，サルトーリの類型論は依然として有用なのであろうか，と。この問いに答えるために，いったん『現代政党学』に立ち返り，サルトーリの類型論を内在的に理解することを試みたい。

周知のように，サルトーリは『現代政党学』第Ⅱ部「政党システム」において，一党制・二党制・多党制という伝統的分類への不満を表明し，より精緻な類型論を提示している。まず最初に，政党数の計算ルールを精緻化するとともに，「イデオロギー距離」（ideological distance）等の概念を導入している（Sartori 1976: 121-126 = 2005a: 107-111 = 2000a: 211-221）。そして，政党数とイデオロギー距離という 2 つの基準を用いて，政党システムを 7 つに類型化している[8]。サルトーリは「賢明な計算」（intelligent counting）によって，伝統的な「一党制塊」を「一党制」，「ヘゲモニー政

党制」,「一党優位政党制」に分解している。「二大政党制」には手を付けずに, 伝統的な「多党制塊」をイデオロギー距離に基づいて「穏健多党制」と「分極多党制」に分解している9。最後に, 政党数の基準が当てはまらない政党システムとして「原子化政党制」を追加している（Sartori 1976: 125-129 = 2005a: 110-113 = 2000a: 218-224)。

　こうした類型論を提示した『現代政党学』は, いちはやく訳書が出版されたこともあり, 日本の政治学において支配的地位を占めてきた。しかし, 特殊日本的な問題関心ゆえに一定のバイアスがかかってきたのではないだろうか。日本の政治学者は概して, 第5章から第7章, 特に「競争的システム」を扱った第6章を中心に『現代政党学』を解釈してきた。たとえば, サルトーリをいちはやく紹介した篠原一は,「第2部, とくに競争システムの類型化を行った第6章は, この著書の中のもっとも中心的な部分であるように思われる」(篠原1979：118),「とりわけ第6章, 競争システムはサルトリの分析の中でもっとも光彩をはなっている部分であろう」(篠原1979：119) と評している。そうした第6章中心の解釈は, 日本の政治学者が日本の政党政治に抱いていた問題関心を反映したものだったのであろう。たとえば, 馬場康雄は「とりわけ第6章「競合的システム」の理論は現代日本の政党政治を考えるための極めて有効な枠組である」と記している（馬場1981：91）。

　こうした第6章中心の『現代政党学』解釈はややもすれば, サルトーリの類型論を外在的に解釈することにつながってきたのではないだろうか。私の解釈では, サルトーリの類型論を内在的に解釈するためには,「全体的枠組み」(the overall framework) と題された第9章, 特にその第2節に着目することが欠かせない。そこでは, 類型論を総括した3つの表と1つの図が描かれているのである。ところが, サルトーリの類型論が紹介される際, これらの表や図に言及されることは少ない。言及されたとしても, 決定的に重要であろう表34に言及されることは皆無である（Mair, ed. 1990: 348; Ware 1996: 169; 佐々木2012：200, 207)[10]。

　サルトーリは第9章第2節において, 図示（mapping）のために, 表33「政党政体の類型論」を提示した後, 表34「単純化された構造図式」へと単純化している（Sartori 1976: 285 = 2005a: 254 =2000a: 472）。表34においてサルトーリは「構造的形状」(structural configurations) に注目し, 主要な

表1　サルトーリの類型論

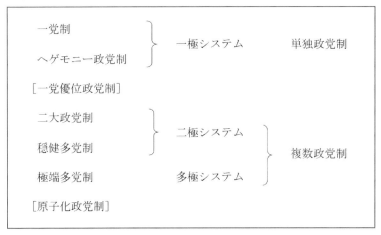

(Sartori 1976: 285 = 2005a: 254 = 2000a: 472)

政党システムを表1のように図式化している[11]。ECPR 版では「二極システム」がやや下になっているため（Sartori 2005a: 254），また日本語版では「二極システム」と「多極システム」が一行上になっているため（Sartori 2000a: 472），二大政党制と穏健多党制が二極システムに該当し，分極多党制（極端多党制）が多極システムに該当することが読み取りにくい。しかし，「政党システムの類型論」（1970年）の表12-3（Sartori 1970: 352）や，ケンブリッジ大学出版局版の表34（Sartori 1976: 285）を見れば，また『現代政党学』の表34に続く文章を読めば，サルトーリが二大政党制と穏健多党制を二極システムに分類し，分極多党制（極端多党制）を多極システムに位置づけていることは明白であろう。サルトーリは，表34に続けて次のように述べている。

> この構造的ラベルは，二大政党制と穏健多党制が構造的に類似している——両者とも二極システムである——ことを示すことで，それゆえ，主たる境界線が穏健多党制と極端多党制のあいだにあることを示すことで，伝統的な誤分類を訂正するのに役立つ。（Sartori 1976: 286 = 2005a: 254 = 2000a: 473）

ここで，第9章第2節から第6章に遡れば，サルトーリが穏健多党制も

二大政党制と同じく二極システムであり「穏健な政治」(moderate politics) に資すると論じている箇所があることに気付くであろう (Sartori 1976: 178-179 = 2005a: 158-159 = 2000a: 298)。

要するに，サルトーリは7つの類型を並列しただけなのではない。それに加えて，穏健多党制と分極多党制のあいだに境界線を引いた(岡沢 1988：50; 岡沢 1993：241; Sartori 2000a: 593) だけなのでもない。サルトーリは，二大政党制と穏健多党制を「二極システム」として一括し，「二極システム」と「多極システム」のあいだに境界線を引いたのである12。その意味において，サルトーリは「二極システム (bipolar system) 神話」を築いたといえるであろう (空井 2010a：2)。

このように解釈した場合，サルトーリの類型論が少なくとも原型のままでは有用性を喪失していることは明らかであろう。たしかに，サルトーリの類型論は55年体制（一党優位政党制）を認識するうえでも有用だったし，二大政党制だけでなく穏健多党制という選択肢を提示するうえでも有用だった。しかし，二大政党制と穏健多党制を「二極システム」として一括し，両者の相違を過小評価する類型論では，＜政権選択可能な二大政党制＝小選挙区制か，民意反映可能な穏健多党制＝比例代表制か＞という問いに答えることができない。サルトーリの類型論は，我々の視野を広げてきたが，現在では逆に視野を狭めている。我々に必要なのは，＜二大政党制か穏健多党制か＞という疑似サルトーリ的二者択一のデュベルジェ的補強（高橋 2006：第Ⅲ章）でも，そのレイプハルト的補強（高見 2008：第2章，第3章）でもなく，政権選択・民意反映論争を踏まえ，サルトーリの類型論それ自体を修正していくことであろう。

3．従来の修正類型論

スティーヴン・ウォリネッツは『政党政治ハンドブック』（2006年）に寄稿した論文において，政党システム論の現状を診断している。ウォリネッツによれば，サルトーリ『現代政党学』以降，新しい類型論はほとんど見当たらない。そのことはサルトーリが成功を収めた証でもあるが，現在，それが有用であるか否かは疑わしい。先進民主主義諸国では，ほとんどの政党システムが穏健多党制に該当するようになっているからである。それらの政党システムが大同小異なのであれば，サルトーリの類型論のままで

もかまわない。しかし，そうでないのであれば，それらを区別する新しい類型論がなければならないというのである（Wolinetz 2006: 58-59）。

しかし，ウォリネッツも例示しているように（Wolinetz 2006: 57-58），サルトーリの類型論を修正する試みがまったくなかったわけではない。ここでは，先進民主主義諸国の政党システムが穏健多党制化しているとの現状分析に基づいて（cf. Mair 1997: 204, 206; Wolinetz 2006: 59），穏健多党制を下位類型化する主要な試みを検討することにしたい13。

クラウス・フォン・バイメは，西欧民主主義諸国の政党システムの変化に合わせて，サルトーリの類型論を「若干修正」している。それをパラフレーズすれば，次のようになるであろう。①二大政党制，②穏健多党制（単独政権型），③穏健多党制（連立政権型），④穏健多党制（中道連立・大連立型），⑤分極多党制（左右対立型），⑥分極多党制（中道統治型），⑦分極多党制（一党優位型）である（Beyme 1985: 259-265）。

吉野孝は，バイメの類型論を紹介しつつも，バイメの類型論は「もはや十分な妥当性をもっていない」と断じ，「現在の政党システムを位置づける暫定的な見取り図」を提示している。吉野によれば，新しい類型論に求められるのは，「政党システム変化の余地を認め」る類型であること，「ロシア・東欧諸国の政党システムをも包括するような」類型であること，「政党システムを形成する上での社会的亀裂の影響力が低下していることも考慮」した類型であることである（川人ほか 2011：276-278）。吉野は，これらの点を踏まえ，表2のような修正類型論を提示しているが，教科書であるため，この表の意味するところを詳述してはいない。

アラン・シアロフは，バイメの類型論を踏まえているわけではないが，同じようにサルトーリの類型論を下位類型化している。シアロフは，3％以上の議席を持つ政党数（平均値）（P3%S），二大政党の議席占有率（平均値）（2PSC），第一党と第二党の議席比率（中央値）（SR1:2），第二党と第三党の議席比率（中央値）（SR2:3）という4要素を使い，ヨーロッパの政党システムを8つに類型化している。それをパラフレーズすれば，①二大政党制，②穏健多党制（事実上の二大半政党制［two-and-a-half party systems]），③穏健多党制（一党優位型），④穏健多党制（二大政党型），⑤穏健多党制（勢力伯仲型），⑥極端多党制（一党優位型），⑦極端多党制（二大政党型），⑧極端多党制（勢力伯仲型）ということになるであろう（Siaroff

表2 吉野孝の修正類型論

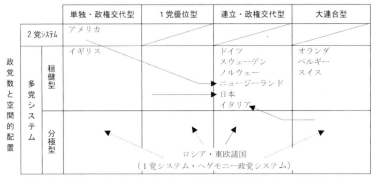

(川人ほか 2011：278)

2000: 69-71)[14]。

　これらの類型論は，サルトーリの類型論を修正しようとする意欲的な試みである。しかし，バイメや吉野の修正類型論では，政権選択可能な穏健多党制と政権選択不可能な穏健多党制が区別されていないため，政権選択・民意反映論争に対応することは難しい[15]。バイメは，穏健多党制（連立政権型）では「恒常的な連立パートナーを持つ」と想定している（Beyme 1985: 264）。選挙前に連立パートナーを明示する慣行が確立しつつあるとの現状分析に基づいているのであろう（Beyme 1985: 267）。しかし実際には，選挙後に連立政権交渉が始まるケースも少なくない。

　他方，シアロフは，穏健多党制（事実上の二大半政党制）では二大政党のいずれかが議席の過半数を占めるであろうが，穏健多党制（二大政党型）ではいずれかが議席の過半数を占めそうにはないと想定している（Siaroff 2000: 70）。それゆえ，政権選択可能な穏健多党制と政権選択不可能な穏健多党制を区別しえていないわけではない。しかし，穏健多党制（事実上の二大半政党制）では「かなめ党」がキャスティング・ヴォートを握るケースも少なくなく，シアロフの想定は説得力に乏しい。シアロフ自身，二大半政党制では一党が議席の過半数を占めるかもしれないし占めないかもしれない，と軌道修正している（Siaroff 2003: 272, 286-288）。我々は，これらの修正類型論を乗り越え，政権選択・民意反映論争を踏まえた類型論へと修正していく必要があるだろう。

4．新しい修正類型論の提案

　以上の検討を踏まえ，本稿の修正類型論を提示したい（表3）[16]。縦軸は政党数に関する軸であるが，「イデオロギー距離」（ideological distance）や「構造的強化」（structural consolidation）も組み込んでいる。＜政権選択可能な二大政党制＝小選挙区制か，民意反映可能な穏健多党制＝比例代表制か＞という枠組みに照らせば，民意反映可能性に関連している。価値や利害が多元化した現代社会では，政党数が少なければ，有権者に与えられた選択肢は限定されざるをえず，定義上，民意を反映することは難しい。しかし多党制であれば，有権者は選挙において，より多くの選択肢を持つことになり，民意を反映させやすい。たしかに，いわゆる情報コストの問題を考慮すると，政党が多ければ多いほどよいというわけではない。選択肢が多すぎれば，有権者の政党選択は，かえって困難に陥りかねない。その境界線がどこに引かれるかは，その社会の価値や利害の多元性に左右されるのであろう。いずれにせよ，価値や利害が多元化した現代社会では，多党制でなければ，有権者は選挙を通じて民意を反映させることは難しい。

　他方，横軸は，政権交代が可能か否か，政権交代が可能であっても政権選択が可能か否か，という政権に関する軸である。ここで政権交代とは，総選挙の結果，与野党が逆転することを意味している。競合システムの非政権交代型には，一党優位政党制や穏健多党制（多極共存型）が該当する。一党優位政党制の典型例は55年体制下の日本であり[17]，穏健多党制（多極共存型）の典型例はスイスであろう。スイスでは，主要政党が政権入りし，

表3　本稿の修正類型論

政党 ＼ 政権		政権非交代		政権交代	
		非競争	競争	非選択	選択
1		一党制	—	—	—
2		—	—	—	二大政党制
多	穏健	ヘゲモニー政党制	一党優位政党制	穏健多党制（多極共存型）	穏健多党制（連立交渉型）	穏健多党制（二大連合型）
	分極	—	—	—	分極多党制	
	原子	—	—	—	原子化政党制	

閣僚ポストを「魔法の公式」に従って占め，大統領ポストも輪番制で担当している（Kriesi and Trechsel 2008: 75-77）。一党優位政党制でも穏健多党制（多極共存型）でも，政権交代は事実上起こらない。

政権交代可能な政党システムに目を移せば，政権選択が可能か否かで下位類型化することができるであろう。ここで政権選択とは，有権者が選挙において，首相，与党，政策体系を決定することを意味している[18]。政権選択の概念を明確に把握するためには，事前的政権選択と事後的政権選択を区別する必要があるだろう[19]。前者は，政党ないし政党連合の政権公約（マニフェスト）を比較し，どの政党ないし政党連合を次の与党にするかを判断することであり，後者は，与党の業績を評価し，引き続き政権を委ねるか否かを判断することである。前者は，パウエルの identifiability の概念に対応し，後者は同じく accountability の概念に対応すると考えて差し支えないであろう（Powell 2000: 8-9, 71）。

さて，政権選択の概念を導入した場合，政権交代可能な政党システムであっても，2つに区別することができるであろう。有権者が選挙で政権を選択しやすい政権選択型と，政党間交渉で政権が決まりやすい政権非選択型である。政権選択型の1つは二大政党制であり，その典型例とされてきたのはイギリスである[20]。ただし，イギリスでも時に生じるように，得票率と議席率の逆転現象が生じたり「宙づり議会」（hung parliament）になったりすることもある。その場合には，有権者は選挙で政権を選択できなかったことになる。他方，穏健多党制の場合はどうであろうか。穏健多党制（連立交渉型）では，選挙後に連立政権交渉が始まるため，有権者が選挙で政権を選択することは難しい[21]。その典型例はドイツ，特に多党化が進んだ現代ドイツであろう（河崎 2015：22，28）。しかし，穏健多党制（二大連合型）では，選挙前に二大連合——たとえば中道左派連合と中道右派連合——が成立しているため，有権者は選挙で政権を選択することができるであろう[22]。

こうした修正類型論は，サルトーリの類型論に比べて，次の2つの利点を有しているように思われる。第1に，縦軸と横軸を組み合わせているため，政党システムをより構造的に把握できるようになっている。こうした構造化により，7つの類型を並列するだけの平板な解釈を回避することができるようになるであろう。第2の利点は，政権交代・政権選択を基準に

穏健多党制を多極共存型，連立交渉型，二大連合型に下位類型化しているため，＜政権選択可能な二大政党制＝小選挙区制か，民意反映可能な穏健多党制＝比例代表制か＞という二者択一を乗り越え，政権選択可能かつ民意反映可能な政党システム，すなわち穏健多党制（二大連合型）を特定することができるようになることである。このように下位類型化すれば，素朴な二大政党制論や同じく素朴な穏健多党制論だけでなく，二大政党制と二大連合政党制の相違を過小評価する言説（たとえば，空井 2010b：145；佐々木・21世紀臨調編著 2013：38-39）も批判的に評価することができるようになるであろう。

おわりに

　本稿の議論を要約したい。日本の政治学では，サルトーリの類型論が支配的地位を占めてきた。しかし，＜政権選択可能な二大政党制＝小選挙区制か，民意反映可能な穏健多党制＝比例代表制か＞という政治的文脈においては，サルトーリの類型論は，少なくとも原型のままでは有用性を喪失している。我々に必要なのは，政権選択・民意反映論争を踏まえた類型論でなければならない。このような判断の下に，修正類型論を提示したのである。

　本稿では，主として現代日本の政権選択・民意反映論争を念頭に置いて修正を試みてきたが，この論争は現代日本に限られるわけではない。たとえば『代表』（*Representation*）第36巻第2号（1999年）では，マイケル・ピント＝ドゥシンスキーと比例代表制論者が激しい論争を繰り広げている。ピント＝ドゥシンスキーによれば，比例代表制では，有権者が不評な政権与党を追いだすことも，次の政権与党を選択することも難しい。また，議席はともかく閣僚等のポストが比例的に配分される保証はない（Pinto-Duschinsky 1999）。こうした比例代表制批判にたいして，ビンガム・パウエル，アレンド・レイプハルト，ジャック・バウルズ，マシュー・シュガートという錚々たる比例代表制論者が批判を加え，ピント＝ドゥシンスキーが応答している。本稿で提示した修正類型論がどこまで普遍妥当性を持つのか，さらに検討していくことが必要であろう。

　また，本稿では展開できなかったが，選挙制度論との関連も検討する必要があるだろう[23]。サルトーリは『比較政治学』において，決選投票を上

位二者に限定しない開放的二回投票制を，さしあたり「最善」であるとしている（Sartori 1997: 75 = 2000b: 85）。こうした『比較政治学』における選挙制度論が『現代政党学』における政党システム論と首尾一貫しているかどうかについては立ち入らないが，政党システム論を修正する以上，選挙制度論も修正を迫られることは確かであろう。

　一般に，比例代表制では有権者が選挙で政権を選択することは難しい，とされることが少なくない（たとえば，佐々木 2009：42；中北 2012：203）。これにたいして，「選挙前に各党が連合の話し合いと公約に努力することで，かなりの程度改善できる部分であって，基本的な欠陥ではない」（石川 1990：54）と反論することもできるであろう。しかし，選挙工学の観点から反論することもできるに違いない。多数派優遇の比例代表制を採用すれば，穏健多党制（二大連合型）が成立しやすくなり，有権者は政権を選択することができるようになるであろう，と（岡﨑 2009：11 – 17；岡﨑 2012a：214 – 215）。政権選択可能かつ民意反映可能な選挙制度とは何かについても，併せて検討していく必要があるだろう。

　　［付記］　本稿の草稿は，2015年8月17日と2016年4月8日の『年報政治学 2016 - Ⅱ』編集委員会，2016年7月16日の九州大学政治研究会で報告し，出席者からコメントを頂いた。大河原伸夫・九州大学教授，岡﨑明子氏からは，草稿に対するコメントを頂いた。また，多くの政治学者には，電子メールでの問い合わせに応じていただいた。記して感謝したい。

　（1）　政党システムに関する研究史については，岩崎 2011や待鳥 2015：第1章を参照。
　（2）　『現代政治学』は数奇な運命をたどった。サルトーリは1967年に『現代政党学』の草稿（4部構成）を書きあげた後，その第1部と第2部を発展させた『現代政党学』第1巻（1976年）を公刊した。ところが，同草稿の第3部と第4部を発展させるはずの第2巻の書類一式が車ごと盗難に遭ってしまい，第2巻は頓挫した。その後，サルトーリは，第1巻の短縮版と第2巻の新稿を合わせた『政党政体』（*The Party Polity*）を構想したが，これも頓挫した（Mair 2005; Sartori 2005a: xi, xiv-xv）。しかし2005年，1967年草稿の第3部がほぼ原型のまま *West European Politics* で公刊されている（Sartori 2005b）。
　（3）　ただし，当時広く読まれていた山川雄巳『政治学概論』は，サルトー

リ『現代政党学』に言及しているにもかかわらず（山川 1986：226），むしろヴィアトルの類型論を紹介している（山川 1986：227-228）。
（４）　定評ある久米郁男ほか『政治学』も，ほとんどの政治学教科書と同じく，サルトーリの類型論を紹介している。ただし，ヘゲモニー政党制が抜け落ちてしまっている（久米ほか 2011：505-506）。
（５）　「政治改革」の政治過程については，優れた研究が存在している（たとえば，成田 1997；佐々木編著 1999）。しかし，その政治思想史は，必ずしも的確には捉えられていない。自由民主党「政治改革大綱」や第 8 次選挙制度審議会の答申などは参照されても，与野党が激しい論争を繰り広げた国会審議が無視されているせいであろう（たとえば，吉田 2009：第 2 章；森 2009；中北 2012：第 1 章）。「政治改革」の政治思想史については，さしあたり，田中 1997；岡﨑 2012b を参照。
（６）　第 8 次選挙制度審議会の関係資料は，『選挙時報』第38巻第 7 号（1989年 7 月）から第40巻第 9 号（1991年 9 月）に掲載されている。この資料を見ても，誰が政権選択論を主導したのかは明らかではない。しかし，第 8 次選挙制度審議会第 1 委員長を務めた堀江湛が第 1 次答申の直後に，個人の見解として政権選択論を提唱していたことは見逃せない（堀江 1990：133-135）。
（７）　後の議論との関連で，政権選択可能な政党システムとして「二大政党ないし二大勢力（選挙連合）」（政治改革推進協議会 1997：5）や「二大政党なり二大ブロックの政党配置」（佐々木・21世紀臨調編著 2013：39）が想定されていることに注意を喚起しておきたい。
（８）　サルトーリは下位類型を含めた10類型も示しているが，多くの場合，扱いにくく不必要であるとしている（Sartori 1976: 285 = 2005a: 254 = 2000a: 472）。
（９）　「限定多党制」と「極端多党制」は政党数に基づいた「クラス」概念であり，イデオロギー距離に基づいた「タイプ」概念ではない。
（10）　サルトーリ「政党システムの類型論」（1970年）は『現代政党学』草稿からの抜粋であるが，この表――若干異なるが――で締め括られている（Sartori 1970: 352）。このことは，この表の重要性を示している。
（11）　サルトーリは「極端多党制」(extreme multipartism)と記しているが，首尾一貫させるためには「分極多党制」(polarised multipartism) と記すべきだったであろう。
（12）　後年，サルトーリは「私の生涯にわたるデモクラシーへの関心，高度な（advanced democracy）デモクラシーよりも強固な（solid democracy）デモクラシーへの関心は，ファシズムやナチズムという「暗い」記憶から生じている」と回顧している（Sartori 2009: 331）。こうした強固なデモクラ

シーへの関心があればこそ，サルトーリは二極システムと多極システムとのあいだに境界線を引いたのであろう。こうしたサルトーリのモチーフは，サルトーリの初期の論文でも明瞭に示されている（Sartori 1966: 137-138）。
(13)　岩崎正洋は，デュヴェルジェやサルトーリの類型論（タイポロジー）が「もはや適切ではない」としつつも，それに代わる類型論を提示しようとはしない（岩崎 1999：46-47）。これにたいして，的場敏博は新しい類型論を提示しているが（的場 1990：74-100；的場 2003：15-36），一党優位政党制を下位類型化するものである。ジム・ノコーラ＝リカルド・ペリッツォも，「政権交代」を組み込んだ修正類型論を提示しているが，同じく一党優位政党制を下位類型化（表3のxとy）するものである（Nwokoraand Pelizzo 2014: 833-834）。他方，ピーター・メアは，政党間競争を「閉鎖的」構造と「開放的」構造に区別しているが（Mair 1997: Chap. 9），それが政党システムの類型論と言えるかどうか疑問である。
(14)　その後，シアロフはIPSAの報告原稿において，政党システムを9つに分類した後，6つないし7つに整理している（Siaroff 2006）。なお，2017年には，Siaroff 2000 の改訂版が出版される予定である。
(15)　ただし，政党に関する縦軸と政権に関する横軸を組み合わせた吉野の修正類型論は，本稿の修正類型論に大きな示唆を与えている。
(16)　原子化政党制と政権交代・政権選択との関連は明らかではない。しかし，原子化政党制が分極多党制の前段階であり，それに至る可能性が示唆されていることを踏まえ（Sartori 1976: 283-284 = 2005a: 252-253 = 2000a: 469-471; Sartori 1976: 285 = 2005a: 254 = 2000a: 473），ここに配置している。
(17)　今後も自民党・公明党連立政権が続くようであれば，"coalitional predominance" ないし "predominant coalition" の概念（Nwokora and Pelizzo 2014: 827, 834）を借用し，現代日本の政党システムも一党優位政党制の変種として，すなわち「一連合優位政党制」として捉えることもできるかもしれない。
(18)　政治改革推進協議会（民間政治臨調）は「総選挙にむけての緊急アピール」（1996年10月1日）において，政権選択を「政権の選択」，「首相の選択」，「政策の選択」に分節化している（政治改革推進協議会 1996：1）。なお，空井護は「政党間競争・政党システムの連鎖モデル」を提案し，政府形成競争（政党システムⅠ）→政策決定競争（政党システムⅡ）→選挙競争（政党システムⅢ）……という「シークェンス」を定式化している（空井 2010a：8-9, 15）。しかし，少なくとも二大政党＝小選挙区制では，各政党は総選挙において，これらの競争を同時に遂行しているのではないだろうか。

(19)　空井護は，政権を「ゼロ・ベース」で選択する「A型」と「現に今ある政権を「ベース」にする」「B型」を区別している（空井 2016：50）。本稿では，「事前選択」，「事後評価」という空井の概念（空井 2010b：145）を参照し，「事前的政権選択」，「事後的政権選択」と概念化したい。
(20)　ただし，イギリスの政党システムが穏健多党制化しつつあることは疑いない。イギリスにおける政党システムの変化をめぐっては，様々な概念規定が試みられている。Quinn 2013: 378-379 を参照。
(21)　本稿では，政権を担当するタイプの「連合」を，特に「連立」と呼ぶことにする。
(22)　篠原一は「穏健な多党制の下でも，政党関係が左右にブロックされているか，あるいは中小政党が団子のように配列されているかによって，連合の型は様々に異なり，……」と指摘している（篠原 1984：47-48）。それぞれ二大連合型と連立交渉型に対応するのであろうが，政権選択・民意反映論争を踏まえた下位類型化ではない。また，デュヴェルジェは「デュベルジェの法則──40年後の再考」(1986年)において，「二極多党制」(bipolar multipartism) を政党システムの一類型として定式化する可能性を示唆している（Duverger 1986: 83-84 = 1998: 259-261）。しかし，デュヴェルジェの二極多党制は比例代表制ではなく小選挙区二回投票制と結びついたものであり，民意反映可能なものではない。
(23)　サルトーリ研究としては，サルトーリの民主主義理論や社会科学方法論との関連なども検討する必要があるだろう。サルトーリは「パートタイムの比較研究者」(part-time comparativist) を自任しており（Sartori 2009: 333），その射程は比較政治学にとどまらない。サルトーリ政治学の全体像については，さしあたり，岡沢 1993やPasquino 2005を参照。

引用文献

石川真澄 1990『選挙制度──ほんとうはどう改革すべきか』岩波書店（岩波ブックレット）。
石川真澄 1993『小選挙区制と政治改革──問題点は何か』岩波書店（岩波ブックレット）。
岩崎正洋 1999『政党システムの理論』東海大学出版会。
岩崎正洋 2011「政党システム論の系譜」，岩崎正洋編著『政党システムの理論と実際』所収，おうふう，15-58頁。
岡﨑晴輝 2009「市民自治と代表制の構想」，『政治研究』第56号，1-22頁。
岡﨑晴輝 2012a「選挙制度とデモクラシー」，齋藤純一・田村哲樹編『アクセス　デモクラシー論』所収，日本経済評論社，203-224頁。
岡﨑晴輝 2012b「選挙制度改革の政治思想──第1次細川・河野会談を中心

に」，2012年度日本選挙学会研究会報告論文（https://www.jaesnet.org/archives/report-archives/）。
岡沢憲芙 1988『政党』東京大学出版会。
岡沢憲芙 1993「G. サルトーリ──比較政治学の完成」，白鳥令編『現代政治学の理論〔上〕』所収，早稲田大学出版部，217-252頁。
河崎健 2015「ドイツにおける統合と代表の論理」，日本政治学会編『年報政治学　2015-Ⅱ　代表と統合の政治変容』所収，木鐸社，11-34頁。
川人貞史ほか 2011『現代の政党と選挙』新版，有斐閣。
久米郁男ほか 2011『政治学』補訂版，有斐閣。
佐々木毅 2009『政治の精神』岩波書店（岩波新書）。
佐々木毅 2012『政治学講義』第2版，東京大学出版会。
佐々木毅編著 1999『政治改革1800日の真実』講談社。
佐々木毅・21世紀臨調編著 2013『平成デモクラシー──政治改革25年の歴史』講談社。
篠原一 1979「政党システム論とサルトリ」，『国家学会雑誌』第92巻第9・10号，110-125頁。
篠原一 1984「連合政治の理論的諸問題」，篠原一編『連合政治Ⅰ──デモクラシーの安定をもとめて』所収，岩波書店，1-55頁。
自由民主党 1989「政治改革大綱」，21世紀臨調-政治改革ライブラリー（http://www.secj.jp/pdf/19890523-1.pdf）。
政治改革推進協議会（民間政治臨調）1996「総選挙にむけての緊急アピール」，21世紀臨調-政治改革ライブラリー（http://www.secj.jp/pdf/19961001-1.pdf）。
政治改革推進協議会（民間政治臨調）1997「構造改革を担う新しい政党と政治のあり方」，21世紀臨調-政治改革ライブラリー（http://www.secj.jp/pdf/19970531-1.pdf）。
選挙制度審議会 1990「選挙制度及び政治資金制度の改革についての答申」，21世紀臨調-政治改革ライブラリー（http://www.secj.jp/pdf/19900426-2.pdf）。
空井護 2010a「政党システム概念の『サルトーリ的転回』について」，2010年度日本比較政治学会研究大会報告論文。
空井護 2010b「『理念なき政党政治』の理念型」，『世界』第807号，141-151頁。
空井護 2016「政権選択にまつわる対照性の揺らぎ」，『法律時報』第88巻第5号，46-51頁。
高橋和之 2006『現代立憲主義の制度構想』有斐閣。
高見勝利 2008『現代日本の議会政と憲法』岩波書店。
田中宗孝 1997『政治改革六年の道程』ぎょうせい。
中北浩爾 2012『現代日本の政党デモクラシー』岩波書店（岩波新書）。

成田憲彦 1997「『政治改革の過程』論の試み――デッサンと証言」,『レヴァイアサン』20号, 7 - 57頁。
日本選挙学会 1990『選挙制度改革の諸相』北樹出版。
馬場康雄 1981「G. サルトーリ著『現代政党学』を読んで」,『経済評論』第30巻第3号, 90 - 98頁。
堀江湛 1990「政治改革進めやすい制度へ」,『THIS IS 読売』第1巻第3号, 132 - 137頁。
待鳥聡史 2015『政党システムと政党組織』東京大学出版会。
的場敏博 1990『戦後の政党システム――持続と変化』有斐閣。
的場敏博 2003『現代政党システムの変容――90年代における危機の深化』有斐閣。
村上信一郎 1986「一党優位政党システム」, 西川知一編『比較政治の分析枠組』所収, ミネルヴァ書房, 197 - 218頁。
森正 2009「選挙制度改革の政治過程――構成主義的政治理論による再解釈」, 小野耕二編著『構成主義的政治理論と比較政治』所収, ミネルヴァ書房, 215 - 244頁。
山川雄巳 1986『政治学概論』有斐閣。
吉田徹 2009『二大政党制批判論――もうひとつのデモクラシーへ』光文社（光文社新書）。
Beyme, Klaus von 1985 *Political Parties in Western Democracies*, trans. by Eileen Martin, St. Martin's Press.
Duverger, Maurice 1986 "Duverger's Law: Forty Years Later," in Bernard Grofman and Arend Lijphart, eds., *Electoral Laws and Their Political Consequences*, Agathon Press, pp. 69-84.〔モーリス・デュベルジェ 1998「デュベルジェの法則――40年後の再考」岩崎正洋・木暮健太郎訳, 加藤秀治郎編訳『選挙制度の思想と理論』所収, 芦書房, 239 - 263頁。〕
Kriesi, Hanspeter and Alexander H. Trechsel 2008 *The Politics of Switzerland: Continuity and Change in a Consensus Democracy*, Cambridge University Press.
Mair, Peter 1997 *Party System Change: Approaches and Interpretations*, Clarendon Press.
Mair, Peter 2005 "Introduction to Sartori's 1967 Manuscript on 'Party Types, Organisation and Functions'," *West European Politics*, Vol. 28, No. 1, pp. 1-4.
Mair, Peter, ed. 1990 *The West European Party System*, Oxford University Press.
Nwokora, Zimand Riccardo Pelizzo 2014 "Sartori Reconsidered: Toward a New Predominant Party System," *Political Studies*, Vol. 62, Issue 4, pp. 824-842.
Pasquino, Gianfranco 2005 "The Political Science of Giovanni Sartori," *European*

Political Science, Vol. 4, Issue 1, pp. 33-41.

Pinto-Duschinsky, Michael 1999 "Send the Rascals Packing: Defects of Proportional Representation and the Virtues of the Westminster Model," *Representation*, Vol. 36, No. 2, pp. 117-126.

Powell, G. Bingham, Jr. 2000 *Elections as Instruments of Democracy: Majoritarian and Proportional Visions*, Yale University Press.

Quinn, Thomas 2013 "From Two-Partism to Alternating Predominance: The Changing UK Party System, 1950-2010," *Political Studies*, Vol. 61, Issue 2, pp. 378-400.

Sartori, Giovanni 1966 "European Political Parties: The Case of Polarized Pluralism," in Joseph LaPalombara and Myron Weiner, eds., *Political Parties and Political Development*, Princeton University Press, pp. 137-176.

Sartori, Giovanni 1970 "The Typology of Party Systems — Proposals for Improvement," in Erik Allardt and Stein Rokkan, eds., *Mass Politics: Studies in Political Sociology*, The Free Press, pp. 322-352, 382-388.

Sartori, Giovanni 1976 *Parties and Party Systems: A Framework for Analysis*, Volume I, Cambridge University Press. 〔Giovanni Sartori 2005a, *Parties and Party Systems: A Framework for Analysis*, ECPR Press. ジョヴァンニ・サルトーリ 2000a『現代政党学——政党システム論の分析枠組み』普及版, 岡沢憲芙・川野秀之訳, 早稲田大学出版部。〕

Sartori, Giovanni 1997 *Comparative Constitutional Engineering: An Inquiry into Structures, Incentives and Outcomes*, 2nd Edition, New York University Press. 〔ジョヴァンニ・サルトーリ 2000b『比較政治学——構造・動機・結果』岡沢憲芙監訳・工藤裕子訳, 早稲田大学出版部〕

Sartori, Giovanni 2005b "Party Types, Organisation and Functions," *West European Politics*, Vol. 28, No. 1, pp. 5-32.

Sartori, Giovanni 2009 "Chance, Luck, and Stubbornness: An Autobiographical Essay," in David Collier and John Gerring, eds., *Concepts and Method in Social Science: The Tradition of Giovanni Sartori*, Routledge, pp. 331-340.

Siaroff, Alan 2000 *Comparative European Party Systems: An Analysis of Parliamentary Elections since 1945*, Garland Publishing.

Siaroff, Alan 2003 "Two-and-a-Half-Party Systems and the Comparative Role of the 'Half'," *Party Politics*, Vol. 9, No. 3, pp. 267-290.

Siaroff, Alan 2006 "A Typology of Contemporary Party Systems," Presented at the 20th World Congress of the International Political Science Association, Fukuoka, Japan (http://paperroom.ipsa.org/papers/paper_5213.pdf).

Ware, Alan 1996 *Political Parties and Party Systems*, Oxford University Press.

Wolinetz, Steven B. 2006 "Party Systems and Party System Types," in Richard S. Katz and William Crotty, eds., *Handbook of Party Politics*, Sage, pp. 51-62.

20世紀ヨーロッパにおける
政党デモクラシーの現実モデル

――H. ケルゼンの民主政論を手がかりに――

網谷龍介 *

要旨：本論文は，議会制デモクラシーをめぐるわれわれの理解について，歴史的な視点から再検討を行うものである。現在，民主政の経験的研究においては，「競争」を鍵となるメカニズムとするのが通例である。本論文はこのような想定を相対化し，「競争」ではなく政党による社会の「統合」と，そのような政党が多数決を行うためにうみ出す「妥協」が，20世紀ヨーロッパの議会制民主主義の核となるメカニズムであった可能性を指摘する。具体的には，まずオーストリアの国法学者ケルゼン（H. Kelsen）の民主政論が検討され，20世紀政党デモクラシーの理論的存立構造の一つのモデルが提示される。そして，彼の議論が単なる理論にとどまらず同時代の現実の政治制度や政党における議論にも対応物を持つことが明らかにされる。現状分析に持つ含意としては，制度のみでは担保できない社会的「統合」のような諸条件に民主政の機能が依存していることが示唆される。

キーワード：ケルゼン，競争，統合，多数決，比例代表制

1．はじめに

本論文は，議会制デモクラシーをめぐるわれわれの理解について，歴史的な視点から再検討を行うものである。

現在，民主政は政治制度や政治体制の作動を評価するほぼ唯一の規範的基準として用いられている。そして経験的研究においては，民主政のさまざまなメリットを実現する上で，「競争」を鍵となるメカニズムとするのが通例である。このような理解はシュンペーター（J. A. Schumpeter）によって最初に体系的な形で提示されたものである。

---

* 津田塾大学教授　比較政治・ヨーロッパ政治

民主主義的方法とは，政治決定に到達するために，個々人が人民の投票を獲得するための競争的闘争を行うことにより決定力を得るような政治的装置である（シュンペーター 1962：503）。

「競争」中心的な定義は広く受け入れられており，たとえば Przeworski (1991) は，民主化についてのよく知られた業績において「デモクラシーとは，政党が選挙に負けることのあるシステムであり…そこにはルールによって組織された競争がある (10)」と述べている。

本報告はこのような想定を相対化し，20世紀ヨーロッパにおける議会制民主主義の核となる要素を再構成することを企図する[1]。具体的には「競争」ではなく「統合」が現実の民主主義の核となっていた可能性を示唆する。

その際の導きの糸として，オーストリアの国法学者ケルゼン（H. Kelsen）の民主政論が引照される。これには，いくつかの理由がある。第一に，本稿は，代表民主政への代替案の提示や新たな理論構想を模索するものではないため，議会民主政に内在する議論であることが必要である。第二に，シュンペーター的民主政論とケルゼンの議論は重要な共通点を持つ。河野（1999：185）はシュンペーターの現代性の一つとして，公益のアプリオリな設定を行わないことを挙げるが，これはケルゼンにも当てはまる。さらにその論理的なコロラリーとして，両者ともに民主政を手続的に位置づけている点も共通している[2]。このように，ケルゼンを参照軸とすることで，経験的分析の基礎となる民主政像に接続する形で，これを相対化していくことが可能になるのである。

とはいえ彼の民主政論は命令委任の肯定など，現在の目から見ると奇異な点がある（毛利 2010）。しかしそれは競争以外の，社会の包摂ないし統合という要素を重視したことによって，そのような結論が導かれているものと考えることができる。しかも彼の議論は孤立したものではない。同時代的な議論や制度を検討することで，その種の民主政論が制度的な表現を得ていることが示される。つまり，いくつかの国においては，統合・包摂こそが，競争に劣らず，民主政の根幹的メカニズムだったのである。

そしてこのような視座が，現状分析にも一定の含意を持つことも示される。近年，既成政党の凋落と新政党の勃興が見られ，選挙結果の予測が困

難になっている。このような意味では競争性が増しているにもかかわらず，民主政の危機が語られるのは，競争を民主政の核にすえるならば奇妙である（Merkel 2014; Papadopoulos 2013; 野田 2015）。本稿は，競争に期待される機能が，制度のみでは担保できない社会的「統合」のような諸条件に依存していること，その点の変化が「危機」の言説と関連していることを示す。

　ただし，本報告は実証的に新しい主張を提示するものではない。既存研究の検討を通じて，その前提を明らかにし，制度前的な諸条件が現在どのように変化しているか，を示すにとどまる。このような作業は，政党政治の現状分析に直接的な貢献をなすものではないが，以下のような意義を持つものと考えられる。

　第1に，現在の政党政治や民主政を議論するうえで，暗黙のうちに1950〜70年代の先進国の政治がベンチマークとなっている。しかし，少なくともヨーロッパに関する限り，その時期の政治が，教科書的な正統化原理と作動様式に基づいた民主政であったかどうかは議論の余地がある。その時期の政治についての正しい認識を持つことは，何が変わったのか，を考える上で不可欠の準備作業である。

　第2に，政党政治，議院内閣制，あるいはより大きく民主政を概念化する上で，現在の概念化が持つ射程は改めて確認の必要がある。民主政の正統性が，集合的な自己認識にかかわるものである以上，具体的な歴史的文脈の中での自己理解から過度に乖離した概念構成は，その利用可能性に限界を持たざるを得ないだろう。

　第3に，ややアカデミックでない理由としては，現在の政治をめぐる議論において，政党についての議論に少なからず粗雑な立論が見られるように思われる。政党に何が期待できて，何が期待できないのか，ということについては慎重な立論が必要であろう。

　以下では，まず次節において，ケルゼンの民主政論が簡単に検討される。続いて，この「理論」が20世紀前半のヨーロッパの現実に対応するものであったことが示される。第4節では政党に焦点を絞り，ケルゼンの理論の特質が議論され，第5節においてその視角の適用可能性が例証される。最後に以上の議論が総括され，その含意が示される。

2．ケルゼンの民主政理論

本節は，ケルゼンの民主政論を簡単に検討する[3]。

ケルゼンについては，日本語でも多くの研究が存在するが，民主政論に注目するものはそれほど多くはない。またそれらも，彼の法学理論上の立場（純粋法学）や，ワイマール期のドイツ語圏公法学論争史の文脈で扱われることが多い（e.g. 高田 1989）。英語圏では，ケルゼン受容は国際法ないしは法哲学の分野に集中しており，公法学はもちろん，民主政論が取り上げられることは少ない。ドイツにおいては，ワイマール期の方法論争における革新派の両巨頭であるシュミット（C. Schmitt）とスメント（R. Smend）の学統が戦後も学界を二分する影響力を持ったのに対し，ケルゼンはそれらの攻撃対象である法実証主義の驥尾に付すものとみなされ軽視されてきた（Jestaedt 2013）。そのため彼の民主政論についても本格的な検討は少ない（cf. Dreier 1997）。オーストリアでは，ケルゼン起草の1920年憲法が現行憲法であることもあり，ウィーン大学にはかつてのウィーン学派の流れが確固として存在するが，全体の人数が少ないこともあり，研究が盛んというわけではない[4]。

以上のように，全体としてケルゼンの民主政論に関する検討が乏しい中で，本稿は，上述のような政治学的な関心から，彼の議論がいかなる具体的制度・社会像を背景に持っているか，その上でどのようなメカニズムを軸として民主政が運営されることを想定しているかに焦点が絞られる。以下では，彼の議論に以下の四つの特徴があることを指摘する。

1）議会制民主主義の原則は多数決だが，それは決定のパターンではない。
2）多数決は，固定的な多数派ブロックが存在しない限りで妥協を促進する。
3）比例代表制は多数決原則の必須の補足要因である。
4）妥協に基礎を置く民主政は統合を促進する。

2．1　多数決

ケルゼンはまず，民主政を個人の自由の確保という観点から「民主主義

の理念……においては，……社会的生物である人間のもつ二つの原始的本能が充足へと駆り立てられている。その第一のものは，……他律（Heteronomie）の苦痛に対する抗議である（ケルゼン 2015：15)」と位置づける。正しい政策の実現や，集団的主権者の意思決定という視角ではない。民主政とは，個人の自律に対する制約を最小化しつつ集団的決定を行うための装置なのである。

　そのために，ケルゼンは議会における政治的決定の原則として多数決の重要性を強調する。

> 合理的に多数決原理を導き出す道は，「万人が自由ではあり得ないとすれば，可能な限り多数の者が自由であるべきだ」「可能な限りの少数者が，その者の個人意思と社会秩序の一般意思との相克に陥らないようにすべきだ」という前提からである（ケルゼン 2015：23)。

このように，多数決が，個々の決定に対して同意できない個人の数を最小化し，個々人にとっては所与とされる既存の国家秩序の変更の可能性を維持するからである。

2.2　妥協

　しかしここにおいて，通俗的にはシュンペーター的視角によって代表され，しばしばレイプハルト（A. Lijphart）的な民主政分類において用いられる，多数決主義（majoritarianism）と，ケルゼンの議論における多数決の原則を区別する必要がある[5]。通常の用語法における多数決主義は概ね，単純多数決による決定を政治的共同体の「決断」「民意」とみなす擬制を指す。これに対しケルゼンにおいては，多数決は「決定」のためではなく，多数派と少数派の妥協を促進する点において，擁護されている。彼の見解によれば，「妥協」こそが民主政を特徴付けるものなのである。

> 団体意志が特定集団の利益のみを一方的に表現すべきものではないとすれば，それは対立する諸利益の足し引きの合算，すなわち妥協以外のものではあり得ない（ケルゼン 2015：38)。

　いわゆる多数決原則によって形成された団体意志は，多数者の少数者

に対する一方的支配としてではなく，両集団の相互的影響の結果として，相対立する政治的意志方向の合成力として生ずるものだからである（ケルゼン 2015：76-77）。

しかし，「多数」と妥協を並立させるというのは，表面的にはやや逆説的である。しかも，ケルゼンが「多数」の重要性を強調するにもかかわらず，その一方で比例代表制を擁護しているのは，直感に反する。

2.3　比例代表制

この，一見したところの矛盾を理解するための鍵は，彼が前提としている社会の状態にある。

彼が実際に眼前にし，かつ理論的な前提としていたのは，20世紀前半の中央ヨーロッパ社会である。そこにおいて社会は，複数の社会集団に分かれており，全体社会は部分社会の複合体として存立していた。この状況に対応するものとして，当時の理論は構想されていた[6]。

ここでケルゼンが重視したのは，比例代表制を通じて，選挙後の妥協が促進される可能性があるという点である。まず，全体としての国民というフィクションが放棄される。

> 各政党は，議席配分において，その得票に比例する議席を獲得する，すなわち「固有」の比例的な議席を与えられる。そうなると「統一体としての議会を設定するのは全体としての『国民』だ」という思想を放棄しなければならなくなる（ケルゼン 2015：79）。

その上で多数派政党が存在しないことによって，多数派「形成」は政党間の協力によるほかなく，ここに「妥協」がうまれることになる。

> 確かに，議会に絶対多数をもつ政党がなくなり…多数派形成を極めて困難にする可能性があるだろう。しかし，さらに立ち入って考察すると，比例代表制は，この点に関して，**政党間の協力**を不可避とし，小異を抑えて最重要の共通関心事において結合する必要性を，選挙民の領域から議会の領域に移すという効果をもつ。……政党間協力を基礎とする**政治的統合**は，社会技術的に見て決してマイナスではなく，かえって進歩である（ケルゼン 2015：83）。

> 比例代表制手続の意義は，基本的には……議会に反対派を存在させる工夫の**合理化**に他ならない。反対派がいなければ，議会手続はその本来の意義を達成できないであろう（ケルゼン 2015：82）

したがって「妥協」の生成を促進するために，政党の分化はむしろ奨励されることになる。

> 最大の重要事は，**すべての**政治集団がその勢力に比例して議会に代表されていることであり，何よりも，それによって**実際上の利害状況**が議会に表現されていることである（ケルゼン 2015：82）。

このように，比例代表制と多数決は，「妥協」を議会運営の本質と考える限りにおいては，矛盾ではなくむしろ論理的に結合するものである。単純多数決こそが個人の自律への制約を最小化する一方，その決定は特定の利益の代表であってはならず。そのためには，議会における単純過半数を作り出す段階で政党間協力を必要とするような状況が必要である。それを生み出すのが，比例代表制による社会の代表によってうみ出される多党化であり，その背後に存在する社会の分画化である。

したがって，政党システムのモデルとしても，通常の議論とは異なる帰結が導かれる。すなわち，「多数決主義」の観点からは，二大政党制，ないしは二政党ブロックの構築が，とりわけアカウンタビリティの観点から奨励される。しかしケルゼン的視角からは，比例代表制はまさに多党制を生み出し明確な多数派を生み出さないからこそ，多数決によって決せられる議決と組み合わせられるべきものなのである。

> （議会の多数決制の効果として）直接・間接に二大政党制が形成されると，比例代表制にはある種の政治システムの硬直化という危険が潜む。（圧倒的多数ではないにせよ）多数を占める党派は永続的に政権に就き，相当数の議席を占める野党が長期にわたって政権から遠ざけられる（ケルゼン 2015：149註27）。

2.4 統合

ではケルゼンはなぜ，多数派による意思「決定」を強調する，一般的な

多数決主義的見解をとらなかったのだろうか。その一つの理由は，彼が規範の反形而上学的分析を行う立場から，「人民」ないし「国民」や「代表」という概念の脱神話化を行おうとしていたからであろう。

しかしここでは，別の側面，すなわち分画化された社会における「統合」という側面を同時に強調しておきたい。つまり，妥協に先立って各集団に発言権（voice）を与えることが，統合の前提と考えられているのである。

> 政治的利害諸集団への分化は，比例代表制によって一層促進されるが，それは多数決原理によって保障された有効な統合の他ならぬ必然的前提をなすものと見るべきである（ケルゼン 2015：83）。

以上，ケルゼンの民主政論の特質を簡単に検討してきたが，そこからは，多数決という議会における決定原理が，比例代表制という選挙制度と結びつくことによって，「妥協」を作り出す装置として位置づけられていることを確認した[7]。次節においては，このような議論が一法学者の理論的構築物にとどまっていたのではないこと，すなわち20世紀の現存する民主主義（real existing democracy）の規範的基礎をなしていた可能性があることを示す。

3．ケルゼン民主政論の現実的文脈：
　　オーストリアにおける憲法規定

前節ではケルゼンの民主政論を，20世紀中央ヨーロッパにおける政治的文脈を背景に読むことで，十全な評価が可能であるとした。今日の眼からは必ずしも一般的とは思えない議論も，同時代的な文脈においては，一定の現実との連関を持っていたのである。

では，ケルゼンの議論は，現実の社会状況を前提にしていたとしても，単なる理論的構想にとどまるのであろうか。本節は彼の主たる活動の場であったドイツ語圏に限定し，ケルゼンの民主政論が現実との照応関係を持っていたことを例示的に示す。

現実との照応がもっとも密接なのは，第一次大戦後のオーストリアである。オーストリア第一共和政の憲法はケルゼンの草案を基礎としている。しかし憲法学者一人の孤立した理念が国家の基本法になるはずはなく，憲法典として実定化されたテキストには，現実との一定の対応関係が存在し

ているはずである。以下では，オーストリアの憲法をめぐる議論とそのテクストを通じて，ケルゼン的構想がどのような形で具体化されたかを明らかにする[8]。

　第一次大戦後，ハプスブルク帝国の瓦解を通じて生まれたオーストリアの最初の基本法となったのは暫定国民会議による1918年10月の決議であった（StGBl. 1/1918）。そこでは第2条において「立法的権力は暫定国民会議によって自ら行使される」と，帝国期のさまざまな諮問機関の立法権限排除の意思表明がなされる。その上で，続く第3条において「暫定国民会議は，自らの中から作られた執行委員会に，統治・執行権力を委ねる」とされ，この執行委員会が，国家評議会（Staatsrat）と呼ばれることになる。そしてその国家評議会の中から，国家官房府（Staatskanzlei）の長，つまり事実上の首相が選ばれることになる。

　ここでは，いわゆる執政府が議会の「中」の存在として位置づけられていることに注意しておこう。そのため，権力の分立は執行府と立法府の間にあるというより，「立法府の委員会」としての政府と行政の間に観念される。その結果，国家評議会から行政実務の実施を委任される，大臣相当のポストである国務長官（Staatssekretär）は直接の対議会責任を持たないことになる。これについて，ケルゼンに近い国法学者メルクル（A. Merkl）は，法的な大臣責任は立憲君主制のものであり，議会政府体制においては時代遅れのものであると位置づけ，議会の委員会（国家評議会）を最上級の審級に持つことは，行政の民主化の頂点といえる，と論じていたという。

　1919年3月には，この国家評議会体制は解体される（StGBl. 179/1919; StGBl. 180/1919）。これによって，執政権は政府に一元化されるとともに，大臣の対議会責任の復活や，首相による事実上の大臣任命を通じた連帯責任化という形で，われわれが通常観念する「議院内閣制」に近い制度設計が行われることになった。

　しかしこのとき同時に議会には「中央委員会（Hauptauuschuss）」が設置されることになった。この委員会は「立法と執行を恒常的に結びつける」ものとして「政府に対してある種の後見機能を果たす」ことが期待されていた。この中央委員会は，正副3名の委員長と，比例代表によって選ばれた11人の委員からなっており，それまでの国家評議会の後継的機能を果たすものといえる。この中央委員会に対して，第一共和政。第二共和政双方

の建国期に首相をつとめた社会民主党のレンナー（K. Renner）は「［分立した］全ての権力を結びつける機関が国民議会の執行委員会（国家評議会）である」とし，「この憲法は，［比例代表］規定に真のデモクラシーの本質的で固有のメルクマールを見ている」と述べたという（Owerdieck 1987: 153）。

　このように，オーストリア建国初期の議論においては，執政府・議会関係における執政府の比重はそれほど大きくはなく，むしろ議会およびその委員会が民主政作動の中心を占めると考えられていたのである[9]。

　このような発想は，ケルゼン自身の手になる憲法草案以外にも見られる。さらにオーストリアのいくつかの州憲法においては，政府を議会に代表されている政党から比例に基づいて構成すべき由を定めたものが存在する。

　たとえば1920年のニーダーエスターライヒ州憲法は次のように定めている（LGBl. 1/1920）。まず州政府は州首相（Landeshauptmann），2名の副首相，そして4名の州閣僚からなると定められる（29条）。州首相は，議会の最大政党から提示され，単純多数決により選出される。2名の副首相については，単純多数により選出される旨の規程しかおかれていなかったが，1930年の改正によって，議席数の多い二つの政党から選ばれることとされた。そして残りの4名は，議席数に比例して配分されることとなっているのである（30条）。同様に1924年のケルンテン州憲法は（LGBl. 21/1924），州首相を州議会による単純多数で選出した上で，2名の副首相および5名の州閣僚をあわせた7名は，比例代表によって選出することを定めている（34条）。

　この例に関して注目すべきは，このような比例制政府の規定が第二次世界大戦後も継続していることである。すなわち第二共和政の下でも，9つの州のうち，ウィーン市（州と同格）とフォアアールベルクを除く7つの州がこの種の規定を有していた。1970年代以降，徐々に廃止が進み現在では，3州（ニーダーエスターライヒ，オーバーエスターライヒ，ケルンテン）を残すのみとなっている。

　このような規定は，シュンペーター的民主政観を基礎とした場合，極めて奇妙なものといわざるを得ない。執政府のポストこそが，政治的競争の掛け金だからである。しかしこの点こそが，シュンペーター的民主政論とケルゼンの民主政論を分かつ点である。分岐をもたらしているのは，議会

と執政府の関係をどのように概念化するか，という点である。
　シュンペーター的理解においては，民主主義は，執政府を構成する方法である。

> われわれはここで，人民の役割は意見をつくること，ないしはあらためて国民的行政執行府または政府をつくり出すべき中間体をつくることにある，という見解に立つことになる（シュンペーター 1962：503）

　これに対し，ケルゼンの議論においては，議会が中心的な位置を占めている。それこそがよりよい妥協が可能となる場だからである。この理解においては，執政府は，「議会の委員会」として位置づけられることになる。たとえば議員の免責特権の廃止を唱える文脈では，以下のように論じられる。

> 議会制共和国においては，政府は議会の委員会に過ぎず……議会をそれ自身の政府から保護するということは，ほとんど意味がないであろう（ケルゼン 2015：58）

こう考えれば，オーストリアの州憲法のように，政府自体を議会の勢力比に従って構成することは不自然ではない。
　本節においては，ケルゼンの民主政論が戦間期のオーストリアにおいてその現実的対応物を持つことを確認した。この事例の一般性について，現段階では確言することができないが，比例代表制という選挙システムが第一次大戦後のヨーロッパにおいて瞬時にデファクトスタンダードとなったことに鑑みれば，一定の適用可能性を持つのではないかと考えられる。

4．ケルゼンにおける政党の位置づけ

　ではこのような民主政論における，政党の役割はどのようなものだろうか。民主政の理解とそれが前提とする社会像が，現在の政治学が一般的に想定するものと異なるのであれば，政党の位置づけが異なってもおかしくない。
　実際に，ケルゼンは，通常われわれがそう考えるように，個人の投票決定の結果の集合的帰結として政党を考えるのではなく，社会的分画化の表現として政党を捉えていた。たとえば，ドイツ公法学の保守本流をなして

いたトリーペル（H. Triepel）が，政党を「原子論的・個人主義的国家観」の産物としていたのを批判し，ケルゼンはこう述べている．

> 政党の持つこの団体化的性格を見るだけでも，彼が政党の本質を誤解していることが分かる……政党の中での個人の存在感はそれよりずっと希薄である．個人主義は反政党的本性を持っている（ケルゼン 2015：135-136）

さらに，トリーペルが政党を予測不可能なものとし，突然現れ，突然消え，綱領を変化させるとするのに対しては，

> このような政党の性格付けが，米国や英国などの民主主義大国の実態に適合したものかどうかは眉唾だろう．米国の民主党・共和党，英国の保守党・自由党・労働党の組織はそれほどふらふらしたものではない……そしてトリーペルの描いた像は，独墺，そしてフランスの現状にも全然当てはまらない（ケルゼン 2015：136）

と批判する．

このように安定した政党の基礎となっているのが社会の分画化であり，それによって政党システムの安定と議会における妥協が促進されるのである．

> 国民が複数の政党に分れることの意味は，実は，そのような妥協をもたらす組織的な条件を作り出すこと，妥協の可能性を作り出すこと，団体意志を中道へと導くことにある（ケルゼン 2015：38）．

したがって，ネガティヴに評価されがちな政党（システム）の特性がしばしばポジティヴに評価される．例えば，政党が（部分であるがゆえに）国家に対立するとする見方を批判する上で，ケルゼンは

> しかしまず，政党にも利益政党の他に世界観政党があり，まさしく**ドイツ国家**の中では後者が大きな役割を演じている（ケルゼン 2015：37）．

と述べ，やや皮肉な形でイデオロギー政党を擁護している．

これはケルゼンが政党にリンケージ機能を期待しているからである．そのコロラリーとして，ケルゼンは離党する議員の議員資格剥奪を提唱して

いる。

> 選挙民に対する議員の無答責に関して言えば，この原則は近時の諸憲法の規定によってすでに崩されている。……「拘束名簿制」の下では，そのような規定は当然の帰結として採用される。なぜならその場合，選挙民は……ただ特定政党への支持のみを表明し得るのであるから（ケルゼン 2015：59-60）。

そしてここにおいては，競争に期待されるものは少ない。あまつさえケルゼンは以下のように述べている。

> 比例代表制の最大の利点の一つは，異なる政党の候補者たちの競争というものが少しも必要でないこと，なのである（ケルゼン 1959：222）。

このように，ケルゼンの議論における政党の位置づけが，現在の政治学のそれとはかなりの程度異なっていることが確認された。では，このような政党の理解は，現実と対応していたのだろうか。その点を次節において検証しよう。

5．事例：1950年代の西ドイツ社会民主党

本節では，戦後の西ドイツ社会民主党の事例を取り上げる。この事例を通じて，当時の政党アクターが，戦略の決定に際して必ずしも政党間の競争を重視してはいないこと，その限りにおいてケルゼンの民主政モデル・政党観と重なりを持つことを示す。同党においてはかなり遅い時期まで，選挙民の政治的亀裂による分割を前提とする考え方が有力であった。この考え方によれば，選挙における政党の主たる課題は，可能な限り広範な層から票を得ることでも，無党派層にアピールすることでもなく，自らの支持基盤を動員することになるのである[10]。

ドイツ社会民主党は，1940年代から50年代にかけて，州選挙では勝利を収めることがあったものの，連邦議会選挙においては，三回にわたって連続で敗北を喫していた。そのような中で，改革派の理論誌・プラットフォームとなったのが『新しい社会（Neue Gesellschaft）』誌である。ドイツ社会民主党は「改革派」によって，脱マルクス主義化と中道志向化を達成し，その結果政権獲得に成功した，としばしば論じられる[11]。歴史的経緯とし

てはその理解にも留保が必要だが，ここでのポイントは，そのような「改革派」においてすら，多種多様な有権者からの票を確保し，最大化するというオープンな選挙競争が想定されていない，という点にある。

　たとえばある論者は，二党制は，政治がゲーム性を持っていて，選挙毎に支持を変更する「オープンな」投票者が存在するところでのみ可能だが，ドイツにおいてはそのような投票者は少ないとして，二大政党化の可能性は低いと論じる（Rothe 1956）。あるいは，後の首相ブラント（W. Brandt）の後を襲って1960年代にベルリン市長となる人物も，「統計資料からきわめて確かなのは，1946年以降，社会民主党と他の政党集団の間で，取り上げるに値する投票者の転換は一度もないということである……選挙の結果としての政党間の力関係の変化が，1946年以降……社会民主党が他の政党の投票者ポテンシャルに進入することによって生じたことは一度もない。むしろそれは，投票率の変化と，非社会主義政党間の移動の結果である」と論じている（Schütz 1957）。

　このような認識を当の政治主体が持っていたとするならば，上に述べたような「中道化改革と政権獲得」あるいは「階級政党から国民政党へ」という解釈に全幅の信頼を置くことはできない。社会民主党改革派リーダー自身が，社会の分画化を前提に戦略を構想していたのである。当時の「トロイカ」指導部の一員として副党首・議員団長を務めていたエルラー（F. Erler）も，「国民政党（Volkspartei）とは労働者の党であることと対立するものではない。そうではなくそれを拡大するものである。まさにそのように1954年に決議された行動綱領はすでに述べている」としている（Erler 1958）。

　党の政策転換を終えた後においてすら，この流れに沿った発言は見られる。1972年の連邦議会選挙において社会民主党は歴史的な勝利を収め，戦後はじめて第一党の座を獲得した。このような，新しい戦略の頂点とも解しうる瞬間に，党の内部分析は次のような見解を示していた。

> 相手方の戦略に対して，我々は『動員選挙戦』を対置した。この決定は基本的にはすでに５月には行われていた。党員とシンパの動員は，相手方の宣伝戦に対する唯一の代替選択枝だった。結果はそれを証明するものになった。そして我々はすでに今確信を持って予言すること

ができる。次の選挙戦も動員選挙戦であるであろうし，そうでなければならないと（Börner 1972）。

　この事例が示すように，政党デモクラシーの「黄金期」と呼びうる1950〜70年代の西欧においても，政党は，現在の政治学研究者が想定するような前提に基づいて行動していたわけではない。彼らは平らで開けた競技場に立っていたのではなく，まずもって，「彼らの」ホームグラウンドに立っていたのである。

　そのことが妥協を可能にする，というのがケルゼンの立論であった。それが現に民主政を支えるメカニズムとして成り立っていたか否かは，本稿の検討の範囲をこえており，今後実証的に明らかにしていく必要がある。ただし多極共存型デモクラシー論において，「柱」の中でのエリートへの信従が，エリート「間」の妥協を成り立たせる前提とされていることを踏まえれば，このような競争の「不足」こそが，戦後ヨーロッパの政党デモクラシーを可能にした構造的条件であった可能性があるのではないか。

6．まとめと含意

　最後に本稿の作業をまとめておこう。第一に本稿は，ケルゼンの民主政論を，その具体的な作動様式と前提となる社会像に注目して検討した。そこからは，亀裂によって分画化された社会に根を下ろした政党が多数存在し，明確な多数派を持たない形で議会に代表されるからこそ，多数決原理の下で，議会勢力相互の妥協が促進される，という民主政像が浮かび上がる。第二に，このようなケルゼンの理論構想が，中部ヨーロッパ社会の現実を反映し，一定程度で現実の政治アクターにも共有され，現実の政治運営の規範となっていた可能性があることを，オーストリア憲法の事例とドイツ社会民主党の事例によって例証した。そしてここから，現在の民主政や政党政治の作動を検討するうえで検討すべき論点が生まれる。競争が民主政の政治的正統性を現実に担保するための中核的メカニズムであるとアプリオリに前提することはできない。20世紀のヨーロッパに関する限り，競争ではなく，妥協と統合が民主政の正統性を支えていた可能性がある。

　このような検討から得られる含意として，制度メカニズムの機能条件の探求がある。ケルゼン的な民主政論は，社会的亀裂によって区分・組織さ

れている状況下で統合を実現するための構想であり、およそ組織一般が安定的基盤を持ち得ない状況に適用できるものではない。ケルゼン的モデルには分画化され一体性を持った部分社会を維持するロジックはビルトインされておらず、それは多くの場合社会的な組織化に依存している。

　実際、政治による社会の組織化の可能性は高くないように見える。例えば、政党組織が弱体であるフランスにおける組織政党政治の試みは最終的には失敗に終わり、むしろ「ミリタン」と呼ばれるイデオロギー的動機での入党者の比重を高めることにつながって、「妥協」の可能性を減じている（中山2002）。ベルギーの政党組織化の研究によれば（van Haute et al. 2013）、緑の党など「柱状化」の度合いの低い政党には近年党員数を増やしているものもあるが、それらの政党の市民社会への根付きは前者に比べれば弱く、大衆組織基盤を構築するにはいたっていないという。さらに、明確な社会的亀裂が不在の条件下で、政党組織化がいかにして可能か、という問題意識の下、ブラジルで組織化に成功した労働者党と他の政党を比較した研究によれば、政党単体の戦術では成功にはいたらず、それ以前に、市民社会に組織のネットワークが存在することが必要であり、その組織ネットワークを利用することではじめて労働党の大衆基盤の獲得は可能であったという（Samuels and Zucco 2015）。もちろん制度変更によって、政党の進化を促すことは一定範囲では可能だろうが、その限界点はそれほど遠くにはないのではないか。

　なお、政権交代によるアカウンタビリティを重視するシステムも、最低限の政党の継続性がなければ失政を罰する（punish）ことができず（「任期の務め逃げ」が可能）、フィードバック機能が弱体化してしまう[12]。そのため上記の問題から完全に逃れることはできない。このように、前制度的な諸条件がどの程度満たされるかが、政党政治が担いうる負荷の量を左右するのではないだろうか。

　第二に、このような20世紀ヨーロッパの政党政治の経験を踏まえるならば、競争やアカウンタビリティ確保のみによって民主政を支えようとする構想には一定の留保が付されざるを得ない。そして、政党政治を支えてきた要因が現実的にも規範的にも前制度的な社会条件に依存しているのであれば、何らかの制度工学によってそれを「再生」する試みにも、多くを期待することは難しいように思われる[13]。

（１）　本論文は JSPS 科研費 JP21330035，JP26285034の助成を受けた研究の成果の一部である。また，草稿は日本政治学会2015年度研究大会分科会 E － 3 「政党デモクラシーの空洞化と代表制デモクラシーの変容」で報告の機会を得た。報告機会を与えて下さった野田昌吾氏，登壇者の空井護，砂原庸介，鵜飼健史の各氏，さらに建設的なコメントを付して下さった 2 名の査読者に御礼申し上げる。

　なお本論文に至る研究は，2007年のヨーロッパ政治コンソーシアム（ECPR: European Consortium for Political Research）研究大会において P. Mair が，「競争」とは異なるもう一つの民主政の機軸について発言していたことにヒントを得ている。本来であれば彼の業績の立ち入った検討を踏まえるべきだが，それは別の機会に譲りたい。彼の業績として Mair (2013; 2014)，追悼論文集として Bardi, Bartolini and Trechsel (2014a; 2014b), Müller-Rommel and Bértoa (2016) を参照。

（２）　Przeworski (2010) は「紛争を処理する方法としてのデモクラシー」という項目を，シュンペーターとケルゼンに全般的かつ並列的に依拠する形で整理している。手続き的理解の重要性について Saffon and Urbinati (2013) を参照。

（３）　以下ではテクストとして『民主主義の本質と価値』を主に用いるが，民主政に関する同時期の他のテクストにおいても論旨に大きな違いはない。また本稿は，「ケルゼンという人物の思想」ではなく「戦間期ヨーロッパの民主政論の一事例としてのケルゼン」を扱うので，渡米後の著作『民主政治の真偽を分つもの』『法と国家の一般理論』などは直接の対象としない。なお引用中の「……」は省略，傍点は原著における強調，太字は筆者の強調である。

（４）　ケルゼン民主政論についての代表的研究として日本語では高田 (1989)，赤坂 (2008)，英語では Baume (2012)，ドイツ語では Dreier (1997) が挙げられる。なお N. Urbinati によるニューヨーク市立大学での講演（2015年 3 月12日）は本稿と重なる関心を持つ <https://www.youtube.com/watch?v=eJ9myHWVO-Q>。

（５）　もっとも早川（2014）は，シュンペーターの議論そのものに多数決主義に対する批判が内在しており，人民の意志が多様で不安定・不定形なことを前提とした上で，多数派による政治的決定を構成するという側面があると指摘する。このように解するならば，本報告が提示するケルゼンの多数決イメージとの距離はかなり接近する。

（６）　レイプハルトが当初提示していたモデル（consociational democracy）が，社会（societas）が共に（con）存在するという名称で呼ばれていたこ

とを想起すれば足りるだろう。オーストリアの社会主義者の民族理論について「世紀転換期のハプスブルク帝国には，『国民』の構想の下に……大衆が組織された社会が複数，空間的に重なり合って存在した。このような社会的基盤が……バウアー・レンナー・モデルの基礎を形作っているのである」という指摘もある（中田 2010）。

（7） レイプハルトの分類に典型的に見られるように，多数決と合意，競争と協調は民主政の分類に際して一般的に用いられる概念対である。これに対し本稿は，「多数決」と「妥協」という結びつきが，少なくともケルゼンの文脈で成り立つことを示した。ならば，この「対立項」が本当に排他的であるか，疑ってみる必要がありそうである。

競争（Konkurrenz）と協調（Konkordanz）という概念対について言えば，前者が主に選挙のレヴェル現象であるのに対し，後者は政策形成・政治的決定レヴェルの現象である。従って論理的に併存の可能性が存在するだけではなく，現に協調型民主政においても，少なくとも主観的には激しい選挙戦が行われている。

多数決型（majoritarian）か合意型（consensual）か，という概念対も同様である。さらに合意型民主政においても，日常の決定の公式ルールは単純多数決が通例である。だとすれば，両者の違いは「程度問題」に過ぎないのか，またその「程度」を定めるのは量（多数決によらない決定の比率）か質（「重要な」決定の非多数決性）か。しかもそこには判断材料が公式ルールなのか運用なのか，という論点も存在する。

本稿がケルゼンから抽出したのは，決定の原理は「多数決」だが，運用において少数派の意見の尊重に基づいた妥協が求められているという論理構成である。これはいわゆる多数決モデルではないが，かといって全会一致や特別多数決を要求しているわけでもなく，合意型とするのもすわりが悪い。つまりここでは，「多数決の影の中の妥協」が要請されているのだが，そのための概念化がわれわれには欠けているのではないか。同じ「多数派のみによる決定」であったとしても，そこにいたるまでの多数派と少数派の交渉や法案の修正可能性については，大きな差異が存在しうる。

（8） 第一共和政の憲法制定過程については Owerdieck (1987) に依拠している。

（9） 1920年に制定された連邦憲法典（BGBl. 1/1920）においては，政権そのものの比例制規定はないが，中央委員会制度およびその比例的構成は維持されており（55条），形式的には同委員会が政権提案を本会議に対して行うこととなっている（70条）。

（10） 毛利（2010）はワイマール期の「ドイツでも，やはり選挙のたびごとに諸政党が有権者の票を奪い合って激しく非難合戦を繰り広げていた」と

して，ケルゼンの比例代表制理解を批判する。だが，最終的には経験的な問題とはいえ，非難合戦が何よりも自陣営の動員のために行われている可能性を想定していない点は，むしろ現在のネガティブキャンペーンのイメージを過去に投影した時代錯誤の虞がある。

なお，スウェーデンを事例として政党の具体的な戦略イメージを明らかにした重要な研究として Ekengren and Oscarsson (2013) を参照。

(11) このような解釈とその相対化については網谷（1994）を参照。

(12) 浅羽（2009）は韓国大統領の単任期制が「新人同士の『人物』をめぐる争いになり，政党政治やアカウンタビリティを後景化しやすい」と指摘する。

(13) Groh (2012) はドイツ基本法の想定する政党像がもはや実現不可能であるとして，基準の緩和が必要であるとする。また，本文中で言及したオーストリア州憲法における比例制規定の撤廃も，それによって州政府運営が混乱・停滞していると認知されるようになったためである。

引用文献

赤坂正浩．2008.「ケルゼンの民主主義論」同『立憲国家と憲法変遷』信山社，79-125.

網谷龍介．1994.「『転換』後のドイツ社会民主党（1961-1966年）」『国家学会雑誌』，107（3・4）：131-183.

浅羽祐樹．2009.「韓国における政党システムの変容——地域主義に基づく穏健多党制から2大政党制・全国政党化へ」『山口県立大学学術情報』，2：16-29.

Baume, Sandrine. 2012. *Hans Kelsen and the Case for Democracy*. Colchester: ECPR Press

Bardi, Luciano, Stefano Bartolini and Alexander H. Trechsel, eds. 2014a. Special Issue on "Responsive and Responsible? The Role of Parties in Twenty-First Century Politics." *West European Politics*, 37(2).

Bardi, Luciano, Stefano Bartolini and Alexander H. Trechsel, eds. 2014b. The med issue "Party Adaptation and Change and the Crisis of Democracy: Essays in Honour of Peter Mair." *Party Politics*, 20(2).

Börner, Holge. 1972. 'Erste Analyse der Ergebnisse der Bundestagswahl vom 19. November 1972. Textfassung eines Refarates in der Sitzung des Parteirates am 10. Dezember 1972. Referant: Holge Börner.' Bonn: Sozialdemokratische Partei Deutschlands.

Dreier, Horst. 1997. 'Kelsens Demokratietheorie: Grundlegung, Strukturelemente, Probleme.' *In: Hans Kelsens Wege sozialphilosophischer Forschung*,

ed. by Robert Walter and Clemens Jabloner. Wien, 79–102.
Ekengren, Ann-Marie, and Henrik Oscarsson. 2013. 'Party Elites' Perceptions of Voting Behaviour.' *Party Politics*, 19(4): 641-664.
Erler, Fritz. 1958. 'Gedanken zur Politik und inneren Ordnung der Sozialdemokreatie.' *Neue Gesellschaft*. 5(1): 3-8.
Groh, Kathrin. 2012. Der Wandel von Mitgliederparteien zu Wählerparteien − Setzt das Grundgesetz einen bestimmten Parteientypus voraus? *Zeitschrift für Prlamentsfragen*, 43(4): 784-798.
Jestaedt, Matthias, eds. 2013. *Hans Kelsen und die deutsche Staatslehre*. Tübingen: Mohr Siebeck.
ケルゼン，ハンス．2015（1929）．『民主主義の本質と価値他一篇』長尾龍一・植田俊太郎訳. 岩波書店, 2015年(原テクストとして Hans Kelsen, *Vertetidigung der Demokratie*. Tübingen: Mohr Siebeck, 2006 所収のものを参照).
河野勝．1999．「シュンペーターの民主主義理論──その現代性と課題──」『年報政治学』，50：181−203.
Mair, Peter. 2013. *Ruling the Void: The Hollowing of Western Democracy*. London: Verso.
──. 2014. *On Parties, Party Systems and Democracy: Selected Writings of Peter Mair*. Colchester: ECPR Press.
Merkel, Wolfgang. 2014. 'Is There a Crisis of Democracy?' *Democratic Theory*, 1(2): 11-25.
毛利透．2010．「政党と討議民主主義」『法律時報』，82（7）：81−87.
Müller-Rommel, Ferdinand and Fernando Casal Bértoa, eds. 2016. *Party Politics and Democracy in Europe: Essays in Honour of Peter Mair*. Abingdon and New York: Routledge.
中田瑞穂．2010．「チェコとスロヴァキア」馬場康雄・平島健司編『ヨーロッパ政治ハンドブック　第２版』東京大学出版会，105−116.
中山洋平．2002．『戦後フランス政治の実験──第四共和制と「組織政党」1944−52年』東京大学出版会.
野田昌吾．2015．「誰が投票に行かないか──選挙から見た自由民主主義の現在」『政策科学』，22（3）：95−114.
Owerdieck, Reinhard. 1987. *Parteien und Verfassungsfrage in Österreich: Die Entstehung des Verfassungsprovisoriums der Ersten Republik 1918 - 1920*. Wien: Verlag für Geschichte und Politik.
Papadopoulos, Yannis. 2013. *Democracy in Crisis? Politics, Governance and Policy*. London: Palgrave Macmillan.
Przeworski, Adam. 1991. *Democracy and the Market : Political and Economic Re-*

forms in Eastern Europe and Latin America. Cambridge: Cambridge University Press.

―――. 2010. *Democracy and the Limits of Self-Government*. Cambridge: Cambridge University Press.

Rothe, Wolfgang. 1956. 'Illusionen im Wahlrechtsstreit?', *Neue Gesellschaft*, 3(5): 381-388.

Saffon, Maria Paula, and Nadia Urbinati. 2013. 'Procedural Democracy, the Bulwark of Equal Liberty.' *Political Theory*, 41(3): 441-481.

Samuels, David, and Cesar Zucco. 2015. 'Crafting Mass Partisanship at the Grass Roots.' *British Journal of Political Science*, 45(4): 755-775.

シュンペーター,J. A.『資本主義・社会主義・民主主義』(中山伊知郎,東畑精一訳) 東洋経済新報社,1962年(原テクストとして Joseph A. Schumpeter, *Capitalism, Socialism and Democracy*. London and New York: Routledge, 1992 を参照).

Schütz, Klaus. 1957. 'Politik und politische Werbung.' *Neue Gesellschaft*. 4(1): 54-57.

高田篤.1989.「ケルゼンのデモクラシー論――その意義と発展可能性――(一,二・完)」『法学論叢』,125(3):47-79;126(1):84-111.

van Haute, Emile, Anissa Amjahad, Arthur Borriello, Caroline Close and Giulia Sandri. 2013. 'Party Members in a Pillarised Partitocracy. An Empirical Overview of Party Membership Figures and Profiles in Belgium.' *Acta Politica*. 48(1): 68-91.

政党の選挙戦略と党内の資源配分
―― 内閣総理大臣による選挙期間中の候補者訪問 ――

藤村直史*

要旨：政党は，政治資金，政府・議会・党の役職，選挙区への利益誘導など，所属議員の当選に資する複数の資源をもっている。本稿は，政党資源として，党首の選挙期間中の候補者訪問に焦点を当て，政党執行部が党の議席を増加させるために，どのように党内の資源を所属議員に配分するのかを検討する。日本の参議院議員選挙における内閣総理大臣の候補者訪問の分析から，政党執行部は，制度や文脈に応じて議席を増大させられるように資源を配分していることを明らかにする。より具体的には，政党執行部は，政党投票に依存している候補者や，当落線上にある候補者に対して，より頻繁に総理大臣を訪問させていることを示す。本稿の知見は，制度や文脈のもとで，政党が合理的な選挙戦略を採用し，かつ総理大臣の人気が所属候補者を当選に導く重要な資源であることを提示する。

キーワード：選挙戦略，政党組織，内閣総理大臣，選挙制度，個人/政党投票

> 「田中直紀って，娘の亭主が，そいつが今，副社長ほったらかしてねえ，福島で選挙運動してやがんですよ。落ちればいいと思ったら，今日の新聞には，当選しそうなんて書いてあった』(田中角栄)

はじめに

政党は，票，政権，政策を追求する (Müller and Strøm 1999; Strøm 1990)。これらの目標は多くの場合，政党は選挙でより多くの議席を得ることで，政権を獲得し，理想とする政策を実行することが可能となる。それゆえ，政党の行動は議席増加を目標としたものとしてとらえることができる。

---

* 神戸大学大学院法学研究科准教授　比較政治，議会政治

それでは，政党はどのようにして議席を増加させようとしているのだろうか。議席追求の手段は様々であり，例えば，有権者の望む政策を実施することで，彼らからの支持を高めようとするだろう。加えて，政党は，選挙資金，選挙区への利益誘導，政府・議会・党内の役職など，選挙や立法の結果を改善する様々な資源を持っている。多くの先行研究が，政党は，議席を増大できるように，戦略的に資源を議員に配分していることを明らかにしている。アメリカにおいて，政党指導部は，再選可能性の高い候補者や現職よりも，当落線上にある候補者や新人に選挙資金を配分している（Damore and Hansford 1999; Herrnson 1989; Jacobson 1985-1986; Medvic 2001）。また，多くの国において，政党指導部は，議員が有権者利益を充足できるように，政府・議会・党の役職を配分するか，あるいは議員の自由選択を認めている（Adler and Lapinski 1997; Crisp et al 2009; Pekkanen et al. 2006; Shepsle 1978; Stratmann and Baur 2002; Weingast and Marshall 1988）[1]。このように，党内の資源配分は，党の議員・候補者の当選可能性を高め，その結果，党の議席を増やすうえで重要な役割を果たしている。

　政治資金，役職と並んで，党首の選挙期間中における選挙区訪問は党の候補者にとって貴重な資源の1つである。党首が候補者を訪問し，選挙活動を行うことは，候補者の得票を増大させ，当選可能性を高める効果をもつ。特に，他の資源と比較して，党首の候補者訪問は，選挙に際して候補者の得票を直接ふやすために，候補者の当選を支援するもっとも効率的で直接的な資源である。アメリカをケースとして，大統領の候補者訪問に関する研究が行われている。大統領の訪問は，党の候補者の得票率や当選確率，選挙資金の獲得を高めること（Cohen et al. 1991; Herrnson and Morris 2007; Sellers and Denton 2006），さらに，訪問は，党の議席を最大化するように戦略的に行われていることが明らかにされている（Herrnson and Morris 2007; Hoddie and Routh 2004; Lang et al. 2011; Mellen and Searles 2013; Sellers and Denton 2006）。加えて，カナダにおいても，党首は，接戦候補者を優先的に訪問し，党首の訪問は党の候補者の得票率を高めることが示されている（Bélanger et al. 2003）。

　こうした研究成果の一方で，政党内の資源配分に関する従来の先行研究で欠けているのは，制度の影響への視角である。資源配分の研究が積極的に行われてきたアメリカは，小選挙区制度を採用しており，選挙制度が政

党の資源配分にどのような影響を与えるかを検証する制度配置ではない。少ない例外は，異なる選挙制度を用いている国をケースとした研究である[2]。

　本稿は，党内の資源配分という観点から，政党がどのように議席を増加させようとしているのかを分析する。より具体的には，政党の資源として党首の候補者訪問に焦点を当て，政党は，議席を最大化するために，どのように資源を党の議員・候補者に配分し，それは制度によってどのように構造づけられるのかを検討する。その際に，注目するのは，選挙制度とそれが議員に与える選挙誘因である。議員・候補者は，当選のために，個人の評価と政党の評価を高めることが必要であり（Cain et al. 1987），そのいずれをより高める誘因を持つかは選挙制度に拠る（Carey and Shugart 1995）。

　日本，特に参議院は，以下の3点の理由から，党首の候補者訪問を分析する上で理想的なケースである。第1に，日本では，1980年代前半以降，参議院に拘束名簿式比例代表制が採用されたことと，政治におけるテレビの影響が増大したことにより，選挙における総理大臣の公的イメージが所属議員の再選に与える影響が増している（Krauss and Pekkanen 2004）。第2に，参議院の都道府県選挙区は，1から6の異なる定数から成るため，国家間比較に対して，国固有の社会・政治・経済的要因を統制したうえで，選挙区定数の違いが党の資源配分に与える影響を分析することが可能である。第3に，日本では，いつ，どこで，誰と，何をしたかという前日の総理大臣の行動を主要新聞が報じる。これにより，他国に類を見ないほど，総理大臣の行動をほぼ完全に把握することが可能となる。

　本稿は，日本の参議院議員選挙における内閣総理大臣の候補者訪問の分析から，政党は制度や文脈のもとで，議席を最大化できるように資源を配分していることを示す。特に，政党は，政党投票に依存している候補者や，当落線上にある候補者に対して，より総理大臣を訪問させていることを明らかにする。この主張を検証するために，総理大臣の選挙訪問と，選挙期間中の候補者の当選可能性に関する独自のデータセットを構築する。2007年，2010年，2013年，2016年の参議院議員選挙をケースとした実証分析は，本稿の主張を支持する。

　本稿は，4節からなる。第1節では，日本における総理大臣の選挙期間中の候補者訪問を記述する。第2節では，政党はどのように総理大臣の候

補者訪問を配分しているかについて，仮説を提示する。第3節は，仮説を検証するためのデータと分析方法を用意する。第4節では，総理大臣の各候補者への訪問回数を従属変数とする分析を行うことで，仮説を検証する。

1．参議院議員選挙における選挙活動と選挙制度

2007年に，参議院議員選挙で自民党が大敗し，参議院での過半数の議席を失って以降，参議院が政権運営や政策形成に強い影響を及ぼす機会が増加した（Thies and Yanai 2013, 2014）。福田康夫政権では，道路整備事業特別措置法やテロ対策特別措置法などの重要法案が参議院で否決され，衆議院で再可決をするまでの期間，法の効果が失効した。また，日本銀行の総裁人事も参議院で2度否決され，総裁が空席となった。その結果，福田総理大臣は，参議院での多数派を欠くことによる政権運営の困難を理由に，辞職した。さらに，民主党政権でも，2010年の選挙で過半数の議席を失ったことで，参議院での問責決議を受けた大臣が事実上退任するなど，困難な政権運営に直面した。野田佳彦総理大臣は，消費税率引き上げを中心とする社会保障と税の一体改革関連法案について，参議院での可決のために自民党からの賛成を取り付けることと引き換えに衆議院の解散を確約し，民主党政権は終焉を迎えた。

日本の国会は，衆議院が可決した法案を参議院が否決した場合，成立させるために衆議院は出席数の3分の2以上の賛成が必要であり，国際的に見ても，参議院の影響力は非常に強い（Lijphart 1999; 大山 2003; Vatter 2005）。2007年以降与党が参議院で過半数の議席を欠く状況を経験するなかで，参議院の制度的影響力の強さが，政治家の間にも国民の間にも強く認識されることとなり，その結果，与野党ともに参議院議員選挙を極めて重要視するようになった。

総理大臣の候補者訪問は，党の候補者の得票率を引き上げることは実証的に確認されており（McElwain 2009），政党も訪問の効果を期待している（Krauss and Nyblade 2005）。公職選挙法により，参議院議員選挙の選挙期間は，公示日から投票日前日までの期間となる（第32条）。選挙期間のみ，候補者と政党は選挙運動を行うことができ，事前運動は厳しく禁止されている（同第129条）。したがって，総理大臣の候補者訪問は，候補者の当選可能性を高める重要な手段の1つである。総理大臣は，各選挙区において，

主として，街頭演説をする。総理大臣の訪問と演説は，有権者を直接動員すると同時にメディアにとりあげられることで，有権者の候補者への支持の拡大に貢献する。また，参議院選挙は都道府県連単位の選挙となるため（白鳥 2011），衆議院議員，都道府県議会議員，市区町村議員を含めた組織の引き締めにもつながる。

　それゆえ，政党は，各候補者に総理大臣を戦略的に派遣する。自民党と民主党は，選挙運動の実務を担当する類似した党内機関を持つ。両党ともに，選挙対策委員会が，メディアおよび独自の選挙情勢調査・分析，総理大臣の意思，候補者からの要請をもとに，総理大臣の遊説日程を策定している（『読売新聞』2010年6月30日，『毎日新聞』2013年6月27日，『共同通信』2013年7月10日）。

　参議院の選挙制度は，都道府県選挙区と非拘束名簿式比例代表制からなる。参議院議員の任期は6年であり，解散はない。2004年以降，参議院の総議席は242であり，半数の121の議席が3年ごとに改選される。146議席（3年ごとに73議席）が都道府県選挙区から，残りの96議席（3年ごとに48議席）が比例代表から選出される。候補者は，都道府県選挙区と比例代表の一方からしか立候補できない。有権者は，2票を投票することができ，都道府県区では候補者名を書き，比例代表では候補者名と政党名のいずれかを書くことが可能である。都道府県区は異なる定数からなる。2007年と2010年の選挙では，小選挙区29，2人区12，3人区5，5人区1，2013年の選挙では，小選挙区31，2人区10，3人区3，5人区1，2016年の選挙では，小選挙区32，2人区4，3人区5，4人区3，6人区1によって構成された。比例代表は全国を1つの単位とするため，特定の地域を訪問することが候補者の得票増加につながる効果は小さい。そのため，総理大臣の選挙区訪問は，都道府県区から立候補している党候補者への支援のために行われている。

　日本を事例に選挙期間中の党首の候補者訪問を分析した研究として，梅田（2015）があげられる。梅田は，党首の選挙区訪問を希少な選挙資源としてとらえ，1998年から2013年までの参議院議員選挙において，自民党と民主党は，2人区よりも，両党が1議席をめぐって激しく競争する小選挙区や，より接戦の選挙区に優先的に党首を訪問させていることを示している。

2. 理論と仮説

　党首の時間や労力は有限であるため，政党は，どの候補者に党首を派遣するかを決めるにあたって，戦略的な選択を迫られる。アメリカをケースとして，大統領選挙は行われない一方，下院の全議席，上院の3分の1の議席，複数の知事職が改選される中間選挙における大統領の候補者訪問が分析されてきた。まず，大統領の訪問は，党の候補者の得票率や当選確率，選挙資金の獲得を高めることが示される（Cohen et al. 1991; Herrnson and Morris 2007; Sellers and Denton 2006）。そのうえで，大統領の候補者訪問は，下院議員選挙・上院議員選挙においては党の議席を最大化するように，知事選挙においては党の知事の数を最大化するように，戦略的に行われているとされる。具体的には，大統領は，接戦の候補者や，自身の人気の高い選挙区を優先的に訪問しているという（Herrnson and Morris 2007; Hoddie and Routh 2004; Lang et al. 2011; Mellen and Searles 2013; Sellers and Denton 2006）。

　本稿は，政党は議席を最大化し，それによって政権を獲得し，理想とする政策を実施しようとすると想定する（Müller and Strøm 1999; Strøm 1990）。さらに，政党は，利得を最大化できるように，限られた資源を投資すると想定する（Damore and Hansford 1999; Herrnson 1989; Herrnson and Morris 2007; Hoddie and Routh 2004; Jacobson 1985-1986; Medvic 2001; Mellen and Searles 2013; Sellers and Denton 2006）。政党は，党首の候補者訪問が党の候補者の得票率や当選可能性を高めることを期待している（Cohen et al. 1991; Herrnson and Morris 2007; Krauss and Nyblade 2005）。したがって，政党は議会での議席を最大化するように，どの候補者に党首を訪問させるかを決定するだろう。特に，政党は，党首の訪問がより候補者の当選に結びつきやすい候補者に党首を送ると予測される。党首の候補者訪問による党の候補者の当選可能性への寄与度は，以下の2つの要素から決定される。メカニズムを図1に示した。

　第1の要素は，党首の訪問によって増加する得票率の規模である。特に，得票増加は，候補者の当選が政党投票と個人投票のいずれにより依存しているかに基づく。議員・候補者は，当選のために，個人の評価と政党の評価を高めることが必要である（Cain et al. 1987）。党首の訪問は，政党や総

図1　党首の訪問が候補者の当選確率を高める程度の決定要因

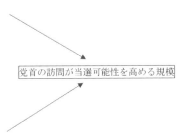

(1) 党首の訪問によって増加する得票率の規模
＝候補者が政党投票に依存する程度
・選挙制度が政党中心か個人中心か（仮説1）
・選挙区の都市度（仮説2）
・候補者が新人か現職か（仮説3）

(2) 訪問による得票増加が当選に結びつく規模
・選挙区の接戦度（仮説4）

理大臣の人気やイメージによって有権者を動員する効果を持つ。したがって，当選が政党投票に依存するほど，党首の訪問による得票増加は大きい。候補者が政党投票と個人投票のどちらに依拠しているかは，まず選挙制度によって規定される（Carey and Shugart 1995）。政党中心の選挙制度ほど候補者は政党投票に依拠し，逆に個人中心の選挙制度ほど候補者は個人投票に依拠する。したがって，政党は個人中心よりも政党中心の選挙区から立候補している候補者に対して，党首を訪問させようとする。Carey and Shugart (1995) によれば，各国で一般的に用いられている選挙制度のうち，もっとも政党中心からもっとも個人中心の順に，拘束名簿式比例代表制，小選挙区制（1人区制），非拘束名簿式比例代表制，複数人区単記非移譲投票制（SNTV，中選挙区制）となる[3]。参議院の都道府県選挙区は，区によって定数が1から6と異なる。定数1の選挙区は小選挙区であり，個人投票と政党投票の中間の制度である。それに対して，定数2以上の選挙区はSNTVであり，もっとも個人中心の選挙制度となる。政党は個人中心よりも政党中心の選挙制度に立候補している候補者に対して，党首を訪問させようとするという予測を日本の参議院議員選挙に当てはめることで，以下の仮説が導かれる。

　　仮説1：政党は，個人中心のSNTVから立候補している候補者よりも，政党中心の小選挙区から立候補している候補者に，総理大臣を訪問させやすい[4]。

候補者が政党投票と個人投票のどちらに依拠しているかは、選挙制度に加えて、選挙区の有権者の特徴にも規定される。有権者は、概ね組織化された有権者と、組織化されない有権者に分けられる。組織化された有権者は、公共事業、補助金、産業保護などの特殊利益を政党・議員から受ける代わりに、政党・議員を支持する。彼らの投票行動は、党・議員がどの程度利益を分配するかによって決定される傾向にあるため、党首が訪問して遊説を行い党の評判を高めようとしても、応答度は低い。一方、組織化されない有権者とは、特定の政策分野における特定の利益とは関係の弱い、一般有権者が該当する。彼らは、党や党首のイメージに左右されやすく、党首の訪問に応答的である。したがって、以下の仮説が導かれる。

仮説2：政党は、組織化された有権者の多い選挙区の候補者よりも、組織化されない有権者の多い選挙区の候補者に、総理大臣を訪問させやすい。

候補者が政党投票と個人投票のどちらに依拠しているかは、候補者個人の属性によっても決定されるだろう。特に、現職議員は、当選回数を重ねることで個人による集票組織をもつ。また、彼らは既に国会議員としての評判や業績をもつため、有権者も個人への評価をもとに投票の有無を決める。それに対して、新人候補者は、現職議員と比べれば、個人の集票組織は脆弱で、さらに、国政での経験がないため、有権者も個人の評価を定めにくい。それゆえ、当選のためには、政党の評判に依拠する部分が多く、党首の訪問は党の評判を高める。したがって、以下の仮説が導かれる。

仮説3：政党は、個人としての評判をもつ現職よりも、政党の評判に依拠する新人に、総理大臣を訪問させやすい

党首の候補者訪問による党の候補者の当選可能性への寄与度を規定する第2の要因は、候補者の接戦度である。党首の訪問が候補者の得票率をあげるのであれば、党首の訪問がより当選のために必要な得票率と予想得票率の近い候補者を訪問する方が、候補者を当選に導きやすい。逆に、当選可能性の高い候補者を訪問しても、党首の訪問は当選への寄与という点で

は無駄であるし，逆に落選可能性の高い候補者を訪問しても，予想得票率と必要な得票率のギャップは埋まりにくい。したがって，以下の仮説が導かれる。

> 仮説4：政党は，当選もしくは落選可能性の高い候補者よりも，当落線上の候補者に，総理大臣を訪問させやすい。

仮説1－3を提示・検証することで，本稿は従来の政党内の資源配分の研究に対して，政党の目標が議席最大化であるのは一定であっても，そのためにどのように資源配分をすることが必要かは，選挙制度などの公的な制度や，選挙区・候補者の特徴などの文脈によって異なることを主張しようとする。すなわち，政党組織や党内の資源配分を制度的分析におく。仮説4では，従来アメリカ議会研究で示された知見を議院内閣制の日本のケースで検証することで，その妥当性や一般化可能性を高めることを意図している。

3．データと方法

上記の4つの仮説を検証するために，総理大臣の候補者訪問を分析する。分析単位は，各選挙における都道府県選挙区に立候補した与党候補者である。分析期間は，2007年，2010年，2013年，2016年の参議院議員選挙である。2007年以降を分析期間とする理由は，本分析で用いる『朝日新聞』による選挙期間中の候補者の選挙情勢分析が，2007年以降統一された方法で行われているからである。

参議院の選挙運動期間は少なくとも17日である。分析対象のうち，2007年，2010年，2013年の選挙では17日間，2016年の選挙では18日間であった。選挙情勢は17, 18日の間に変動する。実際，『朝日新聞』は，選挙期間の前半と後半それぞれで，情勢分析を報じている。また，総理大臣の訪問が候補者の集票に与える影響も投票日までの日数によって異なることも予想される。それゆえ，17日の選挙期間のうち，前半9日と後半8日を別々に分析する。18日の選挙期間は，前半9日と後半9日を別々に分析する[5]。

従属変数は，総理大臣の各候補者への訪問である[6]。『朝日新聞』の「首相動静」をもとに，総理大臣が選挙期間中にどの候補者を訪問したかに関

表1　参議院議員選挙期間中の総理大臣の各候補者の訪問回数

訪問回数	前半9日間		後半8日間（9日間）			
	0回	1回	0回	1回	2回	3回
2007年	30	18	31	14	3	0
2010年	49	12	41	14	2	4
2013年	21	28	36	9	4	0
2016年	36	12	35	11	2	0

(注) 2016年のみ，後半が9日間である。

する独自のデータセットを作成した。他の主要誌と同様，『朝日新聞』では，「首相動静」の項目で，いつ，どこで，誰と，何をしたかなど，前日の総理大臣の行動が詳細に報じられている。この情報は，共同通信社と時事通信社が常に総理大臣に同行して得られるものであり，他の新聞社に提供している。したがって，どの新聞社もほぼ同じ内容を報じている。総理大臣の行動を逐一把握できるのは，世界的にも例がなく，非常に重要なデータである[7]。表1に総理大臣による党公認の各候補者への訪問回数を示した。いずれの年も，前半は総理大臣の訪問は最大でも1回であり，政党は総理大臣を訪問させるか否かの選択をしている。一方，後半は総理大臣が2回さらには3回訪問している候補者も存在する。政党は，何回訪問させるかの選択をしている。以上より，選挙期間前半の分析での従属変数は「訪問（前半）」であり，総理大臣が候補者を訪問すれば1，しなければ0をとるダミー変数である。従属変数が二値変数であるため，推定にはロジット回帰モデルを用いる。それに対して，選挙期間後半の従属変数は「訪問（後半）」であり，総理大臣の候補者への訪問回数を表す。従属変数がカウントデータであるため，推定には負の二項回帰モデルを用いる。

次に独立変数に移る。仮説1を検証するための独立変数は「小選挙区」であり，候補者が小選挙区から立候補していれば1，そうでなければ（SNTVから立候補していれば）0をとるダミー変数である。仮説1は，「小選挙区」は，従属変数と正の関係になることを予測する。

仮説2を検証するための独立変数は「人口密度」であり，候補者の立候補している選挙区の人口密度（人／km²）の自然対数を表す[8]。日本では，農村部の経済ほど政府からの公共事業，補助金，産業保護などに依存する傾向があり，そうした分野での農業，建設，商工業従事者の利益は組織化されている（Jou 2009; Reed et al. 2012; Schiner 2006）。一方，都市部にはそうした個別利益とは関係の弱い一般有権者がより多く存在する。仮説2は，「人口密度」は，従属変数と正の関係になることを予測する。

仮説3を検証するための独立変数は「新人」であり，候補者が新人であれば1，そうでなければ0をとるダミー変数である[9]。仮説3は，「新人」が，従属変数と正の関係になることを予測する。

　仮説4を検証するためには，政党による候補者の選挙情勢の認識をとらえることが必要となる。既に述べたように，政党は独自の調査とメディアの情勢分析をもとに，候補者の当選可能性を判断している。したがって，新聞社による情勢分析を，政党の情勢判断の代理指標とする。『朝日新聞』は，参議院議員選挙の期間中に2度の各選挙区の候補者の当選可能性に関する情勢分析を報じている。2007年選挙は，7月12日に公示され，29日に開票された。『朝日新聞』は，7月20日と27日に情勢分析を報道している。2010年選挙は，6月24日に公示され，7月11日に開票された。『朝日新聞』は，6月27日と7月9日に情勢分析を報道している。2013年選挙は，7月4日に公示され，21日に開票された。『朝日新聞』は，7月6日と19日に情勢分析を報道している。2016年選挙は，6月22日に公示され，7月10日に開票された。『朝日新聞』は，6月24日と7月8日に情勢分析を報道している。『朝日新聞』の情勢分析は，電話調査，過去の調査結果と選挙結果の関係，取材に基づいている[10]。本稿は，『朝日新聞』の選挙情勢分析に基づき，候補者の当選可能性に関するデータセットを構築する。『朝日新聞』は，表現には違いがあるものの，概ね候補者の当選可能性を，有利，やや有利，接戦，やや不利，不利の5段階で評価している。具体的には，「独走」，「水をあけている」，「優位」，「安定」，「万全」，「他候補を引き離し」，「堅い」などの表現は有利，「やや先行」，「わずかにリード」「リード（対立候補が「懸命に追い上げ」などと表現されている場合）」，「一歩リード」，「一歩抜け出す」，「有利な情勢になりつつある」などの表現はやや有利，「競り合っている」，「互角」，「激戦」，「激しい戦い」，「横一線」，「横並び」，「当落線上」，「予断を許さない」などの表現は接戦，「懸命に追い上げ」などの表現はやや不利，「勢いが見られない」，「出遅れている」，「苦しい」，「伸び悩んでいる」などの表現は不利とコーディングした。選挙期間の前半，後半それぞれに変数を用意する。「有利（前半）」，「やや有利（前半）」，「接戦（前半）」，「やや不利（前半）」，「不利（前半）」，「有利（後半）」，「やや有利（後半）」，「接戦（後半）」，「やや不利（後半）」，「不利（後半）」は，候補者が当該の評価を受けた場合1，そうでない場合0をとるダミー変数である。候補者

表2 変数の記述統計

二項変数	値 0	値 1
小選挙区	87	119
新人	115	91
有利（前半）	97	109
やや有利（前半）	186	20
接戦（前半）	171	35
やや不利（前半）	176	30
不利（前半）	194	12
有利（後半）	101	105
やや有利（後半）	186	20
接戦（後半）	175	31
やや不利（後半）	184	22
不利（後半）	178	28
男性	34	172
2007年	48	158
2010年	61	145
2013年	49	157
2016年	48	158

連続変数	平均	標準偏差	最小値	最大値
人口密度	5.13	1.73	1.84	8.70
年齢	52.37	10.88	31	74
距離	4.85	1.75	0.70	7.35

はいずれか1つのみで1をとる。参照カテゴリは，それぞれ「有利（前半）」，「有利（後半）」である。仮説4は，「やや有利」，「接戦」，「やや不利」が正であることを予測する。

加えて，6つの統制変数を投入する。第1に，政党は総理大臣の候補者訪問を決定する際には，官邸から各選挙区への距離が影響を与えると考えられる。距離が遠いほど，総理大臣の時間を消費する。したがって，官邸と各都道府県庁所在地の間の直線距離（km）の自然対数を表す「距離」を投入する[11]。第2に候補者の属性として，候補者の年齢である「年齢」と，候補者が男性の場合1をとるダミー変数である「男性」を投入する。第3に，政党の党派性（2007年，2013年，2016年は自民党，2010年は民主党），衆議院・参議院の議席率，経済社会状況，選挙の争点などの選挙年固有の効果を統制するために，候補者が当該選挙年に該当する場合1，そうでない場合0をとるダミー変数である「2010年」，「2013年」，「2016年」を投入する。参照カテゴリは「2007年」である。表2に，独立変数の記述統計を示した。

4．分析結果

分析結果を表3に示した。同一政党の同一選挙区の間での相関が考えられるため，標準誤差は政党ごとの選挙区でクラスター化している。モデル1は，選挙期間の前半9日に総理大臣が訪問するか否かをロジットモデルで推定している。モデル2は，選挙期間の後半8日（2016年選挙では9日）に総理大臣が訪問した回数を負の二項モデルで推定している。

仮説1について，「小選挙区」は，モデル1で統計的に有意であり，係数は正である。仮説2について，「人口密度」は，モデル1で正に有意である。仮説3について，「新人」は，モデル1で正に有意である。仮説4について，

モデル1では「やや不利」のみが正に有意で，モデル2では「やや有利」，「接戦」，「やや不利」が正に有意である。

各変数の実質的効果を計算した。はじめに，表3のモデル1に基づき，各変数が選挙期間の前半9日に総理大臣が訪問する可能性に与える効果を推定する。図2-1は，従属変数と有意な関係が確認できたダミー変数である「小選挙区」，「新人」，「やや不利」の効果を検証している。すなわち，任意の特徴を持つ議員

表3　総理大臣の候補者訪問の決定要因

従属変数	モデル1 訪問（前半）		モデル2 訪問（後半）	
推定モデル	ロジット回帰		負の二項回帰	
	係数（標準誤差）			
小選挙区	1.35**	(0.49)	-0.092	(0.29)
人口密度	1.06**	(0.36)	-0.085	(0.18)
新人	0.74*	(0.37)	0.27	(0.25)
やや有利（前半）	-0.44	(0.64)		
接戦（前半）	0.59	(0.55)		
やや不利（前半）	1.29*	(0.64)		
不利（前半）	-0.29	(1.04)		
やや有利（後半）			1.32*	(0.52)
接戦（後半）			1.52**	(0.49)
やや不利（後半）			1.85**	(0.61)
不利（後半）			-0.90	(1.12)
年齢	0.0093	(0.015)	-0.0034	(0.0095)
男性	0.75	(0.52)	-0.28	(0.21)
距離	0.14	(0.26)	-0.38**	(0.12)
定数	-10.40**	(3.59)	0.87	(1.68)
Log Pseudolikelihood	-106.10		-129.59	
Pseudo R^2	0.20		0.24	
観察数	206		206	

(注) 標準誤差は政党ごとの選挙区でクラスター化されている。
選挙年固定効果は投入したが，表示していない。
***$p < 0.001$，**$p < 0.01$，*$p < 0.05$。

を想定し，その議員に対して選挙期間前半に総理大臣が訪問する確率を推定している。まず，「小選挙区」については，その他の変数の値を平均値に固定したうえで，その値が1と0それぞれをとる際に，従属変数が1をとる予測確率を求めた。総理大臣の訪問確率は，小選挙区の候補者が42.4%（「小選挙区」が1をとる際に従属変数が1をとる確率）であるのに対し，SNTVの候補者は16.1%（「小選挙区」が0をとる際に従属変数が1をとる確率）である。政党はSNTV候補者より小選挙区候補者を明確に優先している。仮説1は，支持される。次に，候補者の経験について，その他の変数の値を平均値に固定したうえで，「新人」の値が1と0それぞれをとる際に，従属変数が1をとる予測確率を求めた。総理大臣の訪問確率は，新人候補者が38.7%（「新人」が1をとる際に従属変数が1をとる確率）であるのに対し，現職候補者は23.1%（「新人」が0をとる際に従属変数が1をとる確率）である。政党は現職より新人を明確に優先している。仮説3は支

図2 変数の限界効果

2-1 選挙期間前半に総理大臣が候補者を訪問する予測確率

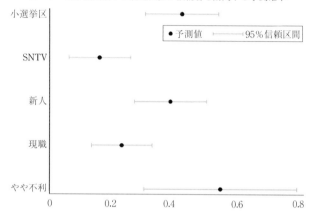

2-2 選挙期間後半に総理大臣が候補者を訪問する予測確率

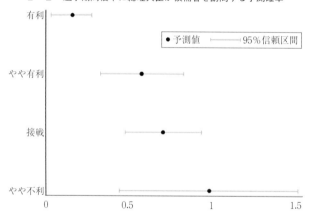

持される。さらに,「やや不利」については,「やや有利」,「接戦」,「不利」の4変数全ての値を0に,4変数以外の変数の値を平均値に固定したうえで,「やや不利」が1の値をとった際の従属変数が1をとる予測確率を求めた。やや不利な候補者への総理大臣の訪問確率は54.7%である。それ以外の当選可能性を表す変数が有意でないため,仮説4は部分的に支持される。

図3は,モデル1に関して,「人口密度」と総理大臣の訪問の関係を推定

図3 選挙期間前半に総理大臣が候補者を訪問する予測確率

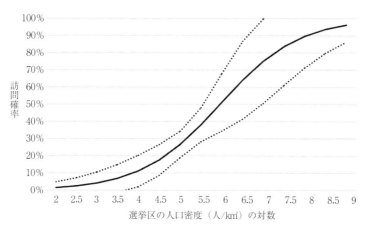

(注) 実線は予測確率，破線はその95％信頼区間である

している。その他の変数を平均値に固定したうえで，「人口密度」を最小値から最大値まで変化させたうえでの，従属変数が1をとる予測確率を求めている。「人口密度」が平均値の5.13をとるときの訪問確率は29.4％，平均値から1標準偏差（1.73）増加させたときの確率は72.4％であり，政党は明確に都市部を優先している。仮説2は支持される。

続いて，選挙期間後半の総理大臣の訪問に移る。図2－2は，表3のモデル2に基づき，ダミー変数のうち，表3において従属変数と有意な関係が確認できたダミー変数である「やや有利」，「接戦」，「やや不利」に加えて，参照カテゴリである「有利」の効果を検証している。投入した「やや有利」，「接戦」，「やや不利」，「不利」の4変数全ての値を0に，4変数以外の変数の値を平均値に固定したうえで，当該変数が1の値をとった際の訪問回数の予測値とその95％信頼区間を求めた。訪問回数は，多い順に，やや不利な候補0.99回，接戦候補0.71回，やや有利な候補0.58回，有利な候補0.16回と予測される。政党指導部はやや不利な候補を最優先し，次に接戦候補者に総理大臣を派遣している。仮説4は支持される。

分析結果は表4の通り，まとめられる。まず，仮説1，2，3は，選挙期間の前半においてのみ支持される。選挙期間の前半は，政党指導部は小選挙区の候補者，都市部の候補者，新人候補者という当選をより政党の評

表4　分析結果のまとめ

	選挙期間前半	選挙期間後半
仮説1：SNTVより小選挙区の候補者を訪問	支持	
仮説2：組織化されない選挙区の候補者を訪問	支持	
仮説3：現職より新人を訪問	支持	
仮説4：当落線上の候補者を訪問	一部支持	支持

判に依拠している候補者を重視し，総理大臣を送っている。仮説4は，選挙期間前半については部分的に支持される一方，後半については強く支持される。以上より，政党は，選挙序盤は候補者の当選可能性よりも，まずは政党の評判を必要とする候補者を支援することに集中している。一方，後半になると，各候補者の当選可能性に基づいて戦略的に総理大臣を訪問させている。

結論と含意

本稿は，党内の資源配分という観点から，政党がどのように議席を増加させようとしているのかを検討してきた。特に，政党の資源として党首の候補者訪問に焦点を当て，政党は，議席を増加するために，どのように資源を党の議員・候補者に配分し，それは制度によってどのように構造づけられるのかを分析した。本稿の知見は，以下の2点にまとめられる。第1に，政党は，議席を増大するために戦略的に資源を配分していることを確認した。党は，資源配分がより得票率を伸ばしやすい候補者や，資源配分による得票増加が当選につながりやすい候補者により資源を配分している。第2に，議席を増加させるための合理的行動は，制度や文脈によって規定され，政党はそうした制度や文脈に応じて資源配分の仕方を変化させていることを示した。政党は，政党中心の選挙制度から立候補している候補者，組織化されない有権者の多い選挙区の候補者，新人候補者など，当選を政党の評判に依存している候補者により党首や政党の人気を配分している。

本稿は，政党組織の研究に対して，特に以下の3点の貢献を提示している。第1は，党内の資源配分の観点から，政党がどのように議席を最大化し，組織を運営しているのかを解明した。第2に，日本では，1990年代以降の政治改革・行政改革により，政権運営や政策決定と並んで，選挙における日本の内閣総理大臣の影響が強くなった。総理大臣の人気をどう配分

するかは個々の議員の選挙結果も左右し，総理大臣の人気は党の議員や候補者の当選可能性を高める重要な資源であることを明らかにした。第3に，本稿は，総理大臣の活動を数量化した分析を行うことで，政治アクターの行動を数値化した研究の発展可能性を示している。特に，本稿における総理大臣の候補者への訪問についてのデータセットは，政治地理学から党首の活動について，より詳細な研究を行うことが可能である。

[謝辞] 本稿の草稿段階において，日本政治学会編集委員会の委員長待鳥聡史先生，委員岡崎晴輝先生，清水唯一朗先生，善教将大先生，中島晶子先生，西川賢先生，舟木律子先生から貴重なコメントをいただいた。ありがとうございます。また，本論文は，日本学術振興会科学研究費補助金・若手研究（B）「政党指導部による所属議員への政治資金，政府支出，役職の配分と政党の一体性維持研究課題」（研究代表者：藤村直史，課題番号：15K16978）による成果の一部である。

（1）　日本でも，内閣の大臣，副大臣，政務官，政務次官，国会委員会の委員長，理事，自由民主党政務調査会部会の部会長，副部会長などの役職を当選回数と派閥均衡によって分配することで，政党の一体性を維持していることが多くの研究によって明らかにされている（濱本 2011, 2015；猪口・岩井 1987；川人 1996；Kohno 1992; Nemoto et al. 2008; 佐藤・松崎 1986）。

（2）　Stratmann and Baur (2002) は，小選挙区比例代表併用制を採用しているドイツにおいて，個人中心の制度である小選挙区選出の議員は，議会において選挙区利益を実現しやすい委員会に所属する一方，政党中心の選挙制度である拘束名簿式比例代表選出の議員は政党利益を実現しやすい委員会に所属することを示している。同様に，Pekkanen et al. (2006) は，小選挙区比例代表並立制下の日本の自民党をケースに，小選挙区当選，比例代表復活当選，比例代表単独立候補・当選の議員によって，分配，パイポリティックス，公共財という異なる3領域でのポストが与えられることを検証している。しかし，Pekkanen et al. (2006) において示された分析結果からは，比例代表単独議員は公共財ポストを与えられていないという点以外は，小選挙区選出議員と比例代表単独議員の間で役職を得る分野に明確な違いを確認することはできない。そもそも，自民党の場合，ほとんどの候補者は小選挙区と比例代表両方に立候補しており，比例代表からのみ立候補する議員は，同一選挙区を共有する同僚議員との調整のうえで比例代表に回った議員や，あるいは比例名簿の下位に擁立される党の職員が中心である。彼らにとって比例代表から長期に当選するという誘因は極めて小さく，比

例代表に起因する選挙誘因をもつ議員はほとんど存在しないはずである。
（3）　複数人区単記非移譲投票制は，multi-member districts with single non-transferable vote (SNTV) と表される。
（4）　梅田（2015）も，政党指導部は党首を小選挙区に優先的に訪問させていることを示している。その理由として，梅田は，小選挙区は接戦になりやすいことを挙げている。一方，本稿は，小選挙区は政党投票の要素が強くなるために，総理大臣が訪問しやすいと主張する。実証分析においても，選挙区の接戦度を統制変数として投入し，接戦度を統制したうえでも，政党はより小選挙区に党首を訪問させやすいことを示す。
（5）　選挙期間の前半と後半の分け方を数日前後させても，ほぼ同様の分析結果が得られた。
（6）　大臣や与野党執行部の議員など，総理大臣以外の有力議員も分析対象として考えられる。ただし，(1)総理大臣の選挙区訪問は，他のアクターと比較して，有権者の動員やメディアでの報道の規模においてはるかに大きな影響をもち，候補者の当落への影響も大きいと推測できる，(2)現状のデータにおいて，研究者がほぼ完全に一挙手一投足を追跡できるのは総理大臣であり，本稿はまずは総理大臣の活動についての体系的なデータセット構築とデータ分析を行うことを目的としている，という2つの理由から，本稿では総理大臣のみを対象とする。その他のアクターについても，今後の研究を発展させる予定である。
（7）　「首相動静」を用いて総理大臣の行動をとらえた研究の嚆矢として，待鳥（2012）があげられる。総理大臣の政治アクターとの面会頻度から，総理大臣の意思決定スタイルを分析している。
（8）　選挙区の人口密度データは，総務省統計局『統計でみる都道府県のすがた』から得た。http://www.stat.go.jp/data/k-sugata/naiyou.htm#mokuji2 ＜2016年8月3日最終アクセス＞
（9）　議員の属性データは各選挙における『朝日新聞』の記事による。
（10）　詳細は，『朝日新聞』2007年7月20日，27日，2010年6月27日，7月6日，2013年7月6日，19日，2016年6月24日と7月8日を参照。
（11）　直線距離の算出にはGoogle Mapsを用いた。https://maps.google.com

（日本語参考文献）
猪口孝・岩井奉信，1987『「族議員」の研究　自民党政権を牛耳る主役たち』日本経済新聞社．
梅田道生，2015「参院選における政党党首の選挙区訪問先の研究　不均一な選挙制度における政党の戦略的選挙資源の配分」日本政治学会研究大会10月12日，千葉大学．

大山礼子，2003『国会学入門［第2版］』三省堂．
川人貞史，1996「シニオリティ・ルールと派閥—自民党における人事配分の変化—」『レヴァイアサン』臨時増刊号：111-145．
佐藤誠三郎・松崎哲久，1986『自民党政権』中央公論社．
白鳥浩編，2011『衆参ねじれ選挙の政治学　政権交代下の2010年参院選』ミネルヴァ書房．
濱本真輔，2011「民主党における役職配分の制度化」上神貴佳・堤英敬編『民主党の組織と政策』東洋経済新報社：29-69．
濱本真輔，2015「民主党政権下の政府人事」前田幸男・堤英敬編『統治の条件』千倉書房：35-78．
待鳥聡史，2012『首相政治の制度分析－現代日本政治の権力基盤形成』千倉書房．

(英語参考文献)

Adler, E. Scott, and John S. Lapinski. 1997. "Demand-Side Theory and Congressional Committee Composition: A Constituency Characteristics Approach." *American Journal of Political Science*, 41 (3): 895-918.

Bélanger, Paul, R. Kenneth Carty, and Munroe Eagles. 2003. "The Geography of Canadian Parties' Electoral Campaigns: Leaders' Tours and Constituency Election Results." *Political Geography*, 22 (4) 439-455.

Cain, Bruce, John Ferejohn, and Morris Fiorina. 1987. *The Personal Vote: Constituency Service and Electoral Independence*. Cambridge: Harvard U. P.

Carey, John M., and Matthew Soberg Shugart, 1995. "Incentives to Cultivate a Personal Vote: A Rank Ordering of Electoral Formulas." *Electoral Studies*, 14 (4): 417-439.

Cohen, Jeffrey E., Michael A. Krassa, and John A. Hamman. 1991. "The Impact of Presidential Campaigning on Midterm U.S. Senate Elections." *American Political Science Review*, 85 (1): 165-178.

Crisp, Brian F., Maria C. Escobar-Lemmon, Bradford S. Jones, Mark P. Jones, and Michelle M. Taylor-Robinson. 2009. "The Electoral Connection and LegislativeCommittees." *Journal of Legislative Studies*, 15 (1): 35-52.

Damore, David F., and Thomas G. Hansford. 1999. "The Allocation of Party Controlled Campaign Resources in the House of Representatives, 1989–1996." *Political Research Quarterly*, 52 (2): 371-385.

Herrnson, Paul S. 1989. "National Party Decision Making, Strategies, and Resource Distribution in Congressional Elections." *Western Political Quarterly*, 42 (3): 301-323.

Herrnson, Paul S., and Irwin L. Morris. 1989. "Presidential Campaigning in the 2002 Congressional Elections." *Legislative Studies Quarterly*, 32 (4): 629-648.

Hoddie, Matthew, and Stephen R. Routh. 2004. "Predicting the Presidential Presence: Explaining Presidential Midterm Elections Campaign Behavior." *Political Research Quarterly*, 57 (2): 257-265.

Jacobson, Gary C. 1985–1986. "Party Organization and Distribution of Campaign Resources: Republicans and Democrats in 1982." *Political Science Quarterly*, 100 (4): 603-625.

Jou, Willy. 2010. "Toward a Two-Party System or Two Party Systems?: Patterns of Competition in Japan's Single-Member Districts, 1996-2005." *Party Politics*, 16 (3): 370-393.

Kohno, Masaru. 1992. "Rational Foundations for the Organization of the Liberal Democratic Party in Japan." *World Politics*, 44 (3): 369-397.

Krauss, Ellis S., and Benjamin Nyblade. 2005. "Presidentialization' in Japan? The Prime Minister, Media and Election in Japan." *British Journal of Political Science*, 35 (2): 357-368.

Krauss, Elliss S., and Robert Pekkanen. 2004. "Explaining Party Adaptation to Electoral Reform: The Discreet Charm of the LDP?" *Journal of Japanese Studies*, 30 (1): 1-34.

Krauss, Ellis S. and Robert J. Pekkanen. 2011. *The Rise and Fall of Japan's LDP: Party Organizationas Institutions*. Ithaca, NY: Cornell University Press.

Lang, Matthew, Brandon Rottinghaus, and Gerhard Peters. 2011. "Polls and Elections: Revisiting Midterm Visits: Why the Type of Visit Matters." *Presidential Studies Quarterly*, 41 (4): 809-818.

Lijphart, Arend. 1999. *Patterns of Democracies: Government Forms and Performance in Thirty-Six Countries*. New Haven: Yale University Press.（粕谷祐子訳, 2005『民主主義対民主主義多数決型とコンセンサス型の36ヶ国比較研究』勁草書房）

McElwain, Kenneth Mori. 2009. "How Long Are Koizumi's Coattails? Party-Leader Visits in the 2005 Election." In Steven R. Reed, Kenneth Mori McElwain, and Kay Shimizu (ed.). *Political Change in Japan: Electoral Behavior, Party Realignment, and the Koizumi Reforms*. Stanford: Walter H. Shorenstein Asia-Pacific Research Center: 133-155.

Medvic, Stephen K. 2001. "The Impact of Party Financial Support on the Electoral Success of US House Candidates." *Party Politics*, 7 (2): 191-212.

Mellen, Rob, Jr., and Kathleen Searles. 2013. "Predicting Presidential Appearances during Midterm Elections: The President and House Candidates, 1982–

2010." *American Politics Research*, 41(2) 328-347.

Müller, Wolfgang C., and Kaare Strøm. 1999. *Policy, Office, or Votes?: How Political Parties in Western Europe Make Hard Decisions*. New York, NY: Cambridge University Press.

Nemoto, Kuniaki, Ellis Krauss, Robert Pekkanen. 2008. "Policy Dissension and Party Discipline: The July 2005 Vote on Postal Privatization in Japan." *British Journal of Political Science*, 38 (3): 499-525.

Pekkanen, Robert, Benjamin Nyblade, and Ellis S. Krauss. 2006. "Electoral Incentives in Mixed-Member Systems: Party, Posts, and Zombie Politicians in Japan." *American Political Science Review*, 100 (2): 183-193.

Reed, Steven R., Ethan Scheiner, Michael F. Thies. 2012. "The End of LDP Dominance and the Rise of Party-Oriented Politics in Japan." *Journal of Japanese Studies*, 38 (2): 353-376.

Scheiner, Ethan. 2006. *Democracy without Competition in Japan: Opposition Failure in a One-Party Dominant State*. Cambridge, Cambridge University Press.

Sellers, Patrick J., and Laura M. Denton. 2006. "Presidential Visits and Midterm Senate Elections." *Presidential Studies Quarterly*, 36 (3): 410-432.

Shepsle, Kenneth. A. 1978. *The Giant Jigsaw Puzzle*, Chicago: University of Chicago Press.

Stratmann, Thomas, and Martin Baur. 2002. "Plurality Rule, Proportional Representation, and the German Bundestag: How Incentives to Pork-Barrel Differ across Electoral Systems." *American Journal of Political Science*, 46 (3): 506-514.

Strøm, Kaare. 1990. A Behavioral Theory of Competitive Political Parties. *American Journal of Political Science*, 34 (2): 565-598.

Thies, Michael F., and Yuki Yanai. 2013. "Governance with a Twist: How Bicameralism Affects Japanese Lawmaking." In Robert Pekkanen, Steven Reed, and Ethan Scheiner (ed.). *Japan Decides 2012: The Japanese General Election*. Houndmills: Palgrave Macmillan: 225-244.

Thies, Michael F., and Yuki Yanai. 2014. "Bicameralism vs. Parliamentarism: Lessons from Japan's Twisted Diet." 『選挙研究』 30 (2): 60-74.

Vatter, Adrian. 2005. "Bicameralism and Policy Performance: The Effects of Cameral Structure in Comparative Perspective." *Journal of Legislative Studies*, 11 (2): 194-215.

Weingast, Barry R., and William J. Marshall. 1988. "The Industrial Organization of Congress; or, Why Legislatures, Like Firms, Are Not Organizedas Markets." *Journal of Political Economy*, 96 (1): 132-163.

自民党結党直後の政務調査会

―― 健康保険法改正問題の事例分析 ――

奥 健太郎 *

要旨：近年，筆者は自民党政権の政策決定手続きの特徴とされる「事前審査制」の通説を修正する説，すなわち事前審査制が自民党結党直後の1955年から始まったとする見解を発表した。このことを前提とすると，自民党政務調査会は，結党直後から事前審査の中心機関として，与党内部ならびに政府与党間を調整する役割を果たしていたと考えられる。そこで本稿は，1956年の健康保険法改正問題を事例として，当時の政調会が果たした役割を分析した。

結論としては，結党直後の政調会が平時であれば政策調整機関として，政府与党間，与党内部で政策を具体的に調整する機能を持っていたこと，その一方で事態が政局化すると政調会の果たす役割は限定的であったことが明らかになった。

キーワード：自民党，事前審査制，政務調査会，健康保険法，日本医師会

1. はじめに

近年，筆者は結党直後の自民党政権像を変える研究を発表してきた。奥（2014）では，自民党政権の政策決定システムを特徴づける事前審査制が1955年に導入され，1960年代初頭にはほぼ定着していたことを明らかにした。また奥（2015）においては，自民党の前身政党（自由党，日本民主党）の政調会による政府与党間調整の実際，自民党結党とともに政調会が政策調整の中枢機関として位置づけられる過程，事前審査制が導入された理由を明らかにした。

このことを踏まえると，自民党政調会は結党直後から事前審査の中心機

---

* 東海大学政治経済学部政治学科教授　日本政治史

関となり，与党内部ならびに政府与党間を調整する役割を果たしていたと考えられるが，実際それはどのようなものだったのだろうか。本稿はこのような問題関心に基づき，第24国会で大きな政治争点となった健康保険法（以下健保法）改正問題の事例研究を行う。

　分析の視点は三つある。第一の視点は政調会内の調整である。周知のように政調会には，ほぼ省庁と対応したかたちで各部会が存在し，その上位機関として政調審議会（以下政審）が存在する。政審設置の意図は，政審の委員を部会に所属させず，政審を通じて部会間の調整，政策の統合を行うことにあったとされる（奥 2014）。さらに政調会の執行部として政調会長，副会長（以下，政調執行部）も存在する。このような仕組みの下，政調執行部・政審と部会との垂直的な調整は，どのように行われていたのか。

　第二の視点は政調会と政府の調整である。自民党結党とともに事前審査制が採用されたことで，政調会は政府側の準備する予算や閣法を審査することとなった。いわば政府与党間の水平的調整が広範囲に開始されたわけであるが，その調整には二つの層があるはずである。第一の層は各部会と各省庁との間の調整である。各省庁の予算や法案は，まず担当部会で審議されることになったからである。第二の層は政調執行部・政審と大蔵省との間の調整である。既述のように，自民党では政調執行部・政審が垂直的な調整を行うことが想定されたが，大蔵省も各省庁の予算要求を査定することを通じ，垂直的な調整を行う。立場を同じくする政調執行部・政審と大蔵省との間では，どのような調整が行われたのであろうか。

　第三の視点は政調会と総務会の関係である。奥（2015）で指摘したように，自民党の結党とともに，党則により政調会の議決は党の政策決定の要件となった一方で，総務会は政策調整の実務からは切り離された。これにより，政調会に政策調整の機能を集中させることが意図されたと考えられる。しかしながら，総務会は党則において「党の運営及び国会活動に関する重要事項」を審議する権限が認められていたから，政調会と総務会の関係は微妙である。総務会は政策の調整にどのように関与したのか。

　このような問題関心と分析視点に基づいて，本稿は，①健保法改正の前提となる予算の獲得過程，②法案の閣議決定前の事前審査過程，③国会提出後の法案修正過程の3つの局面に焦点を当てる。

　それでは本論に入る前に，健保法改正問題について基本的な説明を行っ

ておきたい。

　第一に健保法改正問題とは何か。背景にあったのは1，政府管掌健康保険の赤字である。赤字の背景には受診率の上昇，抗生物質の保険適用といった時代状況があり，昭和31年度の赤字は66億とも見込まれた。それゆえ，厚生省は対策を講じなければならず，「健康保険法等の一部を改正する法律案」(以下「健保法改正法案」と略)が提出されたのである。

　この法案の要点を紹介すると，法案の一つの柱は収入増加策である。具体的な手段の一つが国庫補助であり，法案には「予算ノ範囲内ニ於テ政府ノ管掌スル健康保険事業ノ執行ニ要スル費用ノ一部ヲ補助ス」という条文が盛り込まれた。それに先行して昭和31年度政府予算案では30億円が計上されている。第二の具体策は，医療費の一部自己負担の導入で，これが最も政治問題化した問題である。一部自己負担は受診率の低下を招くことが予想され2，日本医師会(以下日医)がこれに強く反発したためである。政府側の計算によれば，自己負担の導入により約23億円の収入増が期待された。第三の具体策は，標準報酬の段階の見直しであるが，これはほとんど政治問題化しなかったので説明は省略する。

　法案の第二の柱は支出の抑制策であり，その具体策として保険医の機関指定の規定が盛り込まれた。それまでも保険を扱うには医師個人が政府から保険医として認定されなければならなかったが，改正案は医師個人だけでなく医療機関も保険医療機関として認定されることを条件とした。この当時，特定の医療機関による過剰な医療行為が問題視されていたために，この制度が導入されたとされる3。この機関指定制の導入は，医師会の強い反発を招いたが，24国会では主要な争点とはならなかった(同法案は24国会で審議未了に終わった後，第26国会で成立するが，そこでは大きな政治争点となった)。それゆえ，本稿では基本的に取り上げない。

　同法案は2月24日閣議決定，2月25日国会提出された。その後衆議院で修正をうけて4月10日可決，さらに参議院でも修正の圧力が高まり，5月末自民党内で修正案がまとまり法案はほぼ成立しかかったが，会期末別の法案をめぐり国会審議が紛糾し，そのあおりを受け審議未了に終わっている。

　第二にこの事例の位置づけであるが，この時期の政調会に関する重要な記録として『政調週報』(以下『週報』)がある。『週報』には，政審と各部

会等の活動の様子が簡単ながら記録されており，そこから各政府提出法案が政審と部会で審議された日付が確認できる。表1は法案が審議された回数（日数）をカウントし，まとめたものである（記録に残る回数であって，必ずしも正確ではないが全体の傾向を把握するには有用であろう）。『週報』上，健保法が政審で取り上げられたのは6回であり，部会では3回である。他の法案と比較すると，健保法改正法は審議回数の多い法案であり，調整の必要性の高かった法案と考えられる。それゆえ，本事例は政調会の調整の実態を理解する上で格好の事例といえよう。

表1　政審と部会における法案の審議回数

審議回数	部会	政審
1回	76	106
2回	24	20
3回	18	3
4回	5	1
5回	5	7
6回	1	4
7回	2	0
8回以上	3	0
確認できず	38	31
計	172	172

出典　『政調週報』
注）「確認できず」とは，審議情報が『政調週報』上で確認できない法案

2．昭和31年度政府予算案の決定と政調会

先述したように健保法改正の一つのポイントは国庫補助である。そのためには，政府予算案の中に予算を確保しておかねばならない。結果的に30億円の予算が計上されることになるが，本章では予算獲得までの経緯を政調会に焦点を当て論じていきたい。

1955年12月2日大蔵省は昭和31年度政府予算案を作成したが（歳出総額1兆311億円)[4]，政調会ではまず政審が早くも12月3日から政府予算案の事前審議を開始している。そこで政審は大蔵省主計局から「31年度予算の問題点」を聴取したが，健康保険の赤字問題も「問題点」の一つとして取り上げられた[5]。さらに政審は各省担当者を招いて来年度の予算要求を聴取した。厚生省の予算要求を聴取したのは12月7日のことで，『週報』には同省の要求が次のように記録されている[6]。

> 政府管掌健康保険の赤字に対処するため給付費の一割相当額の国庫負担を実施するとともに，医療費の一部負担，標準報酬の等級改定等を行うことにした。(中略)
> 1．健康保険　47億3216万円（新規）。

政審による各省予算のヒヤリングが終わると，各部会でも各省予算のヒヤリングが始まった。『週報』によれば，社会部会は12月13日，17日に開か

れている。両日の会合の記録を引用しておこう7。

　○社会部会
○「保険財政その他厚生政策一般について」（12月13日）
厚生省一般予算及び健保財政赤字対策について厚生当局の説明を聴いた。また，問題となっている健保赤字対策の一環としての患者の一部負担，国庫負担，標準報酬の改訂問題等について意見を交換した。

○31年度厚生予算について（12月17日）
　社会部会において31年度厚生省予算を検討した結果，社会部会として左の如き結論を得た。
　一，健康保険　46億200万円（新規）
　健康保険財政は，近年保健思想の向上と医学の進歩に伴う医療費の顕著な増嵩傾向により収支に著しい不均衡を招来し，このままに推移すれば，社会保障制度の根幹をなすこの制度が崩壊に至るものと思はれる。（中略）保険行政の根本的立直しを行い社会保障の前進を図るため，保険行政の徹底的合理化を行わしめるほか，標準報酬の枠の改定（最低4000円―最高5万200円），被保険者の一部負担制の実施（およそ30億円），その他の対策を行うとともに，医療給付費の最低1割相当額45億の国庫負担を必要と認める。（中略）
　なお，部会の審議に於ては，国庫負担を1割5分程度とし，患者の一部負担を廃止すべしとの意見ならびに患者一部負担については，入院中は認めるが，それ以外の外来患者の一部負担は，深く考慮すべしとの意見があった他，患者の一部負担についてはその方法については充分考慮せられたいとの意見があった。又将来結核症病の取扱については，これが保険財政に及ぼす影響が甚大であることに鑑み，根本的に考究すべしとの意見もあったが，当部会としては，31年度予算編成方針としては，前述の如き結論に到達した次第である。

　この記録から注目したいのは，第一に，社会部会が厚生省案をほぼ認めた点である。特に国庫負担1割という文言，約47億円という予算要求は，ほぼそのまま社会部会で了承されている。第二に，その後の展開を先取り

するかのように，部会の関心が自己負担の問題に集中した点である。

ところで，社会部会には医師会と深い関係を有する医系議員も出席したはずであるが，一部自己負担はあっさり承認されている。それはなぜであろうか。おそらく，それは医系議員ですらその必要性を認めるほど赤字が深刻だったためであろう。自民党医系議員の代表的存在であった加藤鐐五郎は，社会部会の前日の日記[8]に次のように記している。

> 11時グランドホテルに厚生省予算調査をする。政治問題化しているのは健保国庫負担の外患者一部負担をするにあらざれば医療費は何年経って赤字である。一部社会党カブレの医師の口車に断じて乗るべからずと主張警告しておいた。(中略)社会党一派の進出を押圧するためには，彼等の看板たる社会施設，社会保障の方面に力を注がねばならぬ。英国の労働党が保守党に看板をとられて魅力を失った一大原因であると厚生官吏の肩を持った。(1955年12月16日の条)

社会党との対抗上，健康保険制度を維持せねばならず，そのためには国庫負担に加え，自己負担の導入も必要だったのである。

さて，社会部会を含め各部会の審議が終了すると，政審は12月18日各部長より「重要項目に関する部会報告を聴取審議した」[9]。それを受けて政審は党予算編成方針案をまとめ，19日に政調会総会開催，ここで「昭和三十一年度予算編成方針に関する件」を決定，さらにそれは同日午後の総務会で了承された[10]。

こうして政調執行部・政審が主導してまとめた党の予算編成方針であるが，その内容は次の点で注目される。第一は，予算の総額が1兆300億円と大蔵省の編成方針と，ほぼ一致した点である。政調執行部は大蔵省と連携しつつ，党の編成方針を現実的な線に収めようとしていたとされる[11]。第二に，個別の政策については曖昧な表現にとどまり，求める予算の額も盛り込まれなかった。例えば，健康保険問題も，「政府管掌健康保険（船員保険を含む）の財政を再建し，運営の正常化をはかるとともに，国民健康保険の普及につとめる」と表現されたにすぎない。1兆300億の予算枠を了承する政調執行部・政審としては，各部会の要求をそのまま実現することはできず，そのため曖昧な内容にとどめざるを得なかったのであろう。

年が明けた1956年1月6日，第一次大蔵原案は内示された（歳出総額は

1兆296億円)。ここで初めて個別具体的な数値が発表されたが、この段階で健康保険に対する国庫補助は予算に全く計上されなかった[12]。

この大蔵原案に関しては、まず政審が1月6日、大蔵省から詳細な説明を受けた[13]。さらに翌7日、社会部会を含む各部会は大蔵原案について協議し、復活すべき予算を協議した。その結果、社会部会は健保赤字補填41億円の復活要求を決定、1月9日に政審に提出した[14]。政審は1月12日までに各部会の要求は聞き終えたが[15]、1月9日の時点で各部会の復活要求総額は3000億円にものぼったという[16]。このような予算要求を前にして、政調執行部・政審はこれを収拾することは困難となり、予算調整は再び大蔵省の手に委ねられることになった。1月12日厚生官僚の高田浩運は日記[17]に次のように記している。

> 予算編成最初に政調が大張り切りでとりあげたが、意の侭ならず。結局政府で案をある程度固めてもってこいということになり再び編成の舞台は大蔵省に移る。(1956年1月12日の条)

大蔵省が調整した後、1月16日第二次大蔵原案が内示された。しかし健保予算はここでもゼロ査定であった[18]。

この第二次大蔵原案に対し、1月16日夜政府与党執行部は6者(一万田尚登蔵相、河野一郎農相、根本龍太郎官房長官、岸信介幹事長、水田三喜男政調会長、石井光次郎総務会長)会談で協議した。しかしここで与党側の合意は得られなかった[19]。ちなみに、この時政府与党間に残されていた主要問題は、健保の国庫負担問題、公共事業費、地方財政問題の三つであり、健保問題が最後まで残された重大な争点だったことが分かる。

結局、与党側では17日夜、水田政調会長、福田赳夫副会長ら政調会幹部が集まり修正案を作成(「水田試案」)、これにより与党側の増額要求は145億に圧縮された[20]、健保については22億円の要求が盛り込まれた。18日午前再び6者会議が開かれ、政府側も水田試案を基本的に了承[21]、政府予算案は閣議決定されたのである。かくして昭和31年度予算案は、予算総額1兆349億円、健康保険対策として20億円が盛り込まれたのである(最終的に会計上の操作により30億円とされた)[22]。

3．法案の閣議決定と政調会の事前審査

　1月27日，厚生省は政府予算案の決定を受けて，健保法改正案の要綱を省議決定した[23]（以下「1月27日案」）。法案は政調会の事前審査を経て2月24日閣議決定されている。本章はこの間のプロセスを検証する。

　政調会による事前審査は，1月27日の社会部会でまず行われた。『週報』にも厚生省が配布した要綱が掲載されている[24]。この要綱で注目すべきは次の点である。

　第一に，国庫補助に関する文言が一切盛り込まれていなかった。厚生省は概算要求時から1割の国庫負担を求めていたから，要綱がそれに触れていないことは注目に値する。社会保険審議会（同法案は閣議決定前に社会保険審議会にも付議されていた）の主要メンバーの一人今井一男によれば，厚生省は大蔵省の強い抵抗から，これを盛り込めなかったようである[25]。

　第二は，一部負担の方法であり，同要綱では「療養の給付を受ける者は，政令の定めるところにより，一部負担金を指定医療機関に支払わねばならないものとすること」とあり，この段階では厚生省は政令事項にしようとしていた。さらに同要綱には「一部負担制度（案）」も付記されている。詳細には紹介しないが，厚生省はA案B案C案を準備し，部会の審議にかけていたのである。一部負担の問題が最もデリケートであり，議員側の意向を探る意図があったのかしれない。ただし，先の今井によれば，厚生省は1月24日の社会保険審議会の懇談会で「ABC三案中B案をとることにし」たと，口頭で説明したというから[26]，社会部会でもB案を推していたのかもしれない。B案とは次のような内容であった[27]。

　　○B案
　　被保険者
　　　外来について診療費（初診を含む）ごとに　　30円。
　　　入院（但し，入院后6箇月間）　　1日30円。

　初診，再診を問わず自己負担額は1日30円，入院の場合は1日30円（上限6ヶ月）という案である。

　さて，この1月27日の社会部会における具体的な審議内容は，残念ながら『週報』に記録されていない。しかしその3日後，厚生省が内閣法制局

に提出した「健康保険法の一部を改正する法律（案）31.1.30」[28]（以下1月30日案）からは、以下のような推測が可能である。

注目すべきは、1月30日案の中で厚生省が次のような法文を準備していた点である。まず国庫補助の問題について。

　第70条を次のように改める。
　第70条　国庫は毎年度予算ノ範囲ニ於テ健康保険事業ニ要スル費用ニ付左ニ掲グル費用ヲ負担ス
　　一，政府ノ管掌スル健康保険ノ保険給付ニ要スル費用ノ一割ニ相当スル額ノ範囲内ニ於テ政府ノ管掌スル健康保険ノ保険給付ニ要スル費用ノ一部。（傍点引用者）

厚生省は1月27日案になかった1割という数値、「負担」という表現を法文上に盛り込もうとしたのである。厚生省の変化は、社会部会の意向が関係しているのではないだろうか。前年12月17日の社会部会で、「最低1割相当額45億の国庫負担を必要と認める」と決定したことを想起すれば、1月27日の社会部会でも同様の声が挙がり[29]、厚生省が強気になったことが推測される。

また1月30日案の中で、一部負担については、「保険医療機関ニ収容セラルルコトナクシテ（中略）給付ヲ受クル時ハ其ノ給付ヲ受クル医療機関毎ニ其ノ給付ヲ受クル日一日ニ付三十円」、「保険医療機関ニ収容セラレタルトキハ其収容セラレル日一日ニ付三十円」とある。要するにB案である。ここからすると、厚生省が推したB案に社会部会で特に反対は出なかったのではないだろうか。もし反対があったとしたら、それを内閣法制局の審査に出すとは考えにくいからである。

ところで、健保法改正法は社会保険審議会、社会保障制度審議会にも諮問された。前者は2月11日、後者は2月13日に審議結果を答申したが、答申の内容は、政調会の審議に影響を与えたと思われるので、要点を列記しておく[30]。

第一に、国庫負担について、社会保険審議会は「当審議会は、かねて医療給付費の2割国庫負担の実現を要望して来たが、今回更にその実現を要求することを全会一致をもって決議し、今回の法律改正に際してはすくなくとも定率の国庫負担を明確に法文に規定する必要があることを強く要望

する」，社会保障制度審議会も「国庫負担について，何等の法的措置がとられていないことは，不可解というの外はない。よって今回の法律改正に際し，これを成文化すべきである」と答申した。これらの答申は社会部会の関係委員を勢いづけたはずである。加藤も「社会保険審議会（会長末高）が二割国庫負担を答申したと。馬鹿に好い日だ」（1956年2月12日の条）と高揚感を日記に記している。

第二に，一部負担の問題であるが，社会保険審議会では「意見の一致を見るに至らなかった」。新聞の要約[31]に従えば，厚生省案に対し，被保険者代表が全員反対，事業者代表全員・公益代表者大部分はある程度の負担はやむを得ないが，一部負担の方法については適当でない，という意見だったという。社会保障制度審議会では，基本的にやむを得ないとしつつも，「制度化する以上は，その内容を法律に明記すべきである」と答申した。

このような答申を受けて，政調会社会部会では，2月14日，15日に審議が行われた。『週報』には情報がないが，加藤は2月14日の部会の様子を「本会議終了後一応厚生部会あり。大枠原案賛成ただ一部負担をどのようにするかにあり。この一部負担は必ずする」。（2月14日の条）と記している。原案を1月30日案と考えれば，国庫1割負担を法文上に入れ，一部負担についてはB案を修正する方向になったのであろう。

2月15日の社会部会では，健保法改正案に対する意思決定が行われた。報道によれば，決定内容は以下のようであった[32]。

①給付費の国庫負担を法律の中に入れること。
②一部負担は初診料を80円とし，再診日毎に10円，投薬，注射等を行った日毎に更に10円を，入院は6ヶ月まで1日30円をそれぞれ一部負担とすること。

要点を確認すると，第一に，国庫負担の問題については，法律の中に入れることを決めたが，1割という数値にまでは踏み込まなかったようである。第二に，自己負担の問題であるが，部会の修正により，初診料は増額されたものの，再診時の負担額は低く抑えられた。この結果，自己負担の導入により見込まれる収入は，22億2600万円に減少したという（表2参照）[33]。

部会決定を受け，2月15日政審の審議が行われた。『週報』によれば，政

表2　各案における自己負担額　　　　　　　　　　（単位　円）

決定(提案)時期		初診時	再診時(1日あたり)	投薬注射等があった場合の追加額	入院時(1日あたり)(括弧内は上限)	収入見込み額(100万以下切り捨て)	見込額の出典
1月27日	厚生省案（B案）	30	30	—	30（6ヶ月）	23億	『読売』2月12日
2月15日	社会部会案	80	10	10	30（6ヶ月）	22億2万	『読売』2月16日
2月25日	政府原案	50	10	20	30（6ヶ月）	23億5千万	法令案審議録
3月20日	社会部会医系議員案	80	0	0	30（3か月）	6億9千万か	『読売』3月29日
3月25日	社会部会主流派案	50	10	—	30（6ヶ月）	13億5千万か	『読売』3月25日
3月30日	社会部会案	50	10	10	30（3か月）	18億か	『旬報』461号
4月10日	衆議院修正	50	10	10	30（3か月）	17億8千万	法令案審議録
4月5日報道	中山案	80	0	0	30（3か月）	6億8千万	法令案審議録
5月19日	岸提案	50	0	20	30（3か月）	約13億5千万か	『読売』5月20日
5月19日	平井提案	80	30(1回限り)	0	30（3か月）	不明	同上
5月21日	岸提案	50	30(2回限り)	0	30（3か月）	不明	『読売』5月22日
5月22日	衆参合意案	50	30(1回限り)	0	30（3か月）	5億か	『読売』5月23日

注）3月20日、25日、30日、5月19日、22日の各案の収入見込額は資料中には明示されていないが、「○億円軽減」等の新聞記事中の表現から計算した。『法令案審査録』は本文注28参照

審はこの日「被保険者の一部負担及び国庫負担に関する部分を除き、他の部分を了承した」[34]という。おそらく政審は、国庫負担の問題、一部負担の修正について、大蔵省、厚生省との調整が必要と考え、判断を留保したのであろう。

　2月16日政審は再び健保問題を審議した。『週報』には「健康保険問題につき、厚生大臣、政務次官と懇談した。なお、社会部会案の被保険者一部負担案を一応了承し、国庫負担と共に決定することを申合せた」[35]とあり、政審が厚生省の意向を確認し、厚生省側もこれを認めたことが読み取れる。ただし国庫負担の問題に敏感なはずの大蔵省が出てこない。業界紙はその事情を次のように報じている。

　　以上の案（部会案―引用者）について翌16日は政策審議会で一応了解したものの、なお問題は残されており、国庫負担の給付費を1割以内の予算の枠内とするか、単に予算の範囲内に止めるか、乃至は健保の事業に要する費用の額の範囲内とするか16日現在なお決定に至らず、一割の定率を法制化することは大蔵省が反対しているので、なお曲折は免れない模様である[36]。

　つまり政審は国庫負担という原則までは決定したが、詳細の詰めまではできなかった。最終的な詰めは2月18日の政調会の代表者と大蔵省、厚生

省の間の協議に委ねられたのである。2月18日の協議については新聞でも概要が報じられているが、内閣法制局の『法令案審議録』の中にも興味深い資料が綴じられている。1枚紙にタイプ印刷された資料であるが、そこには次のようなくだりがある[37]。(見え消し部分は鉛筆による書き込み)

　一．国庫負担については、次のようにする。
　　70条ノ2　国庫ハ前条ニ規定スル費用ノ外予算ノ範囲内ニ於テ政府ノ管掌スル健康保険事業ノ施行ニ要スル費用ノ一部ヲ補給~~負担~~ス（補助）

　業界紙の解説を踏まえて解説すると[38]、厚生省は定率かつ国の責任の意味を含んだ「負担」という表現を希望したが、大蔵省は定率を嫌い、かつ赤字の臨時的な穴埋めという意味を含んだ「補給」を主張したという。両者の調整の結果、1割という数値は消え、多義的な「補助」[39]という表現が法文上に残ることになったのである。
　そして、この資料には次のような鉛筆の書き込みもある（括弧内引用者）。

　　18日　院内
　　出席者
　　　党　　　岸（信介幹事長），周東（英雄政審委員），野田（卯一政審委員），松の（頼三政調会副会長），灘尾（弘吉政調会副会長），大橋（武夫カ），藤本（捨助社会部会長），橋本（龍吾政審委員）
　　　厚生　　大臣，政務事務両次官，局長，小沢（辰男健康保険課長）
　　　大蔵　　大臣，及右に同じ

　自民党を代表して出席したのは、岸と大橋を除いて政調会のメンバーである。そして政調会からの出席者は松野と藤本を除き、いずれも大蔵省、内務省出身者である。省庁との調整には彼らの知識と経験が必要だったのであろう。
　さて2月24日政審が開催され、健保法改正問題がふたたび取り上げられた。『週報』には[40]「健康保険法の改正に関する了解事項を一部修正して了承した」とあるが、具体的な修正内容は記載されていない。
　さて、厚生省が準備した法案は以上のような調整を経て、2月24日の閣議決定へと進んだ。閣議決定された法案（以下政府原案）の要点を確認すると[41]、国庫補助については、「予算ノ範囲内ニ於テ政府ノ管掌スル健康保

険事業ノ遂行ニ要スル費用ノ一部ヲ補助ス」と，2月18日の調整通りの表現となった。一方，一部負担の内容は，①初診料50円，②再診の場合1日10円，投薬注射等があった場合さらに20円，③入院の場合1日30円（6ヶ月限り）となった。2月15日の部会，16日の政審で決定した案に比べると，初診時の負担額は少なくなり，再診時の負担額が増えている。この修正が2月24日の政審の修正内容であったと思われる。なお以上のプロセスに関連して，総務会の動きが報じられることは一切なかった。総務会はこの段階で具体的な調整には関与していなかったと考えられる。

4．国会審議における法案修正と政調会

4.1　衆議院修正と政調会

　健保法改正案の委員会審議は，衆議院で3月3日から始まったが，審議が始まると医師会による反対運動が強まり，保険医総辞退の動きすら見せ始めるようになった。

　こうした中，社会部会では法案修正にむけた動きが始まった。その修正案を作成したグループは二つあり，一つは加藤ら医系議員のグループ，もう一つは藤本社会部会長，佐々木秀世衆議院社会労働委員長らのグループである（以下主流派）。

　医系議員の動きは加藤日記に詳しい。まずは3月15日の日記（括弧内引用者）。

　　南甫園で小畑（惟清日医会長），丸山（直友日医副会長），中山（寿彦参議院議員），中原（武夫参議院法制局第一課長カ）君らと会食。健保問題の修正点で研究した結果，衆院の鮫島（真男）法制局参事とも打合せの必要を感じ，8時帰宅。電話で一切の手続きを終えた。（3月15日の条）

　加藤は日医幹部と会談し，議員修正工作に着手したのである。そして3月20日医系議員は会合を開き次のような意思を確認した。

　　午後4時第二別館で保守党医系議員集会で次の如く決めた。①患者一部負担は初診料80円以下，入院料30円，3ヶ月として他はとらない，

②個人開業医には保険指定は個人にして機関を指定しない。③保険審査は特に必要のある時等の文句を加えて丁重にすること④法案依頼を明日中になさすこと。（3月20日の条）

　政治的な争点となったのは①である。医系議員は初診料を引き上げるかわりに，再診料はゼロ[42]，入院の際の負担も3ヶ月までに短縮したのである。自己負担の大幅減額の案であった。②では機関指定制にも変更を加えようとしている。

　これに対し主流派の修正案は小幅なものであった。3月25日の新聞報道によれば[43]，修正点は，再診時は投薬注射の有無に拘わらず10円（政府原案は再診時10円，投薬注射があった場合20円増）という点だけであった。この主流派の修正案では自己負担額が「10億円前後」削減されることになると報じられ[44]，医系議員の修正案では，「約16億6千万」の削減になると報道されている[45]。

　3月27日党執行部と政審が協議した結果，健保法改正案の修正については社会部会の修正に一任するとの方針を決めた[46]。こうした中3月30日社会部会が開かれた。加藤日記はその様子を生々しく記録している。

　　代議士会に報告をきいている時，2時からの社会部会が一寸変だと。2，3人をつれて見れば委員長派で一杯也。健保の付帯決議取り締まり等の意見は一致しているが，初診80円説と50円，20円，10円との小刻みの議論について，余は80円説を唱えたが，不思議にも四人しか賛成者がなかった。これは予め定た狩出しの結果であった。（3月30日の条）

　ここからは，主流派が強引に部会案を決定したことが読み取れる。ここで決定された部会案は表2の通りであるが，政府原案と比較すれば，投薬注射があった場合10円（政府原案では20円），入院時の自己負担は3ヶ月まで（政府原案では6ヶ月）に軽減され，自己負担額は政府原案より5億円軽減されると報じられた[47]。

　部会決定の翌日の3月31日，政審が開かれた。『週報』には，「社会部会案につき審議したが，4月2日更に審議することとした」とのみ記録されているが，加藤日記は詳しい。

> 早朝藤本等の手回しよしに驚いた。政審会10時，総務会1時，息つく暇なく修正案を強行せようとの肚が分かった。これでは医師会行きを中止して政審会，総務会に出ざなるまい。中山君其の他に電話した。10時半からの政審会では健保問題で少数意見を述べて高所よりの再考を促がし，遂いに今日の総務会の附議を一日延ばすこととした。（3月31日の条）

　加藤は主流派の動きを止めるべく急遽政審に出席，総務会への付議を引き延ばすことに何とか成功したのである。
　4月2日の政審について，『週報』には「参院側と更に協議することとした」[48]という記録しか残っていない。しかし，加藤の日記では，

> 政審会へ出る。藤本君何故か中山，榊原（亨参議院議員で医系議員—引用者）君等が一部負担を諒解したが如く報告した。余は大人げないが然からざる旨を申し述べた。「兎に角参院交渉委員と一応談合し其上衆院を決定すべきもの也」と主張した。（4月2日の条）

　加藤が参議院側の意向を聞くよう主張したのは，後述するように参議院では医系議員の影響力が大きかったためと思われる。
　4月3日三度目の政審が開かれ，ついに決定がなされた。『週報』は政審が「社会部会の修正案を了承し，付帯決議の案文について社会部長に一任した」[49]と記録しているが，加藤は次のように記している。

> 午後1時から政審委員会あり。一寸顔を出したが何れ一致で10円20円案を決めたことと思う。（中略）午後中山君等と健保の問題を相談した。参院と衆院とは今日健保問題で決裂した。（4月3日の条）

　加藤が「一寸顔を出した」後退出したのは，敗色が濃厚だったからであろう。こうして主流派の案が政調会の案として決定された。
　政審の決定を受け，4月4日総務会が開かれた。これまでこの問題で総務会が関与した形跡はなかったが，医師会の強い反対を前に「国会活動に関する重要事項」となったため本格的に審議することになったのであろう。そして総務会の決定を伝える新聞は「医師系議員から強い反対意見が出たが，結局多数で決定した」と報じている[50]。しかし，実際は意味深長な決

定である。加藤日記曰く，

> 10時半頃から健保問題の総務会が開かれた。藤本君の報告後二三質疑終わってから，余は素人に分かり易く，初診80円説を10分余に亘って述べた。今日は参院の医系議員全部総出也。1時間余の論戦の結果，衆院は一応決定した。参院は二院制の本旨に則り修正することを得るとの弾力性を含む決定となった。終わったのは12時半頃。これで余が連日の疲れも一掃される。（4月4日の条）

つまり総務会の決定は衆議院の修正案を対象とするもので，参議院を拘束するものでなかった。加藤はここに勝機を見出し，「連日の疲れも一掃される」と記したのである。

こうして衆議院修正案が党議決定されると，4月7日の委員会審議で自民党から修正案が出され同日採決，委員会を通過し10日の本会議で可決した。可決された衆議院修正案は3月30日の社会部会案通りの内容で，政府原案との大きな開きは生じなかった（表2参照）[51]。

4.2 参議院修正と政調会

衆議院に比べ，参議院は複雑な環境であった。そもそも自民党は参議院において単独過半数を得ておらず，法案の通過には他党との調整が必要であった。さらに参議院には参議院政策審議会という院内組織が政調会とは別に存在する。しかも総務会で「参院は二院制の本旨に則り修正することを得る」と決定しているから，参議院自民党は自律的に法案修正へ向け動くことになる。

まず参議院自民党の動きの概略を確認しよう。表3は『衆議院公報』『参議院公報』の広告欄に記載された自民党の会議のうち，健保法が議題として挙がっているものを一覧にしたものである。2月から4月初旬までの政審や社会部会は，『参議院公報』にも掲載されていることからして，参議院議員も参加したはずである。しかし4月4日の総務会以降，政調会で取り上げられることはなくなる。一方，4月初旬以降参議院政策審議会の会合は頻繁に開かれたが，衆議院側には告知はない。参議院の修正案は専ら参議院政策審議会の中で決まっていったと考えられる。

さて，その参議院修正をリードしたのは，中山ら医系議員である。4月

表3　議題に健康保険法が挙がった会議一覧

衆議院公報				参議院公報			
開催日	開始時間	会議名	場所	開催日	開始時間	会議名	場所
2月10日	10：00	政調審議会	第12控室	2月10日	10：00	政調審議会	衆院12控室
				2月11日	10：00	**政策審議会**	**参院第14控室**
2月14日	本会議終了直後	政調社会部会	当日掲示	2月14日	本会議終了直後	政調社会部会	当日掲示
2月15日	10：00	政調審議会	第12控室	2月15日		政調審議会	
2月16日	10：00	政調審議会（定例）	第12控室	2月16日	10：00	政調審議会（定例）	衆院第12控室
				2月21日	13：00	**政策審議会役員会**	**参院第14控室**
2月23日	10：00	政調審議会	第12控室	2月23日	10：00	政調審議会	衆院第12控室
2月24日	10：00	政調審議会	第12控室	2月24日	10：00	政調審議会	衆院第12控室
3月30日	16：00	緊急政調審議会	第12控室	3月30日	16：00	緊急政調審議会	衆院第12控室
3月31日	10：00	政調審議会	常任委員長室	3月31日	10：00	政調審議会	常任委員長室
同上	13：00	総務会	第5控室	同上	13：00	総務会	衆院第5控室
4月2日	10：00	政調審議会	第12控室	4月2日	10：00	政調審議会	衆院第12控室
4月3日	13：00	緊急政調審議会	常任委員長室	4月3日	13：00	緊急政調審議会	常任委員長室
4月4日	10：00	総務会	第5控室	4月4日	10：00	総務会	衆院第5控室
				4月7日	10：00	**政策審議会社会労働部会**	**参院第14控室**
				4月9日	9：30	**国会対策委員会**	**参院控室**
				同上	14：00	**政策審議会社会労働部会**	**参院第14控室**
				4月19日	9：30	**国会対策委員会・政策審議会連合会**	**参院控室**
				4月20日	9：30	**国会対策委員会・政策審議会連合会**	**参院控室**
				4月25日	10：00	**政策審議会社会労働部会**	**参院第14控室**
5月16日	10：00	緊急審議会，社会部会合同会議	第12控室	5月16日	10：00	緊急政調審議会社会部会合同会議	衆院第12控室
同上	11：00	総務会	第5控室	同上	11：00	総務会	衆院第5控室
5月17日	11：00	総務会	第5控室	5月17日	11：00	総務会	衆院第5控室
				5月21日	10：00	**総会**	**参院控室**
5月21日	11：00	総務会	第5控室	同上	11：00	総務会	衆院第5控室
6月1日	10：00	政調社会部会	第14控室	6月1日	10：00	政調社会部会	衆院第14控室

出典　『衆議院公報』，『参議院公報』
注）　ゴシック体の部分が衆参の公報で異なる内容

　　5日の新聞記事によれば，中山の案は初診80円，再診時はゼロ（注射投薬時も同様），入院時1日30円（3ヶ月まで）というもので[52]，3月20日の医系議員の会合で決めた内容と同一であるが，結局この中山案が参議院自民党の意見となっている[53]。中山らがリードできた背景には，医系議員による緑風会工作の成功があった[54]。緑風会の支持なしに法案を成立させるこ

とができない以上，参議院自民党としては医系議員がまとめてきた案を否定することは難しかったであろう。総務会の先の判断も，このような展開を見越してのものだったのかもしれない。

話の視点を政調会に引き戻すと，中山案はもちろん衆議院修正案とは相容れない。そこで参議院において法案審議が進む中，両者の調整が水面下で行われた。新聞では，「参院与党国会対策，政審合同会議の結果，中山案では予算措置が困難であることが確認された。しかしこの会議でも多少の再修正はやむをえないとの意見が強く決定は23日以降に持越した」[55]と報じられている。

5月16日政審と社会部会の合同会議が開かれた。『週報』には，「参議院で審議中の健康保険法の一部改正案につき社会部会と合同協議の結果，規定の方針を確認した」と書かれている[56]。政調会は衆議院修正案を堅持したのである。ちなみに，この会議を加藤は次のように記す。

> 衆社労政調会では衆院修正通り健保問題は一歩も譲れないと参院に申込んだ。余は参院に於てこれを蹴れと忠告した。蹴ることに決めた。（5月16日の条）

加藤に言わせれば政審と社会部会の合同会議は衆議院の代表であって，参議院に「申し込んだ」のである。しかし参議院側はこれを拒否し，総務会へと調整の舞台は移った。17日加藤は記す。

> 総務会で健保問題の論議があるときき出席す。社労の厚生省の走狗7，8名盛んに衆院堅持論をやる。参議院側勢い弱し。議論は凡て先の社労委員会等の蒸返しのみ。依て余は「細論は何れも果てしなし。参院側も未だ修正確定論なし。又た計数も今研究中とのこと。成るべく速かに成案を得て党三役と相談の上，今一応本総務会にかけられたらば如何」との提案をして，結局其通りとなる。（5月17日の条）

かくして意思決定は政調会や総務会の手を離れ，党執行部レベルの手に委ねられた。以下時系列的に衆参の交渉過程を整理する。

5月19日，岸幹事長，石井光次郎総務会長，平井太郎参議院自民党幹事長および両院与党執行部は協議を行ったが，衆議院側が初診50円，再診時徴収せず，注射投薬があった場合20円，入院1日30円（3ヶ月限り）という

案を示した[57]。表2から分かるように，衆院側は再診時の自己負担額で譲歩したのである。これに対し，参議院側が初診80円，再診30円（1回限り），入院1日30円（3ヶ月限り）を主張した[58]。参議院側は，再診時の自己負担30円を1回限り認めると譲歩したのである。しかし両者は合意に至らなかった。

5月21日参議院自民党は総会を開き，「中山案の初診80円説でその他は一切岸，平井両幹事長に一任」すると決定した[59]。その総会の後，岸（衆院）・平井（参院）会談が開かれた。岸側は再診時30円（2回限り）とする代わりに，注射投薬があった場合の追加徴収なしという譲歩案を示したが，平井は応じなかった[60]。

そして5月22日，岸幹事長と平井幹事長はついに合意に達した。それは，初診時50円，再診30円（1回限り），注射投薬があった場合の追加徴収なし，入院1日30円（3ヶ月限り）という案であった。これにより患者の自己負担額は18億5千万円軽減されることになり，政府は予備費の17億円だけで足りず，行政節約などが必要になったと新聞は報じている[61]。

こうして自民党の衆参の合意がなり，参議院修正案の可決成立は必至となった。これに対し，5月25日政府は閣議を開き，修正案に対する政府の「意見」を参議院に送付することを決めた[62]。その「意見」は閣議の正式記録である『閣議資料』[63]の中にも残されているが，そこには予算をめぐる政府と与党の攻防の跡が生々しく表現されている。（資料の端に「席上修正」との書き込みあり。見え消し部分は手書きの書き込み）

> 参議院自民党及び緑風会の共同提案に係る再修正案については，多額の支出増加となり，本年度予算の執行は極めて困難となるので，同意し難い。しかし，国会審議の状況によっては，その意見を尊重して善処せざるを得ないものと認める。
> （同意し難い→好ましくない）

5．おわりに

本稿は第24国会で大きな争点となった健保法改正問題を事例とし，自民党結党直後の政調会の政府与党間調整，与党内調整の実際を明らかにした。結論を以下に整理する。

第一の局面である政府予算案決定過程では，社会部会は厚生省の代弁者

として機能した。社会部会は厚生省の要求に沿い，政調会内で45億の予算要求，国庫１割負担を主張したのである。一方，政調執行部・政審の置かれた立場は複雑であった。大蔵省の１兆円という予算枠を受容していたため，各部会の要求をそのまま受け入れるわけにはいかなかったからである。年末の党の予算編成方針の段階では，内容を曖昧なものにすることで問題を先送りすることができたが，年明けの大蔵原案において具体的に予算額が発表されると，政調執行部・政審は部会の要求を収拾できなくなった。それゆえ一旦大蔵省に調整を任せたが，健保問題に関してはゼロ査定となった。しかし，社会党との対抗上，与党政調会はこの問題に介入せざるをえなかった。かくして政調執行部が健保予算を22億に圧縮して要求（水田試案），予算は確保されたのである。

　第二の局面，法案の事前審査における主な争点は国庫補助の問題であった。ここでも社会部会は厚生省の立場を支援した。当初厚生省は大蔵省の反対を考慮して，原案に国庫負担の文言を盛り込まなかった。しかし社会部会の意向に力を得て，厚生省は国庫負担を法文に盛り込み，社会部会も事前審査の中で国庫負担の法文化を決定したのである。この社会部会の決定をベースに，政調執行部と政審の委員は，大蔵省，厚生省との間で調整を行った。調整の結果，厚生省の求めた１割という数値は法案には盛り込まれず，「負担」という文言も「補助」に置き換えられたものの，国庫補助は法文上に盛り込まれた。健保法改正案は政調会によるこのような調整を経て，閣議決定されたのである。

　しかし第三の局面である国会審議段階になると，問題が紛糾した。医師会の強い反対運動が発生し，医系議員もこれに呼応して法案修正に乗り出したためである。ただし政調会の中では，医系議員の動きは封じ込まれた。政調執行部，政審，社会部会主流派は，既定方針からの逸脱，すなわち予算案との齟齬を最小限に喰い止めようとし，その結果政調会が決定した修正案（衆議院修正案）は政府原案と大差ないものとなったのである。しかし，政調会の調整外にある総務会の存在が流れを大きく変えた。総務会は参議院自民党の独自性を認める判断を下したため，参議院自民党が進めた修正に対し政調会はなす術がなかった。こうして自民党修正案は政府原案から大きく相違したものになり，内閣が参議院へ「意見書」を出す事態へと立ち至ったのである。

以上の政治過程から示唆されることは、自民党結党直後の政調会が平時であれば政策調整機関として、政府与党間、与党内部で政策を具体的に調整する役割を果たしていたことである[64]。その一方で、事態が政局化すると政調会の果たす役割は限定的であった。おそらく自民党政権はこの後、政策対立の政局化を抑制する仕組みを構築していったと考えられるが、この点については今後の課題としたい。

(1) 法案の概要、背景等については、厚生省五十年史編集委員会（1988）の他に、「健保改正法あれこれ」（『社会保険旬報』、以下『旬報』460号、1956年4月1日）、「社会保障の充実と民政の安定」（『政策月報』39号、1956年5月）を参照した。
(2) 『読売』1956年4月8日。
(3) 有岡（1997：89）。
(4) 大蔵省財政史室（1994：261）。
(5) 『週報』1号、自1955年11月25日至12月5日。
(6) 『週報』2号、自1955年12月6日至12月10日。なお資料の引用に際して句読点は適宜補った。
(7) 『週報』3号、自1955年12月11日至12月17日。
(8) 「加藤鐐五郎日記」（愛知県公文書館寄託『加藤鐐五郎関係文書』）。以後本文の記述から出典が加藤日記と明らかな場合は、逐一出典は記さない。なお引用にあたって漢数字を英数字に直した。
(9) 『週報』4号、自1955年12月18日至12月28日。
(10) 同上。
(11) 業界紙はこれを「今度の予算編成方針は党政調会と大蔵省の八百長」「党政調会と大蔵省の緊密な協力作戦のもとに行われた」と評している（『財経詳報』9号、1956年1月2日）。
(12) 『読売新聞』（以下『読売』）1956年1月7日。
(13) 『読売』1956年1月7日。
(14) 『読売』1956年1月9日。
(15) 『読売』1956年1月13日
(16) 『読売』1956年1月10日。
(17) 「高田浩運日記」（国立国会図書館憲政資料室蔵『高田浩運文書』）。
(18) 『読売』1956年1月17日。
(19) 『読売』1956年1月17日。
(20) 『読売』1956年1月18日、18日夕刊。
(21) 『読売』1956年1月18日夕刊。

(22) 『読売』1956年1月20日。
(23) 「時報」(『旬報』455号, 1956年2月11日)。
(24) 『週報』7号, 自1956年1月23日至1月28日。
(25) 今井一男「社会保障千一夜・第106回」,『週刊社会保障』, 23巻・506号, 1969年3月24日)。
(26) 同上。
(27) 『週報』7号, 自1956年1月23日至1月28日。
(28) 内閣法制局『法令案審査録』(国立公文書館蔵)の中に, 第24国会時の健康保険法改正案に関する審査資料がある(「健康保険法等の一部を改正する法律」,［請求番号］ 本館4A-029-00・平14法制00685100)。1月30日案もここに含まれる(28コマ目～)。
(29) 時期は異なるが, 加藤日記の昭和30年12月21日の条には, 次のようなやりとりがある。「厚生関係政調会(1時)。厚生部会で新医療体系の説明あり。(中略)中途退出する時, 保険局長, その他局長余を追いきたりて色々陳情したので(中略)国庫負担の件については心配無用なしといった」。厚生官僚が加藤ら社会部会の議員を頼りにしていたことが窺える。
(30) 答申については特に断らない限り, 「時報」(『旬報』456号, 1956年2月21日)。
(31) 『読売』1956年2月12日。
(32) 「時報」(『旬報』456号, 1956年2月21日)。加藤日記には「党社会部会で種々議論の結果初診料80円, 一回再に10円, 薬治注射の場合さらに1円, 入院料50円, 三ヶ月で被保険者の一部負担問題に一応けり」とある(2月15日の条)。数値は報道内容と異なるが, ともかく部会では一応の了解は得られたようである。
(33) 『読売』1956年2月16日。
(34) 『週報』10号, 自1956年2月13日至2月18日。
(35) 同上。
(36) 「時報」(『旬報』456号, 1956年2月21日)。
(37) 前掲, 「健康保険法等の一部を改正する法律」(国立公文書館蔵『法令案審議録』)327コマ目。
(38) 「時報」(『旬報』457号, 1956年3月1日)。
(39) この協議に同席していた藤本捨助(政調会社会部長)も, 「再三折衝の結果, 臨時の補給金としてではなく, 補助金として今後も引続き一般会計から出されることが法文化されたことになった」と「補助」の意味を説明している(藤本捨助「健保法等一部改正の使命と問題点」, 『旬報』460号, 1956年4月1日)。
(40) 『週報』11号, 自1956年2月20日至2月25日。

(41) 前掲,「社会保障の充実と民政の安定」および「時報」(『旬報』457号, 1956年3月1日)参照。
(42) 医系議員が初診時の自己負担を多くし,再診時をゼロにしようとするのは,徴収の煩雑さを嫌う医師の声を代弁したためと思われる。日医がその声明(2月14日)において「病人にだけ赤字補塡(23億円)を課し,その徴収義務を保険医だけに負わすことは不合理であるから反対」(『旬報』456号,1956年2月21日)という論理で政府案に反対していることが示唆的である。
(43) 『読売』1956年3月25日。
(44) 『読売』1956年3月25日。
(45) 『読売』1956年3月29日。
(46) 「時報」(『旬報』461号,1956年4月11日)。
(47) 『読売』1956年3月31日。
(48) 『週報』17号,自1956年4月2日至4月7日。
(49) 同上。
(50) 『読売』1956年4月4日夕刊。
(51) 自民党修正案により予算と法案に齟齬が生じることについて,国会審議の席上,社会党議員から質問が挙がったが,一万田蔵相,小林厚相,高田保険局長らは「この程度の金額なら予算を補正する必要はなく,行政措置によってカバーする」と答えている(「時報」,『旬報』462号,1956年4月21日)。自民党修正案が政府側と調整済みだったことが窺える。
(52) 『読売』1956年4月5日。
(53) 例えば,『旬報』466号,1956年6月1日。
(54) 例えば,『読売』1956年4月30日。なお加藤も4月20日の日記に「院内で健保の件で広瀬久忠君(緑風会—引用者),中山君と会見。広瀬君極めて同情的なり。これで緑風会は楽観して可也」と記している。
(55) 『読売』1956年4月23日。
(56) 『週報』22号,自1956年5月14日至5月19日。
(57) 『読売』1956年5月20日。
(58) 『読売』1956年5月20日。
(59) 『読売』1956年5月22日。
(60) 『読売』1956年5月22日。
(61) 『読売』1956年5月23日。
(62) 『読売』1956年5月25日夕刊。
(63) 「閣議資料・昭和31年5月25日」(国立公文書館蔵『閣議・事務次官会議資料』)。
(64) その意味で従来の研究の多くは,1950年代の政調会を過小評価してい

るように思われる。その淵源は，当時の政調会の審議を「アマチュア的」と評した佐藤・松崎（1986：90）にあると考えられるが，その後発表された猪口・岩井（1987：100）も「自民党の政務調査会は（中略），当初はあまり重視されることもなかったし，事実上機能を果たすこともなかった」とし，近年の研究である Krauss, Pekkanen (2011: 162) も政調会が名目的な影響力しか持たなかったと述べている。

　なお筆者と同様な見方としては，福元（2000：222）があるが，一次資料を用いた具体的な論証は行われていない。

引用文献

奥健太郎（2014）「事前審査制の起点と定着に関する一考察」，『法学研究』87（1）

奥健太郎（2015）「自民党政務調査会の誕生」，奥・河野康子編『自民党政治の源流』，吉田書店

厚生省五十年史編集委員会編（1988）『厚生省五十年史』，厚生問題研究会

有岡二郎（1997）『戦後医療の五十年』，日本医事新報社

大蔵省財政史室編（1994），『昭和財政史・昭和27〜48年度　第3巻予算（1）』，東洋経済新報社

佐藤誠三郎・松崎哲久（1986）『自民党政権』，中央公論社

猪口孝・岩井奉信（1987）『族議員の研究』，日本経済新聞社

福元健太郎（2000）『日本の国会政治』，東京大学出版会

Ellis S. Krauss, Robert J. Pekkanen, 2011, *The Rise and Fall of Japan's LDP*, Cornell University Press.

左翼ポピュリズムという幻影
―― ギリシアの急進左派連合とスペインのポデモスから ――

中島晶子 *

要旨：ポピュリズムはデモクラシーにとって必ずしも害悪ではなく，主流政党が取り上げない争点を取り上げ，デモクラシーを活性化させる側面もある。また，排外主義的な右翼ポピュリズムに対抗できる左翼ポピュリズムこそ必要であるとする立場もある。本論は，左翼ポピュリスト政党としてギリシアの急進左派連合とスペインのポデモスをとりあげ，デモクラシーへの影響について検討する。両党の成長と国内政治の変容プロセスをたどり，ポピュリズムの類型やパフォーマンスから，左翼ポピュリズムの課題を考察する。両党は，反緊縮を訴えて社会運動のエネルギーを議会政治に取り込み，多くの若者らを政治に参加させて勢いにのった。しかし，議会多数派を目指す段階でトップダウンの集権組織に転換して，運動との連携は薄れ，当初の主張も変化させていった。ポピュリズムに内在する「人民」の同質性と多元性との緊張関係や，社会運動と議会政治との連携方法が課題である。成長するポピュリズムの類型は国内条件により規定されており，欧州議会の影響力が弱い現状では，左翼ポピュリズムが右翼ポピュリズムに対抗する図式とはならない。また，右翼ポピュリズムのように，想像可能な物語を示すことができない点も弱みである。

キーワード：左翼ポピュリズム，ギリシア，スペイン，社会運動，政党

はじめに

ポピュリズムという言葉は一般に否定的な意味で使われるが，ポピュリスト政党は既成政党が取りあげてこなかった争点を取り上げ，政治への関心や参加を活性化させる側面もある（Mudde and Rovira Kaltwasser 2012）。どのような類型のポピュリスト政党が台頭するのかについては地域的に偏

＊　東洋大学国際地域学部准教授　比較政治学，EU 地域研究

りがあり，欧米諸国では移民排除により「人民」を擬制する，右翼ポピュリズムに関する議論が盛んである。

ムフは，欧州の右翼ポピュリズムの脅威に対抗する手段として左翼ポピュリズムが必要であるとし，2つの政党を例に挙げたギリシアの急進左派連合（SYRIZA，ギリシア語で'radically'を意味する略記）とスペインのポデモス（Podemos，スペイン語で'We can'の意）である（Mouffe 2014）。

両党は，ユーロ圏の緊縮政策と既成勢力に抗議して台頭した言説や手法から，左翼ポピュリスト政党とみなされている。急進左派連合は2012年春に野党第一党となり，2015年1月から政権の座にある。ポデモスは，2014年初めに誕生した新興政党であるが，2016年6月の総選挙を経て，野党第1党の社会労働党に並ぶ第3勢力になっている。両党は左翼ポピュリスト政党として，デモクラシーにどのような効果を与えるのであろうか。右翼ポピュリスト政党に対抗しうるのであろうか。

現代ヨーロッパのポピュリズムにおいて左翼ポピュリスト政党は少数派であり，とりわけ本稿が扱う2党の成長がみられたのはここ数年のため，使用可能な学術的なソースには限りがある。そこで本稿は，党関係者や研究者による発言，記事や評論を参考にしつつ，左翼ポピュリストといわれる政党が成長する条件と限界について2党の対照から検討する。

以下，「1」でポピュリズムの定義や機能に関する議論，右翼および左翼ポピュリズムの区別について確認する。「2」と「3」では，急進左派連合とポデモスが成長したプロセスを，既存の政党システム，債務危機への国内の反応，当該政党の言説や戦略から検討する。「4」では，両党のポピュリズムの類型とパフォーマンスの相違を，政治的クリーヴィジ，政党の競争アリーナ，選挙制度と政治文化から検討する。結びとして，両事例にみられる共通点と，左翼ポピュリスト政党にとっての課題について考察する。

1．ポピュリズムへの視線

1.1 ポピュリズム現象

ポピュリズムは，社会を究極的には2つの対立的なグループ,「徳の高い人民」と「腐敗したエリート」に分かれるとみなし，政治は「人民」の「一般意思」の表現であるべきとする。その特徴として，特定のリーダーを

戴く政治運動の形態をとり，何かに対する否定として現れる。人民の参加と直接民主主義を強調し，わかりやすいがあいまいな言葉を繰り返し，人民に直接訴えかける。シンボルや歴史的記憶を利用し，主張に道徳的色彩を持ち込み，メディアを効果的に活用する。感情を原動力に「人民」の政治的アイデンティティの構築をはかり，「ここではないどこか」を提示する。イデオロギーの体系性，政策的な一貫性には欠ける。成員の水平的平等を訴える一方でリーダー中心の集権的構造をとり，その運動体はやがてより強力なイデオロギーや政治現象に吸収されるという，過渡的な性格をもつ（吉田 2011：70-71）。

　ポピュリズム現象は地域や歴史を超えて存在してきた。19世紀末ロシアのナロードニキや米国人民党，20世紀にはアルゼンチンのペロニズム，フランス国民戦線やオーストリア自由党，21世紀初めにはラテンアメリカ諸国の「ピンクの波」などは，典型例といえる。ただし，ポピュリスト的手法は程度の差はあれ主流政党でもみられるものである。

　ポピュリズムに関する研究は，デモクラシーとの多面的な関係を示してきた。ポピュリスト政党の成功は，社会変化や危機，歴史的遺産や国民感情，メディア環境といった社会的条件（需要面）を背景に，選挙制度や政治アリーナ，イデオロギー，リーダーシップや組織構造といった政治的条件（供給面）が合致した所産である（Eatwell 2003, 島田 2011）。ポピュリズムがデモクラシーの手続や中身，結果に与える影響は，政治環境が権威主義的もしくは多元主義的であるか，デモクラシーの安定度，ポピュリストの政権参加の成否と相関する。デモクラシーの脅威になることも，矯正物になることもある（Mudde and Rovira Kaltwasser 2012）。

　ポピュリズムは単体では成り立たず，常にほかの核となるイデオロギーを付着させている，いわば「薄いイデオロギー」(thin-centred ideology) である (Mudde 2007: 47-49)。ポピュリズムとポピュリスト政党の類型は，これに付着するネオリベラリズム，エスニック・ナショナリズム，民主的社会主義のイデオロギーにより大別される。右翼ポピュリズムは，多様な社会的要求を，ネオリベラリズムやナショナリズムの言説，特に排外主義的言説を用いて統合し，移民排斥により「人民」の統一をはかろうとする。一方，左翼ポピュリズムは，民主的社会主義の言説を用いてネオリベラル勢力に対抗し，水平的な社会運動と垂直的な政党構造を連結しようとする

(March 2011, Mouffe 2014; 2016)。

1.2 ヨーロッパのポピュリズム現象

　経済危機を経た欧州では，統合に対する立場が政治的対立軸として重みを増している。それは親 EU か反 EU かの単純な二分ではなく，①理念からの統合賛成，②実利・便宜が動機の支持，③現在と異なる統合路線を求める欧州懐疑主義，④統合そのものに否定的な反 EU の各派に分けることができる（Kopecký and Mudde 2002: 300-303）。

　EU をグローバリズムとネオリベラル路線の象徴として，反 EU や欧州懐疑主義の勢力が台頭している。近年，大国や豊かな加盟国では，移民排斥と国家主権の回復を福祉国家や公的セクターの防衛といったテーマと結びつけ，右翼ポピュリスト政党が支持を広げる傾向がみられる。一方，現行 EU のオルタナティヴとして「社会的ヨーロッパ」を訴える急進左翼政党は，小国や周辺加盟国における方が支持されやすい（March 2011）。

　ギリシアとスペインは，ともに1970年代半ばに軍政や権威主義体制から民主制に移行し，それぞれ81年，86年に EC に加盟した。ユーロ圏には，スペインは1999年の第一陣から，ギリシアは2001年から加わっている。政党システムでは，両国とも80年代から得票率の約8割を中道右派と中道左派

表1　ギリシア国政選挙　主な政党の議席と得票率（300議席）※第一党は50議席のプレミア付与

	2009年10月	2012年5月	2012年6月	2015年1月	2015年9月
新民主主義（ND）	91（33.5%）	108（18.9%）	129（29.7%）	76（27.8%）	75（28.1%）
全ギリシア社会主義運動（PASOK）	160（43.9%）	41（13.2%）	33（12.3%）	13（4.7%）	17（6.3%）
急進左派連合（SYRIZA）	13（4.6%）	52（16.8%）	71（26.9%）	149（36.3%）	145（35.5%）
ギリシア共産党（KKE）	21（7.5%）	26（8.5%）	12（4.5%）	15（5.5%）	15（5.6%）
独立ギリシア人（ANEL）	—	33（10.6%）	20（7.5%）	13（4.8%）	10（3.7%）
投票率	70.9%	65.1%	62.5%	63.6%	56.6%

表2　スペイン下院選挙　主な政党の議席と得票率（350議席）※連携政党の合計

	2008年3月	2011年11月	2015年12月	2016年6月
国民党（PP）	154（39.9%）	186（44.6%）	123（28.7%）	137（33.0%）
社会労働党（PSOE）	169（43.9%）	110（28.8%）	90（22.0%）	85（22.6%）
ポデモス（Podemos）	—	—	69（20.7%）※	71（21.2%）※
シウダダノス（C's）	0（0.18%）	（不参加）	40（13.9%）	32（13.1%）
統一左翼（IU）	2（3.77%）	11（6.9%）	2（3.67%）	（ポデモス連合）
投票率	73.8%	68.9%	69.7%	66.5%

（資料）ギリシャ，スペイン両国内務省データを基に作成。

の二大政党が分け合ってきた。

　急進左派連合やポデモスは，反緊縮や欧州懐疑主義を掲げる急進左翼政党として，統合維持を前提とする政治勢力からは攪乱要因とみなされ，緊縮緩和を期待するユーロ圏諸国や左派勢力からは共感をもって注目された。

　債務危機直前からの国政における政党勢力の変化は，表1，2のとおりである。なお，政党は本文に関連する主な対象のみ列挙している。

2. 急進左派連合にみる適応と転回

　急進左派連合は，ユーロコミュニズムにルーツをもつ政党連合として，2004年に結成された。その中心となったのは，1990年代初めに共産主義勢力のうち強硬な主流派以外が集合して結成された，政党シナスピスモス（「連合」の意，以下，急進左派連合と紛らわしいため，シナスピスモスと表記）である。

　ギリシアでは民政移管以降，中道右派の新民主主義と，中道左派の全ギリシア社会主義運動の二大政党化が明らかになり，両党はパトロネージを通じて公的部門や労働組合に影響力を浸透させた。共産主義勢力は分裂しながらも国会で10％程度を占め，第三勢力であり続けた。ソ連崩壊にいたる環境変化のなか，共産主義勢力は主にギリシア共産党とシナスピスモスの2党間で競合することになった。議会政党としての生き残りをかけ，共産党が青年部や新たな擬似労働組合の活動により支持を固める一方，シナスピスモスは新たに青年部を設け，その社会運動への関与を支援し，若者を中心とする幅広い層にアピールすることに成功した。

　現党首で首相のアレクシス・ツィプラス（1974年生）は，長老や世襲が重んじられるギリシア政界に，笑顔で気さくに振る舞う若き左派指導者として現れた。アテネ工科大学を卒業後，彼のキャリアはほぼ国内政治一筋である。シナスピスモス青年部の初代書記長を経て，2006年の32歳当時，急進左派連合とシナスピスモスの党首を兼任していたアラバノスからアテネ市長候補に抜擢され，落選はしたものの知名度を高めた。そのアラバノスを「父親殺し」のように退け，2008年からシナスピスモス党首におさまり，2009年から急進左派連合党首を兼任している。

　折しもギリシアは債務危機の震源となり，政府は対ギリシア支援の財政措置に関して欧州委員会，欧州中央銀行，IMFとの合意（以下，合意事項

を「メモランダム」とする）を結び，緊縮政策を導入し始めた。国内で抗議運動が高まると，ツィプラスは政党党首として真っ先に支持を表明し，大連立政権をナチス占領下のギリシア人協力者になぞらえ，ギリシアを不当に支配しようと陰謀を企む外国勢力の手先として罵った。また，ギリシア共産党が独自の活動にこだわったのと対照的に，シナスピスモスは二大労働組合のゼネストも積極的に支援し，広範な社会政治勢力を結びつける協力的な連合という印象を与えた。

　2012年の2回の総選挙は，第二次支援のメモランダム受け入れが争点となり，急進左派連合が台頭する契機となった。5月選挙で受け入れ派の二大政党は得票率を合わせて約3割にまで減らす一方，急進左派連合は第2党に躍進し，政権不成立による翌6月の再選挙では，さらに得票率を伸ばした。これ以降，急進左派連合は政権到達の可能性をみすえて準備態勢を整えていく。極右政党「黄金の夜明け」がギリシア人限定でスープキッチンを開設して話題になるなか，急進左派連合は医薬バンクの設立を主導し，困窮者に食料や医薬品，シェルターを提供する草の根組織との連帯的な活動を全国で展開した。また，党組織を連合体から統一党に転換し，トップダウンの組織へと移行し始めた。この頃から，執行部は入党勧誘対象を社会運動家から政治エリートへと変更し，財界とのパイプになる政治家を全ギリシア社会主義運動から迎え，軍人や外交官をツィプラスの側近に加えた。党に批判的なメディア対策として，テレビ新聞各社の経営陣と脱税告発を材料に取引したともいわれる（Kouvelakis 2016）。

　ツィプラスの言説には二項対立的な特徴が顕著である。「交渉か，メモランダム受け入れか」，「常識か，狂信的イデオロギーか」，「成長か，緊縮か」，「尊厳か，隷属か」などがその例である。「尊厳対隷属」とは，二大政党と金融機関が，ドイツなど外国勢力の債権団とともに，「陰謀」によりギリシア国民の尊厳を踏みにじり，屈辱を与えようとしているという意味である。政党ポスターには「急進左派連合，それはあなたである」と掲げ，全ての進歩的勢力と欧州左派勢力の協力を呼びかけた。

　急進左派連合の主な政策をみてみよう。2012年5月選挙まではユーロ・EU懐疑派であったが，6月選挙ではユーロ残留の立場に転換した。2014年9月に発表された「テッサロニキ・プログラム」の柱は，①金融の量的緩和，②欧州投資銀行によるヨーロッパ版ニューディール政策，③1953年

のドイツ債務削減に関するロンドン条約に倣った欧州債務会議の開催である。また，④銀行の国有化，⑤債務の大幅削減を含めたメモランダム再交渉，⑥メモランダムが廃止した最低賃金や労働法の回復，⑦低中所得者世帯への過重課税のとりやめ，⑧公的雇用の促進，⑨電気を止められた世帯への措置などを挙げた。

　2015年1月，前年末に与党が大統領候補選出に失敗して前倒しになった総選挙で，急進左派連合は政権に到達する。ただし，第一党に付与されるプレミアム50議席を加えても過半数に届かず，新興政党「独立ギリシア人」との連立政権を発足させた。「独立ギリシア人」は，反緊縮を訴え2012年に結成された右翼ポピュリスト政党である。党首のカメノスは，メモランダム交渉をドイツ支配のEUとIMFによる動物実験に譬えて反対し，ドイツに対しては第二次大戦中にギリシアに強制したローンの補償を求めた。また，移民排斥やギリシア正教会指導による教育推進を主張する。

　ツィプラス政権発足後まもなく，欧州中央銀行はギリシアの銀行向け融資条件を厳格化し，既に大量の資金が国外に流出していた状況で，国内は資金流動性の危機に直面した。政府は交渉を開始したが，2月20日には2月末に期限を迎える第2次支援枠組みの延長と，支払い期限の4カ月延期に合意した。この延長期間の利払いに国内のあらゆる公的機関の手元資金を充てたため，資金準備が底をつき始めた。5月，ギリシア政府は債務削減を含めた独自案を提出するが，ユーロ圏財務相会合で拒絶され，最後通牒が突き付けられた。第2次支援の返済期限間近となった6月28日夜，政府はメモランダム受け入れの是非を「民主主義に問う」として，国民投票の7月5日実施を発表した。同時に，翌29日から銀行休業やATM現金引き出し制限など資本規制を導入することも発表した。

　この国民投票の趣旨はあいまいであった。発表から実施までは1週間，問われたのはメモランダム受け入れに対する「イエス」か「ノー」であり，ユーロ残留・離脱にも，否決された場合の政府の計画にも触れられなかった。投票までの期間，メディアが反対派勝利の招く大惨事の恐怖を煽るなか，国民投票は「ノー」が61.3％を示す結果を出した。しかし翌々日に政府はメモランダム受け入れによる支援を正式要請，議会承認を経て1週間後には債権団と第3次支援の合意が交わされた。

　党内に批判と離脱の動きが現れるなか，8月の第3次支援の初回執行と

前後して，ツィプラスは辞任を表明，9月解散総選挙に持ち込み，党内からは反対派議員25名が離脱して新党を結成した。連立与党は選挙に向け，主張を緊縮の拒否から社会的公正に配慮した政策運営に変え，新勢力対旧勢力の構図を訴えて戦った。

2015年9月選挙の結果は前回とほぼ同様で，第2次ツィプラス政権が発足した。急進左派連合は4議席減で第1党となり，独立ギリシア人との連立を維持した。二大政党は信頼を回復できずにいた。義務投票としては歴史的に高い棄権率（43.5%）であったが，ツィプラスは選挙結果を受け，「明白な負託を得た」と演説した。離脱議員たちの新党は，準備が整わないまま最低得票率3%に満たずに議会を去り，首相周辺はより結束する結果になった。

急進左派連合は第2次政権発足以降，反緊縮の抗議政党から追加緊縮策の執行者に変容している。第3次支援の枠組みのもと，ギリシア政府は立法や課税権限も単独では行使できなくなり，港湾施設や銀行など民営化が進められるようになった。2016年1月の政権発足1周年には，ツィプラスは演説で，急進左派連合政府がエリートを打倒し，社会的公正をもたらし，経済を整え，ギリシアを国際的に尊厳の象徴とした，と述べた。一方，ギリシアが直面する難民危機については触れなかった。

5月には，追加融資を受けるため，年金削減と増税のほか，自動的財政制動システムや，公有不動産を今後99年間管理する民営化基金の創設を含む法案が可決された。すでにIMFと欧州委員会は，ギリシア債務の持続は不可能と認めるようになり，IMFは第3次支援枠組みの実効性について公式に疑念を表明，支払い期限の大幅な延期などを提案した。ツィプラスは議会演説で，ついにギリシア債務の問題を交渉のテーブルにのせたことは大きな成果である，以前の政府は債権者にへつらうだけで金融危機の根源に対処しなかった，と述べた。7月の国民投票1周年には，政府は昨年の投票結果を民主主義の象徴として祝う声明を出した[1]。

ツィプラス政権が実行した政策は，困窮世帯への電気の再接続など，テッサロニキ・プログラムのごく一部と，同性婚の法制化（連立相手の独立ギリシア人は賛成せず，急進左派連合と野党議員のみで可決）である。7月には選挙法改正案を通過させ，続いて新憲法制定を提案している。

3. ポデモスの「知的ポピュリズム」[2]と迷走

　ポデモスは，2014年1月誕生から急成長した新興政党である。スペインでは80年代末から中道左派の社会労働党と中道右派の国民党の二大政党化が進み，得票率80％前後を占めてきた。二大政党のいずれかが少数政権を構成する際は，カタルーニャやバスクの有力地域政党が閣外で支える構図になっていた。こうした状況で，ポデモスは誕生から約4カ月後の欧州議会選挙で第4党となり，それから約2年後の総選挙では，得票率で野党第1党に迫る第3勢力となっている。ただし，この結果は同党の予想外の停滞として党内外で分析された。

　ポデモスは，中心メンバーが政治学者であり，自党について左右の位置づけを拒み，ポピュリスト戦略を公言してきた点が特徴である。その中心となったのは，党首パブロ・イグレシアス（1978年生），スポークスマンのイニゴ・エレホン（1983年生），フアン・カルロス・モネデーロ（1963年生）であった。3人はマドリード・コンプルテンセ大学（UCM）に所属し，ラテンアメリカ政治の知見や，共産党関連の活動経験を共有していた。

　彼らはポデモス誕生の原点を，2011年以降の社会運動や市民活動が生んだ新しい空気から説明している。社会労働党政権が緊縮政策に転じた後，若者グループの呼びかけで政治経済改革を求める無党派の抗議運動が2011年5月から全国各地に広まった。運動が開始された日付表記から15-M運動と呼ばれる。15-Mは多様な集団や運動を活性化し，市民の連帯的な活動を生み出すきっかけとなった。住宅ローン被害者の会の「立ち退きストップ」運動や，公的医療の民営化撤回を求める「白い波」，教育予算削減に反対する「緑の波」などが代表例である（中島 2013）。上記UCMの研究者たちはこうした動きのなかに，代表されない人々とエリートの間の境界やエリートを非難する意識が現れる一方，意識はあってもそれを政治的に発現する空間がない状況をみてとった。そこで，政治理論家ラクラウのポピュリズム論から，人々に直接呼びかける言説を通じてその要求を結びつけ，「人民」全体の政治的アイデンティティをつくり出そうと思いつく。

　アルゼンチン生まれでペロニズムを実体験したラクラウは，ラカンやデリダの理論に依拠した言説分析，グラムシに依拠するヘゲモニー概念により知られる。彼のポピュリズム論の中心には，人々は政治に関わることで

新たな政治的アイデンティティが付与されるのであり，政策の中身については，自己を「人民」全体と同一化させる機会ほどには強く要求されないという，いわゆる「空のシニフィエ」(empty signifier) (Laclau 2005: 133, 153-156) の考え方がある。

　上記の UCM メンバーは，こうしたコミュニケーション理論をメディアで実践したうえで，ポデモスの立ち上げに加わる。2010年にイグレシアスとモネデーロがオルタナティブ・テレビで政治討論番組を始めてニッチな支持層を開拓した後，司会のイグレシアスは主流チャンネルにも定期的に出演するようになった。2014年1月，知識人グループのマニフェストを端緒に，5月の欧州議会選挙に向けてイグレシアスをリーダーとする新党ポデモスが結成される。選挙戦では，メディアで知られたポニーテールの若い大学教授イグレシアスの顔をパンフレットに掲げ，「デモクラシー対オリガーキー」，「市民対カースト」，「新勢力対旧勢力」といった二分法を用いて，既成勢力の腐敗を非難した。

　欧州議会選のマニフェストの主な内容を挙げておこう。①2011年に改正された憲法135条（自治州の赤字と公債削減）の廃止，②年金支給年齢の65歳から60歳への引き下げ，③ベーシックインカムの保障，④不当な債務の返済拒否，⑤君主制の廃止，⑥新憲法制定議会の開催，⑦地域の自己決定権，⑧妊娠中絶の公的医療内での自由化，⑨国境での移民監視の撤廃等である。

　ポデモスの選挙活動を支援したのは15-M の活動家たちであり，「立ち退きストップ」や「波」など市民運動の指導者の多くも参加した。政党「反資本主義左翼」は，共産党中心の政党連合「統一左翼」よりも急進路線で，メンバーは個人の立場で15-M に参加していた。情報通信技術に強い集団である X 党は，オンラインによる選挙プログラム作成などの市民参加や，地域やテーマごとに設置されたサークル間相互，ポデモス本部との潤滑なコミュニケーションを助けた。政党ポデモスもイグレシアス個人も SNS を積極的に活用し，クラウドファンディングによる資金調達も導入した。

　欧州議会選挙では，ポデモスが得票率7.98％の第4党と健闘し，一躍脚光を浴びることとなった。ここからポデモスは翌2015年末の総選挙に向け，「勝つ」ための戦略に集中していく。

　まず，組織化の不十分な党を，強力なリーダーシップによる集権構造を

もって整えた。幹部には他党党員資格との重複を禁じ,「反資本主義左翼」は解党してグループとしてポデモス内に統合させ,イグレシアス周辺の主導権を固めた。また主張する内容の表現をあいまいにし,論争的なテーマを避けるようになった。君主制の是非や移民については触れないようにし,世俗主義についても言及せず,カタルーニャ独立のような微妙な問題は不確定の未来に委ねた。さらに,言説には,NATO, EUやIMF, ドイツなどの国外勢力に対し国家主権を強調する,ナショナリズム的色彩を加えた。政策においても,年金支給年齢の引き下げやベーシックインカムは取り下げ,不当債務の返済拒否は減免の提案・交渉に軟化させた。

　ポデモスの支持率は欧州議会選挙後から急伸し,年明けにかけて25％前後のピーク時には,社会労働党を上回った。しかしその後は伸びは鈍化し,総選挙2ヵ月前には10.8％まで落ち込んだ。この支持率下降について,党内外の要因が考えられる。まず,ポデモスの戦略シフトである。15-Mに由来する水平的なアソシエーションの文化とは逆方向への動きに,支持者離れが起きた。また,ポデモスの共同創立者で,15-Mのイデオローグと目されたモネデーロの執行部辞任である。ラテンアメリカ諸国からの多額の顧問料受領の経緯が説明されず,主要政党やメディアに攻撃されていた。加えて,ポデモスが連帯を表明してきたギリシアの急進左派連合政権の悪評は,二大政党や主要メディアによる攻撃材料となった。

　さらに,カタルーニャ独立問題がある。この積年の議論は債務危機と前後して再燃し,独立の是非を問う住民投票の実施をめぐり中央政府との摩擦が強まっている。ポデモスは,カタルーニャ独立を支持していないが,地域の自己決定権を擁護する立場から住民投票実施には賛成している。

　ここに,思わぬライバル政党シウダダノス（スペイン語で'citizens'の意）が浮上した。同党は,2006年にカタルーニャ・ナショナリズム反対と憲法擁護を掲げる中道政党として結成された。当初はカタルーニャ域内で活動していたが,2015年には活動を全国に拡大し,5月地方選では各地で政権形成に協力して存在感を増した。同党は左右の軸に位置づけられることを拒んでいるが,税の軽減や補助金の拡大,公的領域におけるエスニシティ表明の禁止（ムスリムのスカーフなども含む）,不法移民の医療アクセス制限を含む政策から,中道右派のポピュリストとみなされている。シウダダノスは,二大政党に不満を持ち変化を求めながらも,ポデモスの主張にも

納得しない有権者をひきつけるようになったとみられる。
　2015年12月総選挙では，ポデモスは得票率で社会労働党に迫る第3党となった。ポデモスは，10月にイグレシアスが欧州議会議員を辞職し選挙戦に入った頃から支持率を回復していた。選挙の結果，左右両陣営に大きな旧勢力（国民党と社会労働党）と小さな新勢力（ポデモスとシウダダノス）が相対する，4党の構図が現れた。左右いずれの陣営も過半数に届かず，二大政党にシウダダノスを加える大連立案も流れた。ポデモスは社会労働党に左派連立政権を提案したが，社会労働党内ではポデモスとの連立に反対が強く，シウダダノスと先行して連立に合意した。ポデモスは，シウダダノスとの政策の相違を理由に連立参加を断った。
　連立交渉は4カ月余り費やして不調に終わり，5月初めに再選挙の6月25日実施が正式に決まった。ポデモスは，「社会労働党超え」を目標に，統一左翼と選挙連合を組んだ。このポデモス連合（Unidos Podemos）は，スローガン「国の笑顔」，ロゴにハート型を組み込んだ新たなシンボルマークを掲げ，ソフトな印象をアピールした。ポデモスの主張も，結成当初の公的債務返済の拒否，現行憲法体制の打破といった刺激的な内容から，緊縮緩和や住宅立ち退き制限に焦点を当てる穏健なものになっていた。
　この連合は注目を集め，事前の世論調査では第2党躍進が確実視されていた。しかし，6月総選挙の結果は事前予想を裏切り，ポデモス連合の得票率は横ばいで，政党配置は半年前に似た構図となった。議席を増やした第1党の国民党も過半数に届かず，政権形成は再度連立協議に持ち越されることなった。

4．ポピュリズムの類型と諸条件

　ここで，急進左派連合とポデモスのポピュリズムの類型やパフォーマンスについて，政治的対立軸，政党アリーナ，選挙制度，政治文化など，一連の政治的条件から検討したい。

4.1　急進左派連合

　急進左派連合は，反緊縮の急進左翼，腐敗したエリートに抗議する左翼ポピュリストの顔もあるが，何よりもナショナル・ポピュリスト政党である。また，国内的な政治リアリズムにしたがって環境に適応し，党の性格

を変化させている。

　ギリシア政治における対立軸はあいまいであり，ポピュリズムは旧知の現象である。ギリシアの二大政党は中道右派と中道左派の位置づけであるが，これらは階級，言語，地域，宗教といった社会的クリーヴィジによるイデオロギーというより，国家資源をめぐる戦略的な二極化のもとでの呼称である。しかも，与党と野党がともにポピュリストという，「ポピュリスト・デモクラシー」が投票行動を決定づけてきた（Pappas 2014a: 36, 55）。

　その原点は，1974年に全ギリシア社会主義運動を創設したアンドレアス・パパンドレウにある。彼の絶大な人気の要因は，個人のカリスマや元首相を父にもつ血筋，華麗な経歴に加え，演説の上手さにあった。ナショナリズムを社会民主主義のレトリックに包み込み，国民の反欧米感情を巧みについた。ツィプラスのトロイカやドイツを攻撃する言説は，かつてNATOや米国を攻撃したパパンドレウのそれを彷彿とさせたのである。

　ギリシアの地政学的弱さ，独立国家の相対的に短い歴史，そのなかでの経験と記憶は，外国の支配者に対する屈辱と，強いナショナル・アイデンティティを生んだ。急進左派連合と独立ギリシア人の連立は，ナショナル・ポピュリズムを共有する者の組み合わせである。ナショナル・アイデンティティは正教会と深く結びついており，世俗性との衝突はみかけほど深刻化しない。また，ギリシアのユーロ残留には，上記の国民感情と背中合わせの政治的，象徴的な意味があり，離脱賛成は少数派である。

　急進左派連合は，その前身シナスピスモスが富裕な中間層の知識人を中心に結成されており，労働者政党のルーツをもたない。シナスピスモスは結成後，強力な全ギリシア社会主義運動の陰で最低得票率３％も危ぶまれる事態になり，そこで生き残りをかけた戦略が，「より左翼」の顔をもつ急進左派連合の結成による差別化であった。ギリシアの世論形成に影響力をもつメディアや大学などの文化装置では，左派的思潮が支配的である。シナスピスモスは，英エセックス大にいたラクラウの思想が欧州の左派に及んだ時期に結成され，この経緯の急進左派連合への影響も指摘される。指導者層や党員には，ラクラウの教え子や英国在住の大学教員もいる。

　二大政党が凋落したタイミングで急進左派連合が政権に到達できた要因として，第１党にプレミア50席を付与する比例代表制の存在が大きい。この制度は単独多数政権を構成しやすくする趣旨である。選挙法は現職政府

により操作されないよう，改正法は3分の2以上の多数で可決されないかぎり，次々回の選挙から施行される。2016年に入り新民主主義の支持率が回復してから，ツィプラス政権はプレミアムを廃止する選挙法改正を行った。ただし，賛成票が定数の3分の2に満たず，改正法は次々回の選挙から適用されることになる。プレミア廃止後は単独政権の構成が困難になり，大政党が分裂する可能性もある。

　急進左派連合は党員構成も大きく変質している。多くの党員が離れ，社会運動や労働組合の基盤を失い，支持率の落ちた全ギリシア社会主義運動出身の政治家などが入党して影響力を持ち始めた。急進左派連合政権をめぐり閣僚の資産隠しや，所属国会議員や官僚たちが家族や友人に公的部門の上級ポストを配分するなど，スキャンダルも報道されている。7月の選挙法改正に続き，国会議員任期の2期までの制限，大統領の職務拡大や首相公選制を含む，新憲法の制定まで提案した。

4.2　ポデモス

　ポデモスは，社会労働党内から「共産党青年部の同窓会」と揶揄されるような，ソーシャル・ポピュリスト政党である。本来の急進的志向をポピュリスト言説で薄めて広く浅い層をとりこもうとしたものの，意図したようには機能しなかったケースである。

　スペインでは，政治を左右やリベラル対保守の対立軸でみる視点が根づいている。保守派と急進派に二極化して内戦にいたった経験は語り継がれ，地域や「民族」，宗教性に関するクリーヴィジとなって鋭く対立する。15-M運動は，経済危機の深刻な状況で，「問題は右と左ではなく，上と下である」といったスローガンを掲げ，地域ナショナリズムから距離を置いたことで，横断的な支持を得られた。ポデモスは，左派だけでは多数派になりえないと認識して，ポピュリスト戦略による横断性を強調し，運動のエネルギーを議会政治に持ち込もうとしたのである。

　しかし選挙制度の特徴により，新興急進勢力が国政で結果を出すことは難しい。スペインでは多数代表の要素が強い比例代表制を採用している。これは左右の分極化を避け，都市部における左派台頭を抑えるよう定数配分がデザインされた。しかし社会労働党が長期政権期間に本拠地アンダルシアをはじめ低開発地域に補助金をもたらしたため，周辺地域で支持を固

めることになった。欧州議会選挙では全国区の比例代表制を採用しているため，ポデモスの躍進につながったが，下院選挙では，都市部やバスク，カタルーニャ地域を中心に左派票を集めたに過ぎなかった。

　ポデモスの戦略に一貫性がないようにみえるのは，党内対立にも起因している。2015年12月選挙まで，言説によって「人民」をつくり出すという「ポピュリスト仮説」にしたがい，「左でも右でもない」横断性を旗印に，社会労働党を凌駕し連立交渉で優位な立場を得ることを目標としていた。12月選挙でその目標を達成できず，社会労働党主導の連立内閣にジュニア・パートナーとして参加するかをめぐり，党内の意見が分かれた。さらには，党戦略として，本来のイデオロギー傾向を表に出さずに選挙で勝利するため，便宜手段としてポピュリスト仮説を貫くのか，それとも有権者には急進的変革を受け入れる用意はないとみて思想自体を穏健化するのかという，路線の違いがある。社会労働党との連立協力をめぐる迷走は，こうした党内対立の現れであった。

　2016年6月の再選挙に向けて統一左翼と連合を組んだことで，党内の関係はさらに複雑になった。統一左翼は小規模ながら固定票を確保しており，若手リーダーのアルベルト・ガルソン（1985年生）の人気が高い。経済学者の彼は，15-M運動で名の知られた活動家でもあった。ポデモス連合の立ち上げより党周辺は活気づいたが，集会には多くの赤旗も現れ，古典的左翼クリーヴィジが「横断性」路線に取って代わったようにみえた。保守派や主要政党はこの連合を，フランコ反乱から内戦に向かうきっかけをつくった人民戦線になぞらえて攻撃した。その印象を埋め合わせるためなのか，イグレシアスは「新社会民主主義」を宣言した。

　6月総選挙の48時間前，イギリスのEU離脱をめぐる国民投票で，離脱派勝利の結果が出た。Brexitはカタルーニャ独立を連想させることもあり，選挙運動を締めくくる集会でイグレシアスは，愛国主義を強調するスピーチを行った。そもそも国家ナショナリズムの言説自体，スペインのリベラル左派にとって新奇なものであり，裏目に出る可能性もあった。

　選挙結果は，国民党の勝利，ポデモス連合の敗北として分析された。ポデモス連合は，前回から100万票以上減らしたが，失われた票の有権者はほとんど棄権していた（Llaneras, *El País*, 28 de julio de 2016）。統一左翼の強い地域では棄権が多く，ふるわなかった。ガルソンは，ポデモスとの連合

以前に行われた対談のなかで，ポデモスのポピュリスト戦略を批判していた。いわく，言説を通じて「人民」をつくり出すという記号論やコミュニケーション技術に依拠する態度は，具体的現実，日常生活に根をおろしていない。大多数の市民から支持を得る方法は，「立ち退きストップ」の市民活動のように実践をともなうものでなければならない（Roig 2016）。

結び

　急進左派連合とポデモスは，中間層知識人の主導により誕生し，民主化以降に生まれた世代がリーダーとなっている政党である。両党は躍進を遂げていく段階では，反緊縮や「社会的ヨーロッパ」のような，主流政党が取り上げない争点を取り上げ，政治に対立的側面を取り戻した。社会運動を介して多くの若者や市民活動家を政治に参加させ，そのエネルギーを政党に結びつけて成長し，政党配置を変化させた。他の欧州諸国同様，多党化に向かう可能性がある。一方で，急進左派連合は政権が視野に入って以降，国内エリートを取りこみ，批判していた二大政党と同じ道に向かっている。ポデモスは，新旧勢力の対立を強調したために政党間の連合が困難になり，結果的に国内政治に長期の空白が生まれた。

　ここで以上 2 政党の事例から，現代ヨーロッパにおける左翼ポピュリズムとデモクラシーの関係について課題を考察したい。

　第一に，ポピュリズムの論理は，人々のアイデンティティと意志が本質的に同質的であるという擬制に依拠しており（Abts and Rummens 2007: 420-421），多元性や差異の認容との緊張関係に直面する。急進連合政権はギリシア難民危機の争点化に，ポデモスはスペインの地域ナショナリズム問題の扱いに苦慮している。

　第二に，左翼ポピュリズムには，議会多数派を構成しうる，垂直的でない政党モデルを実践するという難題がある。急進左派連合とポデモスの事例は，水平的な社会運動と議会政治を結びつけるプロセスを示したが，多数派を目指す段階で既定路線として党を垂直的な構造に転換し，運動との連携関係は薄れていった。

　第三に，国内でも欧州レベルでも左翼ポピュリズムが右翼ポピュリズムの脅威に対抗する図式にはならない。成長するポピュリズムの類型は各国の条件に規定されている。欧州議会が会派別に活動していても，域内の政

治過程に及ぼす影響は限られている。

　第四に，ポピュリスト政党が人々の要求を結びつけ，つなぎとめるためには，想像可能な物語が必要である。反緊縮も国有化も現行のユーロ圏とEUの枠組みでは不可能であり，急進左派連合もポデモスも「社会的ヨーロッパ」に代わる物語を示すことができないでいる。これに対し，右翼ポピュリスト政党が示す「ここではないどこか」は，原風景という想像可能な物語なのである。

　ポピュリスト政党が既成システムの均衡を破る「奪取」はできても，その後を「構成」できるかは別の問題である。「人々は物語だけではなく，秩序があり手の届きそうな確かさと公共政策に動かされる」(Errejón 2016)からである。

（1）　2015年7月の国民投票は，賛成派の勝利か，僅差の反対派勝利を見込んで，政権の努力と政策転換を正当化する方便として利用されたことが，党関係者らの話から明らかになっている(Kouvelakis 2016)。政権維持のためにはユーロ離脱のオプションを採ることはできないと考え，国民に「No」を呼びかけつつ，ツィプラスを含め閣僚や国会議員のほとんどが賛成票を投じていたのであった。

（2）　ポデモスは，周囲で起きていることを解釈するための道具を人々に差し出している，という趣旨の表現である（Monedero 2015: 156）。

参考文献

Abts, Koen and Stefan Rummens (2007) 'Populism versus Democracy', *Political Studies* 55, 405-424.

Del Río, Eugenio (2015a) ¿Es "populista" Podemos?, *Página Abierta*, 236, enero-febrero, 2015, 26-43.

Del Río, Eugenio (2015b) 'El Podemos actual', *Página Abierta*, 240, septiembre-–octubre, 2015, 12-19.

Eatwell, Roger (2003) 'Ten Theories of the Extreme Right', Peter H. Merkel and Leonard Weinberg (eds.) *Right-Wing Extremism in the Twenty-First Century*. London and New York: Routledge.

Errejón, Iñigo (2014) ¿Qué es 'Podemos'?, *Le Monde Diplomatique*, 22 de julio de 2014.

Errejón, Iñigo (2016) 'Para poder gobernar, Podemos tiene que cambiar, tiene que mutar', *El País*, 24 de julio de 2016.

Iglesias, Pablo (2015a) 'Entender Podemos', *New Left Review* 93, May-June 2015, 9-32.
Iglesias, Pablo (2015b) 'España en la encrucijada', *New Left Review* 93, May-June 2015, 33-54.
International Committee of the Fourth International (2015) 'The Political Lessons of Syriza's Betrayal in Greece', *World Socialist Web*, 11 November 2015.
Kopecký, Petr and Cas Mudde (2002) 'The Two Sides of Euroscepticism: Party Positions on European Integration in East Central Europe', *European Union Politics* 3(3), 297-326.
Kouvelakis, Stathis (2016) 'Syriza's Rise and Fall', *New Left Review* 97, January-February 2016.
Laclau, Ernesto (2005) *On Populist Reason*. London and New York: Verso.
Llaneras, Kiko, ¿Qué votantes cambiaron su voto el 26-J?, *El País*, 28 de julio de 2016.
March, Luke (2011) *Radical Left Parties in Europe*. New York and Abington: Routledge.
Monedero, Juan Carlos (2015) 'Podemos: Una nueva fuerza política en España', *Ola Financiera* 22, septiembre-diciembre 2015, 153-161.
Monedero, Juan Carlos (2016) 'Las debilidades de la hipótesis populista y la construcción de un pueblo en marcha', *Rebelión*, 12 de mayo de 2016.
Mouffe, Chantal (2005) *On the Political*. London: Routledge.
Mouffe, Chantal (2014) 'Populism is a necessity', *The European*, 2 May 2014. http://www.theeuropean-magazine.com/chantal-mouffe--4/8420-why-the-eu-needs-pop-ulism, 2015年2月23日閲覧。
Mouffe, Chantal (2016) 'In defence of left-wing populism', *The Conversation*, 30 April 2016.
Mudde, Cas (2004) 'The Populist Zeitgeist', *Government and Opposition* 39(4), 541-563.
Mudde, Cas (2007) *Populist Radical Right Parties in Europe*. Cambridge: Cambridge University Press.
Mudde, Cas and Cristóbal Rovira Kaltwasser (2012) 'Populism: corrective and threat to democracy', Cas Mudde and Cristóbal Rovira Kaltwasser (eds.) *Populism in Europe and the Americas: Threat or Corrective for Democracy?*, Cambridge: Cambridge University Press.
Pappas, Takis S. (2014a) *Populism and Crisis Politics in Greece*. New York: Palgrave MacMillan.
Pappas, Takis. S. (2014b) 'Greek Populism: A Political Drama in Five Acts',

Hanspeter Kriesi and Takis S. Pappas (eds.) *European Populism in the Shadow of the Great Recession*. Colchester, UK: ECPR Press.

Roig, Miguel (2016) *Conversación con Alberto Garzón. Boceto de un futuro posible*. Madrid: Editorial Turpial.

Taggart, Paul (2000) *Populism*. Buckingham and Philadelphia: Open University Press.

Tsakatika, Myrto and Costas Eleftheriou (2014) 'The Radical Left's Turn towards Civil Society in Greece: One Strategy, Two Paths', Myrto Tsakatika and Marco Lisi (eds.) *Transformations of the Radical Left in Southern Europe: Bringing Society Back In?* Abington and New York: Routledge.

Torreblanca, José Ignacio (2015) *Asaltar los cielos: Podemos o la política después de la crisis*. Barcelona: Debate.

大嶽秀夫（2003）『日本型ポピュリズム―政治への期待と幻滅』中央公論社。

島田幸典（2011）「ナショナル・ポピュリズムとリベラル・デモクラシー―比較分析と理論研究のための視角」，河原祐馬・島田幸典・玉田芳史（編）『移民と政治―ナショナル・ポピュリズムの国際比較』昭和堂。

高橋進・石田徹（編）（2013）『ポピュリズム時代のデモクラシー―ヨーロッパからの考察』法律文化社。

高橋進・石田徹（編）（2016）『「再国民化」に揺らぐヨーロッパ―新たなナショナリズムの興隆と移民排斥のゆくえ』法律文化社。

中島晶子（2013）「欧州経済危機のなかのスペイン市民社会― 15‐M 運動による新しい空気」，『生活経済政策』2013年8月号（No.199）。

吉田徹（2011）『ポピュリズムを考える―民主主義への再入門』NHK 出版。

政党支持は投票行動を規定するのか

――サーベイ実験による長期的党派性の条件付け効果の検証――

善教将大*

> 要旨：本稿の目的は，政党支持の規定性，具体的には長期的党派性の投票行動に対する影響を検証することである。政党支持の規定性は，これまで多くの研究者が議論してきた安定性とは対照的に，ほとんどその妥当性に関する検証作業が行われていない。本稿では実験的手法を用いて，行動意欲とは異なる長期的党派性は，政党ラベルや候補者要因が投票行動に与える効果をどの程度条件付けるのかを分析することで，政党支持の規定性の検証を試みる。大阪市および近畿圏在住の有権者を対象とするサーベイ実験の結果，長期的党派性は政党ラベルの因果効果を常に高めるわけではないことが明らかとなった。この知見は，政党支持は規定的であるという通説的見解に疑義を投げかけるものであると同時に，有権者における政党支持の「揺らぎ」を示唆するものでもある。

キーワード：政党支持，規定性，ヒューリスティクス，サーベイ実験

1．はじめに

　本稿の目的は政党支持の投票行動に与える影響を実験的手法に基づき検証することにある。政党支持の安定性については多くの研究の蓄積があるのに対して，本稿が着目する規定性については，これを正面から取り上げ検証する試みがなされているとはいい難い。もちろん政党支持と投票行動の「相関関係」は明らかにされているが，これは必ずしも因果関係を意味しない。本稿では大阪市と近畿圏在住の有権者を対象とする3回にわたるサーベイ実験より，党派性の条件付け効果という観点から，政党支持の投票行動に対する規定力を明らかにする。

---

* 関西学院大学法学部政治学科教員　政治意識論・政治行動論

政党支持あるいは政党帰属意識（party identification）をめぐる論争点の1つは，その安定性についてである。政党支持の安定性の揺らぎは，支持態度の形成過程と考えられている政治的社会化（political socialization）の理論に疑義を呈することになる。それゆえにこの点に関しては修正主義者（revisionists）たちによる批判とそれらへの再反論など，活発な論争が繰り広げられてきた。

　他方，政党支持の規定性については，上述したようにこれを正面からとりあげ検証する試みは十分に蓄積されていない。その理由は政党支持が投票行動を規定することは自明であり，あえてこれを精緻に分析する必要などないと考えられているからであろう。政党支持と投票行動の相関関係は，多くの調査から明らかにされている「事実」である。

　しかし相関は因果関係の存在を必ずしも意味しない。支持概念には認知や感情に加えて投票するという行動意欲も含まれている。さらにいえば「投票しているから支持する」というように，原因と結果の関係が逆だという批判もあり得る。いずれにせよ政党支持の規定性は，これまで信じられてきたほど強くないのではないだろうか。

　そこで本稿では，政党支持の規定性を改めて検証する。政党支持の構成要素のうち，行動意欲とは異なる長期的党派性に注目し，これが「政党ラベルの平均処置効果（average treatment effect）をどの程度条件付けるのか」を明らかにする作業を通じて，政党支持の規定力を分析する。大阪市および近畿圏在住の有権者を対象に3回にわたり実施したサーベイ実験の結果を先取りして述べれば，政党支持の規定力は意外にも限定的であることが明らかとなる。

　本稿の構成は以下の通りである。まず2.では先行研究の整理と検討を行いながら，政党支持の規定性に関する実証研究が十分に蓄積されていないことと，規定性を検証する意義を述べる。3.では長期的党派性が候補者要因や政党ラベルの効果を条件付けるのかという観点から，政党支持の規定性が検証可能であることを論じる。4.では大阪市民を対象とするサーベイ実験の結果から，5.では近畿圏の有権者を対象とするサーベイ実験の結果から，政党支持の規定力を実証的に明らかにする。最後に6.で本稿の結論と含意を述べる。

2．問題設定

2.1 政党支持の安定性と規定性

　政党支持は政治学における重要概念の1つである。遍在性，規定性，安定性，代表性という特徴をもつ政党支持は（三宅 1985, 1998），数ある政治意識の中でもっとも重要な態度である。そのためこの概念については多様な論争点が存在する1。時に政党支持の安定性は，今日においてもなお活発な論争が繰り広げられている，重要な論争点である。

　政党帰属意識ないし政党支持の安定性に関しては，これまで多くの研究者が議論と分析を積み重ねてきた。ミシガン学派にとっての政党帰属意識は，政党に対する情緒的な愛着であり，政治的社会化の中で形成されるために生涯を通じて安定的な態度だとみなされる傾向にある（Campbell et al. 1960; Green and Palmquist 1994; Green, Palmquist and Schickler 2002; Lewis-Beck et al. 2008; Miller and Shanks 1996）。同様に政党支持も，国際比較の観点から見るとやや安定性に欠けるが，他の諸態度と比較すれば安定的である（蒲島・石生 1998；三宅 1970, 1985, 1989；中村 2008；三村 2008）。しかし集計レベルの変動を見ると必ずしも安定的とはいえず（MacKuen et al. 1989；三宅・西澤・河野 2001），ここに安定性という特徴への疑念が生じることになる。

　政党帰属意識の安定性に異論を唱える修正主義者たちは，これを日々の学習を通じてアップデートされる「記録用紙（running tally）」とみなす（Achen 1992; Fiorina 1981; Flanklin 1992）。社会化の中で培われた態度はあくまで「初期値」であり，帰属心は政府の業績などを学習する中で短期的に変動すると考えられている（Carsey and Layman 2006; Dancey and Goren 2010; Weinschenk 2010）2。もちろんこのような見解に対しては，洗練された方法論に基づき安定性を主張する実証研究もあり（Green et al. 2002；三村 2008），現在においても多くの研究者が分析を積み重ねているところである。

　他方，政党支持の規定性について見ると，安定性とは対照的に十分な検討がなされていない。どの研究者も，政党支持が投票行動を規定するという命題を疑うことなく，むしろ当然のこととみなしている。政党支持と投

票行動の相関関係は実証的にも明らかにされており（飯田・松林・大村 2015），さらに政党支持の次元を精緻化してもその傾向は確認される（谷口 2012）[3]。「政党支持の投票行動規定力は群を抜いている」（三宅 1989：125）のであり，規定性を疑う余地などないとさえいえる。もちろん，分割投票など自身の支持政党とは異なる政党に投票する場合もあるが，それはあくまで例外であり，「投票行動は小選挙区でも比例区でも支持政党に対してなされるのが通常」（品田 1999：64）である点に相違はない。

2.2 政党支持の規定性を分析する意義

　前項で見たように政党支持の規定性は安定性とは異なり，これまでほとんど実証的な検討がなされてこなかった。しかし，政党支持は本当に規定性という特徴をもつのだろうか。本稿は改めて，この点について検討する必要があると考える。

　たとえば，谷口（2012）は「支持」概念は多義的であり，態度理論でいうところの認知，感情，行動意欲のすべてを含むことを指摘する。仮に政党支持に行動意欲も含まれているのであれば，政党支持と投票行動の関連は単なる同義反復に過ぎないことになるのではないだろうか。さらにいえば「投票するから支持する」という逆の因果関係の可能性もあり得よう。政党支持の投票行動に対する規定力は，厳密に考えると，それほど頑健ではないのである。

　政治制度論の観点から見ても，日本の政党支持の規定性は疑わしい。日本の地方レベルの議会議員選挙制度は中（大）選挙区制であり，政党が機能しにくい特徴を有する（砂原 2015；建林 2012）。今日では政党を重視して投票する有権者は多いとされるが[4]，地方レベルの選挙で政党を基準に投票先を決めることは難しい[5]。国政選挙とは異なり地方選挙では政党で選びにくいという状況は，有権者の政党支持を弱化させることになるのではないだろうか。

　さらにいえば，地方レベルの選挙制度は政党ではなく個人を重視するように政治家の行動を規定する点も重要である。中選挙区制の下で当選ないし再選するには候補者個人が努力する必要がある。そのためこの制度下では，同じ政党の候補者間においても見解の相違が生じるなど，政党の凝集性は低下する傾向にある。そのような政党の凝集性の低下も，政党支持の

規定力を弱めるように思われる。

　政党支持の規定性の弱さを示唆する「仮説」は他にもあり得ようが，それにもかかわらず，政党支持の規定性についてはほとんど検討がなされていない。そのようなこれまで自明視されてきた政党支持の規定性について，これを正面から取り上げ検証することには十分な意義があると考える。

　より広い文脈からいえば本稿は，有権者の中の政党の「揺らぎ」を，支持なし，あるいは無党派層の研究とは異なる観点から明らかにする研究の1つとして位置づけられる。これまで有権者の観点から見た政党の弱化は，主に無党派層の増加から議論されてきた。政党支持をもたない有権者は世界的にも増加傾向にある（Dalton and Wattenberg 2000）。また，そのような無党派層がどのような特徴をもつのかについては，日本でも多数の実証研究が積み重ねられている（田中 1997，1998；松本 2006）。本稿もこれら先行研究と共通の問題意識を有するが，他方で支持の有無ではなく政党支持の規定性という態度の機能的側面に着目し政党の「揺らぎ」を明らかにする点で，既存の研究とは異なる。この点も，本稿の意義の1つである。

3．長期的党派性の条件付け効果

3.1　長期的党派性への注目

　政党支持は多義的な概念である。とりわけ支持概念に行動意欲が含まれていることは，規定性の検証を困難にさせる要因となる。それゆえにどのように投票行動とは異なる形で支持概念を操作化するかが重要となる。

　本稿では谷口（2012）でいう長期的党派性に着目し，その規定性を分析することで同義反復的な推論との批判を回避する[6]。もちろん長期的党派性にも行動意欲の影響が存在するだろう。しかし一般的な政党支持の操作的定義を用いるよりは妥当性の高い推論を行える。長期的党派性の操作的定義は政党支持とは異なり[7]，「短期的に投票先が変わることはある」というリード文を示した後に「長い目で見て何党寄りか」を尋ねるものだからである。

　もっとも，おおさか維新の会（以下「維新」）のような新興政党に長期的な党派性を有権者は抱くのかという点については，やや議論の余地がある。長期的党派性が政治的社会化過程を経て形成されるものであるなら，理論

的には新興政党に対して，有権者が党派性をもつことは難しい。実際に新興政党への支持は安定性に欠けることが実証されており（高坂1992），維新への支持も強固ではないことが知られている（善教・石橋・坂本2012；善教・坂本2013）。

　ただし社会化過程で形成されたイデオロギーなど，信念の乗り物として政党が機能し，かつその政党の立場が不変だと有権者が信じることができる場合は，新興政党であっても有権者がその政党に対して党派性をもつことはできるかもしれない。さらにいえば，筆者が大阪市および近畿圏在住の有権者を対象に意識調査を実施したところ[8]，2割近い有権者が維新に対して長期的な党派性をもっていると回答した。この態度が長期的党派性なのかについては，さらなる検討が必要であるように思われるが新興政党であっても長期的な党派心をもつ有権者は一定数存在するということであろう。

3.2　党派性による条件付け

　長期的党派性が投票行動を規定するメカニズムを議論する際に参考となるのは，手がかりとしての政党ラベルの議論である。多くの有権者は政治に関する知識をもたないので（飯田他2015：41-50），政治的な意思決定をする際は何らかの「手がかり（cues）」を用いる（Lupia and McCubbins 1998=2005）。その1つが政党ラベルであり，有権者は候補者の政党所属を手がかりに候補者の政策位置を割り出したり（Conover and Feldman 1989），政策選好を形成したりする（Bullock 2011; Nicholson 2012）[9]。党派性を持つ人は「自分が支持する政党やその候補者に投票しておけば，自分の望む政策が実現される」（飯田他2015：95）からこそ，支持政党に投票すると考えられる。

　手がかりとしての政党論から政党支持の規定性を捉え直す。すなわち党派性が，手がかりである政党ラベルが投票行動に与える効果をどの程度条件付けるかという観点から，規定性を分析できるのである。例えばA政党に党派性をもつ人が，投票の際にA政党が手がかりとして提示された場合，そうではない人よりA政党に投票する確率が高くなれば，党派性には規定性があるといえる。逆にそのような傾向がない場合は，規定性はないということになる。

さらにこの長期的党派性の条件付け効果は、候補者要因の効果を抑制するものとしても議論できる。党派性が規定的であるならば、候補者がどのような人物であっても、自身が所属する政党に属していればその人に投票すると考えられる。逆に候補者によって投票行動が大きく左右される場合、政党の規定性が強いとはいえない。

以上に基づき、本稿では、政党ラベルが投票行動に与える効果をどの程度条件付けるのかという観点から、長期的党派性がどの程度政党支持を規定するのかについて検証する。

4．大阪市の有権者を対象とするサーベイ実験

4.1　対象者と実施時期

本稿では長期的党派性の規定性を分析するために、大阪市在住の20歳から80歳までの男女を対象とするサーベイ実験を 2 回実施した[10]。以下、1回目の実験を「実験A」、2回目の実験を「実験B」とする。大阪市には自民党だけではなく維新の支持者も多く存在することから、この地域を対象とすることで、自民と維新という、存続期間が異なる 2 つの政党への党派性の規定性を検証できると考えた。対象者は、実験Aについては GMO リサーチに登録されているモニタから、実験Bは楽天リサーチに登録されているモニタから選定した[11]。Satisficer を除いた有効回答者数は[12]、実験Aが2402人、実験Bが1854人である。

実験は、A、Bいずれも30問程度の意識調査の中に数問、本稿の実験に係る質問を設ける形で実施した。実施期間は、実験Aが2015年5月20日から5月26日まで、実験Bが2015年7月1日から7月7日までである。両者ともにオンライン上で、意識調査実施補助システムである Qualtrics を用いて実施している。

4.2　実験設計

実験Aでは、回答者を複数群に無作為配分した上で、それぞれの群に対して異なる質問文（情報）を提示することで、党派性の条件付け効果を分析する。具体的には仮想上の大阪市長選を題材に「橋下氏が擁立されること」が投票行動に与える効果を、加えて大阪府知事選を題材に「松井氏が

表1　大阪市民を対象とするサーベイ実験の概略

		実験A	実験B
①	市長選	今年の年度末頃に，橋下徹大阪市長の任期満了に伴い，大阪市長選が行われることとなっています。仮に大阪維新の会が【A：橋下氏以外の候補者／B：もう一度橋下氏】を擁立した場合，あなたはその候補者に投票しますか，それとも投票しませんか	今年の11月に，大阪市長選が行われる予定です。仮に【A：大阪維新の会，あるいは維新の党が候補者を擁立した場合／B：大阪維新の会，あるいは維新の党が橋下徹氏を候補者として擁立した場合／C：仮に自民党が候補者を擁立した場合／D：自民党が柳本徹氏を候補者として擁立した場合】，あなたはその人に投票しますか
②	府知事選	今年の年度末には，大阪市長選だけではなく，大阪府知事選も行われることとなってます。仮に大阪維新の会が【A：松井氏・橋下氏以外の候補者／B：松井氏以外の候補者／C：もう一度松井氏】を擁立した場合，あなたはその候補者に投票しますか，それとも投票しませんか	
選択肢		投票する／おそらく投票する／おそらく投票しない／投票しない／わからない　＊分析の際は投票する（1），投票しない（0）へとリコード	

擁立されること」の効果を推定する。実験Bも実験Aと同様に候補者要因の効果を推定することを目的とするが，「橋下氏が擁立されること」に加えて「柳本氏が擁立されること」，さらに政党が「維新から自民に変わること」の効果も推定する。詳細は表1に整理した通りである。実験Aの市長選は回答者を無作為に2群に配分し（A/B），府知事選は3群に配分している（A/B/C）。また実験Bでは回答者を無作為に4群に配分している（A/B/C/D）[13]。

　実験の目的は長期的党派性の条件付け効果を分析することにあるので，サンプル全体における効果だけではなく，党派性保持者ごとの効果も分析する。長期的党派性の操作的定義は「「長期的に見ると私は△△党寄りだ」と考える人はたくさんいます。短期的に投票先が変わることは当然ありますが，長い目で見て，あなたは何党寄りだとお考えになりますか」であり，選択肢は「わからない（DK）」を除き[14]，自民党，民主党，公明党，共産党，おおさか維新の会／維新の党，その他，そのような政党はないであるが，実際の分析では自民，維新，その他，無党派・DK/NAへと値を再割り当てした変数を用いる。

4.3　規定性の検証方法

　実験Aは市長選，府知事選ともに候補者要因が投票行動に与える効果を明らかにするものである。党派性が規定的であるならば，政党ラベルはい

ずれも「維新」に固定されているので，候補者如何に関わらず，維新党派性保持者は当該候補者に投票し，それ以外の政党への党派性保持者は投票しないと考えられる。逆に維新党派性保持者において候補者要因の効果を確認できた場合，党派性の規定性は強くないということになる。

実験Bは，候補者要因の効果と政党ラベルが投票行動に与える影響を明らかにするものである。候補者要因の解釈の仕方は実験Aと同様のため省略する。政党ラベルの効果の解釈は単純であり，自身の支持する政党が提示された場合，その政党に投票する傾向にある場合，規定性があると考える。さらに政党ラベルの効果の大きさが，無党派層などと比べて大きかったり小さかったりすれば，規定性の強弱についても議論することができる。

4.4 結果と考察

図1は実験Aの結果を整理したものである。府知事選に関しては，松井氏が擁立されない設定の統制群を2つにしているので（A群/B群），これらとC群の投票確率の差を示している。なお仮想的な選挙ということもあり，総じてDK率が高くなっている。DK回答者をすべて除外すると推定精度が低下することに加えて推定結果にバイアスが生じる可能性があることから，本稿では多重補完法により欠損値を補完した上で，候補者要因の効果を推定した15。因果効果の推定方法はA群を基準とする回帰分析（OLS）である。

市長選実験の結果を見ると，橋下氏擁立には平均的に約10%ポイント，投票確率を高める効果があることがわかる。松井氏については統制群によって効果の大きさに変動が生じるものの，傾向としては市長選と同じく，松井氏が擁立されることで投票確率は高くなる傾向にある。候補者要因は投票確率に概して有意な影響を与えるようであるが，重要なのはどの層においてこの効果が顕著に見られるのか，という点である。

そこで党派性保持者ごとの推定結果を確認すると，政党支持ないし党派性をもたない無党派層と維新党派性保持者において，候補者要因の効果が強くなる傾向にあることがわかる。表2に示す通り，実験Aは政党ラベルを維新に固定している。党派性をもたない無党派層においても候補者要因の効果は大きくなる傾向にあるが，維新党派性保持者の効果との間に有意な差はない。この結果は長期的党派性の規定性は「弱い」ことを示す結果

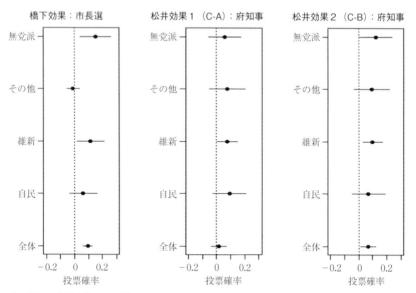

図1　サーベイ実験Aの結果

注) 黒丸は平均処置効果の推定値であり，横の棒は95%信頼区間である

だといえる。

　続いて実験Bの結果を確認する。結論から述べれば，実験Aで見られた候補者要因の効果は，実験Bでは確認することができなかった。党派性保持者別に見ても，無党派に関しては一部候補者要因の効果を確認できたものの（柳本氏），全体の結果と同じく候補者要因の効果があるとはいえない。ただし政党ラベルが投票行動に与える因果効果ははっきりと確認することができ，特に維新党派性保持者における政党ラベルの効果は群を抜いて大きい。党派性には規定性があることを示す結果だと解釈できる。

　実験Bの結果によると，自民党派性の規定性は強いとはいえない。政党支持が規定的であるならば，政党ラベルが維新から自民に変化すると，自民党派性保持者はその政党所属の候補者に投票するはずである。しかし実験Bの結果はそうではなく，自民党派性保持者における政党ラベルの効果はそもそも統計的に有意ではない。効果量も約14.6%ポイントと，維新党派性保持者のそれと比較すると明らかに小さい。維新党派性については明らかに規定的だといえるが，自民党派性についてはそのように主張できな

図2 サーベイ実験Bの結果

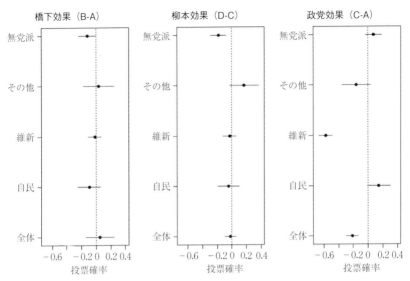

注）黒丸は平均処置効果の推定値であり，横の棒は95％信頼区間である．

い。むしろ規定性は弱いと見た方がよい。

　実験AとBで共通する結果が得られているわけではないが，図1と2の結果からは暫定的に以下の2点を指摘できる。第1に維新党派性保持者であっても，どの候補者が維新から候補者として擁立されるかは投票行動に影響を与える。実験Aの結果はその可能性が高いことを示唆する。第2に政党の存続期間は党派性の規定性と関係ない。実験Bで明らかにしたように，自民党派性の規定力は強くない。これら2つの知見は，いずれも政党支持の規定性はこれまで信じられてきたほど強くないことを示唆するものである。

　もちろん，上述の通り実験によって結果はばらつく。また本節の実験の政党ラベルや候補者要因には，ほとんどバリエーションが存在しない。さらにいえば大阪市という限られた地域の有権者を対象とする点でも限界を抱える。次節では，調査対象者を近畿圏へと拡大し，政党ラベルと候補者要因にさらなるバリエーションをもたせたサーベイ実験の結果を検討しながら，長期的党派性の規定性を検証する。

5. 近畿圏の有権者を対象とするサーベイ実験

5.1 対象者と実施時期

本節では，前節の実験結果を踏まえた，近畿圏（大阪府，京都府，兵庫県，奈良県，和歌山県，滋賀県）在住の18歳から80歳までの男女を対象とするサーベイ実験の結果を分析する[16]。以下，これを「近畿圏サーベイ実験」と呼ぶ。全国の有権者が対象ではないが，前節の実験以上に，一般化された知見を提示できる。なお近畿圏に限定した理由は，前節の実験と同様に，自民だけではなく維新党派性の規定性についても検証するためである。調査対象者は楽天リサーチに登録されているモニタから，Satisficerを除き2869人を選定した[17]。

調査の実施期間は，2016年の7月に投開票が行われた参院選の直後である2016年7月11日から7月14日までである。意識調査実施補助システムであるQualtricsを用いて実験を実施した。Satisficerの識別法などは前節の実験と同様のため省略する。

5.2 実験設計

前節で検討したサーベイ実験の問題点として，候補者要因と政党ラベルの数が限定的である点があげられる。そこでこの問題を解決すべく近畿圏サーベイ実験では，候補者要因と政党ラベルにバリエーションをもたせた形へと内容を修正した。概略は表2に示す通りである。

近畿圏サーベイ実験は，政党ラベルと候補者にバリエーションをもたせるために，回答者を無作為に配分するのではなく，提示する情報表示を無

表2　近畿圏サーベイ実験の概略

質問文	これから，仮想的な選挙におけるあなたの意向をおうかがいします。あなたのまちで，【政党名】所属の候補者として，【候補者名】氏が擁立された場合，あなたは【候補者名】氏に投票したいと思いますか
政党名	自民党／公明党／日本のこころを大切にする党／おおさか維新の会／新しく設立された政党／無，のうち1つを無作為に表示
候補者名	橋下徹／松井一郎／片山虎之助／吉村洋文／安倍晋三／田中康夫／渡辺よしみ，のうち1つを無作為に表示
選択肢	投票する（1）／投票しない（0）

作為配分している。このように提示する情報表示を無作為配分することで，多くの要因（水準）の因果効果を同時に推定することが可能となる。ただし十分な精度で各要因の因果効果を推定するためには，相応の観測数が必要となる。そのため近畿圏サーベイ実験では，3回繰り返し，この質問に回答してもらっている。同じ政党ラベルと候補者要因の組み合わせに連続して回答することになる可能性もあるが，その確率は1％未満であり，基本的には異なる政党と候補者の組み合わせが表示される[18]。実際に筆者がこの点を確認したところ，同じ政党ラベルと候補者が連続して表示されたケースは存在しなかった。

5.3 規定性の検証方法

近畿サーベイ実験では，候補者要因とは独立した形で，政党ラベルが投票行動に与える影響を推定することができる。つまりこの実験によって示されるのは，候補者という「文脈」から独立した，平均的な政党ラベルの効果である。それゆえに長期的党派性が政党ラベルの効果をどの程度条件付けるのかを，前節の実験以上に妥当な形で検証できる。いうまでもなく，維新党派性保持者において維新ラベルの効果が，また自民党派性保持者において自民ラベルの効果が大きい場合，規定性があると解釈できる。

加えて，近畿圏サーベイ実験では政党ラベルと候補者要因の効果の相対比較を行えるため，候補者要因の効果の大きさという観点からも党派性の規定性を検証できる。無党派層の場合，特定の政党を支持していないことから，相対的には政党よりも候補者要因の方が強くなると考えられる。したがって無党派層の結果を基準に，党派性保持者における政党ラベルや候補者要因の効果を分析することでも，党派性の規定性について議論することができる。無党派層と比較して政党ラベルの効果が小さい場合，あるいは候補者要因の効果が大きい場合，党派性の規定性はそれほど強くないと考えられる。

5.4 結果と考察

図3は全サンプルを対象とする近畿圏サーベイの結果を整理したものである。いくらか回答スキップによる欠損があるが，欠損数がそれほど多くないため補完せず分析から単純に除外することにしている。候補者要因等

図 3　近畿圏サーベイ実験の結果（全サンプル）

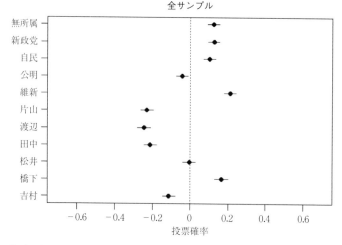

注 1）　基準カテゴリは，それぞれ政党が日本のこころを大切にする党，候補者が安倍晋三である
注 2）　黒丸は平均処置効果の推定値であり，横の棒は 95％信頼区間である

の効果の推定方法は回帰分析（OLS）であるが，標準誤差は回答者をクラスタとするロバスト標準誤差としている。

　図 3 の推定結果を見ると，政党ラベルでは維新が，候補者では橋下氏がもっとも投票確率を高めることがわかる。無所属や新しい政党と自民党の効果にほとんど差がないことから，自民党ラベルの効果はかなり限定的と見てよい。効果の大きさについては，政党ラベルよりも候補者要因の方が傾向としては大きいように見える。政党ラベルの最大効果量は約 25％ポイント（維新－公明）であるが，候補者要因のそれは約 39％ポイント（橋下－渡辺）である。政党か候補者かという比較の観点から言えば，候補者要因に基づき投票先を選択する有権者が多い。

　では，どのような有権者が候補者を重視して投票するのか。意外な結果ではあるが，候補者要因の効果が大きい傾向にあるのは無党派層ではなく，自民および維新党派性保持者である。これは自民ないし維新への党派性をもつ有権者ほど候補者要因に基づいて投票先を選択する傾向にあることを意味する。党派性が規定的であるならば，候補者要因の効果は相対的に小さくなると考えられるが，それとは逆の結果となった点を勘案すれば，政

図4 近畿圏サーベイ実験の結果(党派別)

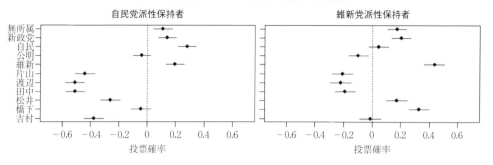

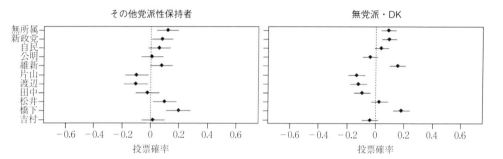

注1) 基準カテゴリは,それぞれ政党が日本のこころを大切にする党,候補者が安倍晋三である
注2) 黒丸は平均処置効果の推定値であり,横の棒は95%信頼区間である

党支持の規定性はそれほど強くないことを示す結果だと解釈できる。

政党ラベルの効果についても確認していこう。まず自民党派性の条件付け効果は,近畿圏サーベイ実験においてもそれほど明瞭ではない。自民党派性保持者の政党ラベル全体の変動は,無党派のそれと近似することから,自民党を支持することが他党の候補者に投票しないことを意味するわけではない結果だといえる。加えて,自民党派性保持者における自民ラベルの効果は一見すると大きいように見えるが,実は維新や新政党ラベルの効果と大差なく,したがって大きいとはいえない。近畿圏サーベイ実験の結果は実験Bの結果の頑健性を高めるものであり,言い換えれば自民党派性の規定性の弱さを明らかにするものである。

自民党派性とは異なり維新党派性には,維新ラベルが投票行動に与える

因果効果を強くする条件付け効果がある。近畿圏サーベイ実験でも維新ラベルの効果の大きさは群を抜いて大きく，最小値である公明との差は約50％ポイントである。また維新ラベルの効果は無所属や自民と比較しても大きい。この実験結果も実験Bの結果の頑健性を高めるもの，すなわち維新党派性の規定性の強さを明らかにするものだといえる。

ただしそのような維新党派性を保持する有権者においてさえ，上述したように，候補者要因の強い因果効果を確認することができる。たしかに維新党派性保持者は維新か否かという政党ラベルを重視するが，それだけではなく，どの候補者が擁立されているかも重視している。近畿圏サーベイ実験にて表示される候補者の多くが維新関係者という点を踏まえて考えるなら，維新党派性保持者においては候補者要因の効果が小さくなると考えても不思議ではない。しかし結果は逆に候補者要因の効果は大きい。以上より近畿圏サーベイ実験の結果は，実験Bだけではなく実験Aの結果とも，実は整合的だと解釈できるのである。

以上，本節では前節の実験を対象者と実験内容の双方において発展させた近畿圏サーベイ実験について，その結果を考察してきた。近畿圏サーベイ実験においても，自民党派性の規定性の弱さと維新党派性の規定性の強さを確認することができた。この点を勘案すれば，党派性の規定性はどの政党に対する支持ないし党派性かで異なり，特に自民党派性の規定性は弱いといってよいだろう。全国的には自民支持者が多く維新支持者は少ない。この点を勘案すれば，全国レベルの党派性の規定性は強くないと考えた方がよい。

規定性が強い維新支持者が多く存在する近畿圏においてさえ，政党よりも候補者が手がかりとして用いられる傾向にあることも，本稿の実験の結果は明らかにしている。意識調査上では政党を候補者より重視すると回答する有権者が多いが，それはあくまで「タテマエ」であり，「ホンネ」としては候補者を重視して投票先を決めているのである。この点からも政党支持の規定性の弱さを指摘することができる。

6．結論

本稿では政党支持の規定性を，長期的党派性が政党ラベルや候補者要因が投票意向に与える効果をどの程度条件付けるのかという観点から検証し

た。政党支持が投票行動を規定することは自明視されてきたが，本稿のサーベイ実験の結果は，党派性の規定性は限定的であることを明らかにしている[19]。日本の政党支持は，支持態度をもつか否かだけではなく，支持態度は規定的かという根本の部分に「揺らぎ」が生じている。

この政党支持の規定性の弱さは何に起因するのであろうか。本稿はあくまで政党支持の規定性が強くないことを実証するものであり，その原因について明らかにするものではない。しかし2.で述べたマルチレベル選挙制度と中選挙区制という制度論抜きにこの問題を検討することはできない点については，改めてここに述べておきたい。政治制度と投票行動の関係を，より詳細に分析していくことが今後の課題となるだろう。

本稿で明らかにしたことは，手がかりとしての政党ラベルは，維新党派性保持者という一部の有権者においてしか意味を成していないということでもある。別言すればこれは，有権者の中での政党が，意思決定の際の手がかりとして十分に機能していないことを示唆するものである。代議制における政党の存在意義の1つが有権者にとっての手がかりである点に鑑みれば（待鳥 2015），これは政党の存在意義に関わる重要な問題として位置づけられるだろう。政党支持ないし長期的党派性を持つ有権者が手がかりとして政党を用いることを可能とする条件は何かを明らかにすることも，残された重要な課題である。

もちろん，以上は大阪市および近畿圏在住の有権者を対象とするサーベイ実験の結果に基づくものであり，これを一般化するには全国の有権者を対象に同様の実験を行う必要がある。また実験内容についても候補者や政党名の偏りをなくしたり，さらなるバリエーションをもたせたりするなどさらに改善すべきだろう。これらの課題に取り組むことで，政党への理解は一層進展するように思われる。

[付記] 本稿は科学研究費助成金若手研究B（15K16995）および2016年度関西学院大学個人特別研究費による研究成果の一部である。

[謝辞] 本稿を執筆するにあたり，坂本治也先生（関西大学）から貴重なご指摘とアドヴァイスを頂いた。また年報政治学編集委員の先生方からも，2度にわたる研究会を通じて，貴重なご指摘等を頂くことができた。ここに記して感謝申し上げる次第である。

（ 1 ） 政党支持をめぐる論争点としては，安定性だけではなく政党支持の一次元性，推移性，作業定義などもある（西澤 1998）。
（ 2 ） 近年では中村（2015）が既存のベイズ学習モデル（Achen 1992; Gerber and Green 1998）を発展させた動態的な政党帰属あるいは政党支持態度の変動に関するモデルの構築を試みている。
（ 3 ） 同様の傾向は政党帰属意識についても確認することができ，たとえばJohnston (2006) では政党帰属意識の政治認知などに対する規定力の強さが指摘されている。
（ 4 ） 例えば明るい選挙推進協会の意識調査結果（URL: http://www.akaruisenkyo.or.jp/060project/066search/ 2016年8月17日アクセス）は，候補者よりも政党を重視する有権者が多いことを示している。
（ 5 ） 「党派の傘モデル」によれば（三宅 1995），中選挙区制の下であっても政党によって選択できる領域はあると考えられる。しかし同一政党内の候補数が多くなると，政党よりも候補者を基準に投票する有権者は増えると考えられる。ただし上神（2012）は候補者数が多いと認知負荷の低減という点で政党ラベルを利用する有権者が増える可能性を指摘している。
（ 6 ） 長期的党派性は投票意向などと距離が離れているがゆえに規定性に劣るとの見方があるかもしれないが，意識調査の結果によれば，政党支持と同程度の相関を有する（谷口 2012）。
（ 7 ） 政党支持の操作的定義は多様だが「投票する，しないは別にして，あなたは何党を支持していますか」という質問文で操作化されることが多い。
（ 8 ） 調査の概略は4．と5．で説明するため割愛する。
（ 9 ） 政党間のイデオロギー的差異が不明瞭な場合に手がかりとしては機能しなくなるなど（Levendusky 2010），常に政党が手がかりとして用いられるわけではない。
（10） 大阪市在住の有権者を対象とするサーベイ実験は「関西学院大学人を対象とする行動学系研究倫理委員会」による承認を経て実施した（受付番号2015－02）。
（11） 実験Bの対象者は国勢調査における性別と年齢（20代，30代，40代，50代，60代以上）に合うように回収状況を調整したが，実験Aは完全に調整できておらず一定の偏りが存在する。
（12） Satisficerとは自身の「効用」を最大化する回答者であり，具体的には注意深く考えず回答するような回答者を意味する。オンライン調査会社の登録モニタにはSatisficerが多いことが知られており（三浦・小林 2016），またSatisficerを適切に処理しないと推定結果にバイアスが生じることがある（三浦・小林 2015）。本稿ではマトリクス型の質問中に「この項目

についてはけ左から2番目の選択肢を選択してください」という設問を用意
し，左から2番目以外の選択肢を選択した回答者を Satisficer とし，データ
から除外した。
(13) 実験Bでは設問数の都合上，府知事選のサーベイ実験を実施していない。
(14) その他，そのような政党はない，DK の順序は固定しているが，その前にある選択肢（自民党～維新）についてはすべて選択肢の順序をランダマイズしている。
(15) R の mice パッケージを用いて多重補完を行った。なお作成したデータセット数は20である。
(16) 近畿圏在住の有権者を対象とするサーベイ実験は「関西学院大学人を対象とする行動学系研究倫理委員会」による承認を経て実施した（受付番号2016-22）。
(17) 調査対象者は国勢調査における地域（都道府県），性別，年齢（20代，30代，40代，50代，60代以上）だけではなく，投票率も実際の値（2016参院選）に合わせる形でモニタから抽出した。
(18) なお，回答者には予め「同じ質問が表示される場合がある」ことを明示している。
(19) 本稿はあくまで党派性の規定性が弱いことを実証するものであり，政党が手がかりとして用いられないことを主張するものではないが，支持態度を有するにもかかわらず政党を手がかりとしない点は政党の機能不全という意味で問題だと考える。

参考文献

Achen, Christopher H. (1992) "Social Psychology, Demographic Variables, and Linear Regression: Breaking the Iron Triangle in Voting Research." *Political Behavior*, Vol. 14, No. 3, pp. 195-211.

Bullock, John G. (2011) "Elite Influence on Public Opinion in an Informed Electorate." *American Political Science Review*, Vol. 105, No. 3, pp. 496-515.

Campbell, Angus, Philip E. Converse, Warren E. Miller and Donald E. Stokes (1960) *The American Voter*. New York: Wiley.

Carsey, Thomas M. and Geoffrey C. Layman (2006) "Changing Sides or Changing Minds? Party Identification and Policy Preferences in the American Electorate." *American Journal of Political Science*, Vol. 50, No. 2, pp. 464-477.

Conover, Pamela Johnston and Stanley Feldman (1989) "Candidate Perception in an Ambiguous World: Campaigns, Cues, and Inference Processes." *American Journal of Political Science*, Vol. 33, No. 4, pp. 912-940.

Dalton Russell J. and Martin P. Wattenberg eds. (2000) *Parties Without Partisans: Political Change in Advanced Industrial Democracies*, Oxford: Oxford University Press.

Dancey, Logan and Paul Goren (2010) "Party Identification, Issue Attitudes, and the Dynamics of Political Debate." *American Journal of Political Science*, Vol. 54, No. 3, pp. 686-699.

Fiorina, Morris P. (1981) *Retrospective Voting in American National Elections*, New Haven, CN: Yale University Press.

Franklin, Charles H. (1992) "Measurement and the Dynamics of Party Identification." *Political Behavior*, Vol. 14, No. 3, pp. 297-309.

Gerber, Alan and Donald P. Green (1998) "Rational Learning and Partisan Attitudes." *American Journal of Political Science*, Vol. 42, No. 3, pp. 794-818.

Green, Donald, Bradley Palmquist and Eric Schickler (2002) *Partisan Hearts and Minds: Political Parties and the Social Identities of Voters*, New Haven, CN: Yale University Press.

Green, Donald and Bradley Palmquist (1994) "How Stable Is Party Identification?" *Political Behavior*, Vol. 16, No. 4, pp. 437-466.

飯田健・松林哲也・大村華子（2015）『政治行動論：有権者は政治を変えられるのか』有斐閣。

池田謙一（1988）『転変する政治のリアリティ：投票行動の認知社会心理学』木鐸社。

Johnston, Richard (2006) "Party Identification: Unmoved Mover or Sum of Preferences?" *Annual Review of Political Science*, Vol. 9, pp. 329-351.

蒲島郁夫・石生義人（1998）「政党支持の安定性」『レヴァイアサン』No. 22, 34-35頁。

Levendusky, Matthew S. (2010) "Clearer Cues, More Consistent Voters: A Benefit of Elite Polarization." *Political Behavior*, Vol. 32, No. 1, pp. 111-131.

Lewis-Beck, Michael S., William G. Jacoby, Helmut Norpoth and Herbert F. Weisberg (2008) *The American Voter Revisited*, Ann Arbor: University of Michigan Press.

Lupia, Arthur and Mathew D. McCubbins (1998) *The Democratic Dilemma: Can Citizens Learn What They Need to Know?* Cambridge: Cambridge University Press（＝山田真裕訳［2005］『民主制のディレンマ：市民は知る必要のあることを学習できるか？』木鐸社）.

待鳥聡史（2015）『政党システムと政党組織』東京大学出版会。

Mackuen, Michael D., Robert S. Erikson, and James A. Stimson (1989) "Macropartisanship." *American Political Science Review*. Vol. 83, No. 4, pp.

1125-1142.

松本正生(2006)「無党派時代の終焉:政党支持の変容過程」『選挙研究』21号,39-50頁.

Miller, Warren E. and J. Merrill Shanks (1996) *The New American Voter*, Cambridge, MA: Harvard University Press.

三村憲弘(2008)「政党支持再考:測定誤差と社会的アイデンティティ」『早稲田政治経済学雑誌』No. 370,65-73頁.

三浦麻子・小林哲郎(2015)「オンライン調査モニタのSatisficeはいかに実証的知見を毀損するか」『社会心理学研究』31巻2号,120-127頁.

三浦麻子・小林哲郎(2016)「オンライン調査における努力の最小限化(Satisfice)傾向の比較:IMC違反率を指標として」『メディア・情報・コミュニケーション研究』1号,27-42頁.

三宅一郎(1970)「政党支持の流動性と安定性:政党支持の幅の仮説の予備的検討」『年報政治学』91-138頁.

三宅一郎(1985)『政党支持の分析』創文社.

三宅一郎(1989)『投票行動』東京大学出版会.

三宅一郎(1995)『日本の政治と選挙』東京大学出版会.

三宅一郎(1998)『政党支持の構造』木鐸社.

三宅一郎・西澤由隆・河野勝(2001)『55年体制下の政治と経済:時事世論調査データの分析』木鐸社.

中村悦大(2008)「時系列的特性から見た政党支持の安定性について」『愛媛法学会雑誌』35巻1-4号,292-275頁.

中村悦大(2015)「有権者の政党支持の更新に関するモデルの一試案」『愛媛法学会雑誌』41巻1・2号,31-64頁.

Nicholson, Stephen P. (2012) "Polarizing Cues." *American Journal of Political Science*, Vol. 56, No. 1, pp. 52-66.

西澤由隆(1998)「選挙研究における『政党支持』の現状と課題」『選挙研究』13号,5-16頁.

品田裕(1999)「新選挙制度下の分割投票(一)」『神戸法學雑誌』49巻1号,57-79頁.

砂原庸介(2015)『民主主義の条件』東洋経済新報社.

高坂健次(1992)「政党支持の安定性について:マルコフ・モデルによる一試論」『関西学院大学社会学部紀要』65巻,45-53頁.

田中愛治(1997)「政党支持なし層の意識構造:政党支持概念の再検討の試論」『レヴァイアサン』No. 20,101-129頁.

田中愛治(1998)「選挙・世論の数量分析:無党派層の計量分析」『オペレーションズ・リサーチ』43巻7号,369-373頁.

谷口将紀（2012）『政党支持の理論』岩波書店。

建林正彦（2012）「マルチレベルの政治制度ミックスと政党組織」『レヴァイアサン』51号，64-92頁。

上神貴佳（2012）「党派的に正確な投票は可能か：日本の地方議会議員選挙における有権者の誤認識」『高知論叢』第105号，1-22頁。

Weinschenk, Aaron C. (2010) "Revisiting the Political Theory of Party Identification." *Political Behavior*, Vol. 32, No. 4, pp. 473-494.

善教将大・石橋章市朗・坂本治也（2012）「大阪ダブル選の分析：有権者の選択と大阪維新の会支持基盤の解明」『関西大学法学論集』62巻3号，247-344頁。

善教将大・坂本治也（2013）「維新の会支持態度の分析」『選挙研究』29巻2号，74-89頁。

ボリビア小選挙区比例代表併用制における投票行動

―― 白票を含む分割投票の規定要因について ――

舟木律子*

要旨：ボリビアでは1997年選挙より，小選挙区比例代表併用制が導入された。同制度で有権者は，同時に投票する2票のうちの1票を，大統領と上院議員・下院比例区議員を選出し，もう1票を，下院小選挙区議員を選出するために投じる。制度導入以降これまでに5回の選挙が実施され，2票の投票先が異なる政党またはいずれかが白票となる分割投票が，特に3回目の選挙以降の全ての回できわめて顕著にみられた。本稿はこのように，ボリビアの混合型選挙で確認される，白票も含む分割投票の規定要因を明らかにする試みである。選挙区レベルのアグリゲートデータを用いた重回帰分析の結果，制度導入後2回目までの選挙では，候補者要因のみが影響を与えていたが，2005年の社会主義運動党の躍進後，とりわけ2009年選挙後は，候補者要因に加えて，有権者の投票に対する有効性感覚が減退した結果として，小選挙区での白票が顕著となったことを明らかとした。

キーワード：小選挙区比例代表併用制，分割投票，白票，有効性感覚

はじめに

ボリビアでは1997年総選挙より2016年現在までに合計で5回の選挙が，小選挙区比例代表併用制によって実施されてきた。同制度は，端的に言えばドイツをモデルとした併用制ではあるが，超過議席を認めない制度である。また比例代表制の下院議員および多数制の上院議員選挙が，全国区の大統領選挙と重複投票となっていることも特徴的である。有権者は大統領選挙およびこれと重複する両院議員選挙への1票と下院小選挙区への1票の2票を投じる。分割投票のあり方としては，比例区下院議員と小選挙区

＊ 中央大学商学部准教授　比較政治学

下院議員での分割であると同時に，大統領への1票と国会議員への1票という分割となる。

ボリビアの大統領制は，その選出制度の特徴から，「議院内閣型大統領制（Parliamentalized Presidentialism）」とも呼ばれる（Mayorga 2005: 160, 遅野井 2004：62）。これは，ボリビアでは他国同様，国民による直接投票で大統領選挙を実施するが，選挙の結果，絶対多数の得票に達する候補がいなかった場合，上位3位までの候補で議会での決選投票が実施されるという議会を介した大統領選出のしくみが組み込まれているためである。大統領が議会で選出される段階では，既に議会での多数派を形成しており，政権の安定性が高くなる。その一方で，議会での多数派工作の過程では，純粋に政策協調としての協力だけでなく，中央政府の要職から，地方機関の要職を含むポストも取引材料とされる政党間協約が結ばれる。このことから，ボリビアの民主主義は，投票ではなく「協約による民主主義」とも表現されてきた（Mayorga 2005: 164, 遅野井 2004：62）。2005年に誕生し，その後も政権を維持してきた現モラレス政権以前の大統領選挙では，国民の直接投票で絶対多数を得る候補は一度も現れておらず，民主化以降5回の選挙で，国民の直接投票ではなく，議会での多数派を形成することに成功した候補が最終的に大統領に当選してきた。

このようなハイブリッドな大統領制は，1980年代の民主化後のボリビアにおいて最優先課題であった政治システムの安定化には確かに寄与したが，その半面，有権者の意思を政治システムに反映する機能が弱く，有権者の不満を高めてきた。そのような不満へのアンチテーゼとして，より直接的に代表を選出するしくみが必要とされたために，1994年の憲法改正によって選挙制度改革が実現した。これによって大統領選挙における決選投票に参加するための要件が上位2位までの候補となり，また同時に，国会議員についても拘束名簿式の比例代表に加えて，有権者からの投票によって直接的に代表を選出する小選挙区制が導入されたのである。

本稿では，この小選挙区比例代表併用制の選挙において，ボリビアの有権者が2票をどのように投票してきたのか，について検討する。以下ではまず，分割投票の要因についての選挙研究における主要な論点を確認する。続いて制度導入後の選挙結果を概観した後に，選挙区レベルのアグリゲートデータを用いて，分割投票の要因を分析する。

あらかじめ結論を示しておけば，ボリビアでは混合選挙制度導入後，2回目までの選挙では，多党制のもと，候補者優位の投票行動以外に分割投票を説明する要素は確認されなかった。だが，2005年以降の社会主義運動党（Movimiento Al Socialismo: MAS）の躍進後，とりわけその優勢が広く確実視されるようになった2009年選挙後には，有権者の投票に対する有効性感覚が減退したことが影響し，小選挙区における分割投票の一形態である白票が顕著となっていたことが明らかとなった。

1．分割投票の先行研究

分割投票が行われる要因に関して，既存研究から主な論点を確認しておこう。

1点目は，「党か人か」（品田 1999：64-66），より広く言えば「判断基準の相違」（今井 2008：63）と表現される要因である。混合型選挙制度における分割投票について，政党に対して1票投じる比例区であれば，有権者は政党優位の投票行動をとるのに対し，小選挙区では候補者優位の投票行動をとると想定した場合，小選挙区での投票先が比例区で投票した本来の支持政党と異なることも十分あり得る。

2点目の分割投票の要因として想定されるのが，「バランス投票」である。これは，政権与党を支持していながら，その政党があまりにも強大な権力を持つことをよしとせず，その牽制役になるような最大野党にあえて投票する有権者，いわゆる「バッファー・プレイヤー」による投票行動である（蒲島 1988）。この投票行動があてはまるのは，日本政治においては自民党支持者についてであったが，ボリビアについていえば，MASが一党優位体制を確立する過程で，そのようなバランス感覚を持った有権者が存在した可能性も考えられる。

もうひとつが，戦略投票である。これは通常，比例区では自分の支持する政党に投票するが，小選挙区で自分が本来支持する政党候補が勝てる見込みが低いと考えられるとき，自分の1票が死票となることを嫌って，より当選確率の高いと思われる次善の政党の候補者に投票するという戦略的な判断に基づく行動である。

これら以外の論点として，「反乱投票」についても確認しておきたい。品田はこれを「小選挙区において支持政党候補の圧勝が予想されているとき

に，自らの一票の行使に有効性を感じられない，あるいは何らかの不満を持っている有権者が票を捨てるために小選挙区において勝ち目のない政党に投票すること」としている（品田 1999：66）。ここでは，票を捨てるために有権者がとる行動が，「小選挙区において勝ち目のない政党に投票すること」と想定されているが，票を捨てるために有権者がとる行動をよりシンプルに考えれば，白票か無効票（不正記入）もあり得るだろう。分割投票の定義次第では，「白票」や「無効票（不正記入）」が想定から除外されることもあり得るが，本稿ではこれらの無効票も，分割投票のパターンのひとつであるとみなすこととする。その上で，この「一票の有効性」感覚に影響されて現れる「反乱投票」の可能性も検討していきたい。

なお本稿における分割投票とは，有権者が同時に2票を投票できる選挙において，その投票先が異なる政党あるいはいずれか一方に白票・無効票を投じること，と定義しておく。

2．混合型選挙制度の下での選挙結果概要

1997年より実施された5回の選挙結果の概要をここでみていく。なお投票は義務制で，有権者自身が有権者登録を行った上で，指定の投票所で投票する。投票年齢は18歳以上である（CNE-PNUD-IDEA 2010: 173）。5回の選挙での投票率は，1997年71.4％，2002年72.1％，2005年84.5％，2009年95.2％，2014年89.1％であった（CNE-PNUD-IDEA 2010：175, 236, 299, 365; OEP 2014a: 161）[1]。

表1は5回の選挙結果である。1回目の1997年選挙から順に確認していこう。この選挙には10政党が参加し，上位5政党が得票率16〜22％と票が分散する結果となった。そのうち3党が1980年代以来ボリビアの「協約による民主主義」の主軸をなしてきた国民民主行動党（Acción Democrática Nacionalista: ADN）・国民革命運動（Movimiento Nacionalista Revolucionario: MNR）・左翼革命運動（Movimiento de Izquierda Revolucionaria: MIR）である。

これらの既存政党と同程度にまで勢力を伸ばしてきたのが「祖国の良心（Conciencia de Patria: CONDEPA）」と「独立連帯市民運動（Unidad Cívica Solidaridad: UCS）」の二大新興政党である。両党ともに党の中心的存在として支持を集めてきたポピュリストタイプのリーダーを事故と病気によっ

表1　1997〜2014年選挙結果

1997年選挙	大統領・比例区(A)		小選挙区(B)		GAP (B-A)	
政党	n	%	n	%	n	%
ADN	484,705	22.3	457,470	22.2	−27,235	−1.2
MNR	396,235	18.2	368,777	17.9	−27,458	−1.2
CONDEPA	373,528	17.2	289,828	14.0	−83,700	−3.6
MIR	365,005	16.8	358,004	17.3	−7,001	−0.3
UCS	350,728	16.1	290,472	14.1	−60,256	−2.6
IU	80,806	3.7	81,001	3.9	195	0.01
MBL	67,244	3.1	130,095	6.3	62,851	2.7
VSB	30,212	1.4	34,034	1.6	3,822	0.2
EJE	18,327	0.8	32,493	1.6	14,166	0.6
PDB	10,381	0.5	22,079	1.1	11,698	0.5
有効票	2,177,171	100.0	2,064,253	100.0	−112,918	−4.9
白票	76,743	3.3	199,496	8.6	122,753	5.3
無効票	67,203	2.9	52,452	2.3	−14,751	−0.6
投票総数	2,321,117		2,316,201		−4,916	−0.2

2002年選挙	大統領・比例区(A)		小選挙区(B)		GAP (B-A)	
政党	n	%	n	%	n	%
MNR	624,126	22.5	601,209	23.9	−22,917	−0.8
MAS	581,884	20.9	368,672	14.7	−213,212	−7.1
NFR	581,163	20.9	392,844	15.6	−188,319	−6.3
MIR	453,375	16.3	476,107	18.9	22,732	0.8
MIP	169,239	6.1	133,974	5.3	−35,265	−1.2
UCS	153,210	5.5	198,057	7.9	44,847	1.5
ADN	94,386	3.4	173,609	6.9	79,223	2.6
LJ	75,522	2.7	63,515	2.5	−12,007	−0.4
PS	18,162	0.7	63,303	2.5	45,141	1.5
MCC	17,405	0.6	20,559	0.8	3,154	0.1
CONDEPA	10,336	0.4	22,458	0.9	12,122	0.4
有効票	2,778,808	100.0	2,514,307	100.0	−264,501	−8.8
白票	130,685	4.4	356,082	12.1	225,397	7.5
無効票	84,572	2.8	72,494	2.5	−12,078	−0.4
投票総数	2,994,065		2,942,883		−51,182	−1.7

2005年選挙	大統領・比例区(A)		小選挙区(B)		GAP (B-A)	
政党	n	%	n	%	n	%
MAS	1,544,374	53.7	968,120	38.5	−576,254	−18.6
PODEMOS	821,745	28.6	625,230	24.9	−196,515	−6.3
UN	224,090	7.8	260,290	10.4	36,200	1.2
MNR	185,859	6.5	179,319	7.1	−6,540	−0.2
MIP	61,948	2.2	73,499	2.9	11,551	0.4
NFR	19,667	0.7	53,634	2.1	33,967	1.1
FREPAB	8,737	0.3	48,322	1.9	39,585	1.3
USTB	7,381	0.3	16,298	0.6	8,917	0.3
有効票	2,873,801	100.0	2,224,712	100.0	−649,089	−20.9
白票	124,045	4.0	779,152	25.2	655,107	21.1
無効票	104,570	3.4	90,016	2.9	−14,554	−0.5
投票総数	3,102,416		3,093,880		−8,536	−0.3

表1　1997～2014年選挙結果のつづき

2009年選挙	大統領・比例区(A)		小選挙区 (B)		GAP (B-A)	
政党	n	%	n	%	n	%
MAS	2,851,996	63.9	2,050,547	57.3	-801,449	-16.9
PPB	1,190,603	26.7	962,648	26.9	-227,955	-4.8
UN	255,299	5.7	260,994	7.3	5,695	0.1
AS	104,952	2.4	140,262	3.9	35,310	0.7
MUSPA	21,829	0.5	63,007	1.8	41,178	0.9
GENTE	15,388	0.3	33,159	0.9	17,771	0.4
PULSO	12,635	0.3	37,697	1.1	25,062	0.5
BSD	9,709	0.2	30,054	0.8	20,345	0.4
有効票	4,462,411	100.0	3,578,368	100.0	-884,043	-18.7
白票	155,089	3.3	995,143	21.3	840,054	17.7
無効票	116,839	2.5	104,350	2.2	-12,489	-0.3
投票総数	4,734,339		4,677,861		-56,478	-1.2

2014年選挙	大統領・比例区(A)		小選挙区 (B)		GAP (B-A)	
政党	n	%	n	%	n	%
MAS	3,057,618	61.0	2,181,324	52.2	-876,294	-16.5
UD	1,228,634	24.5	1,129,826	27.1	-98,808	-1.9
PDC	454,233	9.1	390,118	9.3	-64,115	-1.2
MSM	135,997	2.7	317,699	7.6	181,702	3.4
PVB	134,906	2.7	156,784	3.8	21,878	0.4
有効票	5,011,388	100.0	4,175,751	100.0	-835,637	-15.7
白票	106,268	2.0	923,855	17.6	817,587	15.4
無効票	201,485	3.8	160,653	3.1	-40,832	-0.8
投票総数	5,319,141		5,260,259		-58,882	-1.1

注：GAP% = GAP/大統領・比例区投票総数．
先住民特別区投票総数2009年45,069，2014年49,179。
出所：CNE-PNUD-IDEA（2010：175-176，236-237，299-300，365，367），OEP（2014a：89-124，161，166）データに基づき筆者作成。

て亡くしての参加となった。

　選挙の結果，いずれの候補も絶対多数を獲得しなかったため，議会でADN・CONDEPA・MIR・UCSの4党が政党間協約を結び，ADNのバンセルが大統領に就任している。

　上位政党について大統領・比例区の得票結果と小選挙区での得票結果とを比較すると，いずれの政党もみな小選挙区で票を失っているのがわかる。とりわけ，CONDEPAとUCSは，既存政党に比べその差が大きかった。また大統領・比例区で10％未満の得票しかしていない小政党に目を移すと，すべての政党が小選挙区での得票を大統領・比例区に比べて増加させている。有効票総数は小選挙区全体で11万票あまり減少したが，そのほとんどは白票か，あるいは無効票となったと考えられる。白票率は大統領・比例区での3.3％から，小選挙区では8.6％と倍以上に増え，数にして12万票以

上の増加であった[2]。

次に，新制度のもとでの2回目となった2002年選挙の結果をみてみよう。11政党が参加し，1位のMNRから，2位のMAS，3位の新共和勢力（Nueva Fuerza Republicana: NFR）までが，得票率差にしてわずか1.55％内で争う大接戦を展開した。上位3政党から少し間をおいて4位のMIRがつけ，5位にはパチャクティ先住民運動（Movimiento Indígena Pachakuti: MIP）が台頭している。

議会での決選投票では，選挙1位のMNRと4位のMIRが協力し，国会両院合計での絶対多数の議席を確保することで，サンチェス＝デ＝ロサダを大統領とする与党連立政権を成立させた。だが，同政権は下院での議席占有率は過半数に届かず，脆弱な与党連立政権となった。

大統領・比例区と小選挙区との得票差をみると，上位3政党のうち，MNRがわずかに小選挙区で票を失っているのに対し，MASとNFRがともに約20万票（6～7％）を小選挙区で失っていることがわかる。4位以下の政党では，MIPと泡沫の自由正義党（LJ）のみが小選挙区でわずかに票を失っている以外は，いずれの党も小選挙区での得票が大統領・比例区をやや上回った。白票については，大統領・比例区での4.4％から，小選挙区では12.1％とほぼ3倍，数にして22万票以上の増加であった。

この選挙後に発足した第2次サンチェス＝デ＝ロサダ政権は，その14か月後には早くも退陣に追い込まれている。その背景には，2003年2月の「反増税暴動（Impuestazo）」と，同年10月に勃発した「ガス戦争（Guerra del Gas）」があった。

反増税暴動では，IMFなど国際金融機関から財政赤字の削減努力を強く要求された政府が，公務員に対する所得税増税を検討していたのに対し，警察を中心とした反対勢力が抗議行動を展開し，治安部隊との間で激しい衝突に発展した事件である。国会前を主戦場とし，警察と軍との銃撃戦に発展した衝突の結果，最終的に30名以上の死者を出し，政府は税制改革構想を取り下げることで事態を収拾した（Mihaly 2006: 105）。

さらに2003年10月には，「ガス戦争」が勃発する。これは，ボリビアとの間で領土問題を抱えるチリの港を経由しての，天然ガスのアメリカへの輸出構想に対して，9月半ばからラパス県エルアルト市を中心に展開された反対運動と，とりわけ政府と反対運動勢力との間で激しい衝突となった10

月11・12日のことを指す。反政府運動の主要勢力となったのは，ボリビア西部の農民・先住民運動，エルアルト市の労働組合，住民組織連合，女性組織，元鉱山労働者，学生，さらに MAS も加わった（Crabtree 2005: 80-81）。10月にはエルアルト市の住民組織と労働組合の呼びかけにより，同市では無期限ストライキと道路封鎖が実施された。エルアルト市には首都ラパス市と他の地域とを結ぶ主要幹線道路が通っていることから，道路封鎖は首都への食糧および燃料など生活必需物資の供給に深刻な打撃を与えた。この状況に対し，政府は治安部隊を派遣し，反政府運動の鎮圧に乗り出した。その結果，激しい衝突となり，最終的に一般市民と治安部隊合計で70名近い死者と多数の負傷者を出す事態を招いている（CNE-PNUD-IDEA 2010: 297）。この一件により，国家機能が麻痺する中，大統領は辞任してそのままアメリカへ亡命し，副大統領であったメサが大統領に昇格すると，2005年の6月まで暫定政権を維持した。

　2005年は，政治的混乱を経て実施された最初の選挙であり，この選挙を分岐点として，以降 MAS が大統領・比例区で絶対多数を得票し，直接大統領に当選するようになる。同選挙には8政党が参加し，1位がモラレス率いる MAS，2位がキロガ率いる社会民主勢力（Poder Democrático Social: PODEMOS）で，上位2政党で80%以上の票を占めた。新党を創設して参加したキロガは，既存政党の ADN の元副大統領（1997〜2001）で，バンセルが任期途中で病気のため辞任すると，1年程大統領も務めた人物である。3位のドリア率いる国民統一（Frente de Unidad Nacional: UN）は，既存政党の MIR の幹部であったドリアが創設した政党である。

　大統領・比例区の得票結果と小選挙区での得票結果とを比較すると，MAS および PODEMOS は，ともに小選挙区で票を失っているのがわかる。とりわけ MAS は58万票近く小選挙区で失い，大統領・比例区との差は極めて顕著であった。大統領・比例区3位以下の政党では MNR がわずかに小選挙区で票を減らした以外は，いずれの政党も小選挙区での票を伸ばした。白票についてみると，大統領・比例区では4.0%，小選挙区では25.2%と，小選挙区で6倍以上増加しており，数にすると78万票近く増えていた。

　2009年は，MAS 政権の2期目にあたる。8政党が参加し，MAS 対「ボリビア発展計画（Plan Progreso para Bolivia: PPB）」という構図となり，これら上位2政党で90%以上の票を占めた。1位となった MAS は得票率を

前回よりさらに10ポイント上乗せし，63.9％で，直接大統領の座を獲得した。2位のPPBは，元NFR党首のレジェスを大統領候補に立てていたが，MASにははるかに及ばない結果となった。上位2政党はともに小選挙区で大きく票を失っており，3位以下の政党ではいずれも小選挙区でより多く得票していた。とりわけMASは80万票以上小選挙区で失い，前回同様大統領・比例区との差は極めて顕著であった。また白票についてみると，大統領・比例区で3.3％，小選挙区で21.3％と，ともに前回よりは若干減少したものの，大統領・比例区に対する小選挙区での増加分をみると，前回同様，比にして6倍以上，数にして約84万票増えていた。

　2014年選挙では，MAS政権3期目となるが，このときも選挙で絶対多数の票を得て，議会の決選投票をせずにモラレスが大統領に当選した。これまでで最少の5政党が参加し，上位2政党で得票率約85％を占めた。1位となったMASの得票率は前回とほぼ同レベルで，2位のドリア率いる民主統一（Unidad Demócrata: UD）は，1位にはるかにおよばない結果となった。前回のドリアが出馬した政党であるUNから党名が変わっているが，実質的には同じ政党である。また3位となったのは，元PODEMOS党首のキロガを大統領候補とするキリスト教民主党（Partido Demócrata Cristiano: PDC）であった。これらの上位3政党はともに小選挙区で票を失っており，4位以下の政党ではいずれも小選挙区でより多く得票していた。前回同様，MASの小選挙区票の減少幅は大きく，87万票以上で，総投票数の16％相当が失われていた。また白票についてみると，大統領・比例区で2.0％，小選挙区で17.6％と，ともに前回よりさらに減少した。ただし，大統領・比例区と小選挙区とを比較すると，大統領・比例区での白票が減った分，その差は比にして8倍以上と拡大し，数にして82万票近く増えていた。

　図1〜5は，大統領・比例区の得票と小選挙区での得票の差［(小選挙区得票数−大統領・比例区得票数)／大統領・比例区投票総数］について，小選挙区候補者単位の数値を政党ごとにまとめ，箱ひげ図に表したものである。箱の中に示された濃い線は中央値を表している。箱の大きさは，各党の小選挙区レベルでの得票差の値全体を四分割した際の，第1四分位から第3四分位までの50％の数値がとる範囲を示している。箱から伸びた「ひげ」は，最小値・最大値または，箱の幅の1.5倍までの範囲を示している。「○」は，ひげに収まらない外れ値を示し，「★」は，箱の幅から3倍

194

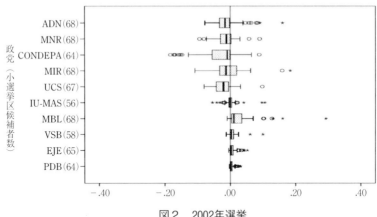

図1　1997年選挙

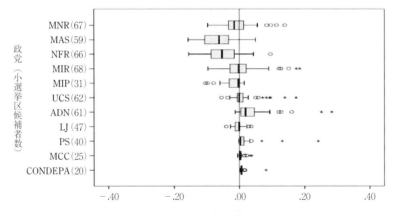

図2　2002年選挙

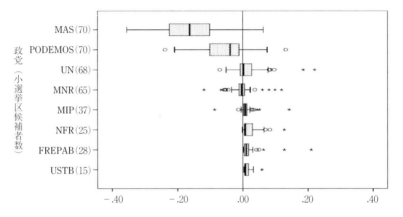

図3　2005年選挙

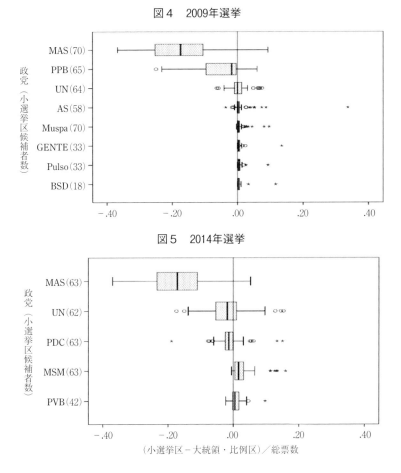

図4　2009年選挙

図5　2014年選挙

（小選挙区−大統領・比例区）／総票数

以上離れた値をとる極値である。

　5回分の選挙について箱ひげ図を確認すると，1997年では，MIRを除く上位5政党が，7割以上の小選挙区で票を減らしているが，その中でも特にCONDEPAの減少幅のばらつきが大きくなっていた。2002年では特にMASとNFRが，8割近い小選挙区で得票を減少させていた。次に2005年を見ると，1位のMASのばらつきが拡大し，大きくマイナス方向に得票差が出ていたことがわかる。2位のPODEMOSのばらつきも大きいものの，データの重心は，MASに比べて大幅にプラスよりであった。また3位

以下の政党のばらつきは非常に小さかったことも確認できる。つづく2009年と2014年も、ほぼ同様の傾向がみられた。

また、これらの選挙での白票については図示していないが、1997年と2002年では、どの小選挙区でも大統領・比例区と比べてプラス10％程度の範囲内に収まっていたが、2005年以降では、15～25％の範囲を中心に幅広く増加していた。

ここまで混合型選挙制度導入後の5回にわたる選挙結果の概要を確認してきた。これらの結果から、ボリビアの混合型選挙制度で出現した分割投票に関する全般的な傾向をまとめると、次のようになる。第1に、大統領選挙で上位となる有力候補を擁立していた政党は、小選挙区での得票を大統領・比例区票より減少させていた。逆に大統領選挙における泡沫候補を立てていた政党は、小選挙区では若干得票を伸ばしていた。この事実だけでは分割投票の実態を具体的に把握することはできないが、少なくとも、分割投票がおこる主要な要因のうち、政策バランスをとることを目的とした票の使い分けや、小選挙区における戦略的投票行動として2票を使い分ける分割投票についていえば、存在していたとしても無視できるほどに小さなインパクトしかもたらしていなかった状況であったことがわかる。

それよりも、大統領選挙では有力候補に投票しながらも、小選挙区ではその大統領候補の所属政党の下院議員候補に投票せず、白票か、大統領選挙における泡沫政党に小選挙区での1票を投じているパターンの比重が大きくなっていたという状況があり、これがボリビアの分割投票においてより大きなインパクトをもたらしていたと考えられる。

3．分割投票の規定要因分析

大統領選挙では有力候補に投票しながらも、小選挙区ではその大統領候補の所属政党の議員候補に投票せず、白票か、大統領選挙における泡沫政党に小選挙区での1票を投じるような分割投票は、どのような要因によって導かれたのだろうか[3]。有権者が何を目的として、どのような組み合わせで分割投票を行なっているのかを確かめるためには、出口調査が理想的であろう（井田 2001）。あるいは、少なくともサーベイデータを用いた分析が必要となる。しかし、本稿の事例に関してのサーベイデータは、1997年選挙分でしか確認できないため、5回分の選挙結果を比較するという観点

から，選挙区レベルのアグリゲートデータを用いて分析することにしたい。

アグリゲートデータを用いて混合選挙制度における分割投票の規定要因について分析した研究には，ドイツの事例を分析した Bawn (1999) や日本の事例を分析した Reed (1999) の研究をはじめ数々存在するが，本稿では Moser and Scheiner の分析手法を特に参考に分析モデルを設定する。彼らは，Bawn や Reed の研究を踏まえながら，ドイツ・ニュージーランド・日本・リトアニア・ロシアにおける分割投票の比較分析を行い，候補者要因と戦略投票のいずれがより大きな影響を及ぼしているのかを，以下の変数による重回帰分析で確認した（Moser and Scheiner 2005）。

従属変数は，小選挙区候補者の得票からその所属政党の比例区での得票を差し引いた値を比例区総投票数で除した値である。独立変数としては，まず小選挙区における接戦の度合いを，当選候補の得票率から次点候補の得票率を差し引いた値（margin）として設定する。その上で，選挙区での競合の強さが，すべての候補に同様に影響するわけではなく，当選すると予測される上位2位までの候補に集中すると想定し，当選候補と次点候補の得票率差と当選・次点・最下位ダミーの各交差項を設定する。

「当選×接戦」の交差項は，当選者に対する選挙区の接戦度の影響を示すと仮定される。この値がプラスに有意であれば，すなわち接戦となっていない小選挙区の当選候補が，接戦となった小選挙区の当選候補よりも，比例区との関係でより多く得票していた場合には，候補者優位の投票があったことを示し，マイナスに有意であれば，つまり競っている小選挙区の当選候補の方が，競っていない小選挙区よりも，比例区より多く得票していれば戦略投票があったことを示す。

「次点×接戦」の交差項は，次点候補に対する接戦度の影響を表すと仮定される。この値がプラスに有意であれば，すなわち接戦となっていない小選挙区の次点候補が，接戦となった小選挙区の次点候補よりも，比例区との関係でより多く得票していた場合には，候補者優位の投票か，あるいは本事例に関しては「反乱投票」があった可能性を示す。ただし，この値がマイナスに有意であった場合，すなわち競っている小選挙区の次点候補が，そうでない小選挙区の場合よりも，比例区に対してより多く得票していた場合には，これが候補者優位の投票によるのか，戦略投票の結果によるのかの判別は難しいとされる。候補者要因によって得票を伸ばした結果

として次点となっているケースと，選挙区での接戦となることが予測されたために，戦略的に投票する有権者の票を吸収して次点となったケースのいずれかの可能性，またはその両方の可能性が混在するためである。

「最下位×接戦」の交差項は，「当選×接戦」とは対称的に，プラスに有意であれば，戦略投票があった可能性を示し，マイナスに有意であれば，候補者優位の投票がおこっていた可能性を示している。

なお有権者にとって戦略投票を行う際に重要となる，接戦となるかどうかの予測基準とすべき指標が，この分析においては，投票結果である1位と2位の得票率差となっている問題について，Moser and Scheinerはデータの制約の中では最善の指標としてこれを用いていると述べている（Moser and Scheiner 2005: 268）。本研究も同様のデータの制約を抱えており，やはり筆者らの考えを共有する立場から，この指標を選挙区での接戦度を表す変数として採用する。

この他の独立変数として，候補者要因の影響を確認するため，小選挙区候補者が当該選挙区の現職議員かどうかという変数も投入される。ただし本事例では，小選挙区制導入の第1回目となる1997年選挙についてのみ，現職国会議員かどうかを基準とした。それ以降の選挙では，小選挙区選出の現職下院議員かどうかという点を基準とした。対象となる5回の選挙のうち，選挙区数・区割りの変更が2回行われており，現職議員が，出馬する選挙区を前回から変更したケースも存在する。そのため，同じ小選挙区選出の現職議員かどうかにかかわらず，すべての小選挙区選出現職議員を「現職」に含めた変数とする。またこれと同時に，小選挙区で，対立候補として現職議員が立候補していたかどうかという変数も投入する。前者ではプラスに有意であることが候補者優位の投票行動があったことを示し，後者では逆にマイナスに有意であることが候補者優位の投票行動があったことを示すと仮定される。

統制変数としては，強制的分割投票による影響を加味するために，選挙区における出馬候補者数を比例区参加政党の総数で除した値を投入する。比例区に参加している全政党が小選挙区でも候補者を擁立している場合，この値は1になり，候補者が少ないほど小さい値となる。小選挙区での出馬候補数が少ないほど，当該選挙区の候補者は，強制的分割投票分を吸収するため，従属変数は増加すると考えられる。すなわち同変数については，

マイナス方向での影響が想定される。

　また本事例において特に注目されるのは，2005年以降に顕著となった白票の増加をどのように解釈すればよいのか，という問題であった。2005年以降，つまりこれはMASが大統領・比例区において絶対多数の得票を達成するようになって以降であり，MASがより多くの小選挙区で圧勝するようになった時期である。大統領候補としてモラレス（あるいは野党有力候補）を支持しているにもかかわらず，その政党の小選挙区候補に投票せず，白票とした有権者の行動を説明するものは何なのか。この問いに対しては，少なくとも，次の3つの仮説が想定できよう。

　　仮説1-1：ボリビアの混合選挙制度において，有権者はそもそも特定の政党を支持するがゆえに投票先を選ぶのではなく，あくまで「人」すなわち候補者要因によって2つの異なる公職ポストに相応しい候補に投票する。このため，小選挙区で魅力的な候補者がまったく存在しないとき，白票を投じる。白票を説明するのは，「候補者要因＝魅力的な小選挙区候補者の不在」である。
　　仮説1-2：ボリビアの混合選挙制度において，有権者は，大統領候補の所属政党を支持していないわけではないが，それが絶対的なものではないため，支持政党の小選挙区候補が十分に魅力的でなかった場合には不満を高め，白票を投じる。

　この場合，政党自体は消極的ながら支持しているので，無党派層とは違い，他の政党の候補が仮により魅力的に感じられたとしても，白票を投じる。いずれにしても仮説1-1同様，小選挙区に魅力的な候補者がいないことが白票の直接の要因となる。つまり白票を説明するのは「候補者要因＝支持政党の小選挙区候補者の魅力欠如」である。

　　仮説2：ボリビアの混合選挙制度において，有権者は，大統領・比例区で投票した政党が小選挙区で圧勝することが予想されるとき，有権者自身が有効性感覚を減じることが直接的に影響し，小選挙区候補者の魅力の程度とは無関係か，あるいは小選挙区候補

者への不満も同時に存在し，白票を投じる。白票を説明するのは，「有効性感覚の欠如＝反乱投票」である。

なお以上の白票に関する仮説は，本来白票のみを従属変数とした分析によって直接的に検証すべきものであろうが，本稿ではあくまで白票も分割投票の一形態として扱うため，従属変数となるのは「小選挙区候補者の得票からその所属政党の比例区での得票を差し引いた値を比例区総投票数で除した値」である点に留意されたい。次節では，Moser and Scheiner (2005) の分析モデルにならってボリビアの1997年から2014年までの選挙における分割投票の規定要因を分析した結果をみていく。なお，用いたデータはすべてボリビア選挙裁判所の公式選挙統計（OEP 2011; 2014a）および，同機関から提供を受けた小選挙区候補者リストである。

4．分析結果

重回帰モデルは1997年で5％有意，その他の年はすべて1％水準で有意であった。モデルの説明力についてみると，1997年と2002年では，それぞれ調整済み決定係数が0.012，0.040となっており，きわめて低い。それに対して2005年以降では，0.349，0.548，0.393と，大幅に上昇した。

統計的に有意となった変数を選挙ごとに確認していくと，まず1997年では現職ダミーのみ1％水準で有意であり，それ以外の変数はすべて有意ではなかった。この結果からは，1997年選挙における分割投票に対して，小選挙区の候補者要因がわずかに影響を与えていたということが確認できる。

次に2回目となる2002年の選挙についてみると，現職ダミーと当選ダミーのみ1％水準で有意であり，ともにプラス方向での影響がわずかに確認された。この結果からは，2002年選挙での分割投票も，引き続き候補者要因で説明可能であるということが確認できる。すなわち小選挙区の接戦度とは無関係に，現職参加や結果的に当選することとなった候補は，個人的魅力によって有権者の支持を集めていたと考えられ，それによって大統領・比例区との関係でより多くの票を獲得していたのである。

これらの結果からは，1997年と2002年の分割投票は，候補者要因によって説明される投票行動であったことが示されている。これはまた，分割投票の大半を占めていると推測される白票についても，候補者要因による仮

表2　分割投票［(大統領・比例区票－小選挙区票)／総票数］を従属変数とする重回帰分析

独立変数	1997	2002	2005	2009	2014
現職ダミー	0.026***	0.039***	0.047**	0.063***	0.109***
	(0.010)	(0.012)	(0.022)	(0.026)	(0.031)
対現職ダミー	−0.002	−0.008	0.001	−0.006	−0.016
	(0.004)	(0.005)	(0.011)	(0.011)	(0.016)
当選ダミー	0.004	0.026***	−0.109***	−0.070***	−0.076***
	(0.007)	(0.010)	(0.014)	(0.013)	(0.018)
次点ダミー	−0.007	−0.016	−0.048***	−0.120***	−0.077***
	(0.007)	(0.010)	(0.014)	(0.013)	(0.017)
当選×接戦 (margin)	−0.001	−0.064	−0.126***	−0.192***	−0.193***
	(0.036)	(0.048)	(0.043)	(0.023)	(0.038)
次点×接戦 (margin)	−0.019	0.057	0.058	0.140***	0.119***
	(0.036)	(0.048)	(0.043)	(0.023)	(0.038)
最下位×接戦 (margin)	0.024	0.027	0.007	−0.008	−0.025
	(0.026)	(0.035)	(0.031)	(0.019)	(0.025)
【統制変数】					
候補者数／比例政党数	−0.012	−0.009	0.000	−0.018	0.009
	(0.019)	(0.014)	(0.024)	(0.020)	(0.047)
定数	0.007	−0.001	−0.003	0.017	−0.005
	(0.018)	(0.012)	(0.019)	(0.016)	(0.045)
N	646	546	378	411	293
R^2	0.024**	0.054***	0.363***	0.557***	0.410***
調整済み R^2	0.012	0.040	0.349	0.548	0.393

***$p<0.001$, **$p<0.05$
注：分析単位は小選挙区候補者。接戦 (margin) = 当選得票率－次点得票率．値が小さいほど接戦であることを示す．カッコ内は標準誤差．

説1－1および仮説1－2と適合的な結果となったといえる。

つづく2005年から2009年，2014年は，大統領・比例区でMASが絶対多数を得票するようになってからの選挙であり，上位4～5政党がほぼ互角に争った先の2回の選挙では確認されなかった接戦度との交差項が有意な値を示すようになった。

まず2005年であるが，当選ダミー，次点ダミー，「当選×接戦」交差項の3変数がいずれもマイナス方向に1％水準で有意であった。

当選ダミーも次点ダミーもマイナスの値となっているのは，小選挙区で上位に入った候補が，全体的に大統領・比例区においても得票上位となった有力政党の候補であり，それらの主要政党は，大半の小選挙区で，大統領・比例区より票を減らしていた状況を反映している。この結果からは，小選挙区における候補者要因・戦略投票のいずれの影響も確認できないが，

視点を移せば，大統領・比例区での候補者優位の投票行動を反映していると考えることが可能であろう。なぜならば，有力な大統領候補を擁立する主要政党は，大統領・比例区において政党支持と大統領候補個人への支持との両要因によって得票するが，小選挙区では大統領候補への個人要因のみで集めていた票が失われる。それでもなお当選，あるいは次点の得票が可能なのは，一定の政党支持層と一部の小選挙区候補者支持層が存在するためであると推測できるからである。

また，「当選×接戦」の交差項についてもマイナス方向での有意な影響が確認できた。つまり1位と2位との票差が小さくなるほど，小選挙区当選候補の得票は，大統領・比例区に対してより増えているということである。Moser らの研究では，小選挙区での接戦度が高まるときに小選挙区当選候補への投票が増加するのは，小選挙区における戦略投票の存在を示唆するものであると解釈されていた。

だが，本事例においてこの結果が示しているのは，大統領選挙で上位を占めた主要政党が小選挙区で接戦となるほど，その「歩留まり率」を高めていたということである。本事例では，前節でも確認したように，小選挙区の上位政党ほど，大統領・比例区に対して，相対的に票を減らしていた。これはそもそも比例区が大統領選挙と重複するために，主要大統領候補を擁する政党では，比例区で純粋な政党支持層の他に純粋な候補者支持層からも得票する傾向があったからである。そのため，大統領候補に比べ知名度も重要性も劣る小選挙区候補は，大半が比例区で得た票と同程度の票を確保できていなかった。しかし，「当選×接戦」の交差項がマイナス方向に有意となっているということからは，競った小選挙区においては，大統領・比例区でこうした有力政党に投票していた有権者の歩留まり率が高くなっていた状況が読み取れる。これはもちろん，小選挙区での当選可能性が低い政党の支持者が，より当選の見込みの高い次善の候補に投票する戦略投票とは異なる動きである。

ではなぜ，小選挙区での接戦度が主要政党の歩留まり率に影響を与えたのか。ここからは，本稿で試みた分析からは明確なことはわからないが，少なくとも次のような可能性が想定できるのではないだろうか。

まず，本事例において分割投票層の大半を占めたのは，大統領候補は支持しているが，その所属政党に対しては強い忠誠心がないため，小選挙区

では個人優位の自由な投票をする有権者であったと想定しよう。彼らは候補者個人が魅力的であれば、小政党であっても投票するし、逆に魅力的な候補者がいなければ、小選挙区を白票とすることもいとわない。このような投票行動をとる有権者にとって、小選挙区での1票は、純粋な候補者の選好を表明するためのものであった。ところが、接戦となる選挙区では、主要政党の勢力が拮抗しており、有権者は自分の1票の有効性を、より強く意識し得る。さらに、政党側も接戦となることが予測される選挙区では議席を確保するためにより懸命となるため、相対的に動員のための努力も大きくなるはずである。このような状況において、本来は単純に候補者優位で投票していたかもしれない、政党への忠誠心の弱い層であっても、自分が支持した大統領の政党に一貫投票することで、選挙区の勝敗に影響を及ぼしたいと感じるようになったのではないだろうか。つまり、政党支持が希薄な有権者にとって、自分が投票しなくても勝敗が確実な場合にあえて投票する動機はもたないが、自分が投票することで勝敗に影響を与える可能性が高いと考えれば、投票の動機づけが強まり、一貫投票を行う。一貫投票となるのは、そもそも政党支持をもたないか弱いため、大統領候補への支持がそのまま小選挙区の投票先にも反映されるためである。

またこの結果を反転させて考えれば、有権者の1票に対する有効性感覚が減じることによって、小選挙区で白票が選択されると考えられる。これはすなわち仮説2と適合的であるといえよう。

残る2009年と2014年に実施された選挙では、2005年で影響を確認した変数に加えて、さらに「次点×接戦」の交差項がプラス方向に1％水準で有意となった。つまり1位と2位との票差が大きくなるほど、小選挙区次点候補の得票は、大統領比例区に対してより増えていたということである。これはすなわち、小選挙区における候補者優位の投票か、反乱投票、あるいはその両パターンがともに起こっていた可能性を示している。

これらの年の選挙では、MASが40％以上の得票率差をつけて圧勝する選挙区が、それぞれ31区（全70区中）、22区（全63区中）存在した。たとえばそのような選挙区において、次点の候補者が集めた票は、MASと野党の間で接戦となった選挙区における次点候補よりも、相対的に多い傾向があったのである。これはおそらく、大統領選挙ではモラレスに投票していた有権者の中に、小選挙区でも単純に候補者優位で投票先を決め、結果的に次

点とはなったが勝てる見込みは決して高くなかった政党所属候補に投票した層や，無風状態の選挙区で自らの1票の有効性が感じられないために，あえて勝つ見込みのない対立候補に1票投じた「反乱投票」が存在した可能性を示している。

　この結果は，先に示した白票を説明するための仮説でいえば，1の「候補者要因」とも，2の「有効性感覚の欠如」要因とも，ともに適合的である。

むすびにかえて

　本研究で扱うデータのみからは，前節で確認した分割投票の諸要因が，どの程度の割合で存在していたのかという実態を明らかにすることは難しい。だが，とりわけ2005年以降のモラレス率いるMASが大統領選挙において絶対多数を得票して直接政権を獲得するようになって以降，大統領・比例区では有力政党に投票しながら，小選挙区では白票を投じる有権者が高い水準で存在してきたことは明らかである。

　この状況をボリビアの政党システムとの関連からとらえなおすと，ボリビアでは混合型選挙制度導入後，当初見たような多党制のもとでは，候補者優位の投票行動以外に分割投票を説明する要素は確認されなかった。しかし，民主化以降の同国史上最大の政治社会的危機後にはじめて実施された2005年選挙では，危機をもたらした政権与党構成政党や，党名は新しくとも既存政党出身の政治家に対する有権者の支持は低く，こうした旧来の体制側政党に対抗する社会運動勢力の代表的リーダーであった大統領候補モラレス率いるMASへの支持が過半数を超えるに至った。しかし，このとき大統領・比例区でのMAS票の2割近くは，あくまで大統領の候補者要因によってもたらされていたため，小選挙区では，接戦となった場合には若干一貫投票が増したものの，多くは白票が投じられていたと考えられる。またこれ以降，2009年，2014年と，MASの優位がより明確になっていく過程の選挙では，大統領・比例区および小選挙区での候補者要因に加えて，有権者の1票に対する有効性感覚の減退によってもたらされた反乱投票があったために，小選挙区での白票が高い水準で存在し続けることとなった。

　MAS政権はこれまで，絶対多数議席を獲得し，第2党に大きな差をつけ

ながら，3回連続して政権を獲得してきた。2014年の MAS 政権成立によって，サルトーリがいうところの一党優位政党体制を成立させたかに思われる状況である（Sartori 1976: 199）。だが，2016年2月に大統領の2回連続再選（2009年新憲法制定から数えて）を可能とする憲法改正の是非を問う国民投票が実施され，結果は反対51.3％で否決された（*Correo del Sur* 2016.3.9）。これによって2005年以降，モラレスというリーダーの存在によって政党組織の枠外からも幅広く支持を集めてきた MAS 政権の安定性が，大きく揺らぐ可能性が高い。本稿において選挙データから確認した，大統領には候補者個人を支持するが，小選挙区では白票を投じていたような有権者の投票行動は，候補者要因に大きく左右されるボリビアの政党システムの不安定性を物語っているといえよう。

   ［謝辞］　本稿の執筆にあたって，『年報政治学2016-Ⅱ』編集委員の先生方に貴重なコメントを多数頂きました。心より御礼申し上げます。またボリビアでのデータ収集にご協力頂いた日高知恵さん，Miguel Aguilera さん，データを提供して下さったボリビア多民族国選挙裁判所にも深く感謝いたします。

（1）　2005年に投票率が10ポイント以上上昇した理由としては，有権者側の要因とは別に，環境要因として，選挙裁判所が選挙直前に，選挙人登録記録を更新したことによると説明される（Cordero 2014: 218）。ボリビアでは有権者登録後にその人物が死亡や国外移住・出稼ぎによって不在となったとしても，自動的に登録が抹消されるわけではなかったため，数字の上での有権者が実数よりも50万人近く多く登録された状態になっていた。これらが抹消されたことで，有権者全体の母数が減り，参加率が上昇したのである。
　　　一方2009年の投票率のさらなる上昇の背景には，農村部を重要な票田とする MAS 政権のもと，指紋認証システムの導入により有権者登録制度が変更され，農村部の潜在的有権者層の選挙人登録の手続きがより容易になったこと，さらに政府による選挙人登録促進キャンペーンが実施されたことが影響していた可能性が指摘される（Cordero 2014: 219）。
（2）　なお，同じ投票用紙の上段と下段にチェックする形式で実施されたはずの投票総数が一致していない状況については，各投票所で実施される集計の際の過失か，集計記録への不正記入によると指摘される（Cordero 2014, 247）。

（3） 白票の要因に関しては，Romero (2003) および Driscoll and Nelson (2014) が，制度に関する情報・理解不足を指摘している。また Batto, Kim and Matukhno (2016) の研究では，大統領候補への支持の高さと政党組織の弱さも，小選挙区での白票に関係していることが報告されている。小選挙区制が導入されて間もない1回目や2回目の選挙においては，情報・理解不足による説明は理解しやすいが，2005年以降の明らかな白票の増加をこのことのみによって説明することは難しいだろう。

引用文献

Batto F., Nathan, Henry A. Kim, and Natalia Matukhno (2016) "Presidents and Blank Votes in the Bolivian and Russian Mixed-Member Systems," *Mixed-Member Electoral Systems in Constitutional Context*, Nathan Batto F., Chi Huang, Alexander C. Tan and Gary W. Cox eds. Ann Arbor: University of Michgan Press, 278-299.

Bawn, Kathleen (1999) "Voter Responses to Electoral Complexity: Ticket Splitting, Rational Voters and Representation in the Federal Republic of Germany," *British Journal of Political Science*, 29 (3), 485-505.

CNE-PNUD-IDEA (Corte Nacional Electoral, Programa de las Naciones Unidas para el Desarrollo-Bolivia e Instituto Internacional para la Demoracia y la Asistencia Electoral) (2010) *Atlas Electoral de Bolivia: Elecciones Generales 1979-2009, Asamblea Constituyente 2006*, La Paz: SPC impresores.

Crabtree, John (2005) *Perfiles de la Protesta: Política y Movimientos Sociales en Bolivia*, La Paz: PIEB-UNIR.

Cordero, Carlos H. (2014) *Elecciones en Bolivia: del Sistema Liberal Representativo al Sistema Liberal Comunitario*, La Paz: Fundación Konrad Adenauer Stiftung.

Driscoll, Amanda and Michael J. Nelson (2014) "Ignorance or Opposition? Blank and Spoiled Votes in Low-Information, Highly Politicized Environments," *Political Research Quarterly*, 67 (3), 547-561.

Mayorga, Antonio R. (2005) "Bolivia's Democracy at the Crossroads," Frances Hagopian and Scott P. Mainwaring eds., *The Third Wave of Democratization in Latin America: Advances and Setbacks*, Cambridge: Cambridge University Press, 149-178.

Mihaly, Aaron M. (2006) "¿Por qué se ha caído Goni? Explicando la renuncia forzada del Presidente Sánchez de Lozada en octubre de 2003," Nicholas A. Robins ed. *Conflictos Políticos y Movimientos Sociales en Bolivia*, La Paz: Plural Editores.

Moser, Robert G. and Ethan Scheiner (2005) "Strategic Ticket Splitting and the Personal Vote in Mixed-Member Electoral Systems," *Legislative Studies Quarterly*, 30 (2), 259-276.

OEP (Órgano Electoral Plurinacional- Tribunal Supremo Electoral) (2011). "Procesos Electorales de Bolivia: Elecciones Generales 1979 a 2009," La Paz: OEP(CD-ROM).

―― (2014a) "Informe de los Resultados Oficiales de las Elecciones Generales 2014 a la Asamblea Legislativa Plurinacional de Bolivia," La Paz: OEP.

―― (2014b) "Resultados de las Elecciones Generales 2014,": http://tse.oep.org.bo/index.php/procesos-electorales/elecciones-generales-2014/798-resultados-de-las-elecciones-generales-2014,（2016年8月3日最終アクセス）.

Reed, Steven R. (1999) "Strategic Voting in the 1996 Japanese General Electon," *Comparative Political Studies*, 32 (2), 257-270.

Romero, Salvador (2003). *Geografía Electoral de Bolivia (Tercera Edición Actualizada)*, La Paz: Fundemos.

Sartori, G. (1976) *Parties and Party Systems: A Framework for Analysis*. New York: Cambridge University Press［岡沢憲芙，川野秀之訳（2000）『現代政党学：政党システム論の分析枠組み』早稲田大学出版部］.

井田正道（2001）「分割投票の実態―第19回参院選における東京都を事例として」『政経論叢』第70巻3・4号，107-131頁。

今井亮佑（2008）「分割投票の分析」『レヴァイアサン』第43号，60-92頁。

遅野井茂雄（2004）「ボリビア・モデルの破綻」『ボリビア国別援助研究会報告書：人間の安全保障と生産力向上をめざして』独立行政法人国際協力機構国際協力総合研修所，61-72頁。

蒲島郁夫（1988＝2003）「アナウンスメント効果とバッファー・プレイヤー」『政治参加』東京大学出版会，171-185頁。

品田裕（1999）「新選挙制度下の分割投票（一）」『神戸法學雜誌』第49巻1号，57-79頁。

新聞
La Razón
Correo del Sur

「学力」をめぐる政治
——アメリカ初等中等教育改革をめぐる「社会的学習」の交錯——

坂部真理 *

要旨：近年，先進諸国では国民の知的水準を企業・国家の経済競争力の源と位置付け，国民の学力向上を明示的に政策目標とする諸改革が追求されてきた。

　第一に本稿は，P. ホールの社会的学習論の視点からアメリカの初等中等教育改革を分析し，子どもの「学力」の規定因，およびその向上策をめぐる政策アイディア（「政策パラダイム」）の歴史的変容過程を検討する。

　第二に本稿は，同国の制度構造と社会的学習の関係について理論的考察を行う。1990年代以降アメリカでは，連邦・州レベルで新たな政策パラダイムに基づく教育制度改革が実施されてきた。しかし，新制度の執行を担う地方・教育現場では，学力低下の原因に関する異なるパラダイムに依拠し，多様な制度的機会を利用して，新制度を別個の目標のために「転用」するという動きも現れた。本稿は，こうした制度「転用」の例として学校財政制度訴訟に注目し，制度改革の実施後，その執行・運用をめぐって展開された諸アクター間の紛争を分析する。この分析を通じて，本稿は，社会的学習に基づく制度発展を（断続平衡としてではなく），制度形成者－執行者間の紛争と相互作用の中から漸進的に進行する過程として再構築する。

キーワード：教育改革，社会的学習，制度執行をめぐる紛争，制度転用，学校財政制度訴訟

1．問題の所在——政策課題としての「学力」向上

　近年，先進諸国では，経済政策・社会政策の交点をなす領域としての教育政策に新たな注目が集まってきた。

　まず現代のグローバルな知識基盤経済の下では，新テクノロジーの開発

---

　*　大東文化大学法学部政治学科准教授　アメリカ政治

や高度なシンボル操作が企業競争力の礎となるために，人々の「知」そのものが，企業・国家の富を創出する源泉と見なされるようになってきた（Drucker 1969）。さらに研究者・IT 技術者など高度な「頭脳」労働の職は，発展途上国の労働者との直接的な賃金競争に晒されにくいと考えられたため，先進諸国の労働者に「適正な雇用」を保障する上で有望なセクターと位置付けられた。特に1970年代以降の先進諸国における所得の二極化と人びとの教育格差の間の相関が指摘される中（ライシュ 1991：280－282, 342），国家の教育政策は，国民により「高技能－高賃金の職」へのアクセスを拡大し，社会統合を維持する上で不可欠な「社会的投資」戦略の一環と目されるようになったのである（Jenson 2012; Hemerijck 2013; Busemeyer 2015）。

　教育による「人的資本への投資」によって諸個人の経済的生産性，およびグローバルな労働市場における雇用可能性（エンプロイアビリティ）を高め，国家の経済成長と社会的平等を同時に達成するという，いわゆる「教育の福音」の言説に対しては，懐疑的な見方も存在する（Brown and Lauder 2006; Grubb and Lazerson 2007）[1]。しかしながら，特に2000年代以降，OECD の PISA（国際的学習到達度調査）などの共通指標によって各国の「学力」ランキングが可視化されるに伴い，各国政府が国民の「学力」を明示的に政策的介入の対象と位置づけ，自国の順位向上を目指して諸改革を競う傾向が顕著になった（志水・鈴木編 2012）。本章が分析対象とするアメリカでも，80年代以降，国民の学力低下と国家の経済的衰退を密接に結びつける言説の台頭により，「経済競争のための学力向上」を一貫した目標とする教育改革が追求されてきた[2]。特にこの過程では，何が国民の「学力」水準を規定し，その向上のためには，いかなる政策手段が有効なのか，という因果関係の定義が論争の焦点となった。

　本章の第一の目的は，アメリカの初等中等教育改革（以下，教育改革と略）の事例を基に，「学力」の規定因，およびその向上策をめぐる政策アイディアの歴史的展開を分析することによって，近年の人的資本投資を目標とする教育改革をめぐる国際的動向の比較分析を行うための前提的知見を得ることであり，第二の目的は，社会的学習（social learning）と政治制度の関係に関する理論構築を行うことである。

　上記の教育改革の事例のように，ある政策「目標」とその達成「手段」の間を繋ぐ因果関係への認知が未確立な状況下での制度改革は，従来，P.

ホールらが提唱した社会的学習論の視座から分析されてきた。しかし彼は，この社会的学習論を断続平衡（punctuated-equilibrium）論と接合し，「政策パラダイム」（後述）の転換を短期間に進行・完了する過程として描く傾向を生んだ。もっとも近年の研究では，各国の制度的条件によっては，新たな政策パラダイムが制度改革に結びつく過程が制約・阻害されうることも指摘されてきた。

これに対して本章は，ホールらの議論では十分分析されなかった，制度改革の達成後，その執行・運用をめぐって展開される紛争過程に焦点を当てる。すなわちこの教育改革の事例では，アメリカの分権的な制度構造が，地方や行政現場（特に教育現場としての学校など）レベルのアクターにも社会的学習の主体としての大きな自律性を付与し，改革によって導入された新制度を，当初の制度形成者のものとは異なるパラダイムに依拠して「転用」する機会を与えたと主張する。この分析によって本章は，社会的学習に基づく制度発展のプロセスを断続平衡としてではなく，より長期に及ぶ諸アクター間の紛争と相互作用の中から漸進的に進行する過程として再構築することを課題とする。

以下では，まず社会的学習の概念と，その政治制度との関係について先行研究を整理し，分析枠組を設定する（第2節）。次に1990-2000年代にかけて進行したアメリカの教育政策のパラダイム転換と制度改革の過程を概観した上で（第3節），これら一連の制度改革の実施後，各州で追求された新制度の転用の試みとその帰結について分析する（第4節）。最後に，同分析から得られた理論的知見をまとめ，今後の課題を考察する。

2．理論的枠組

2.1 社会的学習と断続平衡論

社会的学習とは，「過去の経験と新しい情報に応じて，政策の目標や技術を調整する意図的な試み」と定義される（Hall 1993: 278）。敷衍すれば，過去の政策帰結，あるいは新たな環境変化への認知などを基に，既存の政策や制度を修正・変革する集合的行為を指している。但しホールは，この「学習」概念を，旧来の組織論のように制度が環境変化に応じて調整・改良を繰り返すことで漸増的にその効率性を高めていく，という自己強化的な

プロセスとしてではなく，ときに，より大規模かつ「経路逸脱」的な制度変化にも繋がる契機を孕んだプロセスとして定式化した点に特徴がある（c.f. ピアソン 2010：163‒164）。

ホールによれば政策形成者は，社会・経済のしくみや政策によって達成可能な諸目標，その達成のために採用すべき手段などに関する一定の解釈枠組み（「政策パラダイム」）に依拠している。通常，彼らは新しい状況に直面しても，既存の①政策「目標」を維持したまま，②その達成「手段」や③具体的な政策「設定」の調整・修正によって対処する。これに対して，このような既存のパラダイムでは解決しえない問題が累積し，その政策的失敗が政策形成者と国民に広く認知された場合，既存の①政策目標，②達成手段，③具体的設定のすべてが根本的に変化する「パラダイム転換」が生じるとされる（Hall 1993: 278-281）。すなわちホールの描写によれば，

> 「……あるパラダイムから別のパラダイムへの移行は，アノマリーの累積，新しい形の政策の試行とその失敗を伴う傾向があり，それらは政策に関する権威の所在を急速に変化させるとともに，競合する諸パラダイム間の広範な闘争を開始させる。……この闘争は，新しいパラダイムの支持者たちが政策形成に関する権威の座を確立し，新パラダイムを制度化すべく政策過程に関わる組織や標準作業手続を再編しえたときのみ完了する（強調は引用者）」（Ibid.: 280-281）のである。

このようにホールの議論の第一の主眼は，国家論との対比において，「パラダイム転換」を官僚や一部の専門家など国家内のアクターに限らず，政党・利益集団・メディアなどより広範な社会的・政治的アクターに開かれた紛争過程として描く点にある。また第二に，有効性を喪失した旧来のパラダイムに代わり，こうした諸アクターが新たに掲げる「競合する諸パラダイム」の中でどれが支配的になるかは，官僚・専門家による政策合理性の判断よりも，その「政治的訴求力」に依存するという点も強調される。すなわち「政策パラダイムが，オープンな政治的紛争の対象となるとき，その結果は，政治的アリーナにおいて十分な選挙連合を動員する各勢力の能力に依存する」のである（Ibid.: 287）。

上記のように，ホールがアクターの認知的次元の変化に照準し，制度変化の一類型としての「パラダイム転換」を析出したことは，政策形成過程

におけるアイディアの重要性への注目とともに，漸増的な制度調整に止まらない，より大規模かつ「経路逸脱」的な福祉国家再編を分析する上で重要な視座を提供してきた（宮本 2013：175, 179-180; c.f. Hemerijck 2013: chap. 4）。反面，彼がT. クーンの理論を基に「パラダイム転換」の概念を構築したことは，総体として，この社会的学習に基づく制度発展のプロセスを，制度が既存のパラダイムに依拠して経路依存的に再生産される「通常期」と，それが急速かつ非連続的に変化する「決定的転機」とに二分する断続平衡として描く傾向をもたらした（Hall 1993: 279-280）[3]。例えばホールは，イギリスの経済政策の分析の中で，ケインズ主義からマネタリズムへのパラダイム転換は，主にサッチャーが政権を獲得した79年を転機として，その後，財務省やイングランド銀行の中で新パラダイムが「業務上のルーティーン」として定着した82年頃までに完了したと主張する（Ibid.: 281, 287）。このようにホールの議論では，「競合する諸パラダイム間の闘争」は，選挙での勝利と政権交代に伴う制度改革によって，比較的短期で終結すると想定されたのである。

　これに対し，例えばベランは，同じく社会的学習論を用いたアメリカとカナダの年金改革の比較分析において，各国の制度的条件によっては「諸パラダイム間の闘争」がより長期化する可能性を示唆している。すなわち，カナダに比してより権力が分散したアメリカ連邦制の下では，国家機構の外部に，民間シンクタンクなど社会的学習の主体となるアクターがより多元的に成長した。このためカナダでは連邦政府内の公務員が改革過程を主導したのに対し，アメリカでは，これら政府内外の諸アクターが，より「国民からの可視性が高い」（high-profile）形で，既存の公的年金／私的年金の運用実績の優劣に関して対立的な評価・言説を提示した。ベランは，こうした諸アクターの言説が多元的に競合する状況下で，主にリベラル側が既存の公的年金の有利性とその民営化のリスクを強調したことが，年金民営化の有利性を強調する保守派の言説が国民に浸透する上での一つの阻害要因になったと指摘する（Béland 2006: 562, 568-572）。このような分析からは，アメリカの分権的な政治制度が社会的学習の主体をより多元化し，「諸パラダイム間の闘争」を複雑化・長期化させたことが示唆されるのである。

　こうした「パラダイム転換」の進行速度と政治制度の関係は，本章が課題とするアメリカ教育改革の分析にも重要な視座を提供する。しかし，ホ

ールやベランが制度改革の段階で展開される諸アクター間の紛争に注目したのに対し，本章は分析の時間的射程をより長く設定し，主に制度改革の達成後，その執行・運用の段階で展開される紛争の方に焦点を当てる。

2.2 社会的学習と漸進的な制度変化
—制度執行をめぐるアクター間の紛争—

ある政策パラダイム（特定の政策領域における目標・手段・設定と，それらの間を結ぶ因果関係の定義のセット）が選挙・議会で多数の支持を獲得し，結果，同パラダイムに依拠した制度改革が実施されたとしても，それのみでは，この過程で排除・周縁化された他のパラダイムとの「闘争」が「完了」するとは限らない。政治においては「第一ラウンドで敗者」となったアクターでも，その後，導入された新制度を「占拠し再配置する」機会が存在するためである（Lowndes and Roberts 2013: 129）。近年は，制度「変化」とその「再生産」のメカニズムを峻別する断続平衡論への批判から，制度改革後，その再生産－執行プロセスに内在する政治力学が，漸進的に大規模で経路逸脱的な変化をもたらす可能性を指摘する研究が蓄積されてきた（Thelen 2004; Streeck and Thelen eds. 2005; 馬場 2013）。

既述のように，社会的学習が，制度の当初の目標と，その実際の帰結との間の乖離を認知し，その程度に応じて適宜，それらを修正・変革する実践であるとすれば，実際に地方や行政現場で制度の執行を担うアクターは，こうした目標－帰結間の乖離の存在をより認知しやすい立場にあると言える。さらにこの過程では，制度執行者が現場経験を基に，問題の原因や既存の目標の妥当性，政策目標－手段間の整合性などについて，当初の制度形成者のものとは異なる認知を形成し，ときに既存の政策パラダイムの根本的再編を迫るような制度改革を要求する可能性も生じる。この制度執行者側の社会的学習の主体としての自律性が，新制度の導入後も，それらをいかなるパラダイムに依拠して運用するか，をめぐる次段階の闘争を発生させうるのである。

問題は，こうした地方・現場レベルのアクターによる改革要求が，いかなる条件下で実際の制度（再）改革をもたらしうるか，という点である。新川・ピアソンが指摘するように，制度を常に潜在的紛争を抱える可塑的な存在として描くのみでは，政策や制度の形成・維持を諸アクター間の力

関係に還元して説明する「多元主義への回帰」に陥ってしまうためである（新川 2011：31-33；c.f. ピアソン 2010：183）。この陥穽を回避するためには，一度形成された制度の安定性・「弾性」を認めた上で，その後の段階での改変を追求するアクターの戦略やその成否に影響する制度的条件を特定する必要がある。こうした諸条件に焦点を当てた研究が，ハッカー（2005）であった。

　ハッカーによれば，多数の拒否権プレイヤーを伴う政治制度など，通常の決定過程を経た制度変化が困難な政治環境下でも，アクターには既存の制度の「枠内」で，それを制度形成者の意図とは異なる目標のために「転用」（conversion）する機会が存在する（Hacker 2005: 45-49）。彼は，このような戦略を可能にする制度的条件として，①制度の目標・手続きが明確に特定され，（行政組織内や国民との間に）その理解が広く共有されているか否か，②中央のリーダーが制度の執行を担う「現場のエージェント」をコントロールするための強力な手段をもつか否か，という二条件を挙げた。これら①②の程度が低い場合，制度執行者側の裁量が拡大し，制度「転用」を行うことが容易になるとされる[4]（Ibid.: 46）。本章の課題に照らせば，この①制度解釈の曖昧さ，②中央－地方（現場）間の分権制という二条件が存在する場合，制度執行者側が，独自のパラダイムに依拠した制度の運用（転用）を行う上での自律性が増大すると考えられるのである。

2.3 アメリカの教育行政制度と制度「転用」

　以下，本章はアメリカ教育改革の事例を基に，これらの制度的条件が，制度執行をめぐる「諸パラダイム間の闘争」にいかなる影響を与えたか，について検証していく。上記①②の条件は，アメリカの教育行政制度の諸特徴によく合致するためである。

　まずアメリカの教育行政制度の最大の特徴は，合衆国憲法修正第10条の規定[5]により，教育は第一義的に州政府の管轄と見なされる点にある。したがって，義務教育年限や入学・卒業要件など主要な教育制度の決定権は原則的に各州が保有し，さらに初等中等教育の場合，公立学校の設置・管理，カリキュラム・教職員人事などの決定権は，州の下に設置される地方政府の一種である「学区」（school districts）[6]に委譲されてきた。このように分権的なアメリカの教育行政制度は，仮に連邦レベルの制度形成者があ

る政策「目標」を掲げて全国的に新制度を導入したとしても，その下で地方・学校現場での制度執行をコントロールする力を著しく弱いものにしてきたのである（条件②）。

　同様に，教育法令などの曖昧さも，地方・現場のアクターに制度運用上の大きな裁量を与えてきた（条件①）。歴史的にアメリカでは，政府が定めた法令や教育に関わる憲法上の規定の解釈をめぐって数多くの紛争が発生してきた。特にこの過程で注目すべきは，司法の役割である。法令の解釈について争いが存在する場合，その意味を確定する上では，裁判所の判決が重要な役割を果たすためである。このような司法の権限は，ときに地方・現場のアクターが，訴訟を通じて既存の法令を現場のニーズに応じて読み替え，自らに有利な制度解釈を導く機会を与えてきたのである（後述）。

　次節以下では，こうしたアメリカの教育行政制度の諸特徴が制度転用を志向する諸アクターにいかなる機会を与えたかという視点から，1960〜2000年代までの教育改革の過程を分析する。アメリカでは，若者の深刻な学力低下への危機感から，1980年代半ば以降，「スタンダード・ベース改革」（standard-based reform）と呼ばれる新たな政策パラダイムへの超党派的コンセンサスが形成されてきた。しかし，1990年代以降，連邦・州レベルで同パラダイムに基づく制度改革が実施される中，これら新制度の執行を担う学区・学校では，ときに学力低下の原因などについての異なる認知に依拠して，この支配的な改革潮流に対抗する動きも生まれた。その中には，新制度を州・司法の権限を介して独自の目標追求のために「転用」し，制度形成者の意図とは異なる帰結をもたらす事例も現れたのである。以下では，こうした新制度導入後，地方レベルで展開されたその実質的改変の動きも視野に入れつつ，教育改革の展開を多様な政策パラダイムに依拠する諸勢力間の継続的な紛争・交渉過程として分析する。

3．連邦教育政策のパラダイム転換の始動

　本節では，まず80年代に問題化したアメリカの「学力危機」を契機として，同国の連邦教育政策のパラダイムがいかに変容したかを概説する。筆者は既に別稿でこの過程について分析しており（坂部 2013），また先行研究も存在するため（McGuinn 2006; 大桃 2012；吉良 2012），本節ではこの変

容過程の要点のみを整理する。

3.1　1960年代の連邦教育政策のパラダイム―「教育資源」への注目

　60～80年代の連邦教育政策とは，主に黒人層などマイノリティの貧困の克服を「目標」とする，いわば社会政策の一環であった。上述のような合衆国憲法による制約の下，州・学区の教育行政に対する連邦政府の（限定的な）介入は，主にこの人種平等化の要請によって正統化されていた。

　公民権運動の圧力を背景に，当時のリンドン・B・ジョンソン民主党政権は，「貧困との闘争」の一環として65年に初等中等教育法（the Elementary and Secondary Education Act of 1965; 以下，ESEA と略）を制定した。これは，「貧困の主因は……無学 ignorance [7]」であり，ゆえに全ての子どもに平等な教育機会を保障すれば，「学校は貧困のサイクルを打破するための決定的ファクターになる」（CQA 1965: 285）という認知[8]から，貧困なマイノリティ生徒（いわゆる「教育を剥奪された子供たち」）のための補償教育に財政支援を行うことを連邦政府の役割と定めた法律である。60年代当時，各種の政府報告書では，小学校低学年の段階から白人とマイノリティ生徒の間には顕著な学力格差が存在し，それが生涯を通じて彼らの就学－就職機会の格差に繋がることが指摘されていた（Ibid.: 282）。さらに人種グループ間で子どもの学習能力の分布に差異がないとすれば，この学力格差は，彼らが通う学校に投資されるさまざまな教育資源（学校の校舎や空調・照明設備，図書室の蔵書，正規免許をもつ教員，生徒に配布・貸与される教科書や教材など）の格差に起因すると推論された。

　アメリカの分権的な教育行財政制度の下では，初等中等教育費の大半は，概ね学区の負担によって賄われてきた[9]。しかし学区の自主財源としての固定資産税（property tax）の額は，域内の土地・建物の評価額の多寡に左右され易く，ゆえに都市ゲットーなど貧困なマイノリティが集中する学区ほど税収不足に陥るという構図が生まれていた（塙 2012）。したがってジョンソン政権は，ESEA の下，こうした貧困世帯の生徒が集中する学区を対象とする新たな連邦補助金（「タイトル1補助金」）を導入し，学区間の財政格差を縮小することにより，学区・学校間の教育資源の格差，ひいては人種間の学力－経済格差の縮小を追求したのである。

　このように学区・学校への「教育資源」や「財政資源」（financial resources）

図1　ESEAに基づく連邦歳出額

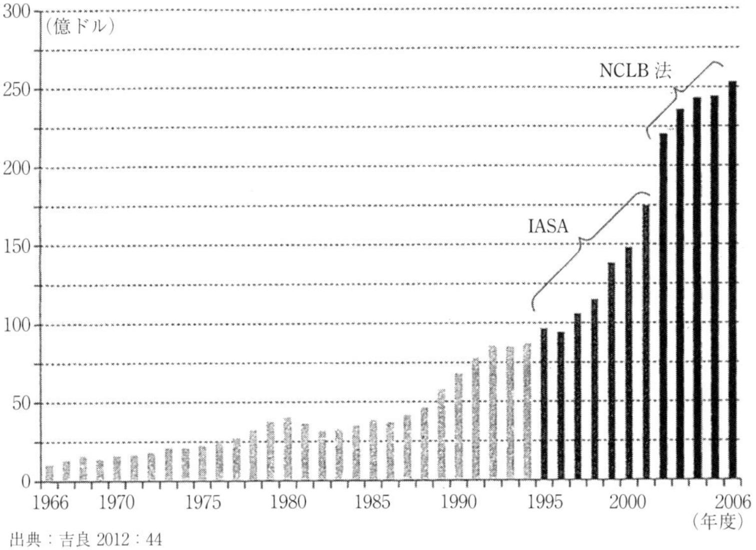

出典：吉良 2012：44

の投入量が，その生徒の「学力」に影響するという因果推論を基に，人種間の学力－経済格差の是正という「目標」を，貧困学区への財政支援という「手段」によって追求する1960年代の連邦教育政策のパラダイムは，先行研究では「インプット重視の平等保障策」（大桃 2012），「公平性重視の政策レジーム」（McGuinn 2006）などと定義されてきた。このESEA制定後，補助金の給付対象の拡大を求める学区からの圧力を受けて，連邦補助金の総額は1980年代まで増加傾向を辿るのである（図1）。

3.2　1980年代の「学力危機」と政策「目標」の再定義

こうした連邦補助金の拡大を支えた60年代以降の教育政策のパラダイムは，80年代に入ると，まずロナルド・レーガン共和党政権による挑戦を受ける。レーガン，デービッド・ストックマン，エドウィン・ミーズなど，当時，政権の中枢を占めた共和党保守派にとって，学力向上とは，第一に州・学区の責任であり，第二に学校選択制など市場メカニズムによる教育の質の向上によって達成されるべきものであった(Bell 1988)。レーガン大

統領は，連邦政府による教育への介入は憲法的根拠を欠くものとして原理的に批判し，連邦教育省の廃止を最終目標として，タイトル1を含む教育補助金の大幅削減を追求した（CQA 1981: 499）。

しかし，こうした教育への連邦介入の是非をめぐるリベラル－保守間の対立構図は，80年代半ば頃から，新たな改革運動の登場によって大きく転換していく。その契機は，83年の政府報告書『危機に立つ国家』（以下，83年報告と略）の刊行であった。この報告書は教育長官テレル・ベルの諮問機関「教育における卓越性に関する全国委員会」が，アメリカの公教育の現状を教育現場・企業・軍などへのヒアリングを基に全国調査した結果をまとめたものであるが，その内容は新聞等で大きく報じられ，既存の公教育の「失敗」を政策形成者・国民に強く印象付けるものとなった。

すなわち83年報告は，国内外の多様な学力調査のデータを基に，国内の人種間の学力格差が未だ厳然として存在することを示すとともに，さらにアメリカの若者全体の平均的学力が「過去20年間に一貫して低下し」，「19種の国際学力テストにおいて7回も先進工業国中，最下位」になっていたことを明らかにした（NCEE 1983: 8-9）。換言すれば同報告は，ESEA制定後，約20年を経た時点でも未だ既存の公教育が「国内の学力格差の是正」という従来の目標の達成に成果が乏しいばかりか，新たに「他の先進諸国に比したアメリカの若者全体の学力の低さ」という問題まで生み出してきたことを浮彫りにしたのである（坂部 2013）。

ここで重要な点は，83年報告が，この「若者の全般的な学力低下」を「アメリカ企業の経済競争力の低下」と結び付けて論じたことである。同報告の表現によれば，現代経済においては「知識・学習・情報・訓練を受けた知性こそが国際的な商業活動の新しい原料」となるため，新技術と製品を生み出す「アイディア」こそが企業・国家の経済競争力の礎となる。したがって，台頭するドイツ・日本などとのグローバルな競争の中で「我々国民が生き残り，繁栄したければ」，「教育システムの改革」が急務である，と主張したのである（NCEE 1983: 7, 13）。この報告書が刊行された80年代初頭とは，まさに日独製造業からの輸入の増加により，アメリカの貿易赤字が急拡大した時期に当たる[10]。このように報告書が，当時のアメリカの最大の関心事であった「グローバル市場での企業の経済競争力の衰退」と「国民の学力低下」を因果的に接合したことは，この後，教育政策を経済成

長政策の一環と位置づけ,「経済競争力強化のための(国民全体の)学力向上」という政策「目標」を追求する新たな教育改革運動が誕生する契機を生み出したのである。

3.3 政策「手段」の模索と「スタンダード・ベース改革」の登場

83年報告は政府報告書としては異例の反響を呼び,その後は,政府機関に限らず,カーネギー財団,経済成長委員会 (the Committee for Economic Development: CED),商工会議所,ビジネス・ラウンドテーブルなどアメリカ経済界を代表する諸団体が,州・地方の政治家,教育長など教育行政担当者,ときには教職員労組の代表らとともに,多様な改革アイディアを形成・提起した(今村 1997)。これらの提言は「労働者の教育と経済的生産性の間の相関は疑いない」(ECS 1983: 1, 5) という認知から「高度な技能,適応力,知識をもつ労働力」(CED 1985: 5) の育成を志向する点で一致しており,「経済競争のための全国民の学力向上」という新たな政策「目標」が当時の経済界・政界・教育界を横断して急速に支持を広げたことを示唆している(坂部 2016)。

もっとも,この新たな「目標」の達成のために採用すべき「手段」については試行錯誤の時期が続いた。80年代半ばには州レベルで,授業時間・日数の増加や,教員給与の引き上げ・能力給の導入など多様な改革が実施されたが,どれも顕著な成果を得られず,こうしたパラダイム転換に伴う「新しい形態の政策の試行とその失敗」(Hall 1993: 280) は,その後80年代末まで続く。しかし,この政策的試行と相互学習を経て,州政府による改革の方向性は次第に「スタンダード・ベース改革」と呼ばれる手法へと収斂し(大桃 2012：30),90年代には多くの州で同アイディアに基づく制度改革が実施された。これは,当時州の行政改革に導入されていた「新しい行政管理」(NPM) の手法を,教育サービスの供給主体としての学区・学校の改革に応用するというアイディアであった。

このスタンダード・ベース改革の出発点には,従来の「インプット重視」政策パラダイムの中心にあった因果推論への懐疑が存在する,という点に留意したい。同改革の支持者は,経済界も含め,一方では連邦政府による財政支援の必要性を否定するものではないが[11],他方では,従来のような教育補助金の増額など,単なる「財政資源」の投入は必ずしも生徒の「学

図2　生徒一人当たりの公的教育支出の推移（1961－2012年）

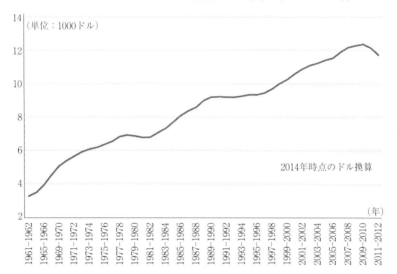

出典：U. S. Department of Education, National Center for Education Statistics, Digest of Education statistics, Table 236.55 を基に筆者が作成。(2015/9/25アクセス)。

力向上」に直結しない，という認知に立っていた。上記の83年報告が指摘した「過去20年間の若者の学力低下」とは，連邦補助金を含めて生徒一人当たりの公的教育支出が増加してきた時期と重なる（図1，および図2参照）。したがって同改革では，「財政資源」の投入量そのものよりも，むしろ投入された「資源」（インプット）を最大限の「効果＝学力向上」（アウトカム）に変換する上での学区や学校の効率性に焦点が当てられることになった。すなわち同改革では，NPM の発想を基に，配分された補助金の使途に関する学区・学校の裁量権を拡大するとともに，

(1)各学年の生徒が学ぶべき「教育内容」と彼らが到達すべき「学力水準」について高度で明確な統一基準（「スタンダード」）を設定する，

(2)同「スタンダード」への生徒の到達状況を統一学力試験を用いて定期的に測定する，

(3)この生徒の試験成績を教育サービスの供給者である学区・学校側のパフォーマンス指標と見なし，当該学区・学校に対し，その生徒の成績に応じた賞罰を課す，

というメカニズムによって生徒の「学力」向上に対する学区・学校の責任を明示し，後者に自己改革を迫る「スタンダード・アカウンタビリティ制度」の導入が提唱されたのである。

3.4　新パラダイムへのコンセンサス形成と制度化の進行

　このスタンダード・ベース改革は，89年の「全国教育サミット」開催を機に，以後の各大統領の教育政策に一貫する基調となった。同サミットでは，経済界の支持を背景に，全国の州知事と当時のジョージ・H・W・ブッシュ共和党大統領が，「全国教育目標」の設定とスタンダード・アカウンタビリティ制度の全国的導入の推進を謳った共同宣言を採択した[12]。その後，同サミットに州知事の立場で参加していた民主党ビル・クリントンの大統領就任に伴い，このブッシュ Sr. 前政権が設定した「全国教育目標」は1994年の「ゴール2000」として法制化されるとともに，同年には，連邦政府の「タイトル1補助金」を受給する全州に対してスタンダード・アカウンタビリティ制度の導入を義務付ける「アメリカ学校改善法」（Improving America's Schools Act of 1994: IASA と略）も制定された。

　このような共和党－民主党政権を貫く政策的連続性は，80年代末頃から両党の中でスタンダード・ベース改革に対する支持が拡大していたことを示している。マクギン，吉良の整理によれば，大統領選における教育問題への有権者の関心の増大や経済界の要請を受けて，共和党内では穏健派を中心に，連邦政府による教育行政への関与を容認する勢力が拡大していた。同様に民主党内でもクリントンらニューデモクラッツを中心に，旧来の「大きな政府」との差異化のために，教育による「人的資本への投資」や「アカウンタビリティ」の強化による行政の効率化を強調するようになっていた（McGuinn 2006: 4-5；吉良 2012：45-47）。さらに，このスタンダード・ベース改革は，ジョージ・W・ブッシュ Jr. 共和党政権による「どの子どもも落ちこぼれにしない法」(the No Child Left Behind Act of 2001: 以下，NCLB 法と略）の制定（2002年1月8日）によって，連邦政府による規制の下，全州に対して一層厳格に適用されることになる。すなわち同法は，ESEA の「タイトル1補助金」を受給する条件として全州に対し，

・少なくとも読解・算数・科学の3科目について，各学年の「教育内容」と生徒が到達すべき「学力水準」に関する「スタンダード」を設定する

表1　NCLB法第1116条に基づくAYP達成に失敗した学校に対する措置の一覧

AYP達成失敗の期間	当該学校への措置
2年連続	在校生に対し，同一学区内の公立学校への転校権を付与。
3年連続	上記措置に加え，（民間のものを含む）補習サービスの提供。
4年連続	上記措置に加え，カリキュラム改革や教職員の人事異動の実施。
5年連続	上記措置に加え，教職員の大幅または全面的な人事異動の実施，チャーター・スクールへの学校の運営形態の転換，州政府や民間事業者への学校の管理・運営権の委譲など。

出典：筆者作成。

こと，
・これらの科目について各州で統一学力試験（「標準化テスト」）を策定し，読解・算数については第3‒8学年の生徒に対して毎年1回，その後第10～12学年の間に再度1回，同試験を用いた学力測定を行うこと，
・同試験の成績を優秀／習熟／基礎的の3段階で評価し，2013‒2014年度末までにすべての公立学校生徒の成績を「習熟」以上のレベルまで引き上げること，
・上記の最終目標を達成するために，年度ごとの学力到達目標としての「適正年次進捗度」（adequate yearly progress: 以下AYPと略）も設定し，州内の全学区・公立学校のAYPの達成状況を毎年，「成績報告書」として一般公開すること，などを義務付けたのである。

　このNCLB法の最大の特徴は，生徒の学力向上に関する学区・学校の責任（アカウンタビリティ）を明確化した上で，特に毎年度の学力目標（AYP）の達成に失敗した学校に対し，その累積年数に応じて，在校生への転校権の付与から教職員の人事異動，成績不振校の運営形態の転換や閉校まで至る厳格な罰則を定めた点にある（表1）。こうした学区・学校の業績を，一年という短いスパンで「測定し，懲罰する」（Ravitch 2010）NCLB体制に対しては，教育現場から多くの不満が表出されることになる（後述）。しかしながら，このNCLB法制定によって，80‒90年代には一部の州の自発的な政策的実験の中で始まったスタンダード・ベース改革は，連邦政府による規制の下，実質的に全国で導入が義務化され，2000年代以降は同パラダイムに基づく制度改革が各州で進行していくのである。

4. 制度執行をめぐる政策パラダイム間の闘争
—学校財政制度訴訟運動による教育スタンダードの転用—

　以上，前節では，80年代の「学力－経済危機」を起点とする連邦教育政策のパラダイム転換の軌跡を概説してきた。しかし，経済競争力の強化を「目標」とし，スタンダード・アカウンタビリティ制度に基づく学区・学校の責任厳格化という「手段」によって全生徒の学力向上を追求する80年代以降の新パラダイムが90－2000年代にかけて全国的に制度化されるに伴い，各地では，多様な対抗運動も活発化していく。本節では，このような動きの中から，主に学校財政制度訴訟運動の展開に焦点を当て，新制度の執行をめぐる諸アクター間の紛争について検討していく。

4.1　制度執行者側の社会的学習と対抗戦略の多様性

　NCLB法制定後，算数など一部の科目に関しては一時的に学力向上の成果が報告されたものの，全体的に見ると，各種学力調査の結果には顕著な改善の効果は見られなかった（McCluskey and Coulson 2007）。しかし，こうした学力向上の成果の乏しさに対し，同法が学校現場に与えた影響は大きかった。各州では，毎年の統一試験の結果，多くの公立学校が成績不振校（failing schools）と認定され，例えば2013年にはニューヨーク市内の18の小中学校が，州が定めた学力基準に達しなかったため閉校を命じられた（Strauss 2015）。特にこれらの成績不振校は，各州内で低所得層が集中する学区に多い傾向が見られたことから，改めて生徒の「学力」と彼らやその学校に投資される「財政・教育資源」の量との間の因果関係が注目されることになった（Rebell and Wolff 2006）。こうした貧困地域で実際の教育現場を担う学区教育委員会や学校教員（および教職員組合）からは，生徒の社会的・経済的背景の差異や学区間の財政力の格差を捨象し，生徒の学力不振の責任を一方的に当該学区・学校に帰すスタンダード・ベース改革への不満が拡大し，各地で抗議デモや統一学力試験のボイコットが発生した。

　成績不振校への罰則の賦課に対する批判を背景として，学区の中にはNCLB法の下で付与された裁量を利用し，より有利な制度運用を試みる事例も現れた。例えば同法では成績不振校に対する具体的な罰則を決定する

権限は学区教育委員会に付与されていたことから，特に教職員組合の影響力が強い学区では，教職員の異動や閉校など厳格な罰則の適用を避け，より軽度な措置（成績不振校への外部からの相談員の派遣など）を選択する傾向が見られた（Hess and Finn 2007）。しかし，学区の中には，こうしたNCLB法の分権的な制度構造を利用した消極的抵抗を越え，むしろ新たに導入された教育スタンダードなどの諸制度を，貧困学区・学校への財政支援を拡大し，学区・学校間の教育資源の格差を是正するという「目標」のために積極的に利用しようとする動きも現れた。こうした対抗運動を代表するものが，次項以下で検討する学校財政制度訴訟（school finance litigations）運動であった。

4.2　周縁化された政策パラダイムの「再」活性化
　　　　──「インプット重視」パラダイムとアディクアシー訴訟戦略

　学校財政制度訴訟とは，教育機会の平等な保障を求めて，主に貧困層の多い学区の教育委員会や学校教員・教職員組合，その他，生徒・親，マイノリティ団体などが原告となり，連邦政府や州政府を被告として，学区の財源不足や学区間の財政格差などの状態を合衆国憲法あるいは州憲法違反として是正を求める訴訟の総称である[13]。こうした訴訟運動は，スタンダード・ベース改革の登場に先行し，既に60年代後半から始まっていた（白石 2014: 1）。上述の定義が示唆するように，これらの訴訟運動の前提には，貧困な学区・学校に財政資源がより公正に配分されれば，教育の質が向上し，ひいては生徒の学業成績の向上に繋がるという認知が存在する。この「財政資源」の投入量と「学力」の間の因果関係を強調する点で，学校財政制度訴訟とは，60年代型の「インプット重視」政策パラダイムとの連続性を有する運動であった，という点が重要である。

　もっとも，これらの訴訟運動は，80年代までは連邦・州の教育財政制度の改革に必ずしも大きな成果を挙げてきたわけではない。特に1973年のSan Antonio Independent School District v. Rodriguez 判決において，連邦最高裁が（合衆国憲法には教育に関する規定が存在しないため）教育は合衆国憲法で保障された基本的権利に該当しないと判示し，原告が敗訴した後は，学校財政制度訴訟は一時的に下火になっていた。しかし，その後，運動側は闘争の場を州レベルに移し，州憲法に基づく新たな訴訟戦略を展開

するようになる。これは，合衆国憲法と異なり，多くの州憲法には教育の権利の保障を定めた条項（「教育条項」）が存在したためである。この州憲法の教育条項やその他の平等保護条項などを根拠として，特に90年代以降は，州政府に対してすべての子どもに適切・十分な（adequate）教育を保障するよう求める，いわゆる「アディクアシー訴訟」が全国に拡大していくのである（白石 2014；坂部 2014）。

4.3 アディクアシー訴訟とスタンダード・ベース改革
——2つの改革運動の交錯

図3は，1970年以降，学校財政制度訴訟が提起された州の数の推移を示している。同種の訴訟全体で見ると80年代末には計23州で裁判所の判断が示されていたが，その中で違憲判決が下された州は8州（原告勝訴の割合は約35％）に止まっていた（白石 2014：28-29）。これに対し，原告がこの新しいアディクアシーの法理に基づく訴訟を提起し，初めて違憲判決を勝ち取った89年[14]以降は，同様のロジックに基づく訴訟が急増するとともに，原告勝訴の割合も大幅に上昇していくのである。表2が示すように89年から現在までの期間，このアディクアシー訴訟に関して州最高裁が判断

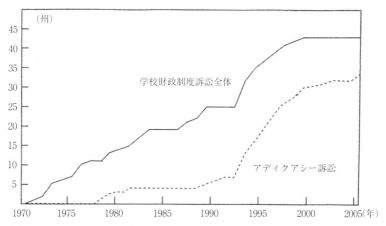

図3　学校財政制度訴訟に関して裁判所が判決を下した州の数の推移
（1971-2005年）

出典：West and Peterson 2007: 3 を一部修正。

を示した計26州のうち，違憲判決が下された州は18州に上る（原告勝訴の割合は約69％）。さらにこれらの州では，ケンタッキーのように15，裁判所が被告の州政府に対して学校財政制度の是正を命じ，同命令を受けて，州議会が貧困学区への財政移転の拡充などの包括的改革を実施した事例も現れたのである。

注目すべきは，こうしたアディクアシー訴訟が90年代に急増した背景としては，この同じ時期に州政府が推進してきたスタンダード・ベース改革の影響が指摘される，という点である（Lindseth 2006; West and Peterson 2007）。なぜなら，このアディクアシー訴訟において，原告側が州の学校財政制度の違憲性を主張するためには，まず州憲法で保障された「最低限度の教育」の水準を具体的に定義した上で，同水準に照らして，現在，州が提供している教育の質が不適切・不十分（inadequate）であることを立

表2　1989年以降の州最高裁判所によるアディクアシー訴訟の判決：
（　）内は判決年

違憲判決（原告勝訴）	合憲判決（被告・州側の勝訴）
モンタナ（1989）	オレゴン（1991）
ケンタッキー（1989）	ヴァージニア（1994）
ニュージャージー（1990）	ロードアイランド（1995）
アイダホ（1993）	フロリダ（1996）
アラバマ（1993）	イリノイ（1996）
マサチューセッツ（1993）	ジョージア（2008年に原告が訴訟取り下げ）
ニューハンプシャー（1993）	ミズーリ（2009）
アリゾナ（1994）	サウスダコタ（2011）
ニューヨーク（1994）	
ワイオミング（1995）	
コネティカット（1996）	
オハイオ（1997）	
ノースカロライナ（1997）	
ミシガン（1997）	
サウスカロライナ（1999）	
アーカンソー（2002）	
カンザス（2005）	
ワシントン（2012）	
計18州	計8州

出典：白石 2014：88-91, Education Law Center の HP, 各州の新聞記事を基に筆者が作成。
※1　上記の結果は，2015年10月時点での最新状況を指す。
※2　カリフォルニア，テネシー，テキサスなど，2015年10月時点で裁判が係争中の州は表から除外している。
※3　デラウェア，ハワイ，ミシシッピ，ネヴァダ，ユタの5州では学校財政制度訴訟が提訴されていない。
※4　アラスカ，アイオワ，インディアナなどでは，州が教育補助金の増額などの改革を決定したため，原告との和解が成立，または原告が訴訟を取り下げている。

証する必要がある。しかし多くの場合，州憲法の教育条項の文言は曖昧[16]であるため，州憲法のみを基に具体的な「最低限度の教育」の水準を特定することは困難だったのである(坂部 2014)。この難問に対して，例えば全米黒人地位向上協会の法律家として長年学校訴訟に携わったジュリウス・チャンバースは，州の「教育スタンダードが，最低限度に適正な教育の権利を定義する上で積極的な機会を我々に与えた」と評している（Chambers 1987: 61）。すなわち運動側は，被告の州政府自身が設定した「教育スタンダード」を，この州憲法で保障された「最低限度の教育」の水準を示すものと読み替え，州政府には，全ての生徒がこの「学力目標に到達するために必要な財政資源」（Rebell and Wolff 2006: 5）を学区・学校に給付する責任がある，と主張したのである。換言すれば，運動側は，改革によって導入された教育スタンダードを，それまで曖昧であった「最低限度の教育」の水準を具体化し，州政府に貧困学区への財政支援の拡充を求める上での新たな根拠として「転用」したのである。

4.4 アディクアシー訴訟のロジック
　——「学力」の規定因をめぐるパラダイム間の闘争

　もっとも，このように訴訟運動が教育スタンダードを州に対して財政支援の拡充を要求する根拠として「転用」することは，同制度を導入した州政府やNCLB法の制定者たちの意図とは異なるものであった。なぜなら先述のように，スタンダード・ベース改革とは，それまでの「インプット重視」政策パラダイムの前提であった「財政資源の投入量」と「生徒の学力」の間の直接的な因果関係への懐疑から誕生した運動だったからである（West and Peterson 2007: 16; 世取山 2008：308）。したがって，各州で展開された裁判の中では，被告となった州政府は，まず教育スタンダードは州憲法で保障された教育水準を定めたものではないと主張した上で，この原告側が主張する「財政資源→学力向上」という因果推論の妥当性を争う，という二段階の戦略を展開することになった。以下では，アディクアシー訴訟の代表例であるニューヨーク州のCampaign for Fiscal Equity, Inc., et al. v. the State of New York, et al. 訴訟（1993〜2006年）における原告 - 被告の言説を基に，この「学力」の規定因をめぐる二つの政策パラダイム間の闘争を跡付けることにしたい。

この事件は，ニューヨーク市内にある14の学区の教育委員会が，同市内の公立学校の生徒とその親，その他のアドヴォカシー団体らとともに原告となり，同州の学校財政制度が不十分・不公正であるために，州憲法で保障された「健全かつ基本的な教育」(sound basic education)[17]を受ける機会が保障されておらず，ゆえに州憲法の教育条項などに違反すると主張して州政府を提訴したものである。当時，ニューヨーク市内の公立学校には，同州全体の貧困家庭の生徒のうちの約70％，マイノリティ生徒の約74％が集中しており，統一学力試験の成績が州の合格基準を下回る生徒の割合も州内の他地域より高かった[18]。原告は，このようにニューヨーク市の公立学校生徒の学力水準が相対的に低い原因は，州政府が彼らに「十分な財政資源」を配分していないためであると主張した。その上で彼らは，外部の研究機関の協力を基に，被告の州政府が96年に定めた教育スタンダード(New York State Board of Regents Learning Standards)に州内すべての生徒を到達させるためには，「約62〜84億ドルの追加予算」が必要との試算を提示し[19]，原告の学区・学校への財政支援の大幅な拡充を要求したのである。

　これに対し，被告の州政府は，教育経済学者エリック・ハヌシェクらの知見を基に，生徒の「学力」と「教育資源」量との直接的な因果関係を否定する主張を展開した。むしろ州側は，ニューヨーク市では「労働契約により，同一の給与を保障されながら，授業時間を1日4時間以下に制限している教員がいる」などの事例を列挙し，生徒の学力不振の原因は，財源不足ではなく，学区・学校側による予算の非効率な使用などにあると反論した。この争点に関して最終的に州の最上級審は，原告側の主張に沿う形で，ニューヨーク市学区の「財政資源」の少なさや，それに伴う様々な教育上の「インプット」（正規免許を持つ教員数，生徒一人当たりの教員数，学校の蔵書数など）の不足と，「アウトプット」（同市の生徒の平均的学力の低さなど）の間の因果関係を明確に認めた上で，現行の州の教育財政制度を違憲と判示し，州政府に対して財政上の改善措置を取るよう命じた[20]。一連の判決を受けて，2007年に当時のスピッツァー知事と州議会は，4年間で段階的に同市の学校に対して総額54億ドル，州内の他の学校に対しても総額40億ドルを支給する改革を決定したのである（Rebell 2011）。

　こうしたアディクアシー訴訟に対しては，判決の前提となった「財政資源」と「学力」間の因果関係や，生徒の学力向上のために「必要」とされ

た巨額の予算額の算定根拠の不確かさ，さらには教育財政に関する立法府・行政府の決定に司法が容喙することの正統性などの問題について多くの批判も提起されてきた(Lindseth 2006; Dunn and Derthick 2007)。また前掲表2が示すように，裁判所の判断は州によって分かれており21，このアディクアシー訴訟が貧困学区・学校が財政資源を獲得する上での有効な戦略として確立されたとは言えない。しかし，裁判所が違憲判決を下した州では，カンザスの事例のように，共和党知事・州議会が追求する教育予算の削減案に対して裁判所が歯止めをかけたケース（現在，州側が訴訟を検討）や，アラスカの事例のように，裁判所の勧告の下で原告と州教育長が直接交渉を始めた結果，生徒の学力向上の責任を一方的に学区・学校のみに負わせるのではなく，州側の責任も認め，州が成績不振校に対して計1800万ドルの財政支援を行うことで和解（2012年）したケースもある。このようにアディクアシー訴訟運動は，一部の州においては，司法を介して，スタンダード・アカウンタビリティ制度の運用をめぐる州政府と地方・教育現場（学区・学校・教員・生徒・親）の間の（再）交渉を促進し，各州の権限の下，「インプット重視」パラダイムに基づく新たな学校財政制度改革を推進する効果ももたらしたのである。

おわりに

以上，本章はアメリカの教育改革の過程を，底流する政策パラダイムの転換という視点から分析してきた。本章冒頭で述べた課題に照らせば，第一に，人的資本投資を要請するグローバルな知識基盤経済への移行という先進諸国共通の問題状況に対し，アメリカは新たな「スタンダード・ベース改革」のパラダイムに基づく制度改革によって応答を試みたことが指摘しうる。既存の「インプット重視」パラダイムの「失敗」，および新たな経済環境下での国民の学力と企業の競争力の間の因果関係への認知から，80年代には，新たに「経済競争のための学力向上」を「目標」とする教育改革運動が超党派的に支持を拡大した。彼らは，従来の教育政策が前提していた「学力」と「教育・財政資源」の間の因果関係への懐疑から，むしろ学力低下の原因を「学区・学校の非効率性」に求め，統一基準に基づく学区・学校の業績評価と罰則賦課という「手段」によって全国的な学力向上を追求した。こうした教育の「標準化」や学校の業績評価の厳格化は，イ

ギリス・ドイツなどでも実施され，近年の国際的改革動向の中で共通に抽出しうる要素の一つとなっている（志水・鈴木編 2012）。今後は，こうした各国の改革に底流するアイディアの異同，および諸改革の展開と各国の政治制度・連合形成パターン（坂部 2016）との関係を比較分析することが重要な課題になると考える。

第二に，本章の理論的課題は，社会的学習と政治制度の関係の考察にあった。従来，社会的学習の主体としては，政党・利益集団・メディアなど主に制度形成（改革）過程に関わるアクターが想定されてきた（Hall 1993: 288-289）。これに対して本章は，行政組織における中央－地方関係を中心として，学区教育委員会や学校など主に地方・現場レベルで制度執行に関わるアクターの役割に焦点を当てた。彼らは，制度改革後，その実際の執行過程で生徒の学力不振の原因やその解決手段に関する独自の認知を形成し，改めて（「学力」と「資源」の間の因果関係を重視する立場から）財政支援の拡充（「手段」）によって教育格差の是正（「目標」）を追求する対抗運動を展開した。本章は，主に学校財政制度訴訟の事例を基に，①州憲法や「教育スタンダード」の解釈の曖昧さ，②州・学区の裁量の大きさという制度的条件が，運動が同スタンダードを財政支援を要求する根拠に「転用」され，司法と州政府の権限の下，一部の州でより公正な教育財政改革を推進する機会を与えたことを示した。

このような州間での制度改革の帰結の多様性を理解する上では，制度改革時のみならず，その執行段階でも展開される「パラダイム間の闘争」の過程まで分析射程に収める必要がある。「パラダイム転換」は，中央レベルでの政権交代と制度改革をもって「完了」するものではなく，むしろその後も，それぞれ異質なパラダイムを掲げる制度形成者－執行者間の長期的な紛争・交渉の中で制度は漸進的に変容し，多様で，ときに制度形成者の意図を越える帰結をもたらしうるのである。

本章は，主に制度執行者側の戦略の展開を分析するに止まり，これらに対する制度形成者側の応答・対抗戦略，および州間の改革帰結の多様性をもたらした諸条件などについて分析し得なかった。これらの問題は今後の課題としたい。

[謝辞] 本稿の執筆に際して貴重なコメントを下さった匿名の査読者に厚く

御礼申し上げたい。また本稿は，科学研究費補助金（基盤研究Ｃ「アメリカ教育改革をめぐる新保守主義の再編」，研究代表者・坂部真理：課題番号15K03289，平成27～29年度）に関する研究成果の一部である。

（１） 例えばブラウン＝ローダーは，先進諸国の中で高度な知識・技能を必要とする職が期待されたほど増加せず，あるいは発展途上国の教育水準の上昇によってIT技術者など「頭脳」労働の職をめぐってもグローバルな競争が激化する場合，高学歴・高技能労働者でも賃金の切り下げ圧力を免れないと予測している（Brown and Lauder 2006: 319-325）。

（２） バラク・オバマ大統領も「21世紀において，最も価値の高い技能とは知識そのものであり，今日我々を教育において凌駕する（out-educate）国々は，将来，経済競争力においても我々を凌駕する（out-compete）であろう」と経済的視点からの教育改革の重要性を強調している（DOE 2010: 1）。

（３） この断続平衡論の特徴は，ホールらが提唱した資本主義の多様性（varieties of capitalism）論でも同様に見られる。

（４） 特に制度改革の直後，行政組織の末端や一般の人々まで新ルールの理解が十分浸透せず，ゆえに彼らの適応期待やコミットメントが十分確立されていない時期には，このような制度転用がより容易になると予想される（ピアソン 2010：193-199）。

（５） 合衆国憲法修正第10条は「憲法によって合衆国に委任されず，また州に対して禁止されていない権限は，それぞれの州または人民に留保される」と定めている。

（６） アメリカにおける「学区」とは，教育行政を所管する地方政府を指す。一般行政を担う郡・市町村とは区別され，その意思決定は公選の教育委員会が担う。域内の固定資産に対する課税権と予算編成権を保有している。

（７） Lyndon B. Johnson, "Special Message to the Congress: Toward Full Educational Opportunity", 1965/1/12.

（８） この「子どもの学力向上→貧困の連鎖の克服」という因果推論に対し，逆に家庭の「貧困」こそが子どもの「学力」向上を規定（阻害）する，という因果関係の存在も指摘される。この後者の関係を強調した代表的な研究が1966年のコールマン（Ｉ）報告である（坂部 2013：44-46参照）。

（９） 例えば1920年時点では，州・学区の初等中等教育費の負担割合は，それぞれ16.5％，83.2％であり，連邦政府の負担割合は0.3％に過ぎなかった（塙 2012：10-11参照）。

（10） アメリカの貿易赤字額は82年には約242億ドルであったが，83年には約578億ドル，84年には約1091億ドルへと急激に増加した。（http://www.census.gov/foreign-trade/statistics/historical/index.html. 2015/9/26アクセス）

(11) ここでは，前掲図1が示すように，連邦教育補助金（タイトル1）の額がクリントン，ブッシュ Jr. 両政権期に大幅に増加している点に留意されたい。但し，これは両政権期の教育政策が旧来の「インプット重視」のパラダイムに引き続き依拠していることを意味しない，ということにも注意が必要である。なぜなら，この時期の IASA, NCLB 法（後述）による連邦補助金の増額は，同時に，それを給付する条件として全州に対し，新たに生徒の試験成績に応じた学校の業績評価や成績不振校への懲罰など，スタンダード・アカウンタビリティ制度の導入を義務付けるものだったからである。換言すれば，吉良（2012）が指摘するように90年代以降の連邦補助金は，同改革を全州で実施させる上での「梃子」として用いられたのである。

(12) George H. W. Bush, "Joint Statement on the Education Summit with the Nation's Governors in Charlottesville", 1989/9/28.

(13) 学校財政訴訟と後述のアディクアシー訴訟については多数の先行研究がある。本章では Moran 1999; Lindseth 2006; West and Peterson 2007; Dunn and Derthick 2007; Rebell 2011; 白石 2014などを参照した。

(14) アディクアシー訴訟で原告が勝訴した先駆的事例としては，Edgewood Independent School District v. Kirby, 777 S.W. 2d 391 (Tex. 1989), Helena Elementary School District No.1 v. State, 769. P. 2d 684 (Mont. 1989), Rose v. Council for Better Education, 790 S.W. 2d 186 (Ky. 1989) という3つの州最高裁判決が挙げられる。

(15) 90年に成立したケンタッキー教育改革法では，学区間の財政格差を是正するための新たな州補助金が導入されたほか，教員給与や生徒一人当たりの教員数も改善されるなど財政・教育資源の配分の公平化に繋がる諸改革が実施された。

(16) 例えばジョージア州憲法では「市民のために適切な公教育を提供することはジョージア州の第一の責務でなければならない」（Article VIII, Sec.1），ケンタッキー州憲法では「州議会は適切な立法によって，効率的なコモン・スクールのシステムを提供しなければならない」（Sec.183）と規定されるが，具体的にこの「適切」「効率的」な教育がどの程度の教育を指すかは，特定されていない。

(17) この「健全かつ基本的な教育」という文言は，州憲法の教育条項そのものではなく，1982年の州最高裁による Levittown v. Nyquist 事件の判決文の中で示されたものである。

(18) 例えば1992年の読解のテストでは市内公立学校の第三学年生徒のうちの約40％，算数のテストでは約19％の者が州の合格基準を下回っていた。これに対し，州内の他学区の同学年生徒の中では，この割合はそれぞれ

11％，2％であった（Rebell 2011: 25）。
(19) American Institutes for Research and Management Analysis and Planning, Inc., *The New York Adequacy Study: Determining the Cost of Providing All Children in New York an Adequate Education*, Vol. 1, Final Report, March 2004, pp. ix, 1, 3-4.
(20) Campaign for Fiscal Equity, Inc. v. State, 655 N.E.2d (N.Y. 1995), 667.
(21) 例えばオクラホマ州は，生徒一人当たりの教育費（7,672ドル）が全国平均（10,700ドル）を大きく下回るが，州最高裁はこのような状態の違憲性を主張する原告の訴えを2007年に棄却している（教育費のデータは，U.S. Census Bureau, *Public Education Finance: 2013*: p. 8, Table. 8.（http://www2.census.gov/govs/school/13f33pub.pdf 2015/ 9 /26アクセス）に基づく）。

引用文献

Béland, Daniel (2006) "The Politics of Social Learning: Finance, Institutions, and Pension Reform in the United States and Canada," *Governance*, vol. 19 (4), pp. 559-583.

Bell, Terrell H. (1988) *The Thirteenth Man; A Reagan Cabinet Memoir*, Free Press.

Brown, Phillip and Hugh Lauder (2006) "Globalization, Knowledge and the Myth of the Magnet Economy," in Hugh Lauder, Phillip Brown, Jo-Anne Dillabough, and A. H. Halsey (eds.) *Education, Globalization, and Social Change*, Oxford University Press, pp. 317-340.

Busemeyer, Marius R. (2015) *Skills and Inequality: Partisan Politics and the Political Economy of Education Reforms in Western Welfare States*, Cambridge University Press.

Chambers, Julius (1987) "Adequate Education for All; a Right, an Achievable Goal," *Harvard Civil Rights-Civil Liberties Law Review*, Vol. 22, pp. 55-74.

The Committee for Economic Development (CED) (1985) *Investing in Our Children: Business and the Public Schools*.

Drucker, Peter F. (1969) *The Age of Discontinuity*, Harper and Row Publishers, Inc.（林雄二郎訳（1969）『断絶の時代―来たるべき知識社会の構想』ダイヤモンド社）．

Dunn Josh and Martha Derthick (2007) "Judging Money," *Education Next*, Winter, pp. 68-74.

The Education Commission of the States (ECS) (1983) *Education for Economic Growth*.

Grubb, W. Norton and Marvin Lazerson (2007) *The Education Gospel: The Eco-*

nomic Power of Schooling, Harvard University Press.

Hacker, Jacob S. (2005) "Policy Drift: The Hidden Politics of US Welfare State Retrenchment," in Streeck and Thelen (eds.), pp. 40-82.

Hall, Peter A. (1993) "Policy Paradigms, Social Learning, and the State," *Comparative Politics*, Vol. 25, No. 3, pp. 275-296.

Hemerijck, Anton (2013) *Changing Welfare States*, Oxford University Press.

Hess, Frederick M. and Chester E. Finn Jr. (eds.) (2007) *No Remedy Left Behind: Lessons from A Half-Decade of NCLB*, The AEI Press.

Jenson, Jane (2012) "A New Politics for the Social Investment Perspective: Objectives, Instruments, and Areas of Intervention in Welfare Regimes," in Giuliano Bonoli and David Natali (eds.) *The Politics of the New Welfare State*, Oxford University Press, pp. 21-44.

Kagan, Josh (2003) "A Civics Action; Interpreting 'Adequacy' in State Constitutions' Education Clauses," *New York University Law Review*, Vol. 78, pp. 2241-2277.

Lauder, Hugh, Phillip Brown, Jo-Anne Dillabough, and A. H. Halsey, (eds.) (2006) *Education, Globalization, and Social Change*, Oxford University Press.

Lindseth, Alfred A. (2006) "The Legal Backdrop to Adequacy," in Eric A. Hanushek (ed.) *Courting Failure*, Hoover Institution Press, pp. 33-78.

Lowndes, Vivien and Mark Roberts (2013) *Why Institutions Matter: The New Institutionalism in Political Science*, Palgrave MacMillan.

McCluskey, Neal and Andrew J. Coulson (2007) "End It, Don't Mend It, What to Do with No Child Left Behind," *Cato Institute Policy Analysis*, No. 599.

McGuinn, Patrick J. (2006) *No Child Left Behind and the Transformation of Federal Education Policy, 1965-2005*, University Press of Kansas.

Moran Mary (1999) "Standards and Assessments; The New Measure of Adequacy in School Finance Litigation," *Journal of Education Finance*, Vol. 25, pp. 33-80.

The National Commission on Excellence in Education (NCEE) (1983) *A Nation At Risk; The Imperative for Educational Reform*, U. S. Government Printing Office.

Pierson, Paul (2004) *Politics In Time; History, Institutions, and Social Analysis*, Princeton University Press（粕谷祐子監訳（2010）『ポリティクス・イン・タイム　歴史・制度・社会分析』勁草書房）.

Ravitch, Diane (2010) *The Death and Life of the Great American School System*, Basic Books（本図愛実監訳（2013）『偉大なるアメリカ公立学校の死と生』協同出版）.

Rebell, Michael A. (2011) "CFE v. State of New York: Past, Present and Future," *NYSBA Government, Law and Policy Journal*, Vol. 13, No. 1, pp. 24-30.
Rebell, Michael A. and Jessica R. Wolff (2006) "Opportunity Knocks: Applying Lessons from the Education Adequacy Movement to Reform the No Child Left Behind Act," *The Campaign for Educational Equity Policy Paper*, No. 2, pp. 1-17.
Reich, Robert B. (1991) *The Work of Nations*, Alfred A. Knopf, Inc.（中谷巌訳（1991）『ザ・ワーク・オブ・ネーションズ―21世紀資本主義のイメージ』ダイヤモンド社）.
Strauss, Valerie (2015) "Fight in Chicago; the all-too familiar story of school closures in America's cities", *Washington Post*, 9/6.
Streeck, Wolfgang and Kathleen Thelen (2005) "Introduction: Institutional Change in Advanced Political Economies," in Streeck and Thelen (eds.), pp. 1-39.
Streeck, Wolfgang and Kathleen Thelen (eds.) (2005) *Beyond Continuity: Institutional Change in Advanced Political Economies*, Oxford University Press.
Thelen, Kathleen (2004) *How Institutions Evolve: The Political Economy of Skills in Germany, Britain, the United States, and Japan*, Cambridge University Press.
U. S. Department of Education (DOE), Office of Planning, Evaluation and Policy Development (2010) *A Blueprint for Reform: The Reauthorization of the Elementary and Secondary Education Act*.
West, Martin R. and Paul E. Peterson (2007) "The Adequacy Lawsuit; A Critical Appraisal," in West Martin R. and Paul E. Peterson (eds.) *School Money Trials: the Legal Pursuit of Educational Adequacy*, Brookings Institution Press, pp. 1-22.
今村令子（1997）『教育は「国家」を救えるか―質・均等・選択の自由―』（新装版）東信堂。
大桃敏行（2012）「インプット重視の平等保障策―1965年初等中等教育法制定から1988年改定まで―」北野・吉良・大桃編，21-33頁。
北野秋男・吉良直・大桃敏行編（2012）『アメリカ教育改革の最前線―頂点への競争―』学術出版会。
吉良直（2012）「アウトカム重視への政策転換―1989年教育サミットから2002年 NCLB 法制定まで―」北野・吉良・大桃編，35-51頁。
久米郁男編（2009）『専門知と政治』早稲田大学出版部。
坂部真理（2013-2014）「アメリカ教育改革をめぐる政治過程（一）（二・完）―制度・情報・社会的学習―」『大東法学』第23巻，第1，2号。
――（2016）「教育改革をめぐるアメリカ新保守主義の変容」『名古屋大学法

政論集』巻・号未定（印刷中）。
志水宏吉・鈴木勇編著（2012）『学力政策の比較社会学—PISA は各国に何をもたらしたか』明石書店。
白石裕（2014）『教育の質の平等を求めて—アメリカ・アディクアシー学校財政制度訴訟の動向と法理—』協同出版。
新川敏光（2011）「福祉国家変容の比較枠組」新川敏光編著『福祉レジームの収斂と分岐—脱商品化と脱家族化の多様性』ミネルヴァ書房，1-49頁。
塙武郎（2012）『アメリカの教育財政』日本経済評論社。
馬場香織（2013）「ラテンアメリカにおける年金制度『再改革』—第一世代改革後の制度変容の視角から—」日本比較政治学会編『事例比較からみる福祉政治』ミネルヴァ書房，135-175頁。
宮本太郎（2013）『社会的包摂の政治学—自立と承認をめぐる政治対抗—』ミネルヴァ書房。
世取山洋介（2008）「アメリカにおける新自由主義教育改革へのふたつの対抗軸」佐貫浩・世取山洋介編『新自由主義教育改革—その理論・実態と対抗軸—』大月書店，297-315頁。

その他資料：

Congressional Quarterly Almanac. (CQA と略)。
Public Papers of the Presidents.

医療保険政策をめぐるアイディアの継承と変容
―― なぜ保険者入院事前審査制度は導入されなかったのか ――

三谷宗一郎＊

> 要旨：毎年1兆円規模で増加する医療費を適正化するという観点から，1990年代以降，保険者機能の強化が盛んに論じられてきた。しかし保険者が医療機関に働きかける対外的機能はほとんど強化されず，その原因は「利益」や「制度」にあると指摘されてきた。これに対し本稿は，非公表の内部報告書を含む資料調査と元厚生官僚へのインタビューを行い，戦前日本の公的医療保険で運用されていた入院承認制度をめぐる改革論議を過程追跡した。その結果，入院承認制度は戦時下の行政事務簡素化の一環で運用停止となったこと，戦後厚生官僚は1980年代まで入院承認制度の再導入を企図してきたこと，ところが1990年代に教訓導出を通じてアイディアが根本的に変容したため1994年を境に検討されなくなったことが明らかになった。以上から1994年以降，入院承認制度の再導入というアイディアを有するアクターが医療政策のアリーナに不在となったため，対外的機能が強化されてこなかったことを示した。

キーワード：医療保険　保険者機能　入院事前審査　厚生省　アイディア

はじめに

　現在，日本の医療費は毎年1兆円規模で増加を続け，保険財政のみならず国家財政をも逼迫させている。1990年度末から2015年度末までの公債残高増加額は約630兆円で，歳出の増加要因が約356兆円に上る。そのうち約230兆円が社会保障関係費であり，医療費の占める割合は高い[1]。2015年度までに国・地方の基礎的財政収支について，赤字の対GDP比を半減させ，

＊　慶應義塾大学大学院政策・メディア研究科後期博士課程
　　日本学術振興会特別研究員（DC1）

2020年度までに黒字化すること，また2021年度以降も国・地方の公債等残高の対GDP比を安定的に低下させることを国際公約として財政再建目標に掲げる日本にとって，医療費適正化は重要な政策課題と言える[2]。

　医療費適正化を達成する手段の一つとして，しばしば取り上げられる論点が「保険者機能強化論」である。国民皆保険体制下の日本では，国民は皆何らかの公的医療保険に加入することが義務付けられ，毎月保険者に保険料を納めている。患者は医療機関を受診すると，窓口でかかった医療費の一部を支払い，保険者が残りを支弁する。患者・被保険者，医療提供者，保険者という三種類のプレイヤーが存在する日本の医療制度において，公的医療保険を運営し，患者・被保険者の視点に立って働くインセンティブを持ちうる保険者には，情報の非対称性の解消や患者・被保険者の代理人としての役割が期待できる（山崎2003：8）。諸外国に比べて保険者機能が非常に弱い日本では，1990年代以降，保険者機能強化による医療費適正化の必要性が論じられるようになった。

　一口に保険者機能といっても，期待される役割は多様である。島崎（2011：270）は，保険者機能を対内的機能と対外的機能に大別している。このうち対外的機能とは，保険者と医療提供者の関係において求められる機能を意味し，レセプトの審査・支払いや，医療の質・効率性向上に関する医療提供側への働きかけを指す[3]。これまでに対外的機能強化の必要性が議論され，レセプトの審査・支払い機能は一定程度強化されてきた。しかし一方で，保険者が医療提供側に働きかける機能は強化されてこなかった。

　日本が公的医療保険を導入する際に範としたドイツでは，入院診療が必要であると医師が判断しても，保険者がその必要性や適切性を審査し，不適切と判断すると保険給付がなされない（舩橋2011：120，府川2003：266）。この仕組みは保険者入院事前審査制度と呼ばれ，米国のマネジドケアでも実施されている。これらの国々では，保険者に不適切な診療を抑制する役割が期待されており，社会的入院を是正するという観点から，日本にも同様の仕組みを求める議論もある（山崎2003，印南2009）。

　じつは戦前日本の公的医療保険にも「入院承認制度」と呼ばれる保険者入院事前審査制度が存在していたことはあまり知られていない。島崎（2011：47）によれば，1922年に日本に公的医療保険が導入された当初は，健康保険法に入院承認制度が規定されていた。ところが運用されなくなっ

た後，規定だけが残り，1994年の健康保険法改正において，当時の厚生省保険局保険課長が「陽の目をみない制度である」と判断し，規定は削除された。

　この過程は「死文化していた規定が法改正を機に整理された」と看取することもできよう。しかし後述する通り，戦後厚生省内部でなされた医療保険政策をめぐる議論を辿ると，何度か入院承認制度の再導入が検討されていたことが明らかになった。つまり省内部では，ある時期まで入院承認制度は検討に値する改革案の一つと見做されていたのである。

　それではなぜ入院承認制度は導入されなかったのか。直ちに想起される説明変数は，利益（Interest）と制度（Institution）である。しかし1980年代から始まる強力な医療費適正化政策の中で，これらの阻害要因が次々と乗り越えられてきたことに鑑みれば，利益や制度の視座だけで説明することには限界がある。また厚生省が全く実現性のない改革案を長期に亘って検討してきたとも考えにくい。

　したがって本稿の問いは，なぜ厚生省は長期に亘って入院承認制度を検討してきたのか，そしてなぜ1994年に検討をやめたのか，という問いに換言される。本稿は，厚生官僚のアイディア（Idea）の継承と変容に着目しながら，非公表の内部報告書を含む資料調査と元厚生官僚へのインタビューを行い，健康保険法が制定された1922年から1994年までの入院承認制度をめぐる改革論議を過程追跡し，上記の問いを明らかにすることを目的とする。

1．分析枠組

1.1　先行研究の検討

　戦前日本の入院承認制度がいつ，なぜ運用停止となったのか，なぜ戦後再び導入されなかったのかについて記述した文献や研究は見当たらない。一方，日本の保険者機能は諸外国に比べて非常に弱く（島崎 2011：23），なぜ強化されてこなかったのかという問いに対して提示されてきた説明は，政治学の視座で捉え直せば，次の二つに整理される。

　一つめは，アクターの利益に着目した説明である。医師の診療における裁量権が広範に認められる日本において，その裁量権を制限する改革には，

日本医師会をはじめとする医療関係者が強く反発する。また、いつでも、どの医療機関にも受診できるフリーアクセス体制下の日本では、アクセスを制限する改革に患者・被保険者が強く反発する（池田 2003：301、清野 2003：28）。

二つめは、アクターの行動を制約する制度に着目した説明である。現行の制度には保険者の自律性の発揮を制限する複雑な法的規制が存在する（堀 2003：153）。また政府管掌健康保険（現協会けんぽ、以下、「政管健保」）の場合、政府自らが保険者となるため、保険者の自律性が育まれてこなかった歴史的な経緯もある（福田 2003：188-189、清野 2003：31、舩橋 2011：15）。さらに多額の公費が投入されていることも保険者の財政規律や自律性を弱体化させてきた（尾形 2003：223）。新田（2000：116）は、保険者の自律性が制限される背景には、保険という仕組み本来の特質、保険の社会性、憲法第25条との関係性という、より本質的な制度上の制約があると指摘している。

たしかに戦後の医療保険政策を振り返ってみれば、国会審議は小幅な改革であっても難航し、審議未了、廃案、再提出、継続審議が繰り返されてきた（加藤 1991、大嶽 1994）。また経路依存する制度の根本的な転換もほとんど生じてこなかった（衛藤 1997、北山 2011、砂原 2011）。利益や制度の視座は、一定の説明力を有していると言える。

しかし後述する通り、戦後厚生省内部でなされた医療保険政策をめぐる議論を辿ると、長期に亘って入院承認制度の再導入が検討されていたことが明らかになった。厚生省が全く実現性のない改革案を検討してきたとは考えにくい。また1980年代からの強力な医療費適正化政策の中で、医療関係者や患者・被保険者の利益は大幅に制限され、既存の制度は根本的に見直されてきた。たとえば1982年の老人保健制度創設による老人医療費無料化の廃止、1984年の被用者保険本人一割負担の導入、1985年の病床規制の導入など、自由主義的潮流の中で、利益や制度といった阻害要因は次々と乗り越えられてきたのである（大嶽 1994）。さらに言えば、入院承認制度と同じように、長期に亘って検討されてきた入院時食事療養費の導入が実現した1994年という時期において、入院承認制度が検討対象から外されたことは奇妙にすら感じられる。利益や制度による説明には限界があるのではないだろうか。

そこで本稿は，近年政治学において利益（Interest）と制度（Institution）と並び，三つめのIとして注目されるアイディア（Idea）に着目する。秋吉・伊藤・北山（2015：59）は，複数の改革案の中から，特定の案が選択される過程を説明する際，アイディア概念が用いられると指摘する。実際，医療政策分野において利益や制度に影響を及ぼすアイディアに着目する研究が増えており，政策過程を分析する上でアイディア・アプローチが有益な視座を提供することが実証されつつある[4]。

1.2 アイディアの継承と変容メカニズム

アイディア概念の具体化

ゴールドスタインはアイディアを「研究および調査によって得られた科学的知識を源泉とする，政策の進むべき方向および手段に関する信念」と定義し，「倫理的価値基準」「問題の認識枠組み」「技術的手段の指針」という三つのレベルに分類されると指摘する。倫理的価値基準は，アクターが物事の善悪を判断する価値基準に関する信念で，アクターの行動の基本原理を構成するとともに，行動を制約する。問題の認識枠組みは，アクターが社会および政策問題をどのように認識するかに関する信念である。技術的手段の指針は，政策目標を達成するための技術的手段に関する指針である（Goldstein 1993; 秋吉 2007）。

この定義に従うと，政策担当者は倫理的価値基準に照らし合わせて，問題の認識枠組みを構築し，政策課題を定義する。その政策課題を解決するための技術的手段の指針を形成し，複数の具体的な改革案をリストアップする。そしてその中から指針に合致する特定の改革案を選択する，という過程を辿ると考えられる。

組織的なアイディアの継承メカニズム

後述する通り，入院承認制度をめぐるアイディアは，戦前から1980年代前半まで明らかな連続性がみられる。なぜ厚生省は長期に亘って入院承認制度を検討してきたのか，そしてなぜ1994年に検討をやめたのかという問いに答えるためには，同じアイディアが継承されるメカニズムと継承されてきたアイディアが変容するメカニズムを説明する必要がある。

佐々田（2011）は，戦前と戦後の政治経済システムの連続性が生じた要

因として，次の二つをあげている。第一の要因は，人的連続性である。戦前の政策担当者が，戦後も要職についた結果，同様のシステムが戦後も構築されたという指摘である。第二の要因は，アイディアの制度化である。戦前のアイディアが制度化されたことで，その制度の継続を支持する連合（coalition）が形成され，ポジティブ・フィードバック効果が働き，次世代の政策担当者にも継承されたという指摘である。秋吉ほか（2015：193）も制度化されたアイディアが次の制度の根幹に影響を及ぼすと指摘している。

　本稿は，これら第一，第二の要因に加え，第三の要因として，組織内部の世代や部局を超えた検討会に着目する。戦後の厚生官僚は医療保険政策を検討するために，世代や部局を超えた検討会を何度か開催し，多岐にわたる論点について議論してきた。そして検討会で取りまとめられた報告書は，次の検討会における議論のたたき台として継承されていった。佐藤（2014）が，厚生労働省内部の検討会が政策学習を促す役割を果たしたと指摘している通り，これら検討会における議論や報告書を通じて，前世代の政策担当者のアイディアは，次世代の担当者へと受け継がれていったと考えられる。

社会的学習によるアイディアの変容メカニズム

　一方，アイディアの変容メカニズムを説明する上で有益な視座を提供してくれるのがホールの提起した社会的学習概念である。社会的学習は「過去の経験や新しい情報に対応して，政策の目標もしくは手段を修正する試み」と定義され，政策転換は段階的に生じるという前提を置く。具体的には，第一段階で政策手段の設定のみの変更，第二段階で政策手段の設定と政策手段の変更，第三段階で政策目標自体の変更が生じると指摘される（Hall 1993; 秋吉ほか 2015）。

　こうした社会的学習によるアイディアの変容に作用するのが教訓導出である。政策担当部局は特定の政策問題への対応が必要になった際に，さまざまな情報源から政策のアイディアを構築していく。その際，同様の政策問題に直面した他の政府の政策内容と帰結が考察される。また教訓導出による政策対応は，①特定の政策をそのまま移転する「模倣」，②特定の政策を自国や地域の文脈に合うように修正して採用する「適合」，③二つの政府から政策要素を組み合わせる「合成」，④さまざまな政府の政策要素をもと

に新しい政策を形成する「統合」，⑤他の政府での政策を刺激として新しい政策を形成する「刺激」の五つがあると指摘されている（Rose 1991, 1993；秋吉ほか 2015；竜 2015）。

1.3　仮説

ここまで述べたアイディアの継承と変容メカニズムを捉える枠組みから，次の仮説を導出した。すなわち，戦前から1980年代まで，保険財政を健全化すべきだという倫理的価値基準，不適切な入院診療を是正すべきだという問題の認識枠組み，保険者の対外的機能を強化すべきだという技術的手段の指針が共有されていた。このアイディアは，人的連続性，制度化，連合の形成，組織内部の世代や部局を超えた検討会を通じて，次世代の政策担当者へと継承され，入院承認制度の再導入が繰り返し検討された。ところが継承メカニズムの機能不全，教訓導出を通じた社会的学習によってアイディアが変容した。その結果，新たに形成されたアイディアに合致しない入院承認制度は，検討対象から外されることになった，という仮説である。次章より過程追跡を通じて仮説を検証する。

2．戦時下の入院承認制度の運用停止

日本で初めて公的医療保険が導入されたのは，1922年の健康保険法制定まで遡る。保険診療を利用した仮病による入院を防止する目的で，健康保険法第43条第3項に，患者を病院に入院させる場合には，事前に保険者の承認を必要とする入院承認制度が規定された（内務省社会局保険部編 1927：93）。運用上の具体的な手続きは，1928年4月に同施行規則第56条の2に規定された[5]。医師は入院が必要だと判断すると，入院承認申請書を作成し，被保険者を通じて保険者に提出することとされ[6]，保険者から承認が得られると被保険者は健康保険から入院給付を受けられるという仕組みだった（熊谷 1926：292）。

1940年前後から日本医師会や事業主が，煩雑な事務手続きの簡素化を求めるようになった。1941年から太平洋戦争が始まると，時局の推移に伴って，行政事務の簡素化が進められた[7]。1943年4月からは，入院を要することが明らかな疾病と手術に関しては事前承認申請が不要となった[8]。この行政事務簡素化の動きは進展し，厚生省は「健康保険制度を更に決戦的

にならしむ」必要があるとの判断を下した[9]。そして1944年5月に「全面的に画期的整理を断行し決戦施策に邁進」すると決定し[10]、施行規則第56条の2第1項に規定されていた入院承認制度の規定を削除した[11]。こうして入院承認制度の運用は停止された。

もっとも厚生省は、施行規則を改正すると同時に健康保険保険医療養担当規程（旧健康保険診療方針。以下、「療養担当規程」）を定め、第15条の2第1項に入院届制度を規定した[12]。医師は患者を入院させた場合、保険者にハガキで届け出ることとされたのである（大村・滝口 1949：24）。その後、戦局の悪化を受けて1945年4月に一時的に入院届制度の運用は停止されたが、終戦後の1949年9月に運用が再開された。翌年9月には、新たな療養担当規程が制定され、入院届制度は退院時の届け出も義務付ける入退院届制度と改称された[13]。

このように戦時下の行政事務簡素化の一環で入院承認制度は運用停止となったが、厚生官僚は、不適切な入院診療を抑制する手段として、保険者の対外的機能を働かせるという技術的手段の指針を有していた。このアイディアは入院（入退院）届制度として制度に埋め込まれ、戦後に引き継がれたのである。

3. 戦後の入院承認制度をめぐる改革論議

3.1 利益対立による再導入の挫折

終戦後、医療制度の再建が進む中で、医療費は急増した。1950年代の主たる政策課題は政管健保の財政赤字を解消することにあり、厚生省は増床に伴う不適切な入院診療の増加を警戒していた[14]。

ところが入院承認制度の代わりに導入された入退院届制度は形骸化し、保険者への届け出を怠る医師が多かったことから、厚生省は1954年に局長通知、翌年に健康保険課長通知を発出し、保険医に対して入退院届の励行を呼びかけた[15]。こうした厚生省の努力にもかかわらず、政管健保の財政赤字は解消されなかった。1954年度に前年度までの積立金18億円を使いきり、それでもなお39億円の赤字が計上された。同年12月には「健康保険財政緊急対策要綱」がまとめられ、この中で入退院届を保険医に厳守させることが明記されたほか、不正請求や不正受診の排除、保険料収納率の向上

など，収支両面にわたる行政措置が盛り込まれた[16]。厚生省内部で，不適切な入院診療の是正に向け，監査を強化すべきだという問題意識が高まっていった[17]。

翌1955年5月には，厚生大臣の私的諮問機関として，政管健保の財政赤字を検討するため，7名の学識経験者から構成される七人委員会が設置された。同委員会は，同年10月に発表した報告書の中で「財政赤字の原因の一つは結核患者の入院医療費の増加である」と指摘し，結核患者に対して入院事前審査を実施するという改革案を提起した[18]。この提案に対して日本医師会は同年12月に「入院事前審査は，入院を必要とする患者をできるだけ入院させないようにする制度である」と抗議した[19]。

この間，厚生省は財政赤字対策を目的とした健康保険法の改正を進めていたが，難航していた。1955年5月に国会に提出された健康保険法改正案は，時間切れで審議未了となり，翌年2月に再び上程されたが，参議院での教育二法案をめぐる国会の混乱により廃案となった。三度目の上程となった同年12月の臨時国会で，継続審議と修正を経て，翌1957年3月にようやく成立した[20]。

この法案審議を進める傍らで，保険局健康保険課長の小沢辰男が検討していたのが入院承認制度の再導入だった[21]。小沢は，全国保険課所長会議や業界誌を通じて再導入に向けて積極的な姿勢を打ち出していった[22]。

もっともこの改正で注目を集めたのは，より強力な監査強化策だった[23]。例えば保険診療に従事する医師は，従来の保険医登録に加えて，保険医療機関の指定も受けなければならないという「二重指定制度」や，保険医に対する厚生大臣や知事の検査権を明確に規定し，不正請求した医師の保険医指定を取り消すことができるという改革案が盛り込まれた（有岡1997：89；厚生省保険局健康保険課編1958：573）

この健康保険法改正案に強く反対していた日本医師会は，1956年2月に第23回臨時代議員会において保険医総辞退を決行すると決議し[24]，翌年4月には法案成立を止められなかった小畑惟清ら執行部が不信任となり，のちに四半世紀にわたり医療政策に多大な影響を与えることになる武見太郎が会長に選出された[25]。

すでに国会で成立していた健康保険法は修正できないため，武見は，政省令の修正を通じて，二重指定制度の「骨抜き」を企図し，旧知の間柄だ

った神田博厚生大臣を通じて政省令の原案を入手した。同月，保険局次長の小山進次郎や健康保険課長の小沢，同課事務官の幸田正孝らを日本医師会館に呼び，医師の裁量を制限する規定を日本医師会の要求通りに修正，削除させた（有岡 1997：127-132，幸田ほか 2011：22）。

この時，削除された規定が，保険医療機関及び保険医療養担当規則（旧療養担当規程。以下，「療養担当規則」）の原案に記されていた入退院届制度である[26]。入院承認制度の再導入が挫折しただけでなく，事後的に保険者が承認を与える入退院届制度の規定すらも削除されたのである。この規定の削除に対し，健康保険組合連合会（以下，「健保連」）の湯川憲三委員は中央社会保険医療協議会の場で反対したが，聞き入れられなかった[27]。こうして日本医師会の抵抗により，入院承認制度の再導入は挫折したのである[28]。新しい療養担当規則は1957年4月に公布された[29]。

ここまで入院承認制度に関する法令上の規定のうち，施行規則第56条の2は戦時下の1944年に，療養担当規則第20条の入退院届制度の規定は1957年にそれぞれ削除され，政省令の規定を失った健康保険法第43条第2項が残されることになった。

3.2 厚生省内の検討会における議論
山本審議室での検討

1961年4月に国民皆保険が達成されると，さらに医療費は急増し，政管健保や国民健康保険の財政赤字が深刻化した。これを受けて医療保険制度全般にわたる抜本改革が議論されるようになった。

厚生省は1961年3月に官房長の山本正淑を室長とする医療保障総合審議室（以下，「山本審議室」）を設置した[30]。山本審議室では，皆保険達成後の医療保障の在り方について検討が進められた。ここで検討された改革案の一つが，入院保険制度の創設である。当時医療費を増加させる最大の要因は入院診療だった。そこで医療費が高額化する入院部分だけを取り出し，独立した入院保険制度を創設して各保険制度間で財政調整を行うという改革案がまとめられたのである。

この入院保険制度構想の中で，入院承認制度の再導入が検討された。具体的には医療保険を運営する新しい政府機関として「医療保険事業体」を創設し，その事業体が都道府県単位に任命した保険医療指導委員（医療担

当者）が，一定期間経過後六か月ごとに入院継続の要否を審査するという仕組みが構想された[31]。

　山本審議室の検討内容は公表されることはなく，報告書もお蔵入りとなった。翌1962年に保険局長に就任した小山進次郎は，保険局企画課長の廣瀬治郎ら主だった局員とともに同審議室の報告書をテキストとして勉強会を開いた（小山進次郎氏追悼録刊行会 1973：256）。小山や廣瀬は山本審議室の議論には参加していなかったが，報告書を通じてアイディアを継承していったと考えられる。

牛丸委員会での検討

　1965年11月，鈴木善幸厚生大臣は医療保険制度の抜本改革を議論するため，厚生省内に医療保険基本問題対策委員会を設置した。事務次官，保険局長，官房長，審議官，社会保険庁長官など医療保険政策の首脳級が集められたこの委員会は，委員長を務めた牛丸義留次官の名を冠して牛丸委員会と呼ばれた（以下，「牛丸委員会」）[32]。

　牛丸委員会は，およそ一年かけて医療保険制度の問題点を洗い出し，翌1966年9月に問題解決の方向性と複数の改革案をまとめた報告書を作成した[33]。同委員会は，事後的にレセプトを審査するだけでは，不適切な入院診療を是正できないため，「特定の慢性疾患の入院患者は，入院後三か月ごとに保険者に承認申請書を提出し，承認されなかった場合には給付しない」という改革案を提起した[34]。七人委員会の提案と山本審議室での検討内容を折衷した改革案が構想されたのである。

　しかし，①入院すべきか否かの個別的判断は，書面上で行うことが容易ではないため，実効性があるかどうか不明であること，②事務的に手数がかかること，③入院の適切性と審査のための準則を定めることが技術的に困難であること，④医師の診療における自主性を制限することになるため，医師会の反対が予想されることなどが問題点として指摘された[35]。つまり制度設計上の困難性と医療関係者の反発が制約条件と見做され，導入は見送られたのである。

　牛丸委員会の報告書は，政局不安を理由に佐藤栄作首相の指示で非公表とされ，お蔵入りとなったが，山本審議室の報告書と同様に省内部では次世代の担当者に読み継がれていった。

医療保障政策研究会での検討

　山本審議室に大臣官房企画室事務官として，牛丸委員会には保険局企画課長補佐として検討に参画した吉村仁は，その後医療政策畑を歩み，1982年に保険局長に就任すると，次の健康保険法改正に向け，保険局内の若手官僚を集めて医療保障政策研究会という検討会を開催するようになった36。同研究会を実質的に取り仕切ったのが同年，保険局企画課長補佐に就任した和田勝である。

　和田は，被用者保険本人一割負担の導入や退職者医療制度の導入，国庫負担の引き下げを1984年健康保険法改正の「本丸」と位置付けていた。研究会では，山本審議室や牛丸委員会の報告書を参照しながら検討を重ね，取りまとめた論文（以下，「和田論文」）を業界誌『健康保険』に発表した37。和田論文は，運用されていない入院承認制度の規定を発動させ，保険者による入退院審査を実施することも医療費適正化に向けた改革案の一つであると提起した。和田は，保険者は医療提供側に働きかける対外的機能を発揮すべきであり，将来的に入院承認制度を導入すべきだというアイディアを有していたのである。

　もっとも和田はこの時点で入院承認制度の本格的な導入を企図していたわけではなく，今後も継続的に検討していくべき改革案であると考えていた38。また牛丸委員会での議論と同様，制度設計上の困難性と医療関係者の反発が制約条件と見做されていた。医療保障政策研究会でまとめられた改革案の多くが，1984年健康保険法改正において実現するが，入院承認制度の再導入は見送られることになった。

3.3　医師によるピアレビュー方式の検討

　1980年代まで継承されてきた「保険者の対外的機能を強化する」という技術的手段の指針は，この時期から少しずつ変容していった。1983年に医科大学付属病院による高額の不正請求問題が起きたことを受けて，和田らは診療内容の適切性の審査を強化する目的で，厚生省保険局に顧問医師団を創設した（吉原・和田 2008：544）。顧問医師団は，高度な医学論争に耐えられる体制とするため，国立大学の病院長などを経験した各診療科の医師，約20名から構成され，不正請求が疑われる医療機関の監査業務を担っ

た[39]。

　また1985年に厚生省に設置された高齢者対策企画推進本部は，入院診療の適正化を図るという観点から，病院が自主的に医療内容の適正化を図るシステムを検討すべきと提案した[40]。この考え方は，1987年に同省に設置された国民医療総合対策本部にも引き継がれ，同年6月に「入退院判定委員会の設置」という改革案に結実した[41]。この改革案は，主治医を含む医師や看護師らで構成される入退院判定委員会を各病院に設置して，入院患者の症状や退院可能性を定期的に確認し，退院計画の策定を行うというものである。中間報告発表後，取りまとめを担った保険局医療課企画官の高原亮治の発案により，数名の医系技官らによって米国の入退院基準の研究が進められた。同年9月には，米国 PSRO（Professional Standard Review Organization 医療基準審査機関）の入退院審査判断基準を翻訳した『アメリカにおける入退院基準』が刊行された（遠藤監訳 1987）。

　このような，医師が他の医師の診療内容を査定する仕組みはピアレビュー方式（同僚評価）と呼ばれ，欧米では実施されている。それまで保険者が審査する改革案が検討されてきたが，1980年代後半から医師が審査する改革案が検討されるようになったのである。つまりアイディアのうち技術的手段の指針が変化していたと考えられる。

4．入院承認制度の規定削除

　1980年代から推進された医療費適正化政策は，1990年代に入ってからも進展した。1993年6月に医療保険審議会が発表した中間まとめでは，入院時食事療養費の導入や付添看護・介護の見直しの必要性が指摘された。同審議会の中間まとめの策定まで議論を牽引してきた保険局企画課長の和田を引き継いだのが江利川毅である。江利川には入院時食事療養費の導入が期待されていたが，与野党および関係団体は患者負担が増加するこの改革案に反対しており，合意形成は難航が予想された[42]。

　医療費適正化を主眼に据えた入院時食事療養費の導入は困難と判断した江利川は，1993年11月に次の制度改革を「経済的リスクへの対応という基本的役割を維持しつつ，質の改善という新しい需要に対応させるもの」と位置付ける方針を構築した（厚生省保険局企画課編 1995：256）。反対する関係者に対して「次期改正は患者負担の増加ではなく，質の改善である」

と訴求し，合意を取り付けていった43。改正案は翌1994年6月に成立した44。

この過程で，そもそも保険給付とは何か，個々の給付内容はどのような位置づけとすべきかという議論を詰め，健康保険法第43条「療養の給付」条項を全面的に組み替えたのが保険局保険課長の渡邉芳樹である。渡邉は，1980年代後半頃より，厚生省から日本貿易振興協会ニューヨークセンターに派遣されていた山崎史郎（元内閣官房まち・ひと・しごと創生本部事務局地方創生総括官）が日本に定期的に報告する米国医療の情報に触れる中で，米国のマネジドケア，なかんずく財政的見地から保険管理者が入院の適否を判断する制度は日本に導入すべきではない，という認識を抱くようになっていた。また当時，介護保険創設に向けた議論が厚生省内でも始まっており，介護保険で医療費をコントロールするという新しい選択肢を発達させようとしていた時期でもあった45。

このように渡邉は，不適切な入院診療を是正するために，医療保険の保険者の対外的機能を強化すべきではなく，むしろ構想中だった介護保険という新しい選択肢で対応すべきだという認識を有していた。こうして健康保険法第43条を全面的に組み替える際に，入院承認制度の規定を削除するという決定を下したのである46。

渡邉は規定の削除にあたり，審議会委員や医療関係者，保険者団体に確認をとったが，反対する者は一切いなかった。しかし改正後，規定が削除されたことを知り，担当した渡邉に異論を呈したのは，和田（改正時官房審議官）や元保険課長の堤修三（元社会保険庁長官，改正時薬務局企画課長）ら，渡邉よりも入省年次が上の厚生官僚だった。和田や堤らは入院承認制度の規定は残しておくべきだと考えており，「政治案件になったわけでもないのに削除すべきではなかった」と指摘した47。

このことは当時，保険者の対外的機能をめぐって厚生省内部で二つのアイディアが混在していたことを示唆している。両者は，種々の制約条件から入院承認制度の再導入は困難であると考えていた点では共通しているが，和田や堤らが「保険者は対外的機能を発揮すべきだ」と認識していたのに対し，渡邉は，海外の実情を参照しながら「そのような対外的機能は日本の医療制度には馴染まない」と認識していたのである。

健康保険法第43条が全面的に見直され，規定が削除されたことで，以後

医療保険政策の文脈で入院承認制度の再導入は検討されなくなった。もっとも保険者の対外的機能を重視する和田は，1994年に高齢者介護対策本部事務局長に就任すると，入院承認制度を介護保険に応用できないか模索していた[48]。そして病院設置者の恣意的な判断を制約し，第三者組織を関与させる目的で導入したのが，要介護認定制度とケアマネジメントだった（和田2007:133）。繰り返し検討されながら，ついに実現をみなかった入院承認制度は，介護保険に組み込まれたのである。

5．分析

5.1 アイディアの継承

ここでは先に示した枠組に従って，なぜ厚生省は長期に亘って入院承認制度を検討してきたのか，そしてなぜ1994年に検討をやめたのかについて分析していく。

戦前に運用されていた入院承認制度は，戦時下の行政事務簡素化の一環で運用停止となったが，厚生省内部では，保険財政を健全に運営するという倫理的価値基準のもとで，不適切な入院診療を政策課題と見做す問題の認識枠組みが共有されていた。このため入院承認制度の規定は健康保険法には残され，また施行規則には入退院届制度という別の仕組みが導入された。このように保険者が対外的機能を発揮すべきであるという技術的手段の指針は，制度に埋め込まれ，戦後にも継承されることになったのである。

戦後，厚生省は1954年から悪化した保険財政に対応するため，形骸化していた入退院届制度の励行を呼びかけ，同時に入院承認制度の再導入に向けた動きを展開していった。ところが健保連をはじめとする保険者団体はこの動きに呼応することはなく，日本医師会の政治的な圧力によって挫折した。以後，厚生省が公の場で入院承認制度の再導入に向けた動きを見せることはなくなるが，技術的手段の指針は変化することなく継承された。

技術的手段の指針の継承をもたらした要因は次の三つに整理される。第一の要因は，人的連続性である。1960年代から医療費適正化に向けた改革案を取りまとめていた吉村は，その後医療政策畑を歩み，官房長，保険局長，事務次官へと出世していった。吉村が有していた保険者の対外的機能を強化すべきであるというアイディアは，和田ら次世代の担当者に引き継

がれていった。

　第二の要因は，組織内部の世代や部局を超えた検討会である。1961年には山本審議室，1966年には牛丸委員会がそれぞれ設置され，医療保険制度の改革案が議論された。検討内容は内部報告書にまとめられ，1982年の医療保障政策研究会でも参照された。議論を通じて，前世代の担当者のアイディアは継承され，さらに内部報告書がそれを促していった。

　第三の要因は，アイディアの制度化である。厚生省内部では，保険者の対外的機能を強化すべきであるという技術的手段の指針に基づいて，健康保険法第43条第2項の入院承認制度の規定は，将来的に再び発動すべきであると見做されており，規定を残すという意思決定が繰り返されていた。外形的には死文化しているように見える規定には，アイディアが埋め込まれていたと考えられる。

　ただし，制度化されたアイディアを支持する連合（coalition）は形成されなかった。保険者団体が入院承認制度の規定を活用するという自発的な動きを見せることはなく，それどころか戦後に規定が削除されることにも抵抗しなかった。したがってこの事例では，ポジティブ・フィードバックは働いていないと考えられる。

　もっとも入院承認制度を再導入すべきであるという技術的手段の指針が継承されながら，実現に至らなかったのは，制度設計上の困難性と医療関係者の反発が制約条件になったためだった。つまり1980年代までは，保険者の対外的機能強化を求めるアイディアが存在したが，先行研究で指摘されるように利益と制度が阻害要因になっていたのである。

5.2　アイディアの変容

　1980年代中頃より技術的手段の指針は次第に変化することになった。和田は「保険者の対外的機能を強化すべきだ」という技術的手段の指針を共有している一方で，診療内容の適切性を審査する現実的な改革案を模索し，顧問医師団を創設した。その後1987年には医系技官によって入退院判定委員会の導入が検討された。保険者の対外的機能を強化するという技術的手段の指針が継承される一方で，事後的ではあるが，医師が診療内容の適切性を審査するという指針も同時に形成されていたのである。

　そして1980年代後半からは，保険者の対外的機能を強化するという技術

的手段の指針そのものの妥当性が見直され始める。保険者が財政的見地から診療内容の適切性を審査するという仕組みは，日本には馴染まないという認識が形成されるようになったのである。

このようなアイディアの変容を促した第一の要因は，人的連続性の断絶である。吉村は1986年に事務次官を退官し，同年がんにより亡くなった。和田は1992年まで保険局企画課長を務めていたが，1994年に高齢者対策本部事務局長（大臣官房審議官）に就任し，介護保険の創設に動き始めており，同年の健康保険法改正に直接関与していなかった。

第二の要因は，組織内部の検討会やその報告書による継承の断絶である。1994年の健康保険法改正を担うことになった江利川や渡邉らは，吉村や和田らの検討会に参加したことはなく，1960年代の内部報告書にも触れたことはなかった[49]。次世代の医療制度改革の担当者らは，保険者の対外的機能を強化すべきであるというアイディアを継承する素地を有していなかったと考えられる。

このような状況下で，第三の要因である米国の医療制度からの教訓導出がアイディアを変容させていった。吉村や和田らが継承してきた保険者の対外的機能を強化するという技術的手段の指針は，米国の制度を志向していたわけではない。ところが当時，厚生省内部で急速に広がっていった「米国のマネジドケア型の医療制度は日本には馴染まない」という認識は[50]，長らく健康保険法に残されてきた入院承認制度の規定を削除するという政策対応を生じさせた。教訓導出概念における「刺激」が生じたものと思料される。

こうして既存の技術的手段の指針が揺らぐ中，高齢化の進展とともに介護保険の創設という新しい技術的手段の指針が形成されたことが第四の要因である。渡邉は，入院承認制度は日本には導入すべきではなく，介護保険によって不適切な入院診療を是正するという技術的手段の指針を形成していったのである。

そして第五の要因は，保険者の対外的機能を強化するというアイディアの実現をサポートする連合（coalition）が形成されなかったことである。不適切な給付の是正に強いインセンティブを持ち得るはずの保険者団体は，1957年に小沢が入院承認制度の再導入を企図する動きを見せたときは呼応することはなく，1994年に渡邉が規定を削除する際にも一切反対しなかっ

た。保険者の自律性が発達してこなかったためと考えられる。

　こうして厚生省内の技術的手段の指針は根本的に変容し，その指針に合致しない入院承認制度の規定は削除された。1990年代後半から研究者の間で，保険者の対外的機能強化の必要性が議論されるようになったが，その時点で，医療政策のアリーナには，対外的機能強化を求めるアイディアを有するアクターはおらず，アジェンダが設定されることはなかった。それゆえ日本には現在まで保険者入院事前審査制度は存在せず，導入に向けた議論も起こらないのである。

おわりに

　本稿は，戦前日本の入院承認制度をめぐる政策過程を事例に取り上げ，厚生官僚が1980年代まで，入院承認制度を再導入すべきだというアイディアを継承してきたこと，しかしアイディアが変容した結果，1994年以降入院承認制度は検討対象から外され，再導入されることなく現在に至っていることを明らかにした。現在までに入院日数はある程度短縮化されてきたが，1990年代に介護保険に期待されていた社会的入院の解消は，完全に達成されたわけではない。規定は削除されたが，入院承認制度は現在も改革に向けた選択肢の一つになり得るのではないかと考えられる。

　本稿の意義は次の二つに整理される。第一に，非公表の内部報告書やインタビューで得られた証言などの新資料を用いて，戦前の入院承認制度が運用停止に至った経緯，再導入をめぐる議論，規定削除の決定過程を明らかにし，これまで通史文献から捨象され，ほとんど顧みられてこなかった医療政策史の一側面を解明した点である。

　第二に，アイディア・アプローチによる説明の妥当性を示した点である。従来，保険者機能が強化されてこなかった事実に対し，利益や制度の視座から説明が提示されてきた。しかし本稿の結果から1990年代以降，保険者機能強化論が高まる中で，対外的機能が強化されてこなかったことを説明するには，利益や制度よりもアイディアが妥当すると考えられる。

　　※　本稿の執筆にあたり有益なコメントを下さった匿名の査読者に深く感謝申し上げます。

（1） 財務省（2015）「日本の財政関係資料（平成27年9月）」p.9および p.15。
（2） 医療費適正化とは，医療費の伸びを国民所得の伸びの範囲内にとどめることを目的とし，効率化と重点投資を推進する政策を意味する。
（3） 一方，対内的機能とは，保険者と被保険者の関係において求められる機能を意味し，具体的には①被保険者の適用・加入管理，②給付額の見積りと保険料の設定，③保険料の賦課・徴収，④療養（費）の給付・支給，⑤保健事業を通じた健康管理・健康増進を指す。
（4） たとえば宗前（2005），北山（2011），竜（2015）などがあげられる。
（5） 内務省令第12号1928年4月7日。
（6） 入院承認申請書の記載項目は，被保険者情報と医師の所見に大別される（石川県健康保険課 1936：36）。保険者は，記入漏れなどを確認する形式審査と，傷病と入院の必要性や日数の妥当性を重点的に検討する内容審査を実施していた（谷田部 1941：81-83）。施行後，日本医師会が内務省に対し，入院日数の基準作成を要請した結果，1938年に247件の疾病や手術の入院日数の基準を示した「入院承認日数標準」が導入された。
（7） 1942年2月に職員健康保険法を廃止し，健康保険法に吸収・統合した。このとき入院承認制度の規定は第43条第3項から第43条第2項に改正された（昭和17年2月21日法律第38号）。
（8） 厚生省告示第65号1943年2月8日。疾病15件と入院を必要とする手術31件がその対象とされた。
（9） 1944年3月に保険料算定の事務も簡素化された。「保険料算定方法の改正に就て」『社会保険時報』1944年18巻3号 pp.19-26。
（10）「健康保険の一部負儋金及診療報酬點數表等改正實施に就て」『社会保険時報』1944年18巻5号 pp.5-10。
（11） 厚生省令第18号1944年5月24日。
（12） 厚生省告示第52号1944年5月31日。
（13） 厚生省告示第239号1950年9月20日。
（14）「全国保険課長事務打合会開催状況」『社会保険時報』1954年28巻9・10・11・12号 p.46。
（15）「被保険者証の療養給付記録欄の記載及び入退院届の厳守について」保発第89号1954年12月15日，「入退院届について」保険発第13号1955年1月20日。
（16）「保険醫の指導監査に重點」『日本医事新報』1955年1602号 p.90。
（17）「第四十二回全国保険課長及び社会保険出張所長事務打合会開催状況」『社会保険時報』1955年29巻4・5・6号 p.82，「レセプトの事後審査」『健康保険』1959年13巻5号 p.50。
（18） 七人委員会（1955）「七人委員会の報告」p.220。

(19) 「當面する健康保険の中心問題とその對策について」『日本医事新報』1956年1654号 pp.107-108。
(20) 昭和32年3月31日号外法律第42号。「健康保険法の一部改正について」『社会保険時報』1957年31巻4・5・6号 pp.1-8。
(21) 当時小沢は「七人委員会の報告」を参照していたと述懐しており，入院承認制度の再導入というアイディアは同報告書から獲得したと考えられる（新潟日報事業社編 2001：61）。
(22) 「参院選に社会保障関係者進出」『社会保険週報』1956年23号 p.1,「全国保険課所長会議開く」『社会保険旬報』1956年469号 p.21,「健保法流産を中心に」『健康保険』1956年10巻7号 pp.40-42,「健保改正案流産の後始末と今後の問題」『共済時報』1956年4巻8号 pp.10-12。
(23) 「健康保険財政対策要綱案について」『社会保険』1956年7巻2号 pp.8-9。
(24) 「健保改悪を強行せば総辞退の決行を決議」『日本医事新報』1956年1661号 p.57。
(25) 「医師会長25年武見太郎の回想⑦」『朝日新聞』1982年4月6日。
(26) 「保険医療機関及び保険医療養担当規則」『社会保険旬報』1957年500号 p.24,「健保関係法令の折衝經過報告」『日本医事新報』1957年1727号 p.71。
(27) 「保険医療機関及び保険医療養担当規則など決定」『日本医事新報』1957年1724号 p.67。
(28) 1958年に国民健康保険法第36条第2項にも入院承認制度が規定されたが（昭和33年12月27日法律第192号），健康保険法と同様，運用されることはなかった。
(29) 厚生省令第15号1957年4月30日。
(30) 医療保障総合審議室は，1961年3月に検討課題を整理した「医療保障総合審議室資料」，同年5月に研究資料として「医療保障に関する諸問題の検討」，同年11月に中間報告書として「医療保障総合審議室中間報告」をそれぞれ作成して解散した。いずれも現在まで公表されていないが，筆者が調査し入手した。
(31) 厚生省医療保障総合審議室(1961)「医療保障総合審議室中間報告」p.25。
(32) 牛丸委員会には，山本審議室に参画した吉村仁のほか，廣瀬も検討メンバーに加わった。
(33) 厚生省は牛丸委員会報告書の公表に向けて準備を進めていたが，1966年夏に「黒い霧事件」が起こり，内閣改造や国会解散，総選挙を控えた情勢の下で，佐藤栄作首相の指示によって非公表とすることが決定された。報告書は現在まで公表されていないが，筆者が調査し，入手した。
(34) 特定の慢性疾患として，結核，精神病，高血圧，循環器疾患，悪性新

生物，中枢神経系疾患，ロイマチスが例示された。
(35) 厚生省医療保険基本問題対策委員会（1966）「医療保険抜本対策検討資料」第4章 pp.109-110。
(36) 加藤（1991）は，吉村が1960年代から省内で勉強会を開いて改革の準備を進め，1984年の健康保険法大改正を実現させたと指摘している。
(37) 山本は「吉村は1980年代に医療費適正化政策を検討するにあたって，1961年に作成した医療保障総合審議室の報告書を議論の叩き台としていた」と述懐している（吉村仁さん追悼集刊行会 1988：98）。和田論文は，医療保険政策研究会「医療保険政策の構想—低成長下における医療保障のあり方（上）」『健康保険』1983年37巻4号 pp.18-36，および医療保障政策研究会「医療保険政策の構想—低成長下における医療保障のあり方（下）」『健康保険』1983年37巻5号 pp.30-45として発表された。勉強会は当初は「医療保険政策研究会」と名付けられたが，省外に同名の別の研究会が存在したため「医療保障政策研究会」に改称された（和田勝氏（元厚生省大臣官房審議官，当時保険局企画課長補佐）インタビュー，2013年7月12日筆者実施）。
(38) 和田勝氏（元厚生省大臣官房審議官，当時保険局企画課長補佐）インタビュー，2016年2月4日筆者実施。
(39) 同上，和田氏インタビュー。「顧問医師団で指導監査を充実」『週刊社会保障』1984年1267号 pp.20-21。
(40) 厚生省高齢者対策企画推進本部(1986)「高齢者対策企画推進本部報告」。
(41) 厚生省国民医療総合対策本部(1987)「国民医療総合対策本部中間報告」。
(42) 江利川毅氏（元人事院総裁，当時厚生省保険局企画課長）インタビュー，2016年3月2日筆者実施。
(43) 「患者ニーズの多様化，サービスの向上に医療保険が対応」『総合社会保障』1994年32巻4号 p.11。
(44) 平成6年6月29日号外法律第56号。
(45) 渡邉芳樹氏（元社会保険庁長官，当時厚生省保険局保険課長）インタビュー，2016年2月10日筆者実施。渡邉も1994年7月から高齢者介護対策本部事務局次長に就任し，介護保険創設の中心的役割を果たすことになる。
(46) 国民健康保険法第36条第2項もこの時削除された（平成6年6月29日号外法律第56号）。なお1979年に国民健康保険課長だった古川貞二郎は国保課で入院承認制度の再導入を検討したことはなかったと証言している（古川貞二郎氏インタビュー，2016年2月17日筆者実施）。
(47) 前掲，渡邉氏インタビュー。
(48) 前掲，和田氏インタビュー。
(49) 前掲，江利川氏，渡邉氏インタビュー。江利川は，和田の後任として

保険局企画課長に就任した際に，入院時食事療養費については引き継いだが，入院承認制度に関する引き継ぎはなかったと証言している。
(50)　幸田正孝氏（元厚生省事務次官）インタビュー，2016年3月9日筆者実施。

引用文献

秋吉貴雄（2007）『公共政策の変容と政策科学：日米航空輸送産業における2つの規制改革』有斐閣

秋吉貴雄，伊藤修一郎，北山俊哉（2015）『公共政策学の基礎〔新版〕』有斐閣

有岡二郎（1997）『戦後医療の五十年：医療保険制度の舞台裏』日本醫事新報社

池田俊也（2003）「保険者による医療の質評価：レセプト情報に基づく診療内容審査の導入に向けて」山崎泰彦，尾形裕也編『医療制度改革と保険者機能』東洋経済新報社 pp.291－304

石川県健康保険課（1936）『健康保険事業主必携』石川県

印南一路（2009）『「社会的入院」の研究：高齢者医療最大の病理にいかに対処すべきか』東洋経済新報社

衛藤幹子（1997）「政策の連続と変容：日本医療制度の構造」『年報政治学』pp.135－153

遠藤明監訳（1987）『アメリカにおける入退院基準』社会保険研究所

大嶽秀夫（1994）『自由主義的改革の時代：1980年代前期の日本政治』中央公論社

大村秀三郎，滝口長平（1949）『社会保険診療請求質疑便覧：保険医必携』文光堂

尾形裕也（2003）「「動学的な保険者機能」の充実による医療供給の改革」前掲，山崎，尾形編『医療制度改革と保険者機能』pp.43－57

加藤淳子（1991）「政策決定過程研究の理論と実証—公的年金制度改革と医療保険制度改革のケースをめぐって—」『レヴァイアサン』8, pp.165－184

北山俊哉（2011）『福祉国家の制度発展と地方政府：国民健康保険の政治学』有斐閣

清野仁子（2003）「日本の医療保険制度と保険者機能」前掲，山崎，尾形編『医療制度改革と保険者機能』pp.21－42

熊谷憲一（1926）『健康保険法詳解』巌松堂書店

厚生省保険局企画課編（1995）『平成6年医療保険・老人保健福祉制度の改正：良質な医療の提供をめざして』法研

厚生省保険局健康保険課編（1958）『健康保険法の解釈と運用』社会保険法

規研究会
幸田正孝［述］，印南一路，中静未知，清水唯一朗（2011）『国民皆保険オーラル・ヒストリーⅠ　幸田正孝［元厚生省事務次官］』医療経済研究機構
小山進次郎氏追悼録刊行会編（1973）『小山進次郎さん』小山進次郎氏追悼録刊行会
佐々田博教（2011）『制度発展と政策アイディア：満州国・戦時期日本・戦後日本にみる開発型国家システムの展開』木鐸社
佐藤満（2014）『厚生労働省の政策過程分析』慈学社出版
島崎謙治（2011）『日本の医療：制度と政策』東京大学出版会
砂原庸介（2011）「自己強化する制度と政策知識：医療保険制度改革の分析から」『大阪市立大學法學雜誌』57（3）pp.287-323
宗前清貞（2005）「公立病院再編とアイディアの政治」『都市問題研究』57（8），pp.82-96
内務省社会局保険部編（1927）『健康保険組合執務提要』産業福利協会
新潟日報事業社編（2001）『愛郷無限　小沢辰男とその時代』新潟日報事業社
新田秀樹（2000）『社会保障改革の視座』信山社
府川哲夫（2003）「保険者機能と医療保険改革：先進諸国の経験を参考に」前掲，山崎，尾形編『医療制度改革と保険者機能』pp.259-274
福田素生（2003）「保険者と医療供給主体の関係」前掲，山崎，尾形編『医療制度改革と保険者機能』pp.173-193
舩橋光俊（2011）『ドイツ医療保険の改革—その論理と保険者機能』時潮社
堀真奈美（2003）「医療保険制度改革と保険者機能の強化」丸尾直美，藤井良治編『医療制度改革の論点』生産性労働情報センター pp.148-172
谷田部武（1941）『健康保険実際事務の研究』社会保険法規出版
山崎泰彦（2003）「保険者機能と医療制度改革」前掲，山崎，尾形編『医療制度改革と保険者機能』pp.3-18
吉村仁さん追悼集編集委員会編(1988)『吉村仁さん』吉村仁さん追悼集刊行会
吉原健二，和田勝（2008）『日本医療保険制度史（増補改訂版）』東洋経済新報社
竜聖人（2015）「1980年代以降の医療供給制度改革の展開：政策学習論の視座から」『年報政治学』2015（1），pp.213-234
和田勝（2007）『介護保険制度の政策課題』東洋経済新報社
Goldstein, Judith (1993) *Ideas, Interests, and American Trade Policy*, Cornell University Press.
Hall, Peter A. (1993) "Policy Paradigms, Social Learning, and the State," *Comparative Politics* 23: 275-296.

Rose, Richard (1991) "What is Lesson-Drawing," *Journal of Public Policy* 11: 3-30.

—— (1993) *Lesson Drawing in Public Policy: A Guide to Learning across Time and Space*, Chatham House.

「『総評-社会党ブロック』と『同盟-民社党ブロック』の対立」成立の萌芽

―― 独立青年同盟の結成と排撃 ――

堀内慎一郎＊

要旨：本稿では，1949年に結成され，当時の労働運動や日本社会党において激しい左右対立を引き起こした，独立青年同盟の結成過程，組織規模や組織論，イデオロギー等，その実態について調査分析を行った。その結果，独青は，当初目指された社青同結成が左右対立により頓挫したため，総同盟右派や国鉄民同等の民同右派と社会党右派の青年が結成したものであったが，社会党内での十分な協力関係構築に失敗したこともあって，総同盟左派や産別民同主流，社会党青年部によって排撃されたこと，同時に「左を叩いて，右を切る」という左派の労働戦線再編の戦略や，GHQ労働課の思惑もあって，独青をめぐる対立が労働運動と社会党全体の左右対立に発展し，左派優位の確立，右派の主導権喪失の原因となったことが分かった。一方，独青は短期間で排撃されたが，独青に結集した青年の中から同盟指導者が多数輩出されており，分析結果から，独青の結成と排撃の過程で形成された組織間および人的関係性は，今日も連合や民進党において解消されていない，「総評-社会党ブロック」と「同盟-民社党ブロック」という，ブロック対立の萌芽ともいえるものであったことが明らかになった。

キーワード：独立青年同盟，「総評-社会党ブロック」，
「同盟-民社党ブロック」，民同運動，青年運動

1. はじめに

本稿の目的は，1949年に労働運動や日本社会党（社会党）の右派により結成され，激しい左右対立を引き起こした，独立青年同盟（独青）について，その実態を明らかにするとともに，独青の結成と排撃の中で形成され

＊　慶應義塾大学大学院　政策・メディア研究科　後期博士課程

た関係性が,「総評－社会党ブロック」と「同盟－民社党ブロック」という,中道左派勢力におけるブロック対立の萌芽であったことを明らかにすることである1。

　1950年にGHQの支援を受けて結成された日本労働組合総評議会（総評）は,戦後最初のナショナルセンターといえる存在であったが,朝鮮戦争を契機に「平和四原則」の決定と国際自由労連一括加盟方針の撤回という,「ニワトリからアヒルへ」と呼ばれる大転換を遂げる。そして,これに反発した右派が離脱し,やはり総評結成に伴って右派が分裂・再建していた日本労働組合総同盟（総同盟）とともに,1954年に全日本労働組合会議（全労）を結成（後に全日本労働総同盟＝同盟に発展する）,総評と鋭く対立する。さらに,社会党左派を支援する総評に対し,全労が社会党右派を支援する中で,1960年には社会党右派の西尾派と河上派の一部が離党して民社党を結党,「総評－社会党」「同盟－民社党」というふたつの対抗ブロックが成立し,以後,長きに渡って両者の対立の構図が続いた。

　その後,1989年に総評と同盟の労働戦線統一が実現し,日本労働組合総連合会（連合）が誕生するとともに,1993年の自民党分裂と細川政権の成立により「55年体制」が崩壊,社会党と民社党も民主党（現・民進党）に収斂する政界再編の波に飲まれることとなるが,今日においても連合は,民進党唯一の全国的な支持団体として多数の組織内議員を擁し,連合内部では旧総評系と旧同盟系による主導権争いが行われている2。

　一方,独青については,産別民同の細谷松太が「日本の労働運動史の中には重要な欠落があるように思います。＜中略＞『独青問題』がそれです」3と述べ,また独青出身者から,同盟会長および全国繊維産業労働組合同盟（全繊）会長,全日本民間労働組合連合会（民間連合）の副会長となる宇佐美忠信,全国造船重機械労働組合連合会（造船重機労連）委員長,同盟副会長となる金杉秀信,鉄道労働組合（鉄労）組合長となる辻本滋敬,同盟副書記長となる上西正雄等の同盟指導者が多数輩出されているという事実からも窺えるように,占領期における労働史および政党史,また労働政治の領域において見過ごせない存在であるにもかかわらず,これまで研究者は独青について概略的に触れるのみで,十分な検証を行ってはこなかった。

　そこで本稿では,関連資料の分析や関係者へのインタビューに基づき,

独青の結成過程，規模や組織論，鍋山貞親の関与の有無やそのイデオロギー等，その実態を明らかにする。そして左派による独青排撃のプロセスについても明らかにした上で，冒頭に掲げた本稿の目的を達成する。

2．関係文献・研究の概観

まず，独青を取り上げる意義と分析にあたっての論点を明らかにするために，関係者が独青の結成あるいは排撃に関与した労働組合が刊行した組合史，そして社会党が刊行した社会党史における記述を確認し，主要なものを表1にまとめた。

これらの記述を概観すると，独青結成には，当時の労働運動における共産党と民同派・総同盟の対立や，民同派および総同盟内部の左右対立が背景にあったことが分かる。

そして，独青は，総同盟右派や国鉄民同等の民同右派および社会党右派の青年が結成したものであり，その中から宇佐美や金杉等の同盟指導者を輩出する一方で，後に「総評－社会党ブロック」を形成する，総同盟左派や産別民同主流と結び付いた，社会党左派および青年部と鋭く対立したことが分かる。

また，複数の文献において，独青をめぐる左右対立と左派による排撃が，総同盟における左派優位の確立や総評結成による総同盟分裂，すなわち総評と同盟という労働戦線の分裂に至る端緒となったことや，社会党の左右一次分裂（1950年）の原因となったことが指摘されている。また総同盟は，この過程へのGHQによる介入があったことを主張している。

さらに独青の性格について，独青を排撃した側からは「社会ファシズム」，「右翼的青年団体」，「民族主義」という踏み込んだ表現が為され，その根拠として鍋山貞親の関与が挙げられている。ただし，一部の文献は鍋山の関与に疑問を呈しており，鍋山の関与について言及している文献も「いわれていた」等，断定しているわけではない。

一方，これまで研究者は独青について概略的に触れるのみで，本格的な検証を行ってはこなかった。たとえば，大河内一男・松尾洋（1969）は，民同派幹部の大量入党と青年部により勢力を増した社会党左派に対し，右派が総同盟，国鉄民同等の右派青年を結集したものが独青であり，これを鍋山の指導によるものとしているが，労働運動の概略史という性格もあっ

てか，特に独自の検証が試みられた形跡は無い。

米英日の公文書を含む一次資料を駆使した中北浩爾（2008）も，独青を「共産党からの転向右翼の鍋山貞親に理論的な指導を受けていた右派の青年組織」とした上で，中道勢力の育成を目的に総同盟左派を支援する，

表1 労働組合史および社会党史における独青に関する記述

資料名	独青の構成	独青の性格
全日本労働総同盟編『総同盟五十年史 第三巻』総同盟五十年史刊行委員会，1968年	国鉄青年民同，総同盟，社会党の右派，その他民主的労働団体	「社会党青年部が左派の手に帰し，左派の行動隊と化しているのにたいし，現実派の青年有志が結成した」
新産別二十年史編纂委員会『新産別の二十年 II』新産別，1970年	国鉄民同，総同盟，全繊同盟，社会党の右派	「超階級」なものを信条とした血盟組織。「黒いベルト」。「社会ファシズム」
日本労働組合総評議会編『総評十年史』労働旬報社，1964年	人員整理問題で混乱していた国労を中心に結成	右派の行動部隊
国鉄労働組合編『国鉄労働組合二〇年史』労働旬報社，1967年	国労中闘委・室伏憲吾が隊長	―
国鉄労働組合東京地方本部編『国鉄労働組合東京地方本部20年史』労働旬報社，1971年	同上	「反共をテーゼとし，社会党右派とつながる右翼的青年団体」
有賀宗吉『国鉄民主化への道―鉄労運動30年の歩み』鉄労友愛会議，1989年	社会党，総同盟，国鉄青年民同，全繊など民同派，学生等。室伏の他，木暮栄寿，白鳥誠一，山内利家，中原衛等の国鉄青年民同が独青中執に選出。その他の独青加入者として宇佐美忠信，金杉秀信。	「共産主義に反対する民同右派青年部の連合」
日本社会党五〇年史編纂委員会『日本社会党史』社会民主党全国連合，1996年	社会党と総同盟の右派青年グループが結成	左派の社青同準備会に対抗して結成
月刊社会党編集部『日本社会党の三十年』日本社会党中央本部機関紙局，1974年	社会党側の独青中央執行委員として，伊賀定盛，野田福雄，木下淳美，山崎礼二，伊藤英治，植村和郎。	「事実上階級闘争論の立場を否定し，民族主義の立場に社会党の運動を位置づけようというもの」
山崎広『日本社会党十年史』内外政治研究会，1956年	国鉄民同，総同盟右派，社会党の青年有志	労働運動における共産党の動きに対抗することを主眼としたもの

出所：引用文献に基づき筆者作成

GHQ労働課のブラッティが,独青への関与を根拠に,松岡駒吉を「極右的な人物」と見做していたことを指摘しているが,やはり独青の実態について独自の検証を行ってはいない[4]。

また,佐野学と鍋山の思想と行動の変遷を丹念に追った福家崇洋(2013)

鍋山の関与	独青問題の影響
「鍋山が理論的指導者とみられていたことが左派を刺激した」	総同盟第4回大会(1949年)は高野の「新産別と総同盟の即時合同」論と独青問題に集中された。高野がGHQの権威を利用して「独青はファッショである」と決めつけた結果,役員改選で左派が多数を占めることに成功したが,民主的労働運動の統一どころか,総同盟分裂につながった。
「その理論的指導者は,鍋山貞親といわれていた」	室伏憲吾,中村民俊といった国鉄民同の中堅幹部が独青の中心人物。独青問題は社会党と民同勢力をつらねる左右の対立に発展し,「左を叩き右を切る」"第二の民主化運動"への契機となった。
—	独青結成と右派の攻勢に対し,社会党第5回党大会(1950年)の前日,社会党青年部は独自の大会を開いて,独青幹部の除名と委員長片山の不信任を決議。
—	1949年10月に開かれた国労第7回臨時大会(塩原大会)の質疑において,室伏憲吾(新橋)が独青の隊長になっていることについて,革同出身の中央委員と加藤閲男委員長との間で応酬があった。
—	塩原大会において,「経過報告について注目された議論としては,東京地評から選出をされている室伏憲吾中闘委員に対して種々の非難が行なわれた」(原文ママ)。
新産別や総同盟左派は独青の影の指導者は鍋山だと言っていたが,「独青との関係は明確でない」	「新産別や総同盟左派は,公然と独青排撃に出た」
—	第5回全国大会(1950年1月)において2日目から独青問題が取り上げられ論戦が展開。3日目の大会運営委員会において独青排除が本会議に上程されることが決定されると会議混乱,議事進行妨害,議長席に駆け上る者が続出し,片山委員長が片山声明を発表するも左右対立は融和されず分裂へ。
—	同上
「鍋山貞親氏が「独青」の理論的指導者とみられていた」	「社会党青年部は「独青」をもって党内右派の青年行動隊であるとなし,事毎にこれを排撃した」

は，資料の精査から鍋山の独青への関与はあったが程度は不明とする一方，佐野の系統（労農前衛党）の独青への参加を見落としており，独青についての言及部分も多いとはいえない。

そこで以下では，関連資料の分析や関係者への聞き取りに基づき，独青の結成と左派による排撃の過程とともに，鍋山の関与の有無や組織規模，組織論，イデオロギー等を明らかにし，「総評－社会党ブロック」と「同盟－民社党ブロック」によるブロック対立の萌芽としての独青について論究を行っていく。

3．労働運動における独青関係者の結集過程

独青結成の中心人物の一人である，石川島造船所で全造船民主化連盟を結成した金杉によれば，彼ら石川島労組グループは，戦中，穂積五一が主宰する至軒寮に出入りしていた金杉が，穂積の紹介で戦前共産党の幹部である川崎堅雄の指導を受けていた縁で，戦後，川崎の紹介により佐野の指導を受けるようになった。

金杉のグループは，1947年結党の労農前衛党（中央委員長・佐野学，書記長・風間丈吉）に参加，唯一の職場支部を結成するなど，特に佐野に師事したが，佐野政治研究所での講義を通じ，鍋山の指導も受けるようになった。さらに彼らは，川崎が同じ戦前共産党出身の竪山利忠や小堀正彦とともに1946年に設立した，勤労時報社にも出入りするようになったが，当時の勤労時報社には金杉たち以外にも，東芝出身で後に細谷らと産別民同を結成する落合英一，竪山利忠の実弟で電機労連委員長，民間連合会長となる竪山利文，全逓委員長となる宝樹文彦，独青委員長となる室伏憲吾ら国鉄民同の若い活動家等が，頻繁に出入りしていたという[5]。

また，金杉とともに独青に参加した荒川和雄（後に石川島播磨重工労組・東京支部委員長）によれば，金杉との出会いは荒川が17歳の時であり，当時の金杉は「東条打倒」を唱える「国家社会主義者」であったという。戦後，復員して間もなく，荒川は金杉に再会することとなるが，そこで連れて行かれたのが，至軒寮あるいは佐野，鍋山，川崎を講師とした勉強会であり，そこには石川島労組グループの他，宇佐美，竪山利文等が参加していたといい，上記の金杉の証言を裏付けているといえよう[6]。

なお，竪山利文は「戦後の新しい労働運動をつくり出すために『勤労時

報』という雑誌を出すことになり，そこに入って編集や取材を担当することになった。＜中略＞川崎堅雄さんは戦時中兄と同じ共産党員で，田舎にオルグに行って党員を増やしたり労働争議を指導したりしていた。兄と同じ時期に転向した人だ。兄，鍋山貞親さん，佐野学さんなどと親しかった」[7]と述べている。

また，復員後，富士紡績の労務部に入社したが，松岡駒吉や上條愛一に出会って労働運動に転じた宇佐美（独青では中央執行委員）は，「若い組合リーダーの教育を手伝ってくれというようなことを上條さんが鍋山さんに頼んでいるんですね。それで僕らはその研修の世話役で動いていたんです」とし，「金杉さんは鍋山さんにはものすごく私淑していたけれども，佐野学さんのほうに行っていた」と述べている[8]。

一方，独青委員長となる室伏は，後に独青と鍋山の関係を問われて，「鍋山さんとの関係は知らない」[9]と述べており，室伏と同じく国鉄青年民同から独青に参加し，結成大会で議長を務めた今橋衛（後に鉄労副組合長）は，自身の思想的背景について，「松前重義先生が敗戦直後に出版した『デンマークの復興を見よ』という本から学んだ」[10]と述べている。また荒川によれば「国鉄は竪山利忠さんが一番影響力を持っていた」[11]という。

上記から判断する限り，独青に参加した労働運動関係者には，出身労組や個々人の思想・人間関係により，大別して，佐野に主に師事した者，鍋山に主に師事した者，勤労時報社を経由して結集した者がおり，鍋山との関係も濃淡があったものと考えられるが，いずれにせよ，後に独青に参加する者のうち労働運動関係者については，いわゆる「転向組」と呼ばれた戦前共産党幹部を講師とした研究会，学習会の中で人間関係を形成していった。アンドルー・ゴードン（2012）は，労働運動における戦前戦後の連続性について，「共産主義グループの場合は，過去の運動経験をもつ活動家が総同盟ほど多くはなかった」[12]と述べているが，大量転向の結果，労働運動の指導経験を持つ川崎や竪山を初めとする戦前共産党幹部は，共産党と対決する右派の青年を育成したのである。

一方で，独青に参加した労働運動関係者の初期の人間関係形成過程に関する証言には，社会党関係者が一切登場しない。それでは，独青に参加した労働運動関係者と社会党関係者は，どのように結び付いたのだろうか。

4．労働運動関係者と社会党関係者の結集過程

4.1 社会党結党と青年部の結成

1945年11月2日，社会党が結党された。しかし，福永文夫（2014）が「母体となった戦前の無産政党は，イデオロギーや人脈の違いを軸に，右派（社会民衆党），中間派（日本労農党），左派（日本無産党）に分かれ，激しく対立していた」[13]とするように，結党に至るまでには紆余曲折があった。その中で敗戦後の無産政党，社会主義政党の再建という確固とした青写真を持ち，社会党結党を主導したのは，後に「結党三人男」と称された西尾末広，平野力三，水谷長三郎の3人であり，その結果，結党時の主導権は西尾が属する社民系が握ることとなった。

一方，社会党結党が戦前無産政党の糾合という形式を採った結果，その青年層についても，無産政党における「戸籍」の影響を受ける形で結集が進むこととなった。

たとえば，社会党青年部の主導権を握ることとなる，加藤宣幸（加藤勘十の長男）らのグループの形成過程は，加藤の回想によれば，「父が旧日本無産党の仲間たちとやっていた板橋の小さな廃油再生工場に行ったら，同じように油を取りに来た大柴滋夫（社会党・社民連幹部・国会議員）さんと偶然会った。議論したら日本の再建は社会主義であるべきだと一致して同じグループをつくることになった。大柴さんは伯父さんがこの工場に出資していたし，本人は早稲田大学で中野正剛の東亜連盟の学生運動をやっていた。この出会いが社会党青年部で一緒に活動する契機になった」[14]。

加藤たちは社会党結党大会を傍聴し，青年部長の中村高一を訪ね，全員で入党を申し込んだ。加藤のグループには大柴に加えて，矢野凱也，緒方秀一，野沢慎之助らがおり，この中から加藤と矢野が青年部担当の専従書記に選ばれた。加藤と矢野が，積極的に復員軍人，海軍予備学生，一般学生等を入党させた結果，彼らのグループが青年部の主導権を握っていったが，やがて青年部は独自の大会を開いて執行部や方針を決定するようになった。そして，党員の三割以上が二十代という人員構成を背景に，最盛期には全代議員の3分の1以上を占めて党大会に大量の代議員を送り出すとともに，党大会の直前に青年部独自の大会を開き，決定事項を持ち込むよ

うになっていった。

　さらに片山内閣成立前後より青年部は，社民系中心の右派主導の執行部に対し，「ダラ幹打倒」，連立政権反対，四党政策協定反対を掲げ，反執行部の姿勢を鮮明にするようになり，加藤のグループに属した森永栄悦が，「大会の前になると，安平，佐々木などという人々がやってきて，青年部の幹部連中と論議し，今度の大会では，これこれのことを提案するからよろしくご協力願いたい，などと言ってくる。すると青年部の方からは，片山委員長の不信任案を出すからご協力賜りたいなどと申し入れる。そんなふうに，左派と協定してやるわけです」[15]としているように，次第に左派，特に鈴木派に接近，同調するようになった。

　一方，このような青年部に対し，右派は青年部の青年対策部への組織変更を要求するようになった。青年部内部でも，当時最大規模を誇った諏訪支部青年部を擁する長野県連青年部が，青年対策部への移行を大会で提案するなど，青年部の在り方に疑問の声が挙がるようになっていった。

4.2　労働組合からの大量入党

　1949年1月に行われた総選挙において社会党が大敗北を喫し（48議席），共産党が躍進する中で（35議席），すでに黒田寿男ら「純正左派」グループ（後に労働者農民党を結成）による「社会党青年部純化同盟」の結成や，共産党からの「社共合同運動」による切り崩しという，「左からの攻勢」に晒されていた青年部の動揺はますます大きくなっていたが，労働運動では共産党の基盤を揺るがす大きな変化が起こっていた。

　1947年の2・1ストの失敗を契機に，それまで戦後労働運動を主導してきた共産党に対する不満が高まり，国鉄反共連盟（後の国鉄民同）の結成（1947年11月），全逓民主化連盟の結成（1948年3月），新聞通信放送労組における多数派離脱と日放労結成（1948年3月）等の動きが相次いだ。さらに，共産党本部に反発した細谷ら産別会議の共産党細胞が，1948年2月に産別民同を結成，同年1月には総同盟も産業民主化運動の支援を決定しており，労働運動におけるヘゲモニーをめぐって，民同派と共産党との激しい攻防が繰り広げられるようになった。

　そして，立て直しを図る社会党と連携する政治勢力を求める民同派は相互に接近を志向し，1949年2月に開催された全労会議準備会結成大会では，

社会党再建による民主的政治勢力の結集が決定された。2月22日には星加要，菊川孝夫ら国鉄民同の幹部17名が社会党本部を訪れて入党手続きを行い，細谷ら産別民同幹部や各単産幹部も次々と入党することとなるが，『社会党の三十年』はこの大量入党について，「すでに前年，地方からはじまっていたし，青年部を中心にした党側からの意識的な働らきかけもあったからである」として，1948年1月の第3回党大会において福島県連から，「国鉄・官庁などの労組青年の入党者が最近にみられ，かれらは反共連盟などの組織を結成している」旨の報告があったこと等を挙げて，この動きを青年層から始まったものとしている[16]。

また，日本社会党青年部常任全国執行委員会「指令109号」（1949年2月4日）は，「大量入党を受け入れよ」[17]と題して，「日立亀有工場で数百名の入党決意や石川島造船の大量入党は決定的となってきている。更に総同盟全国造船連合会でも社会党支持を明確化した」と報告しているが，これら福島県連や青年部からの報告には，室伏の国鉄民同（国鉄反共連盟）や金杉の石川島労組，さらに後に金杉らと造船重機労連を結成する，総同盟系の全国造船連合会といった，右派が主導権を握っていた組織の名前が挙げられている。

通説では，この労働組合から社会党への大量入党は左派を強化したとされているが，上記に加えて，石川島労組の荒川が「我々の社会党入党は，労農前衛党が失敗した後の1948～49年頃」と述べ[18]，社会党青年部の加藤も「結党時の青年部には，総同盟系を含めて労働組合関係者はほとんどいなかったと思う」としていることを併せて考えると[19]，組合員の社会党入党は左右を問わず「大量入党」の時期に進展し，独青に参加する労働運動側の青年についても，「大量入党」の初期の段階に，社会党側と本格的に接触，入党したと考えられる。

5．独青の結成

5.1 社青同結成の挫折

社会党青年部の在り方が議論となる中で，「党組織の外郭に社会主義青年同盟をつくり，外で大衆的な青年運動をもっとやるべきではないかという提案」が行われ[20]，1948年1月の第3回党大会において社青同の結成が

正式に認められた。

　この第一次社青同結成の協議過程について『日本社会党史』は，「左派党員は，国労，総同盟などの青年部員らと協力しつつ，四八年末に社会主義青年同盟（社青同）を結成しようとしていた。＜中略＞そこで社青同準備会に対抗して四九年七月に結成されたのが独青である」[21]としているが，既述の通り，大量入党した組合員には右派も含まれており，党の正式な決定事項を左派だけで組織するとは考えにくい。

　この点について伊藤郁男編（1982）は，独青関係者の証言や資料を基に，労働組合と社会党本部・青年部の代表者により，社青同結成の協議が複数回行われたが，共産主義と共産党に対する態度をめぐって左右の話し合いがまとまらず，最終的には決裂したとしている[22]。

　また，独青の「結成趣意書」は，「国鉄・総同盟・日本社会党等十数団体の同志相集まって以来，日本社会主義青年同盟の名の下に全国の青年同志に訴えると共に，着々とその体制を整えて来た。＜中略＞しかるにこの日本社会主義青年同盟準備会の一部は，徒に左翼的言辞を弄するのみか我々の基本理念たる社会民主主義を逸脱し，コンミュニズムに対する闘争を揚棄せんとするばかりでなく，かえって真に，社会民主主義のために闘おうとする我々に対して裏切的態度を表明するに至った。我々は，これら一部の者に対し親愛なる同志として再三再四その反省を求め理をとき言をつくして来たのであるが，彼らの迷夢はさめず，遂に日本社会主義青年同盟結成は暗礁に乗り上げるに至った」[23]としており，協議は社会党と労働組合の左右を包含して行われたが，最終的には左右対立で決裂したと考えられる。

　社青同準備会が暗礁に乗り上げた結果，左派は青年部の強化に乗り出し，室伏らは右派独自の青年組織，すなわち独青の結成を決意することとなるが，その過程はけっして平坦なものではなかった。

　まず，独青結成に際し，社会党側の中心となったのは，社会党結党準備会事務局長・山崎広の親族である山崎礼二（社民系）と，河野密の関係者であった伊藤英治（日労系）という，結党準備段階からの若手本部書記であったが，荒川によれば，同じ右派であっても社民系，日労系という戦前からの系譜を持つ社会党側と，総同盟系を除き，そのような系譜にない民同派の青年たちとの間には埋め難い溝があった。そのような中で，「社会

党本部の右派の人々は，最初は独青結成に対し批判的で距離を置いていた。その中でも社民系の人々は我々に対し同情的だったが，日労系は『少し右過ぎるんじゃないか』と二の足を踏んでいた面があった」[24]という。

さらに，同じ日労系の先輩格である河上丈太郎，三輪寿壮，河野密が公職追放となり，社民系の片山哲が落選し，昭電事件により西尾が失脚する中で，右派を代表する形となっていた浅沼稲次郎が，社青同準備会の頃より，「さらに統制がとれなくなることを危惧して青年の独自組織結成に反対であった」[25]ことや，独青の支援にも消極的だったことは[26]，麻生良方（麻生久の長男）ら浅沼子飼いの右派の青年党員の独青への参加を阻むこととなった。

労働運動側においても，共産党のみならず民同左派，総同盟左派とも全面対決する室伏たちを敬遠する右派の単産幹部もおり，彼らが主導する右派独自の青年組織結成に対し，必ずしも大勢が無条件で賛同していたわけではなかった。共産党のフラクション支配の記憶から，政党に直結した外部組織に組合員を参加させることに警戒心が強い中で，室伏の出身母体である国鉄民同右派の指導者，星加も独青を組織的に支援することには慎重であった[27]。

情勢を読み取った川崎からも，「青年運動なんかやるときには政党の背景がなければどうしたってこれは成功しないから，だから独青の結成なんかいまやるべきじゃない」[28]と助言されたが，室伏たちは耳を貸さず，独青結成へと突き進んでいった。

5.2 独青の結成

上記のような困難の中，1949年7月24日，中央労働学園講堂において，独立青年同盟結成大会が行われた。

独青の機関誌である『独立青年』によれば，会場には民主的青年戦線の統一，社会民主主義政党との提携強化，性別による首切り反対，青年に文化を婦人に解放を，アジア青年会議の開催促進，講和会議の促進と民族の独立，産業民主化による経済再建といったスローガンが掲げられ，国鉄青年民同，日本社会党，農民党青年部，総同盟，全繊同盟，日本鉱山労働組合，全金同盟，造船連合会，全国食品同盟，全土建労働組合，関東港湾労働組合，日通民同，全造船民同，電産民同，全逓民同，炭労，東芝民同，

食糧増産同志会, 健青クラブ, 日立民同, 学生有志等から, 200名以上の青年が参加した[29]。

また, 大会には来賓として松岡 (総同盟会長), 浅沼, 菊川忠雄 (日鉱会長), 星加, 原虎一等が参加した一方, 西尾は来賓として参加したが挨拶等はしなかった。

大会では, 室伏の提案による綱領・行動綱領, 次いで野田福雄 (社会党) 提案による基本宣言が満場一致で可決された後, 委員長に室伏 (国鉄青年民同), 副委員長に西村博 (総同盟), 書記長に伊賀定盛 (社会党) が選出されたほか, 中央委員を国鉄青年民同 (20名), 総同盟 (20名), 社会党 (15名), 全造船 (9名), 電産, 全逓, 農民党, 建青クラブ, 学生, 東芝, 炭労, 日立総連, 日通, 食料増産同志会から各5名選出することが決定された。

このように結成大会は盛況であったものの, 書記長に社民系, 日労系を代表する山崎, 伊藤ではなく, 加藤鐐造秘書の伊賀が就任したことは, 社会党側の一歩引いた姿勢を示していたし, 独青に加入する社会党右派の活動家党員は極めてまれであった。このことは, 川崎の懸念が的中したともいえ, 独青の前途が多難であることを予想させるものであった。

6. 独青をめぐる対立と総同盟における排撃

独青の結成に対し, 独青の「第一の敵」である共産党は, 民同派と激しく対立する国鉄を主戦場として, 独青を「民自党の特攻隊」[30], 「室伏を中心とするファシスト的青年分子は, 鍋山貞親の指導のもとに『独立青年同盟』を結成」[31], 「名代の分裂策謀家鍋山貞親と国鉄民同の最右翼星加室伏一派との野合の果生れ出たおそるべき私生児」[32] (いずれも原文ママ) とし, 国鉄青年民同を「暴力団, テロリストの本性を遺憾なく発揮している」[33], 「右翼社会ファシスト鍋山貞親一派の申し子」[34]と決めつけた。

しかし, 人員整理や車掌の新交番制に反対するストおよび「人民電車」の運行が行われ, 1949年7月には下山事件, 三鷹事件が発生, 共産党員の関与が疑われる中, 国労における共産党・革同主導の闘争体制は急速に崩れ, 共産党・革同系の中闘委17名が解雇される事態となった。8月には加藤閲男委員長の「指令ゼロ号」に基づく第16回中央委員会が成立し, 革同系2名を除いて民同派が中執を独占して国労の主導権を握った。

このように，独青結成前後，国労の民同派は共産党や革同との主導権争いの渦中にあり，10月に開かれた臨時大会（塩原大会）においても，独青問題をめぐる討論は民同派と革同という図式の中で行われ，独青が民同派分裂の起爆剤となることはなかった。

一方，産別民同の細谷らは，産別会議全体を民主化する戦略を諦め，1949年7月に結成準備会を開いて新産別を結成するが，彼らは旭化成延岡労組の加盟をめぐって総同盟右派や全繊と対立する一方，総同盟左派を率いる高野実との間で「将来の統一戦線について，それとなく気脈をつうじる」35ようになった。そして，すでに1948年10月に総主事に選出され，総同盟の主導権を握っていた高野は，新産別との即時合同論を提唱した。

社会党では，細谷が「私の方は社会党の青年部の会合を通じて，社会党の左派を助けたということになるのです。＜中略＞そこに独青が出てきたのですが，これに立ちふさがって彼らを散らしたのは，新産別の連中だったのです。社会党の中では特に青年たちだったのです」36と述べているように，特に青年部と新産別が結び付き，独青排撃の中心となった。

1949年6月には，青年部が「社会ファシスト鍋山一派は資本家団体である経団連と気脈を通じ反共を唯一の旗頭としてその主力をわれわれ陣営に集中し最も悪質な分裂政策をろうし関西を基盤とする独立青年同盟（カショウ）結成の動きもまたその一端である」とする全国執行委員会の声明を出し37，独青結成後の8月には，青年部による青年部第5回全国執行委員会での独青反対決議に加えて，新産別が社会党に対し，独青に対する処置を要求する「強硬な申し入れ」を行った38。8月24日には新産別出身中執の落合より，社会党中央執行委員会にこの問題が持ち込まれたが，独青を問題視する左派と青年部を問題視する右派との対立が続き，9月21日の第19回中央執行委員会での十時間に渡る議論でも結論が出ず，小委員会を設けて協議することとなった。しかし左右中間派6名で構成された小委員会でも，青年部幹部，独青幹部を呼んで事情聴取したものの結論は出ないままであった。

総同盟では，愛媛県連，富山県連などが独青反対の申し入れを本部に行い，また愛知県連，京都府連，関東金属などが独青反対の運動を展開し始め39，独青をめぐる激しい左右対立の中，10月29日の中央執行委員会でこれを取り上げるもやはり結論が出ず，11月3日からの第4回全国大会を迎

えることになった．大会の対立点は，『社会新聞』に掲載された，高野の「新産別と総同盟の即時合同の提唱」という一文をめぐる新産別との合同問題と独青問題であったが，前者について右派との対立を避けた左派は，松岡，菊川ら右派幹部が結成大会に出席した独青問題については，全面対決の道を選んだ．

　結果，独青をめぐる論戦は労働戦線統一に関するそれよりもはるかに激しいものとなり，最終日まで激論が交わされる中，左派から緊急動議が出されたが，この時点では意見がまとまらず，委員長決定により，独青問題については役員選挙投票後に採決することとなった．

　ところが，午後3時頃，「GHQ労働課のブラッティ氏は『独青はファッショである』と語った」とする労働省組合課長飼手真吾の談話が掲載された『東京新聞』の夕刊が，左派系の書記によって会場に大量に持ち込まれるという事件が起こる[40]．これには，「高野と飼手，そしてGHQ労働課は，労働戦線統一の新組織結成にむけてひんぱんに連絡をとっており，しかもGHQ労働課は以前から総同盟右派にたいする嫌悪感をもっていた」[41]という背景があったが，その後に行われた役員選挙と独青問題の採決に絶対的な影響を及ぼした．

　すなわち，会長には松岡が山花秀雄を破って選出されたが，金正米吉は副委員長選挙で落選，次いで行われた独青問題に関する採決では「独青排撃」215票，「独青支持」141票と左派が圧勝して独青排撃が決定された．さらに，総主事には菊川を破って高野が選出され，中央執行委員会構成メンバー24名中，右派はたった6名に転落し，独青問題を契機として，総同盟における高野を筆頭とする左派の主導権が完全に確立されたのである．

7．独青の終焉

7.1　相次ぐ弾圧と脱退

　独青をファッショあるいは鍋山の青年団とし，民自党から資金を得ているとする，社会党機関紙『社会新聞』等に反論するため，独青は9月に『独立青年同盟とは』[42]というパンフレットを作成・配布したが，左派からの攻撃はますます強まっていった．

　そして，総同盟における独青排撃の決定は，まず独青に関係した本部書

記の解雇問題に発展し，11月25日の第3回中央執行委員会において，主事会議決定として，独青排撃決定後，独青を脱退していた西村（副委員長）ら右派本部書記6名の解雇が提案された。不当解雇反対闘争の結果，翌年の1950年には解雇を取り消されるが，西村ら独青関係者3名は自主的に退職した[43]。

この動きは社会党本部にも波及し，青年部が独青に参加した本部書記を除名・追放する動きを見せたため，12月29日，社会党出身中執委員であった伊賀（書記長），山崎，伊藤，野田，植村，木下の6名は，やむなく脱退声明を発した[44]。

こうして，独青結成後半年も経たないうちに，解雇の圧力の中で副委員長，書記長が相次いで脱退し，独青は急速に追い詰められることとなった。

7.2 独青問題により社会党第一次分裂へ

総同盟，社会党出身の独青幹部が相次いで独青を脱退する中，社会党青年部は第5回全国大会に先立って青年部全国大会を開き，「独青所属党員の除名」決議を行うと同時に，片山委員長不信任決議を行った。

そして，1950年1月16日，社会党第5回全国大会が家政学院講堂において開催されたが，1日目に大会人事において左派が圧倒的優位を占める中，2日目から独青問題が取り上げられ，激しい論戦が開始された。3日目の大会運営委員会では，独青排除が27対25で本会議に上程されることが決定したが，社会党青年部と独青が乱闘する等して運営委員会および本会議場が大混乱となり，片山委員長は新橋の片山事務所に去って片山声明を発表した。

しかし，翌日も左右対立は融和されることなく，大会中止を求める右派に対し，続行を主張する左派はこれを拒否，右派は大妻学園講堂に移って「正統派大会」を開き，委員長に片山，書記長に水谷を選出した。一方，左派は大会を続行して委員長は空席とし，書記長に鈴木茂三郎，会計に和田博雄を選出し，社会党はいわゆる「第一次分裂」状態となった。

総同盟と同様，独青問題により大会が紛糾した結果，左右に分裂した社会党であったが，第6回臨時大会（1950年4月）により短期間で再統一が実現する。そして，青年部が存続する一方で，独青は総同盟と同様に社会党からも排撃されたことにより，事実上，その対外的な動きを封じられて

7.3 独青の終焉とその後

総同盟および社会党から排撃された後の独青については，1952年4月6日付『読売新聞』に，総評の「労闘スト」に反対する独青の声明が掲載されているが[45]，以降の活動については不明である。

独青関係者および右派系青年運動のその後については，社会党では独青を脱退した本部書記らをそれ以上追及する動きはなく[46]，金杉たち石川島労組グループも組織的な打撃を受けなかったのに対し，国鉄青年民同の室伏と中原衛は1951年に国鉄を退職した。

しかし，やがて両者は決裂し，中原は，八木秀次，三輪寿壮，松前重義らが設立した「科学と政治の会」の事務局に転じ，そこを退職後は西村栄一のもとに身を寄せ，1951年10月に新たに結成された青年組織，「青年懇和会」（青懇）の事務局長となった[47]。この後，右派系青年運動は，右社時代の「民主社会主義青年同盟」，民社党時代の「民主社会主義青年連合」に発展していく。

労働運動関係者と社民系（西尾派）を中心に，独青に参加した者の多くが青懇に移行する中で，室伏はその後も独青の孤塁を守ったが，後に国鉄退職の動機について（北朝鮮軍が南下する中）「労働運動どころではない」[48]と語っているように，青懇結成により労働組合と疎遠になっていったこともあってか，その問題意識は徐々に労働運動から離れていった。1953年12月6日の『芦田均日記』には，当時東大生であった佐々淳行が，「同志の一人」として室伏を伴って面談に来た旨の記述がある。芦田の室伏評は「学歴も無いのに頭がよいと見えて中々しっかりとしたことを言うので感心した」[49]というものであったが，このエピソードも室伏の問題意識が変化していた証左であろう。しかし，室伏は最終的には松前重義を頼って東海不動産の社長となり，社会運動の世界そのものから去っていった。

8．考察

以下では，本稿における調査分析に基づき，残された課題である独青の組織規模，組織論，イデオロギー等について考察を行いたい。

まず，独青の組織規模についてであるが，結成大会は盛況であったもの

の，荒川によれば「その割にはたいしたことはなかった」50という。正確な加入人数を示す資料はないが，国労，石川島，総同盟および全繊の本部，その他の右派が主導権を握る単組を中心に，実際に動員可能な同盟員は，結成大会に集まった人数の半分にも満たなかったと推測される。

また，左派や共産党が独青攻撃の常套句とした「民自党との関係」については，青年が突っ走った形となった独青は，保守政党の支援を取り付け得るような用意周到な根回しや準備等は不得手であったし，「民自党は我々のことなど相手にしていなかった」51という荒川の言が正鵠を射ていると思われる。

一方，その組織論について独青の「同盟規約（案）」は，第4条において方針に対する批判の場や方法について規制し，第20条では「決定に違反する分派的行動をなすこと」を規律違反として処分の対象となるとし，さらに第6条では中央委員会から班委員会までで構成されるピラミッド組織とすること等を規定している52。これらの規定からは，民主集中制，分派禁止規定，あるいは強い中央統制型の組織論を読み取ることができる。室伏も「組織は共産党のものを反映，前衛的だった」53と述べているが，中心メンバーが戦前共産党幹部の影響を受けた結果，左派および共産党から「社会ファシスト」と呼ばれた独青の組織論は，皮肉なことにレーニン主義の組織論から強い影響を受けていたのである。

また，独青のイデオロギーについて結成趣意書および綱領から窺える特徴は，戦前からの社会民主主義右派の基本路線である「三反主義」を踏襲しつつ，「左翼社会民主主義」，すなわち社会党左派および産別民同・総同盟左派の路線を「民主主義の仮面を被った共産主義」と断じている点と，搾取からの解放や民主主義の擁護，世界平和の実現と並立して，「民族の独立」を謳っている点であろう。

荒川は，筆者のインタビューに対し，彼らが川崎，堅山からも強い影響を受けたことを強調しつつ，独青の政治路線について，民族の自主独立を強調する佐野，鍋山からの影響が強かったことを認めている。しかし，共産党の革命路線が「民族解放民主革命論」と呼ばれ，あるいは後の左派社会党における綱領論争において，清水私案が「民族解放社会主義革命論」と呼ばれたように，ある時期まで「社会主義による民族解放」の問題は，社会主義政党にとって重要な課題であったことは確かであり，独青のみ

「民族主義」と断じるのは，やや不当な扱いというべきであろう。

　ただし，左派や共産党の「民族解放」が専らアメリカやGHQ，そしてこれに隷属する日本の独占資本，保守政権に向けられるのに対し，独青の「民族の独立」の視線は，後の「同盟－民社党ブロック」の親米路線とは異なり，ソ連および共産党のみならず，アメリカおよびGHQに対しても向けられていた点に特徴があった。

　中北（前掲書）が指摘するように，GHQ労働課ではAFL（アメリカ労働総同盟）系とCIO（産業別組合会議）系との対立があり，後者を中心としたグループは総同盟右派に冷淡であったとされる。しかし，このようなGHQに対して反感を持っていたのは総同盟右派だけではなく，石川島労組グループも1947年の2・1スト中止前後，集会での「われわれの敵は，太平洋の彼岸の大国だ」という発言やB29の格納庫の受注に反対する発言について，複数回に渡りGHQの取り調べを受けた結果，1948年9月，金杉ら3名が自主的に役職を辞任させられるという事件を経験している[54]。このような経験から，独青の特に労働運動側の青年には，GHQが総同盟よりも産別会議を，総同盟右派よりも高野率いる左派を，民同右派よりも左派を厚遇し，自分たちは冷遇されているという批判・危機感が共有されており，このことが独青の反GHQ感情を強めたと考えられる。

　そして，このような独青の性格は，ただでさえも右派に冷淡であったGHQ労働課をさらに刺激し，独青問題に間接的に介入させ，労働運動における左派優位を確立する要因となった。

　しかし，中北（前掲書）が指摘している，ブラッティが独青への関与を根拠に，松岡を「極右的な人物」と見做していたという点については，以下の理由から松岡と独青の密接な関係は否定され得ると思われる。

　まず，独青の中心となった室伏ら国鉄青年民同や，金杉ら石川島労組グループ等の民同右派の青年は，社民系や日労系という戦前からの右派の「戸籍」を持たず，その系譜に基づいて結集していた社会党側との間には溝があった。同時に，「我々は当時の総同盟に飽き足らなかった」[55]という民同右派の青年たちは，宇佐美ら同世代の総同盟右派の青年と固く結び付く一方で，戦前からの総同盟幹部とは一線を画していた。この戦前からの右派指導者や系譜に対する民同右派グループの態度が，独青結成に際し，より「戸籍」の影響力が強かった社会党右派との関係構築失敗の原因のひと

つとなったことは間違いない。したがって，社民系・総同盟の戦前からの大幹部である松岡と，室伏ら独青幹部との間に特段密接な関係はなかったと考えられる。

そして，このブラッティの認識の誤りの背景には，飼手が後に高野とGHQの関係について「指令部を最高度に利用したのが彼，その次は飼手真吾かもしれないけどね」[56]と述べ，新川敏光が中北(前掲書)の書評において，総評の国際自由労連加盟を信じて支持・支援を続けたGHQ内の勢力について，「彼らは総評に執着するあまり，高野の，そして岩井の動きを見誤った。国内的な労働運動のなかで主導権を握ろうとする高野や岩井は，総評以外の選択肢はないと考える彼らの足元を見透かし，彼らをうまく利用したようにすら，評者には思えるのである」[57]と述べているように，総同盟第4回全国大会への新聞持ち込みに象徴される，高野の周到な工作があった可能性を指摘せざるを得ない。

9．おわりに

以上，関係資料の精査や関係者へのインタビューを通じて，独青結成の前段となる民同右派の青年の結集過程や社会党青年部の結成過程を含め，独青の結成と排撃の具体的経緯を明らかにした。

「大量入党」を契機に労働運動と社会党は連携を強めたが，このことは同時に，それまで特に連携していなかった，労働運動と社会党内部の左右対立が結び付き，ブロック化していく危険性も秘めていた。そして，この「連携から左右のブロック対立へ」という一連の動きの先鞭を付けたのが青年層であり，ブロック化した左右が最初に衝突したのが独青問題であった。

すなわち，大量入党による「連携」は社青同準備会に結実するが，民同派・総同盟の右派の青年組合員が社会党右派の青年と結び付き，同様に左派の青年組合員が社会党青年部と結び付く中で左右対立により頓挫し，右派は独自に独青を結成するものの，社会党内での十分な協力関係構築に失敗したこともあって，左派により排撃されていった。同時に，高野や細谷たちの「左(産別会議)を叩いて，右(総同盟右派)を切る」という左派主導の労働戦線再編の戦略や，GHQ労働課の思惑もあって，独青問題は，青年運動の範囲に留まらずに労働運動と社会党全体の左右対立に発展し，左派優位の確立，右派の主導権喪失の原因となった。

しかし一方で，独青に結集した青年の多くは後に同盟および民社党に参加し，その中から宇佐美，金杉ら同盟指導者が多数輩出され，彼らは「同盟－民社党ブロック」をリードしていった。すなわち，独青の結成と排撃の過程で形成された組織間および人的関係性は，今日においても解消されていない，「総評－社会党ブロック」と「同盟－民社党ブロック」というブロック対立の萌芽ともいえるものであった。

　一方，本稿には残された課題も多い。特に高野とブラッティとの関係は，その後の「ブラッティ書簡」，そして総評結成と総同盟分裂におけるブラッティらの高野への支持・支援に連なるものだけに，今後は高野および総同盟左派の資料の精査や関係者への聞き取り調査を進め，より研究を深めていきたい。

　　［謝辞］　本稿は日本政治学会2015年度研究大会での報告ペーパーを大幅に加筆・修正したものである。丁寧かつ貴重なご指摘をくださった，司会・討論者の先生と本誌匿名の査読者の先生に御礼を申し上げたい。また，本稿執筆にあたり，以下の方々にご協力をいただいた。ここにご芳名を記して感謝申し上げたい。なお，本稿に含まれ得る誤りはすべて筆者の責任である。
　　　荒川和雄　荒瀬修一郎　加藤宣幸　河上民雄　川俣健二郎　高田誠　仲井富　間宮悠紀雄　皆川日出男

（1）　本稿の戦後労働運動と社会党についての記述は，神代和欣・連合総合生活開発研究所編（1995），ものがたり戦後労働運動史刊行委員会編（1997），日本社会党五〇年史編纂委員会（1996）に主に依拠している。
（2）　森正（2015）参照。
（3）　細谷松太（1996）158頁。
（4）　中北浩爾（2008）46頁。
（5）　金杉秀信（1999）参照。
（6）　荒川和雄インタビュー（2015年5月25日）。なお，元総理の村山富市も至軒寮に入寮，石川島に学徒動員されている（村山富市（2012））。
（7）　竪山利文（2006）21頁。
（8）　宇佐美忠信（2003）47－49頁。
（9）　『読売新聞』1972年8月19日（朝刊）。
（10）　内藤侃他（1983）55頁。
（11）　荒川和雄インタビュー（同上）。

(12) アンドルー・ゴードン（2012）352頁。
(13) 福永文夫（2014）56頁。
(14) 加藤宣幸・矢野凱也の米寿を祝う会事務局編（2012）24頁。
(15) 宇治守正追悼集刊行委員会編（1980）498頁。
(16) 月刊社会党編集部（1974）202頁。
(17) 「党本部関係2月分資料」国立国会図書館憲政資料室所蔵「浅沼稲次郎文書　その1　454」。
(18) 荒川和雄インタビュー（同上）。
(19) 加藤宣幸インタビュー（2012年5月3日）。
(20) 加藤宣幸（2013）64頁。
(21) 日本社会党五〇年史編纂委員会（前掲書）178頁。
(22) 伊藤郁男編（1982）29-30頁。
(23) 「独立青年同盟に関する資料」国立国会図書館憲政資料室所蔵「浅沼稲次郎文書　その1　485」。
(24) 荒川和雄インタビュー（同上）。
(25) 加藤宣幸インタビュー（同上）。
(26) 荒川によれば，結成大会に出席した以外，浅沼から独青への支援は特になく，「日労系の親分」として自分たちとは距離を置いていると認識していたという（同上）。
(27) 伊藤郁男編（前掲書）73頁。
(28) 内藤侃他（前掲書）58頁。
(29) 独立青年同盟出版部（1949）1頁。
(30) 国鉄労組出版部（1949）18頁。
(31) 日本共産党宣伝教育部編（1949）10頁。
(32) 国鉄労組出版部（前掲書）18頁。
(33) 国鉄労組出版部（前掲書）19頁。
(34) 国鉄労組出版部（前掲書）25頁。
(35) 新産別二十年史編纂委員会（1970）122頁。
(36) 細谷松太（前掲書）159頁。
(37) 「日本社会党青年部の独青同に関する態度」国立国会図書館憲政資料室所蔵「浅沼稲次郎文書　その1　485」。
(38) 新産別二十年史編纂委員会（前掲書）126頁。
(39) 全日本労働総同盟編（1968）566-567頁。
(40) ものがたり戦後労働運動史刊行委員会編（前掲書）248頁。
(41) 同上248頁。
(42) 「独立青年同盟とは？」国立国会図書館憲政資料室所蔵「浅沼稲次郎文書　その1　484」。

(43) 全日本労働総同盟編（前掲書）591-594頁。
(44) 伊藤郁男編（前掲書）134-135頁。
(45) 『読売新聞』1952年4月6日（朝刊）。
(46) 民社党結党に際し，山崎，野田，木下らは民社党に参加，伊藤，伊賀は社会党に残留した。なお河上民雄（河上丈太郎の長男。元衆議院議員，東海大学名誉教授）によれば，後の河上派において伊藤の独青参加の過去が問題になったことはなく，その事実自体ほとんど知られていなかったという（河上民雄インタビュー（2011年6月11日））。
(47) 伊藤郁男編（前掲書）171頁。青懇代表は重枝琢巳，同書によれば独青の反省から研究・親睦の団体として発足したという。
(48) 『読売新聞』1972年8月19日（朝刊）。
(49) 芦田均（1986）73頁。
(50) 荒川和雄インタビュー（同上）。　(51) 同上。
(52) 「独立青年同盟に関する資料」国立国会図書館憲政資料室所蔵「浅沼稲次郎文書　その1　485」。
(53) 『読売新聞』1972年8月19日（朝刊）。
(54) 金杉秀信（2010）67-75頁。
(55) 荒川和雄インタビュー（同上）。
(56) 日本労働研究機構（1998）48頁。
(57) 新川敏光（2009）72頁。

引用文献

芦田均（進藤榮一・下河辺元春編），1986『芦田均日記（第5巻）』岩波書店。
有賀宗吉，1989『国鉄民主化への道―鉄労運動30年の歩み』鉄労友愛会議。
アンドルー・ゴードン（二村一夫訳），2012『日本労使関係史　1853-2010』岩波書店。
伊藤郁男編，1982『勇気ある選択―民主社会主義青年運動史』民主社会主義青年運動史刊行委員会。
宇佐美忠信，2003『志に生きる：足は職場に，胸には祖国を，眼は世界へ』富士社会教育センター。
宇治守正追悼集刊行委員会編，1980『激流に生きる：宇治守正の肖像』宇治守正追悼集刊行委員会。
大河内一男・松尾洋，1969『日本労働組合物語　戦後編（上）』筑摩書房。
加藤宣幸，2013「構造改革論再考―加藤宣幸氏に聞く（下）」『大原社会問題研究所雑誌』652号，63-74頁。
加藤宣幸・矢野凱也の米寿を祝う会事務局編，2012『莫逆の友とともに』アレックス。

金杉秀信，1999『労働運動　余聞』水書坊．
金杉秀信（伊藤隆・梅崎修・黒澤博道・南雲智映編），2010『金杉秀信オーラルヒストリー』慶應義塾大学出版会．
月刊社会党編集部，1974『日本社会党の三十年』日本社会党中央本部機関紙局．
神代和欣・連合総合生活開発研究所編，1995『戦後50年　産業・雇用・労働史』日本労働研究機構．
国鉄労組出版部，1949『国鉄民同を裁く』．
国鉄労働組合編，1967『国鉄労働組合二〇年史』労働旬報社．
国鉄労働組合東京地方本部編，1971『国鉄労働組合東京地方本部20年史』労働旬報社．
新川敏光，2009「書評と紹介」『大原社会問題研究所雑誌』613号，69-72頁．
新産別二十年史編纂委員会，1970『新産別の二十年　II』新産別．
全日本労働総同盟編，1968『総同盟五十年史　第三巻』総同盟五十年史刊行委員会．
竪山利文，2006『遠交近攻―我が労働運動六十年』東海大学出版会．
独立青年同盟出版部，1949『独立青年』1号．
内藤侃・今橋衞・荒川和雄・曽我嘉三・伊藤郁男，1983「民主社会主義運動の原点を探る：独立青年同盟のころと今日」『同盟』295号，54-67頁．
中北浩爾，2008『日本労働政治の国際関係史　1945-1964：社会民主主義という選択肢』岩波書店．
日本共産党宣伝教育部編，1949『労働者の敵民同』風土社．
日本社会党五〇年史編纂委員会，1996『日本社会党史』社会民主党全国連合．
日本労働研究機構，1998『戦後日本労働運動史への「証言」』日本労働研究機構．
日本労働組合総評議会編，1964『総評十年史』労働旬報社．
福永文夫，2014『日本占領史　1945-1952』中央公論新社．
福家崇洋，2013「一国社会主義から民主社会主義へ：佐野学・鍋山貞親の戦時と戦後」『文明構造論』第9巻，1-47頁．
細谷松太，1996「産別自己批判問題と民同の結成」大原社会問題研究所編『証言　産別会議の誕生』総合労働研究所，131-160頁．
村山富市（薬師寺克行編），2012『村山富市回顧録』岩波書店．
ものがたり戦後労働運動史刊行委員会編，1997『ものがたり戦後労働運動史 II』教育文化協会．
森正，，2015「党・労組・地方議員による三位一体型集票・陳情システム」前田幸男・堤英敬編『統治の条件―民主党に見る政権運営と党内統治』千倉書房，181-214頁．
山崎広，1956『日本社会党十年史』内外政治研究会．

英国における所得税廃止論争(1816年)の再検討
——麦芽税廃止論争との関連性を中心に——

板倉孝信＊

> 要旨：本稿は政治・社会史的なアプローチから，英国の所得税廃止論争の再検討を試みたものである。1815年にナポレオン戦争が終結すると，翌16年には英国議会で戦時所得税の存廃をめぐる激しい論争が展開された。これに際して，所得税廃止を要求する大規模な請願運動が行われた結果，与党トーリーが多数を占める下院で，政府提出の所得税延長法案は否決された。本稿では，従来看過されてきた他税種との関連性を重視することで，先行研究とは異なる角度から所得税廃止論争を分析した。まず筆者は，この論争が所得税延長への反対だけでなく，対仏戦争中に強化された多くの戦時増税への不満から生じた点に着目した。その上で，請願運動における言説を分析し，戦争中から蓄積されてきた納税者の不満が，終戦後に一挙に表面化する過程を追跡した。さらに筆者は，所得税廃止を主張する富裕層と麦芽税廃止を主張する中間層以下が，減税要求に関して緊密に連携した点に注目した。その上で，以前は別々に展開されてきた両者の請願運動が融合したため，減税要求が激化したことを指摘した。

キーワード：所得税廃止論争，財政請願運動，ポスト財政＝軍事国家，
反革命戦争，戦後財政改革

1. はじめに

1.1 研究テーマ選択の意義

フランスとの四半世紀に及ぶ反革命戦争（1792~1802, 1803~15年）が終結した翌年，英国のリヴァプール（2nd Earl of Liverpool）政権は戦時所

＊ 早稲田大学政治経済学術院助手　近代英国政治史

得税の平時延長法案を議会に提出したが，下院で惜しくも否決された。この所得税延長の失敗によって英国が喪失した740万ポンドという財源は，陸・海軍費を合わせた平時軍事費の半年分に相当する莫大なものであった[1]。また当時の英国は，GNPの2倍に及ぶ8億ポンドもの莫大な累積債務に苦しんでおり，毎年度の租税収入の60％を利払費に投入するという深刻な財政硬直化にも直面していた[2]。反革命戦争以降，英国が欧州協調に基づくウィーン体制を堅持し，列強諸国を牽制しながら平和維持を追求した背景には，このような財政危機の存在があった。

与党トーリー（Tory）が多数を掌握する当時の議会で所得税延長法案が否決されたのは，野党ウィッグ（Whig）の指導によって所得税廃止を要求する激しい請願運動が展開され，最終的に与党が切り崩されたためであった[3]。戦時増税に反対する請願運動は戦争中から散発的に行われてきたが，戦争拡大に応じて時期を追うごとに増税はむしろ強化されたため，長期にわたって蓄積されてきた納税者の不満が戦後に爆発したものと考えられる。しかし所得税の納税対象者は当時の国民全体のわずか3％に過ぎず，彼らが相対的に発言力の大きい富裕層であったことを考慮しても，所得税廃止を要求する請願運動の展開はあまりに広範囲で大規模なものであった。詳細は後述するが，その要因としては，所得税の納税者ではない中間層以下の市民が，この請願運動に積極的に参加していた点が指摘できる。

ここで注目すべきことは，所得税廃止論争と同時期に麦芽税廃止論争が展開されており，中下層市民は後者の廃止を主要な動機として，請願運動に参加していたという点であった。もちろん，戦時所得税と戦時麦芽税の廃止が3月18日と20日に相次いで決まったことは広く認識されてきたが[4]，実際に両税の反対運動がどの程度相互に関連して展開されたかは，これまで注目されてこなかった。そこで本稿では，麦芽税廃止論争との関連性という新たな視点から所得税廃止論争を検討し直すことで，請願運動が両税を共に廃止に追い込むほど拡大した要因を探ってみたい。この両税廃止によって英国は1020万ポンドの財源を一挙に喪失したため，平時軍備の大幅な圧縮を余儀なくされており，そのような形で対外政策にまで影響を与えたこの論争を再検討することは，意義深いものと考えられる。

1.2　先行研究の批判的検討

19世紀前半の英国に関する経済・財政史研究としては，D. Wahrman [1995]5，P. Harling [1996]6，M. J. Daunton [2001]7，B. Hilton [2006]8，藤田哲雄［2008］9などが挙げられる。これらの先行研究は，世紀転換期における経済・財政史の流れの中に所得税廃止論争を位置付けた上で，それを重要な分岐点と認識し，その要因と意義を広範な視野から分析している。また上記の研究は，「長い18世紀」（1688〜1815年）と「遅い19世紀」（1815〜1914年）を分離せず，反革命戦争前後における経済・財政史の変化を捉えている点でも評価できる。しかし比較的長い時期を分析対象としているため，所得税や麦芽税に関する言及は極めて限定的であり，所得税廃止論争に関しても実証的分析がなされているとは言い難い。

一方，19世紀前半の英国に関する戦時所得税研究としては，A. Hope-Jones [1939]10，A. Farnsworth [1951]11，F. Shehab [1953]12，新谷一伴［1990］13，P. Harris [2006]14などが挙げられる。これらの先行研究は，戦時所得税の導入・改正・廃止といったプロセスを丹念に追跡し，制度設計・徴税組織などに加えて，その問題点に到るまで詳細に分析している。また上記の研究は，戦時所得税の導入・改正に尽力した小ピット（William Pitt the Younger）やアディントン（Henry Addington）といった有力政治家の財政認識にも焦点を当てている。しかし経済・財政史的なアプローチに依っているため，所得税廃止論争に関する政策過程や社会動向には深く注意が払われず，その指摘も表面的なものにとどまっている。

以上のような先行研究の問題点を踏まえた上で，本稿では政治・社会史的なアプローチを導入して，麦芽税廃止論争との関連性から所得税廃止論争の再検討を試みる。その際には，議会議事録だけでなく，請願文書やパンフレット，地方新聞の社会欄なども参照することで，請願運動の発生・展開・影響の各側面に関する検討を進める。これらの新たなアプローチや多角的な分析を通じて，あらゆる階層から戦時増税への不満が噴出していた当時の時代状況を踏まえ，所得税廃止論争が果たした役割とその歴史的意義を改めて問い直したい。

1.3 論証すべき課題と手続

以上の内容を踏まえて，本稿では1816年の英国における所得税と麦芽税の反対運動が，それらの展開された時期や地域だけでなく，請願集会・請

願提出・議会審議の各段階においても密接な関係にあったことを指摘する。それに加えて，所得税の反対運動にその納税者ではない中間層以下の市民が参加している点や，政府が所得税延長の失敗直後に麦芽税延長の断念を表明している点にも注目し，時期による両税の関係変化を追跡していきたい。最終的には，両税の反対運動における緊密な連携が請願運動を活発化させ，それが両税を廃止へ導くと共に，以後の減税・経費削減要求の方向性を決定付けたことを論証する。

以下の第2節では，第3節以降で本格的な史料分析に入る前の準備段階として，所得税・麦芽税廃止論争の背景と展開に関して，その全体構造と了解事項を事前に確認しておく。次の第3節では，所得税延長法案の否決以前を対象として，所得税と麦芽税の請願運動がどういった関係にあり，それが所得税延長の失敗にどのような影響を与えたかを検討する。続く第4節では，所得税延長法案の否決以後を対象として，戦時所得税廃止が戦時麦芽税廃止にいかなる作用をもたらし，それが以後の財政論争にどのような変化を与えたかを分析する。

2. 所得税・麦芽税廃止論争の背景と展開

2.1 財政＝軍事国家システムとその動揺

「長い18世紀」の英国は，国債発行を通じて全面戦争の戦費を円滑に調達し，毎年度の税収によってその利払を担保することで，戦費負担を平時にも分散・移転してきた。ブルーワ（John Brewer）によって「財政＝軍事国家」（fiscal-military state）[15]と名付けられたこのシステムは，戦時における増税を利払増加分のみに限定して，戦費調達に対する国民の不満を緩和すると共に，戦後における減税・経費削減要求を抑制する役割も果たしていた。ウォルポール（Robert Walpole）政権以降，徴税役人の育成や税務機構の整備によって間接税収入の比率が増加する一方で，それとは対照的に直接税収入の比率は減少の一途を辿り，租税負担の逆進性は高まっていった[16]。また議会による債務保証と確実な利払履行を背景に，国債制度の信用も向上したため，有利な税制体系と安定的な利殖機会に恵まれた富裕層が，全面戦争の戦費調達に対して明確な反発を示すことはほとんどなかった。

しかしアメリカ独立戦争期になると，それまでの度重なる全面戦争によ

って累積債務が膨張したため、終戦後に小ピット政権は財政改革に着手した。その改革は当初順調に進展するかと思われたが、1793年に英国がフランス革命戦争に参戦したため、中途での挫折を余儀なくされた。参戦当初は国債発行による戦費調達が行われたが、それも早々に限界を迎えたため、1799年に小ピット政権は、名誉革命後の地租改革から約100年ぶりの本格的な直接税改革となる戦時所得税の導入に踏み切った。この所得税導入は単なる財源確保の手段ではなく、毎年度の租税収入のみで戦費調達を行う「年度内会計主義」(現代のプライマリー・バランスの起源)の徹底を意味するものであり、所得税はいわば戦時増税の象徴的存在であった[17]。これを契機に、消費税や関税などの間接税に対しても戦時増税が急速に拡大したため、全面戦争の実質的な戦費負担が国民のあらゆる階層に実感されるようになった。

2.2 所得税・麦芽税の制度・対象・性質

1799年に導入された英国の所得税は、上位3%の富裕層のみに課された税種であり、現代先進国の所得税と比較すると最高税率は10%と低かった。しかし土地利益だけでなく、金融・商業・工業利益の所得も課税対象とした点で、産業革命の時代に相応しい近代的な租税であった[18]。課税対象の所得はシェデュール(schedule) A～Eの5つの種類に分類され、それぞれに応じた査定が行われたが、土地・年金・給与・利子収入は、営業・製造収入より捕捉されやすい傾向にあった[19]。1799年の導入以来、1803・05・06年と3度の改正を経るたびに税制は洗練されていき、終戦直前には戦費総額の20%に相当する1480万ポンドの収入を誇る有力財源となった。尚、所得税は導入当初"Income Tax"と呼称されていたが、1803年改正で資産価値から所得規模を推定する方式が導入されたのを契機に、"Property Tax"と呼称されるようになった。既に述べたように、戦時税としては1816年に廃止されたが、1842年に関税改革の財源不足を補填する平時税として復活した。

一方の麦芽税は、ビールの原料となる麦芽に課された伝統的な内国消費税の一種であり、逆進的な性格を有していたことから、相対的に負担の重い中間層以下からの評判は悪かった。また麦芽税はビールの消費者だけでなく、大麦生産者からも厄介な存在と見なされており、さらに酒造業者や

流通業者からの反発も強かったため，真っ先に減税要求の対象とされた[20]。当時の英国における消費税は，奢侈品に高率が，日常品に低率が課される傾向にあったが，酒類・煙草・茶葉などの嗜好品はその例外であり，日常品であっても比較的高率であった。本稿で取り扱う戦時麦芽税（以下単に「麦芽税」と呼称）とは，戦時に限って通常の麦芽税に加算された付加分であり，1816年に廃止されたのは，全ての麦芽税25％のうち戦時付加分に相当する10％であった。尚，1822年には残余の麦芽税15％のうち5％がさらに削減された[21]。

2.3 当時の請願運動の特徴と政治的意義

本稿が対象時期とする1816年当時の英国は，現代の先進諸国とは政治環境が大きく異なっていたため，請願運動の有する政治的意義は比較的大きいものであった。第1次選挙法改正（1832年）以前における下院総選挙の有権者数は総人口の約3％に過ぎず，実際に競争が行われた選挙区も全体の約30％にとどまっていた[22]。また世紀転換期の約半世紀（1783～1830年）にかけて，英国議会では上下両院共にトーリーが一党優位状態となる一方で，ウィッグは圧倒的な劣勢に陥っていた。この時期には長期にわたって選挙結果による政権交代が見られず，具体的な政策論争に基づく政権選択という選挙の機能は麻痺していた。このような政治環境において，請願運動は有権者・非有権者を問わず，多様な階層が実際の政策提言を行うための有力な手段であり，当時の選挙制度を補完する役割を果たした。急進的なデモや集会には弾圧で臨んだ当時の政府も，国内への革命波及を回避するため，文書を通じた政治活動である請願運動を完全に無視することはできなかった。

反革命戦争中から請願運動を牽引してきたのは，実業家（農場経営者・金融家・商店主・工場主）と専門家（官僚・将校・牧師・作家）で構成されるアッパーミドル層であった。1816年の所得税・麦芽税廃止論争では，所得税納税者であった富裕層に加え，麦芽税負担が相対的に重い中間層以下も精力的に請願運動に参加しており，両者の中間に位置するアッパーミドル層はその仲介役として機能した。麦芽税廃止を切望していた農業利益の大半は，同時に所得税廃止も主張したが，財源不足による皺寄せが消費税や関税に向かうことを懸念した商工業利益からは，所得税延長に賛同す

る意見も示された[23]。商工業利益は戦争中の請願運動では中心的な役割を果たしたが,必ずしも積極的に所得税延長を支持していた訳ではなかったため,終戦直後の請願運動は所得税・麦芽税の延長反対でほぼ一色に染まった。

2.4 所得税・麦芽税廃止前後の政治過程

ライプチヒでのフランス敗北を受けて,1815年7月5日に戦時所得税は期限切れを迎える予定であったが,ナポレオンの百日天下によって戦争が再開されたため,16年4月5日までの延長が議会で承認された[24]。その期限が2カ月後に迫った2月2日,リヴァプール政権は最高税率を10%から5%に引き下げた上で,改めて所得税延長法案を下院に提出した[25]。しかし15年の延長が戦争再開を背景として容易に承認されたのとは対照的に,戦争が完全に終結した16年には,再延長に反対する激しい請願運動が発生した。さらに3月に入ると,スコットランドのような遠隔地からも延長反対の請願文書が寄せられ,それらが連日のように議会審議で紹介されたため,政府は劣勢に追い込まれていった。3月18日に下院で延長法案の採決が行われたが,与党は安定多数を確保していたにもかかわらず,党内から離反者が続出し,201対238で延長法案は否決された[26]。

一方,戦時麦芽税の期限切れは16年7月5日であったが,所得税延長の失敗から状況の著しい不利を悟った政府は,3月20日には早くも麦芽税延長を断念することを宣言した[27]。重要法案の否決によって退陣危機に直面していたリヴァプール政権は,麦芽税廃止の自発的な決断で政権基盤の修復に辛くも成功し,激しく展開されていた請願運動も収束に向かっていった。この決断によって,大麦生産者だけでなく中下層市民の支持も獲得した政府は,富裕層に有利な所得税廃止を主導した野党を彼らの敵対者とすることで,議会での主導権を回復した。所得税と麦芽税の廃止が共に確定した3月下旬以降も,更なる減税・経費削減を要求する野党と,それらの打ち止めを試みる与党の間で,両税廃止の位置付けをめぐる議論が継続された。

3．所得税延長法案の否決以前（1816年2月2日～3月18日）

3．1　農業利益による戦時税廃止運動の初期指導

　所得税と麦芽税に対する延長反対運動を最初にリードしたのは，両者に対して強力な利害関係を有する農業利益であった。特にその中でも，直接的な麦芽生産者を多く含み，所得税の課税対象でもあった大規模な農場経営者（farmer）は，両税延長に強く反発していた。そもそも所得税の課税分類の中で，主に農業利益に対して課税されるシェデュールA・Bは，主に商工業利益に対して課税されるシェデュールDに比べて，課税回避が困難な構造を有していた。そのため農業利益の所得税に対する嫌悪感は，商工業利益よりも強い傾向にあった。それに加えて，当時の所得税は数千ポンドの所得を有する地主にも，数百ポンドの所得を有する農場経営者にも同率の10％を課したため，農場経営者の負担感は相対的に大きかった。とりわけ麦芽生産に従事していた農場経営者は，その生産物に戦時付加税を課されており，所得税と麦芽税の反対運動が彼らによって開始されたのは当然の成行きであった。

　その実例としてここではまず，所得税延長に反対する請願文書を作成するための集会で，麦芽税延長に反対する議論が同時に行われていたことを，当時の新聞史料から指摘したい。所得税延長法案は2月2日に審議入りしたが，当初の請願運動はイングランド中心に行われており，スコットランドを巻き込んで全国的な展開を見せるのは，3月に入ってからであった。このような請願運動の初期段階において，所得税延長と麦芽税延長に反対する請願集会を一体的に運営することで，その運動拡大に大きく貢献したのが農場経営者であった。

　ベリー・セイント・エドマンズ（Bury Saint Edmunds）で毎週発行されていた，*The Bury and Norwich Post*（以下*BNP*と略記）の2月7日・14日の記事には，ハールストン（Redenhall with Harleston）で1日に開催された請願集会の内容が掲載されている。7日の*BNP*によると，戦時所得税と戦時麦芽税の平時恒久化を懸念した農場経営者たちは集会を開催し，彼らの窮状を早急に救済するよう訴える請願文書を議会へ提出することに合意した[28]。農場経営者たちは，麦芽税の延長が彼らだけでなく労働者にと

っても有害であると主張する一方で，彼らに課される戦時所得税の延長が地主やその産業・資本にも過重な負担を与えると訴え，他の階層を巻き込んだ巧妙な議論を展開している[29]。また14日の *BNP* は，農場経営者が所得税・麦芽税・農馬税の廃止を要求する請願文書を起草する際に，それらを「最も不公平であるがゆえに耐え難いもの」で，「労働者の精神・身体に最も悪影響を与えるもの」と指摘したと報じている[30]。

　2月下旬になると，上記の *BNP* 以外の新聞でも，所得税と麦芽税の延長に同時反対する請願集会が開催された事例が報道されている。ただしロンドンで発行された2月23日の *The Morning Chronicle*（以下 *MC* と略記）と，翌24日の *Cobbett's Weekly Political Register*（以下 *CWPR* と略記）を見ると，前述のハールストンの事例とは異なり，ジェントルマン・牧師・賃貸家主なども，請願集会に積極的に参加していることに気付く。これは両戦時税の平時延長に反対する階層が，時間経過と共に拡大したことを示すもので，農場経営者に主導された初期段階の請願運動が，中期段階に移行したことを意味していた。23日の *MC* も24日の *CWPR* も共に，21日にサウザンプトン（Southampton）で開催された請願集会に注目し，その決議文を全文掲載している[31]。請願集会の参加者はこの決議文の中で，当初は戦時限定という条件で導入した所得税の平時延長を痛烈に批判し，「議会による神聖な決議と誓約に真っ向から違背するもので，国民の普遍的な意見を全く無視するもの」と述べた。また麦芽税に関しては，「大麦は主要な農産物であるため，（中略）戦時麦芽税の平時延長は市場を圧迫し，市場拡大と麦芽生産の双方に深刻な悪影響を与える」と強く警告している。

　このサウザンプトンの事例で特に注目すべき点は，請願集会に参加したアッパーミドルが自らの直接的な利害関係を越えて，軍事・財政政策や国制にまで言及していることである。2月24日の *CWPR* に掲載された請願集会の決議文には，「平時に大規模な陸軍を維持することは，国家財政を破綻に導くものであり，（中略）我が国の自由な国制を軍事的な専制に堕するものである[32]」と書かれており，戦時増税の廃止だけでなく経費削減の議論にまで踏み込んでいる[33]。このような過激な表現は，農場経営者の直接的な利害関係から戦時増税の平時延長に反対した *BNP* の事例とは明らかに次元が異なるもので，請願運動の初期段階から中期段階への特徴的変化の一つとして位置付けられる。

3.2 野党による所得税・麦芽税廃止運動の融合

　農場経営者によって開始された所得税と麦芽税の廃止請願運動は，都市中間層を巻き込みながらその勢力を拡大し，所得税延長法案を審議していた下院にも大きな影響を与えた。同法案に反対する野党のウィッグや急進派は，両税に対する請願運動の高揚を背景として，多数を占める与党トーリーの切り崩しを図り，リヴァプール政権に圧力を加えたのである。特に所得税廃止論争において，ウィッグ党首のポンソンビー (George Ponsonby) を補佐し，請願運動の指導役となっていた同党のブルーアム (Henry Peter Brougham) は，所得税と麦芽税の廃止運動が連動している点に目を付け，これを攻撃材料として積極的に用いた。そこでまず，下院議事録における彼の発言に注目してみたい。

　所得税延長法案の下院審議が開始される前日の2月1日，会期冒頭の摂政演説に関する質疑で，ブルーアムは早くも所得税と麦芽税の廃止を結び付けた発言をしている。彼は，ヴァンシタート (Nicholas Vansittart) 財相が所得税の延長構想を説明する一方で，他の戦時増税に関して明確に言及していない点を指摘し，それらの延長可能性を問い質した[34]。さらにブルーアムは所得税に次ぐ税収を誇る麦芽税に注目し，対仏終戦の影響による穀物市場の混乱と大麦生産者の負担増大を指摘した上で[35]，そのような状況下でも戦時麦芽税を延長するのかと尋ねている。当然ながら，麦芽税と所得税の廃止議論を分離したい政府側から明確な回答は得られなかったが，両税に関する請願運動があまり行われていなかった時期に，その指導者であったブルーアムが両者の連動可能性に言及したことは，その後の活発な運動展開を占うものであった。詳細は次節で後述するが，既に1月の段階からパンフレットでは，所得税と麦芽税の同時廃止を訴えるものが散見されており，2月1日の彼の発言はそれを受けたものとも思われる。

　さらに2月12日の下院歳出委員会の段階になると，前節で述べた農場経営者による請願運動の開始を背景に，ブルーアムは彼らを代弁する立場からさらに具体的な議論を展開し，所得税と麦芽税の廃止運動の連携強化を図った。彼はまず，リヴァプール政権によって提案された所得税の税率半減が農業経営の大きな負担軽減に繋がっていないと指摘した[36]。さらに彼は，わずか1票差で廃止に到らなかった皮革税に加え，税収の大きい麦芽

税を廃止しなければ，農業利益の負担軽減にはならないと主張した。またブルーアムは，麦芽税延長による打撃は「直接的な被害を受ける大麦生産者だけでなく，精肉・酒造業者の端々にまで及ぶ」と述べて，所得税問題との兼ね合いから麦芽税問題に明言を避けてきたヴァンシタート財相を批判した37。

また2月下旬になると，所得税と麦芽税の廃止請願運動が広範囲に拡大したことを受け，ブルーアムのようなウィッグに属する生粋の野党議員だけでなく，表面上はトーリーに属してきた与党系議員からも，両税廃止を要求する請願文書が紹介されるようになった。ここでは，バレル（Sir Charles Merrik Burrell）とアクランド（Sir Thomas Dyke Acland）という2人の若手議員に注目したい。

2月23日の農業問題に関する下院審議において，バレルは所得税・救貧税・教会税などの負担軽減を訴える，選出選挙区の農業利益からの請願文書を紹介し，彼らが平時の救済措置として戦時麦芽税の廃止を強く望んでいる点を強調した38。また28日の所得税問題に関する下院審議では，アクランドが自身の選出選挙区であるデボン（Devon）の住民から提出された請願文書を紹介し，彼らが農業不況の救済措置として所得税にとどまらず，麦芽・皮革・塩・鉄などの諸物品に対する戦時増税の廃止も要求していると述べた39。

当時，バレルは外相・下院指導者であったカスルレー（Viscount Castlereagh）の派閥に40，アクランドはその両職を後に継ぐことになるカニング（George Canning）の派閥に属しており41，本来であれば所得税延長法案に賛成すべき立場に置かれていた。しかし当時の英国政党は現代と異なり，厳格な党議拘束を保持しなかったため，この所得税延長法案では与党内から100人以上の離反者が出たと見られている。ただし延長法案の否決直前である3月中旬ならばともかく，2月下旬という比較的早い時期に，若手議員が所得税と麦芽税の延長に反対する請願文書を紹介し，与党からの離反を鮮明にするのはやはり異例であった。この背景には，選出選挙区で所得税と麦芽税の廃止請願運動が連動したことで活発となり，その影響力が無視できないほど大きくなったという事情があったものと推測される。

3月に入ると，スコットランドから所得税廃止を訴える大量の請願文書が議会に寄せられたことで，請願運動は中期段階から最終段階へと移行し

た。11日と12日に上院で行われた所得税延長審議では，ロスリン（2nd Earl of Rosslyn）とカーナヴォン（2nd Earl of Carnarvon）というウィッグに属する2人の伯爵が，地元から提出された戦時税廃止を要求する請願文書を紹介した。前者は農場経営者たちが中心になって彼らの負担軽減を主張したものである一方42，後者はサマセットシャー（Somersetshire）のジェントリから一般住民まで多様な人々が連名し，平時軍備の維持費用まで踏み込んだ財政批判を展開している43。前者は2月初旬の初期段階から見られた典型的な請願運動であったのに対して，後者のように身分の枠組を越えた署名のある請願文書が提出されるのは，3月中旬の最終段階に特有な現象であった。このように両者のアプローチは極めて対照的なものであったが，所得税と麦芽税を併記した上で延長反対を唱えている点では共通している。

また3月に発行された地方新聞からも，所得税と麦芽税の延長廃止を求める請願運動が緊密に連携していたことが窺い知れる。3月6日と13日の *BNP* は，それぞれ2月29日にシンゴー（Thingoe）で，3月7日にストーマーケット（Stowmarket）で，3月9日にノーフォーク州の州会議事堂で開催された請願集会の決議内容を掲載した。それらはいずれも戦後に廃止すべき戦時増税の主要な標的として，所得税と麦芽税を前面に掲げていた。

まず2月29日のシンゴーにおける決議文は，歳出の早急な削減を行う必要性を確認した上で，所得税や麦芽税のように負担が重く苛立たしい税種は，経費削減を実現するために不要であると断じた44。一方3月7日のストーマーケットにおける決議文では，終戦時に戦時増税を廃止すると議会が国民に誓約した以上，戦後不況の下で地域産業の再生を図るためにも，所得税と麦芽税の即時廃止という約束は履行されるべきと述べられている45。さらに3月9日のノーフォーク州会議事堂での決議文では，麦芽税の廃止は「農業利益に多大な実益を与える」ものであり，所得税の廃止は「恒久平和の時代に与えられるべき最も望ましきもの」と表現されている46。以上のように各地の請願集会においても，所得税と麦芽税の平時延長に反対する請願者たちは，請願文書を共同作成することで政府に圧力を加えていった。

3.3 与党による所得税・麦芽税廃止運動の分離

前節で確認したように，所得税と麦芽税の廃止を主張する野党ウィッグとその支持者たちは，両税の廃止請願運動を巧みに融合することで，結束強化と影響力拡大に成功してきた。これに対して，戦時所得税の平時延長はもちろん，(明言こそ避けてきたものの)可能であれば戦時麦芽税の平時延長も実現させたいと目論んでいた与党トーリーとその支持者たちは，逆に両税に対する請願運動を分離することで，その影響力縮小を図る必要に迫られていた。しかし，所得税延長の実現可能性を高めるための有効な手段は，政府が自発的に麦芽税延長の断念を表明することで，麦芽税反対勢力を所得税反対勢力から離反させるしかなかった。両税維持を最上の選択と認識していたリヴァプール政権は，麦芽税に関する明確な言及を極力避けることで，状況を静観する構えを見せていた。しかし３月中旬に請願運動の激化によって所得税延長が危機に瀕したことで，新たな対応を試みる必要が生じてきた。

　そこでリヴァプール政権は，財相のヴァンシタートや下院指導者のカスルレーといった財政政策に直接的な説明責任を持つ主要閣僚ではなく，与党内でも議員歴の浅い若手議員や引退直前の高齢議員を登壇させ，麦芽税廃止の「可能性を示唆させる」戦術を採用した。以下で示すように，彼らは麦芽税の不公平性や非効率性を強調し，その廃止を容認する姿勢を示す一方で，所得税の公平性や効率性を高く評価し，その延長を主張したのである。

　３月12日の下院審議では，ミドルセクス（Middlesex）州の元義勇軍大佐のウッド（Thomas Wood）が，選出選挙区から提出された請願文書を紹介した。その際に彼は，大規模な平時軍備のための増税延長に反対する一方で，選挙区の請願者たちが「所得税廃止より麦芽税廃止に関心を持っている」ことを指摘している[47]。さらに彼は，両税を共に廃止するのは財政的観点から困難であるため，「万一所得税が廃止されることになれば，麦芽税を廃止する見込みはなくなるだろう」と付け加えた[48]。この理屈に従うとすれば，麦芽税廃止を優先的に実現するためには，所得税延長に賛成する必要があるという結論が容易に導き出されることになる。この請願紹介が，麦芽税反対勢力を所得税反対勢力から切り離す意図を持って行われたことは明白であろう。

　また３月13日の下院審議では，請願運動が活発に行われていたサフォー

ク選挙区選出のグーチ（Thomas Sherlock Gooch）が，所得税延長に明確な賛意を表明した。その上で彼は，「農場経営者にとって所得税廃止より麦芽税廃止の方が遥かに大きな救済になる」と述べ，上記のウッドと同様に，両方を廃止することができないのであれば，「所得税よりも過酷な麦芽税を優先的に廃止すべき」と主張している[49]。

さらに所得税延長法案の下院採決日であった3月18日にも，審議開始の冒頭でトリメイン（John Hearle Tremayne）が麦芽税を引き合いに出し，所得税延長を擁護した。彼は選出選挙区のコーンウォール（Cornwall）から提出された請願文書を紹介しながら，平時税として修正された所得税が，全ての階級にとって公平な課税であることを強調した[50]。さらに「この所得税延長を認めれば，政府は貧困層に重く伸し掛かる麦芽税を廃止するかもしれない」と述べ，前述のウッドやグーチよりも遥かに直接的な表現を用いて政府の立場を代弁している[51]。

いよいよ所得税延長法案が採決直前の段階になっても，モンゴメリー（Montgomery）選挙区選出のキーン（Whitshed Keene）が，最後まで麦芽税反対勢力の寝返りを促していた。前述の3議員は全員が30～40代で，議員歴も10年前後であったのに対して，キーンは既に85歳で議員歴も48年に及ぶベテランであり，これが最後の登壇であった。こうした高齢議員に採決直前の梃入れを要請した点からも，政府の焦燥が窺い知れる。彼はまず，所得税が課税によって商品価格を大きく押し上げないことに加えて，徴税費用が安上がりな点でも優れていると評価した[52]。さらに皮革・麦芽などの商品に対する課税を撤廃し，それらを所得税に集中させるなら，「たとえ所得税の税率が2倍（戦時水準と同等の10％）になったとしても，国民を利するだろう」と述べ，所得税制度を絶賛した[53]。このように下院での採決が近付くほど，所得税擁護と麦芽税批判の度合が強化される傾向が見られた。

これらの議員発言は，麦芽税反対勢力の離反を促すことで所得税延長の可能性を高めると同時に，仮にそれによって所得税延長が達成されたとしても，主要閣僚による麦芽税廃止の確約を回避することで，麦芽税延長にも一定の余地を残しておく方策であったと考えられる。この意図に関しては，関係者の明確な叙述が見られないため，あくまで推測の域を出ないが，所得税延長法案の下院採決日の1週間前になって，突然ウッド，グーチ，

トリメイン、キーンなどの与党議員が相次いで請願文書を紹介し、麦芽税廃止を容認する発言を繰り返す理由は、他に思い当たらない。

しかし無所属議員の中には、こうした政府の姑息な議会戦術を冷ややかに見ていた人物がいた。議員歴4年の新人であったメシュエン（Paul Methuen）は、3月18日の下院採決当日にトリメインの直後に登壇し、「所得税延長に賛成することで麦芽税廃止を見込めるという思い込みに基づいて行動する議員が現れない」ことを願うと述べた[54]。彼のこの発言は、仮に所得税延長法案が成立しても、政府が麦芽税延長を断念しない可能性が高いことを示しており、与党の議会戦術を暴露するものであった。このメシュエンも最終的に反対票を投じた結果、所得税延長法案は201対238で否決され、麦芽税反対勢力の切り崩しも奏功しないまま、戦時所得税は廃止に追い込まれた[55]。

4．所得税延長法案の否決以後（1816年3月19日～7月5日）

4.1 麦芽税延長断念による与党の勢力巻き返し

3月18日の下院における所得税延長法案の否決は、議会で安定多数を占めていたリヴァプール政権に強烈な衝撃を与える結果となり、戦後の財政運営は最大の岐路に立たされた。この危機的な状況を打開するため、ヴァンシタート財相は20日の下院審議で突如として戦時麦芽税の延長断念を表明することで、野党の機先を制する起死回生の奇策に打って出た[56]。所得税収入の740万ポンドだけでなく、麦芽税収入の280万ポンドまで自発的に放棄するという思い切った選択は功を奏し、戦時増税の廃止を要求する請願運動は収束していった。重要法案の否決で大きく揺らいだ政権基盤を立て直し、議会審議における主導権を回復した政府は[57]、既に廃止された所得税・麦芽税・農馬税による大幅な歳入減少を強調することで、奢侈品税の平時延長を主張するなど、早速新たな赤字補填策を講じ始めた。本節では、所得税廃止直後の議会における与党の巻き返しを中心に議論を展開していく。

議会史料を詳細に検討する前に、当時の世論が政府による麦芽税延長の自発的な断念をどのように受け止めていたのか、地方新聞の記事を通じて確認しておきたい。3月23日にリーズ（Leeds）で発行された *The Leeds*

Mercury は,「所得税法案の否決直後に内閣が取った最初の行動の1つが,麦芽税廃止の意志を表明するものであった」と記しており,請願運動の激化による所得税延長の失敗が,麦芽税延長の断念を政府に決意させた直接的な原因であると分析した58。また少し時期が下るが,4月24日の *BNP* でも,ブランドン（Brandon）で開催された減税を要求する請願集会の決議文の中で,政府が所得税法案否決を契機に麦芽税延長を不可能と悟って廃止したことが指摘されている59。

一方,3月30日にトゥルーロ（Truro）で発行された *Royal Cornwall Gazette, Falmouth Packet & Plymouth Journal* では,「所得税と麦芽税の廃止は,（中略）農業従事者に大いに優れた救済を与えるもの」と高く評価されており,現地の農業団体も概ねこれに支持を与えたことが報じられている60。また前節で詳述したように,中間層以下の市民にとっては所得税廃止よりも麦芽税廃止が望ましいものであったが,両税を共に廃止することは財政的に困難と認識されていたため,政府が所得税廃止の2日後に麦芽税断念を表明したことは,まさに僥倖であった。こうして政府は農業利益や中下層市民の支持を得ることに成功したのである。

このような世論を背景に,与党は議会審議において貧困層の擁護者として振る舞う一方,所得税廃止を主導した野党をその敵対者として攻撃することで,有利な議事展開を試みた。トーリーの新人議員で,コルチェスター（Colchester）選挙区選出のデイヴィス（Hart Davis）は,3月20日の麦芽税問題に関する下院審議で,麦芽税廃止によって貧困者の立場を考慮した政府を賞賛する一方で,「議会は所得税廃止によって自身と上流階級を救済した」と述べ,所得税延長法案に反対票を投じた野党と与党内の造反勢力を批判した61。また同日の審議において,同じくトーリーの新人議員で,ノーサンプトン（Northampton）選挙区選出のコンプトン（Lord Compton）は,「所得税が維持されれば,（中略）他の税金が減税されることも期待できたはずだった」と主張し,規模の大きい所得税の廃止が他税の減税余地を奪った点を指摘した62。その上で彼は,「内閣の指導によって麦芽税廃止が提起されたことに驚きを禁じ得ない」と発言し,重要財源を自ら放棄することで改革の覚悟を示した政府を評価している63。

一方,予想外にも劣勢に立たされた野党ウィッグは,党首や有力者が直接発言することで挽回を図ったものの,所得税廃止の功績を強調するのが

精一杯で，その主張は精彩を欠いた。3月20日の麦芽税問題に関する下院審議で，ウィッグ党首のポンソンビーは，「ヴァンシタート財相や閣僚たちに任せていれば，（中略）麦芽税も所得税も廃止されなかっただろう」と述べ，両戦時税が廃止されたのは政府の功績ではなく，野党が減税請願運動を指導したためであると訴えた64。さらに彼は，「政府が両税を廃止する必要性だけでなく，所得税が供給するはずであった全ての経費を削減する必要性に気付くことを願いたい」と付け加え，再び増税に依存せずに経費削減を推進するよう，政府に改めて釘を刺した65。

　所得税の廃止請願運動を指導したウィッグのブルーアムも，同日の審議で党首のポンソンビーを援護して登壇し，与党に対してさらに直接的な表現を用いて反撃した。その中で彼は，「麦芽税が廃止されたのは，単に所得税が維持できなかったため」と指摘し，政府が積極的な意図を持って廃止したのではなく，追い込まれて渋々廃止に応じた点を強調した66。さらにブルーアムは，与党が所得税廃止を主導した野党を貧困層の敵対者として指弾することに対して，「財相も下院指導者もまだそれほど所得税の価値を高く評価しているのなら，なぜ法案を再提出して議会で検討しないのか」と述べ，野党による所得税廃止の功績を貶めようとする政府を挑発した67。

　またウィッグの中には，所得税廃止の功績を多少誇張してでもアピールしようとする議員もいた。ウォーターフォード（Waterford）選挙区選出のウィッグ議員であり，元銀行家でもあったニューポート（Sir Simon John Newport）は，3月20日の麦芽税問題に関する下院審議で，上位3％の富裕層のみに課税される所得税の廃止が，社会全体を広範な視点で捉えれば，最終的には貧困層の救済にも繋がると強弁した68。これに対して，クライストチャーチ（Christchurch）選挙区選出のトーリー議員で，所得税導入時に指導的役割を果たしたローズ（George Rose）は，ニューポートによる恣意的な理論構築を真っ向から否定した69。最後に彼は，「今は所得税の価値を論ずべき適切な時期ではない」と結び，これから復活させるのであれば話は別だが，既に廃止が決まった税種の性質を長々と議論しても不毛であるとの見解を示した70。

　所得税と麦芽税に関する以上のような議論が，両税廃止が既に確定していた3月20日に延々と続けられたことは，これらの持つ意味がいかに重要

であったかを物語っている。所得税延長法案の否決以前は，野党が完全に主導権を掌握し，与党は防戦一方であったが，麦芽税延長の断念以後は，与党が主導権を奪回する中で，野党は守勢に回ることとなった。その要因は，与党主導の麦芽税廃止が多くの階層から歓迎されるものであったのに対して，野党主導の所得税廃止は貧困層に不利なものと解釈されてしまう恐れがあるためであった。しかし3月末になると，野党はこの状況を打開する新たな糸口を見出すのである。

4.2　野党による減税・経費削減要求の継続

　3月20日の政府による突然の麦芽税延長断念によって，混乱していた野党であったが，25日の間接税問題に関する下院審議以降は，冷静さを取り戻すことで再び反攻に転じた。野党は所得税廃止の功績を強調するのではなく，所得税と麦芽税の廃止によって発生した850万ポンドの財源不足を指摘することで，政府に積極的な経費削減を要求すると同時に，倉庫中に備蓄されていた麦芽への課税免除を主張するなど，追加的な減税措置も提起した。また所得税や麦芽税の廃止が農業利益に比較的有利なものであったため，与党内部からも商工業利益の代弁者として，多様な商品の関税や消費税の廃止を主張する議員が登場した。これに対して，政府は推計GNPの2倍に相当する莫大な累積債務の膨張阻止を根拠として，相次ぐ減税・経費削減要求に対抗したが，以後20年間にわたって激しい攻防は続いた。

　3月25日の間接税問題に関する下院審議で，ウィッグ党首のポンソンビーは自ら登壇し，「まるで内閣が所得税と麦芽税を廃止していないかのように，下院では今も浪費が続いている」と述べ，大幅な減税が実現したにもかかわらず，経費削減に関する議論が一向に進展しないことに苦言を呈した[71]。また，ペンリン（Penryn）選挙区選出のウィッグ議員であるグレンフェル（Pascoe Grenfell）は，倉庫内に備蓄されている麦芽に掛かる戦時増税分の免除を財相に要求することで，麦芽税廃止の功績を背景に貧困層の擁護者として振る舞う政府に，正面から冷水を浴びせかけた[72]。

　このような経費削減や備蓄麦芽減税の要求は，議会審議における野党の意見だけでなく，所得税や麦芽税の廃止直後に出されたパンフレットからも，明確に読み取ることができる。通貨・救貧問題に関する匿名パンフレットにおいて筆者は，所得税・麦芽税・農馬税などで合計1700万ポンドの

減税が実現されたにもかかわらず,「前年に形成された予算による歳出が,現在の乏しい歳入から未だにはみ出したままとなっている」と述べ,早急な経費削減の必要性を訴えた[73]。また通貨・銀行問題に関するパンフレットにおいて,銀行家・経済学者で後に下院議員となったアトウッド(Thomas Attwood)は,麦芽税廃止に際して納税者が備蓄分への払い戻しを要求していることを指摘し,もしこれを政府が承認すれば,所得税の納税者にも同様に払い戻しの権利を与えることになると警告している[74]。

もちろん与党も野党の攻勢を受けて,議会審議における対抗策を講じたが,麦芽税廃止の功績を強調するのみで,経費削減や備蓄麦芽減税と正面から向き合うことは避けた。3月28日の農業問題に関する下院審議で,ハートフォードシャー(Hertfordshire)選挙区選出の無所属議員であるブランド(Thomas Brand)は,「麦芽税を廃止した財相に(中略)深い恩義を感じざるを得ない」として,麦芽税廃止を自ら決断した政府を絶賛した[75]。ちなみに,このブランドは所得税延長法案に反対票を投じた人物であったが,麦芽税廃止直後は一転してリヴァプール政権の財政政策を支持した。また同日の審議で,ヤーマス(Yarmouth)選挙区選出のトーリー議員であるフォスター(John Leslie Foster)は,備蓄麦芽への課税を廃止する提案にはとても同意できないと述べた[76]。その上で彼は,「所得税と麦芽税の廃止によって我が国の農業利益は十分に物質的恩恵を受けた」ため,更なる減税措置を講じる必要はないと主張した[77]。

その一方で,従来の減税措置では救済が不十分であった商工業利益の保護を求めて,他の消費税や関税に対する減税対象の拡大を模索する議員が,与党内部からも現れ始めた。3月28日の農業問題に関する下院審議において,ヨークシャー(Yorkshire)選挙区選出のトーリー議員であるラッセルズ(Henry Lascelles)は,所得税と麦芽税の廃止は時宜に適った理想的な結果であったと評価しながらも,「我が国には2つの階級があることを忘れてはならない」と指摘し,農業利益だけでなく商工業利益も含めた減税措置を講じる必要性を訴えた[78]。さらに彼は,「本当の救済として与えられるのは歳出を削減することだけである」として,あらゆる階層に重く伸し掛かる租税負担を軽減するには,経費削減以外に根本的方策はないと主張した[79]。

また,1820年代以降に自由貿易運動を指導する与党議員たちもラッセル

ズに続いたが，彼らは減税対象の大幅な拡大ではなく，あくまで利益配分の公平化を訴えるにとどまった。1840年代前半に首相となり，最終的に穀物法廃止を成し遂げるピール（Robert Peel）は，3月28日の農業問題に関する下院審議において，「イングランドに与えられてきた減税による救済措置も，アイルランドにはそれほど効果がない」と述べ，減税効果に地域間格差があることを指摘した[80]。実際，イングランドの租税負担は終戦から25％も減少したのに対して，アイルランドでは12.5％に過ぎないとピールは概算している[81]。さらに1820年代後半に財相として初期の自由貿易運動を牽引することになるロビンソン（Frederick John Robinson）は，「所得税と麦芽税という2つの極めて有力な税種によって，農業利益が既に救済されたことは否定のしようがない」と断言した[82]。彼は未だに不十分な商工業利益の救済措置を優先させるため，農業利益による備蓄麦芽免税などの新たな減税要求を強力に牽制した。

　4月以降になると，議会審議で所得税と麦芽税の廃止が取り上げられる機会は減ったが，5月に下院の財政審議で財相が2度ほど言及しているため，最後にそれに触れておきたい。13日にヴァンシタートは減税要求に対して，「私が延長を提起した租税の多くに異論があることは十分承知していたが，所得税と麦芽税を廃止した以上，他に選択肢は残されていなかった」と述べている[83]。彼は100万ポンド単位の有力財源を2つも喪失したのを強調することで，野党による減税要求の矛先をかわした。また27日に彼は，本年度の財源を850万ポンドもの多額の「流用」（短期債や減債基金による緊急的な赤字補填）によって確保しなければならないのは，所得税と麦芽税が廃止されたためであると指摘している[84]。この発言によって，ヴァンシタートは赤字補填を目的とする短期債などの利用を正当化すると共に，野党による経費削減要求を抑え込んだ。

　以上のように，所得税と麦芽税はその廃止が決定された後も，他税種の減税や経費削減に影響を与えるなど，大規模な戦後減税の事例として，これ以後も語り継がれることになった。両税の廃止によって巨額の余剰財源を喪失したことで，以後の減税と経費削減は小規模となり，以後40年間にわたって英国は深刻な財政硬直化から脱却する方途を見失った。

5．おわりに

　本稿では，英国における所得税廃止論争を再検討するにあたって，同時期に展開された麦芽税廃止論争との関連性に注目しつつ，政治・社会史的アプローチを用いた分析を行った。第2節では，財政＝軍事国家システムの動揺，所得税・麦芽税の制度・対象・性質，請願運動の特徴と政治的意義，両税廃止論争の政治過程を概説し，議論の前提を確認した。第3節では，所得税延長法案の否決以前を対象時期として，両税の請願運動が密接な連携を維持したことが，所得税を廃止に追い込む要因となったことを明らかにした。第4節では，所得税延長法案の否決以後を対象時期として，政府が麦芽税延長を自発的に断念したことで，野党による更なる減税・経費削減要求に対抗したことを指摘した。

　本稿で論証した内容を確認すると，以下の通りとなる。所得税延長法案が否決されたのは，所得税と麦芽税の反対勢力の融合を図る野党が，両者の分離を図る与党を圧倒したことで，請願運動の主導権を掌握したためであった。所得税延長の失敗に強い衝撃を受けて危機感を募らせた政府は，麦芽税延長の断念を速やかに表明し，遅ればせながら麦芽税反対勢力を味方に引き入れて，危機回避と劣勢挽回を試みたのである。反革命戦争中の広範囲で過重な戦時増税が，戦後に全ての階層を減税推進という方針で一致させたために，従来の戦後とは明らかに異なる激しい請願運動が発生したものと考えられる。

　最後に，これまで筆者が発表してきた関連研究を紹介すると共に，今後検討すべき課題を提示する。反革命戦争期の財政請願運動が主にアッパーミドルによって担われてきたことを指摘した研究としては，『西洋史論叢』36号の拙稿を参照のこと[85]。また反革命戦争前後の財政請願運動を比較し，両時期で減税・経費削減要求の性質が大きく異なることを論証した研究としては，『早稲田政治経済学雑誌』388号の拙稿を参照されたい[86]。尚，所得税や麦芽税の廃止請願運動に実際に参加した人物の詳細な分析に関しては，紙幅の都合から本稿では扱いきれなかったため，請願文書や関連史料を精査した上で，別稿にて改めて検討することとしたい。

　［謝辞］　本稿は，2015年度・早稲田大学特定課題研究助成費（新任の教員等）

＜課題番号2015－S003＞の支給を受けて，研究および執筆したものである。ここに改めて深く謝意を表したい。

（１）　B・R・ミッチェル編；犬井正監訳；中村寿男訳（1995），『イギリス歴史統計』，原書房，581，587ページ。
（２）　B・R・ミッチェル編（1995），前掲書，587，601ページ。
（３）　当時の下院における財政法案の採決結果を示すと，1817年2月7日の予算案は210対117，18年3月3日の陸軍予算案は51対21，19年6月9日の補正予算案は197対98となっている。いずれの法案も賛成が反対の2倍程度となっており，201対238で否決された所得税延長法案が，いかに例外的な事例であったかが窺える。(U. K. Parliament (ed.) (1816), *Hansard's Parliamentary Debates*, London（以下 *HPD* と略記），ver.1, vol.35, p.307; vol.37, p.769; vol.40, pp.1030, 1217~8.)
（４）　Hilton, Boyd (2006), *A mad, bad, and dangerous people?: England, 1783-1846*, Oxford, pp.251~2.
（５）　Wahrman, Dror (1995), *Imagining the middle class: the political representation of class in Britain, c. 1780-1840*, Cambridge.
（６）　Harling, Philip (1996), *The waning of "old corruption": the politics of economical reform in Britain, 1779-1846*, Oxford.
（７）　Daunton, Martin J. (2001), *Trusting Leviathan: the politics of taxation in Britain, 1799-1914*, Cambridge.
（８）　Hilton, Boyd (2006), *op. cit.*
（９）　藤田哲雄（2008），『イギリス帝国期の国家財政運営：平時・戦時における財政政策と統計1750－1915年』，ミネルヴァ書房。
（10）　Hope-Jones, Arthur (1939), *Income tax in the Napoleonic wars*, Cambridge.
（11）　Farnsworth, Albert (1951), *Addington, author of the modern income tax*, London.
（12）　Shehab, F. (1953), *Progressive taxation: a study in the development of the progressive principle in the British income tax*, Oxford.
（13）　新谷一伴（1990），「一八一六年のイギリス議会と世論：所得税廃止を事例として」『史苑』50巻1号，27～47ページ。
（14）　Harris, Peter (2006), *Income tax in common law jurisdictions: from the origins to 1820*, Cambridge.
（15）　ジョン・ブリュア著；大久保桂子訳（2003），『財政＝軍事国家の衝撃：戦争・カネ・イギリス国家1688－1783』，名古屋大学出版会，序論。
（16）　B・R・ミッチェル編（1995），前掲書，575～7ページ。
（17）　藤田哲雄（2008），前掲書，80～8ページ。

（18） Farnsworth, Albert (1951), *op. cit.*, pp.1~5.
（19） Hope-Jones, Arthur (1939), *op. cit.*, pp.6~8.
（20） Nye, John V. C. (2007), *War, wine, and taxes: the political economy of Anglo-French trade, 1689-1900*, Oxford, pp.98~9.
（21） Dowell, Stephen (1884), *A history of taxation and taxes in England: from the earliest times to the present day*, London, vol.2, p.269.
（22） Cook, Chris & John Stevenson (2014), *A History of British Elections Since 1689*, London, pp.33~4.
（23） Unknown (1815), *Considerations addressed to the people of Great Britain, on the expediency of continuing the property-tax a certain number of years*, London, pp.44~5.
（24） *HPD*, ver.1, vol.31, London, pp.167~8.
（25） *HPD*, ver.1, vol.32, p.64.
（26） *HPD*, ver.1, vol.33, pp.451~5.
（27） *HPD*, ver.1, vol.33, p.457.
（28） *The Bury and Norwich Post: Or, Suffolk, Norfolk, Essex, Cambridge, and Ely Advertiser* (Bury Saint Edmunds, England), Wednesday, February 07, 1816; issue 1754. [Tuesday's Post]
（29） *BNP*, Wednesday, February 07, 1816; pg. [1]; issue 1754. [Multiple Advertisements and Notices]
（30） *BNP*, Wednesday, February 14, 1816; issue 1755. [To the EDITOR of the BURY POST]
（31） *The Morning Chronicle* (London, England), Friday, February 23, 1816; issue 14605. [Advertisements & Notices]; *Cobbett's Weekly Political Register* (London, England), Saturday, February 24, 1816; issue 8. [TO THE READERS OF THE REGISTER]
（32） 英国では，専制君主が議会を抑圧する手段として陸軍を恣意的に利用する危険性から，伝統的に常備軍に対する忌避意識が強かった。その傾向は，名誉革命後に君主大権が議会と国制によって制約されても根強く残存した。
（33） *CWPR*, Saturday, February 24, 1816; issue 8. [TO THE READERS OF THE REGISTER]
（34） *HPD*, ver.1, vol.32, p.40.
（35） 対仏戦争の終結に伴って大陸諸国からの穀物輸入量が急速に増大したため，リヴァプール政権は1815年に穀物法を制定して輸入制限を課すことで，穀物価格の安定と農業利益の保護を図った。その結果，大麦・小麦などの穀物の価格暴落は回避されたものの，戦後不況によって穀物需要が低

308

　　下する中でも地主層は地代収入の維持を図ったため，その皺寄せは農場経
　　営者に集中した。(染谷孝太郎 (1982)，「1660年から1846年までのイギリス
　　穀物法の歴史的意義」『明大商学論叢』64巻4号，1～23ページ。)
(36)　*HPD*, ver.1, vol.32, p.401.
(37)　*HPD*, ver.1, vol.32, p.401.
(38)　*HPD*, ver.1, vol.32, pp.819~20.
(39)　*HPD*, ver.1, vol.32, p.940.
(40)　The History of Parliament Online/Member Biographies/Charles Merrik
　　Burrell (http://www.historyofparliamentonline.org/volume/1790-1820/member/
　　burrell-sir-charles-merrik-1774-1862) [Last Access Date: 2015-02-28]
(41)　The History of Parliament Online/Member Biographies/Sir Thomas Dyke
　　Acland (http://www.historyofparliamentonline.org/volume/1790-1820/member/
　　acland-sir-thomas-dyke-1787-1871) [Last Access Date: 2015-02-28]
(42)　*HPD*, ver.1, vol.33, p.119.
(43)　*HPD*, ver.1, vol.33, p.157.
(44)　*BNP*, Wednesday, March 06, 1816; pg. [1]; issue 1758. [Multiple Adver-
　　tisements and Notices]
(45)　*BNP*, Wednesday, March 13, 1816; pg. [1]; issue 1759. [Multiple Adver-
　　tisements and Notices]
(46)　*BNP*, Wednesday, March 13, 1816; pg. [1]; issue 1759. [Multiple Adver-
　　tisements and Notices]
(47)　*HPD*, ver.1, vol.33, p.200.
(48)　*HPD*, ver.1, vol.33, p.200.
(49)　*HPD*, ver.1, vol.33, pp.216~7.
(50)　*HPD*, ver.1, vol.33, p.391.
(51)　*HPD*, ver.1, vol.33, p.391.
(52)　*HPD*, ver.1, vol.33, p.439.
(53)　*HPD*, ver.1, vol.33, p.439.
(54)　*HPD*, ver.1, vol.33, pp.391~2.
(55)　*HPD*, ver.1, vol.33, pp.451~5.
(56)　*HPD*, ver.1, vol.33, p.457.
(57)　前述したように，当時の英国政党には厳格な党議拘束が存在しなかっ
　　たため，選出選挙区で活発に展開された所得税廃止を要求する請願運動を
　　無視できなかった与党陣笠議員の多くは，所得税延長法案に反対票を投じ
　　た。しかし，所得税と麦芽税の廃止によって請願運動が鎮静化したことで，
　　造反議員は相次いで与党支持に復帰したため，リヴァプール政権は下院で
　　安定多数を回復することに成功し，1827年まで長期政権を維持した。本稿

で紹介したバレルやブランドは，この造反・復帰議員の好例である。(Unknown (1816b), *John Bull's mirror, or, Corruption & taxation unmasked containing a list of the members of the House of Commons*, London, pp.11~25.)
(58) *The Leeds Mercury* (Leeds, England), Saturday, March 23, 1816; issue 2648.
(59) *BNP*, Wednesday, April 24, 1816; pg. [1]; issue 1765.
(60) *Royal Cornwall Gazette, Falmouth Packet & Plymouth Journal* (Truro, England), Thursday, March 30, 1816; issue 666.
(61) *HPD*, ver.1, vol.33, p.464.
(62) *HPD*, ver.1, vol.33, p.470.
(63) *HPD*, ver.1, vol.33, pp.470~1.
(64) *HPD*, ver.1, vol.33, p.460.
(65) *HPD*, ver.1, vol.33, p.460.
(66) *HPD*, ver.1, vol.33, p.462.
(67) *HPD*, ver.1, vol.33, p.462.
(68) *HPD*, ver.1, vol.33, p.464.
(69) *HPD*, ver.1, vol.33, pp.464~5.
(70) *HPD*, ver.1, vol.33, pp.464~5.
(71) *HPD*, ver.1, vol.33, pp.556~7.
(72) *HPD*, ver.1, vol.33, p.565.
(73) Unknown (1816a), *A view of the causes of our late prosperity, and of our present distress and of the means which have been proposed for our relief*, London, pp.20~1.
(74) Attwood, Thomas (1816), *The remedy, or thoughts on the presentdistresses*, London, pp.48~9.
(75) *HPD*, ver.1, vol.33, p.674.
(76) *HPD*, ver.1, vol.33, p.692.
(77) *HPD*, ver.1, vol.33, p.692.
(78) *HPD*, ver.1, vol.33, p.676.
(79) *HPD*, ver.1, vol.33, p.677.
(80) *HPD*, ver.1, vol.33, p.694.
(81) アイルランドは，1801年に連合王国に併合された際，イングランドとの経済格差が著しかったため，特例として軽減税率が適用された。アイルランドで戦後の減税効果が小さかったのは，当初から税率が低かったためである。
(82) *HPD*, ver.1, vol.33, p.695.
(83) *HPD*, ver.1, vol.34, p.507.

(84) *HPD*, ver.1, vol.34, p.833.
(85) 板倉孝信（2014），「世紀転換期の英国における請願者としての『アッパーミドル』」『西洋史論叢』36号，143〜60ページ。
(86) 板倉孝信（2015），「反革命戦争前後の英国における財政請願運動の比較分析―議会における請願紹介とそれに対する主要閣僚の対応」『早稲田政治経済学雑誌』388号，25〜42ページ。

引用文献
A．一次史料・データ資料
Attwood, Thomas (1816), *The remedy, or thoughts on the present distresses*, London.
Cobbett's Weekly Political Register (London, England)
Royal Cornwall Gazette, Falmouth Packet & Plymouth Journal (Truro, England).
The Bury and Norwich Post: Or, Suffolk, Norfolk, Essex, Cambridge, and Ely Advertiser (Bury Saint Edmunds, England)
The History of Parliament Online/Member Biographies (http://www.historyofparliamentonline.org/research/members/members-1790-1820)
The Leeds Mercury (Leeds, England).
The Morning Chronicle (London, England)
U. K. Parliament (ed.) (1816), *Hansard's Parliamentary Debates*, London.
Unknown (1815), *Considerations addressed to the people of Great Britain, on the expediency of continuing the property-tax a certain number of years*, London.
Unknown (1816a), *A view of the causes of our late prosperity, and of our present distress and of the means which have been proposed for our relief*, London.
Unknown (1816b), *John Bull's mirror, or, Corruption & taxation unmasked containing a list of the members of the House of Commons*, London.
B・R・ミッチェル編；犬井正監訳；中村寿男訳（1995），『イギリス歴史統計』，原書房。

B．二次文献（書籍・論文）
Cook, Chris & John Stevenson (2014), *A History of British Elections Since 1689*, London.
Daunton, Martin J. (2001), *Trusting Leviathan: the politics of taxation in Britain, 1799-1914*, Cambridge.
Dowell, Stephen (1884), *A history of taxation and taxes in England: from the earliest times to the present day*, London, vol.2.
Farnsworth, Albert (1951), *Addington, author of the modern income tax*, London.

Harling, Philip (1996), *The waning of "old corruption": the politics of economical reform in Britain, 1779-1846*, Oxford.
Harris, Peter (2006), *Income tax in common law jurisdictions: from the origins to 1820*, Cambridge.
Hilton, Boyd (2006), *A mad, bad, and dangerous people?: England, 1783-1846*, Oxford.
Hope-Jones, Arthur (1939), *Income tax in the Napoleonic wars*, Cambridge.
Nye, John V. C. (2007), *War, wine, and taxes: the political economy of Anglo-French trade, 1689-1900*, Oxford.
Shehab, F. (1953), *Progressive taxation: a study in the development of the progressive principle in the British income tax*, Oxford.
Wahrman, Dror (1995), *Imagining the middle class: the political representation of class in Britain, c. 1780-1840*, Cambridge.
ジョン・ブリュア著；大久保桂子訳（2003），『財政＝軍事国家の衝撃：戦争・カネ・イギリス国家1688-1783』，名古屋大学出版会。
新谷一伴（1990），「一八一六年のイギリス議会と世論：所得税廃止を事例として」『史苑』50巻1号，27～47ページ。
板倉孝信（2014），「世紀転換期の英国における請願者としての『アッパーミドル』」『西洋史論叢』36号，143～60ページ。
板倉孝信（2015），「反革命戦争前後の英国における財政請願運動の比較分析―議会における請願紹介とそれに対する主要閣僚の対応」『早稲田政治経済学雑誌』388号，25～42ページ。
染谷孝太郎（1982），「1660年から1846年までのイギリス穀物法の歴史的意義」『明大商学論叢』64巻4号，1～23ページ。
藤田哲雄（2008），『イギリス帝国期の国家財政運営：平時・戦時における財政政策と統計1750-1915年』，ミネルヴァ書房。

日米関係における「価値観の共有」1973−1976年
——冷戦変容期における同盟の基盤——

長　史隆＊

要旨：1972年のニクソン大統領による訪中・訪ソ，および翌年1月のベトナム和平協定の成立により，日米両国を取り巻く国際環境は劇的に変化し，そのなかで日米は，両国関係をいかに位置づけるべきかという問いに直面した。日米関係は一時的に動揺を見せたものの，1970年代半ばにかけて改善に向かう。その過程で，両国政府が強調したのが，「価値観の共有」であった。本稿の目的は，その要因を明らかにすることにある。米国は「価値観の共有」を掲げ，冷戦対立の緩和とグローバルな政治・経済情勢の混迷のなか，西側同盟の結束を図るため尽力した。一方の日本も，国際秩序の変容を受けて自国の対外政策のあり方を模索するなかで，米国をはじめとする価値観を共有する西側先進諸国との協調路線を鮮明にした。そして日米両国は，「価値観の共有」を同盟関係の基盤の一つとして理解するようになった。それは両国が，軍事的意義にとどまらない，日米同盟関係のもつ重層性への認識を深めたことの帰結であった。そのことは，冷戦終結を経てもなお日米同盟関係が命脈を保ち続けている所以を考察するにあたっても，重要な示唆を与えうるであろう。

キーワード：日米関係，価値観，冷戦，緊張緩和，キッシンジャー

はじめに

1996年4月，米国のクリントン（William J. Clinton）大統領が来日し，橋本龍太郎首相とともに「日米安全保障共同宣言」を発表した。その冒頭において，両首脳は，「両国の政策を方向づける深遠な共通の価値，即ち自由の維持，民主主義の追求，及び人権の尊重に対するコミットメントを再確

＊　立教大学大学院法学研究科博士後期課程

認」し，さらに結語において，「安全保障，政治及び経済という日米関係の三本の柱は全て両国の共有する価値観及び利益に基づいて」いると謳った（細谷ほか 1999：1345，1349）。有賀貞の指摘するように，「価値観の共通性の強調がこの宣言の特色の一つ」であり，「価値観の共有が冷戦後の同盟の基礎」なのであった（有賀 2001：220）。

しかし，日米両国が「価値観の共有」を打ち出したのは，この時が最初というわけではなかった。遡れば，1960年1月に日米両政府が調印した「日本国とアメリカ合衆国との間の相互協力及び安全保障条約」（日米安保条約）は，その前文において，両国が「民主主義の諸原則，個人の自由及び法の支配を擁護することを希望」すると謳っていた（細谷ほか1999：460）。その後しばらくの間，日米が「価値観」の側面をことさらに論ずることはなかったものの，本稿が検討する1970年代の中盤において，両国は「価値観の共有」をにわかに強調するようになった。

本稿が分析の起点とする1973年，日米両国をとりまく国際環境は，数年前とは様変わりしたものとなっていた。ニクソン（Richard M. Nixon）大統領が，前年2月には北京を，5月にはモスクワを訪れ，米中接近と米ソデタントをそれぞれ劇的な形で世界に印象づけた。1973年1月にはパリ和平協定の調印によりベトナム和平が成立し，米軍の南ベトナムからの撤退が決まった。大統領補佐官（国家安全保障問題担当）としてニクソンを支えたキッシンジャー（Henry A. Kissinger）にとって，それは「新しい世界」の幕開けであった[1]。

1973年における米国の課題は，それまで敵対関係にあった共産主義諸国との交渉に奔走するなかで，必ずしも十分な注意を払ってこなかった同盟諸国との関係を強化することにあった。ニクソンが同年5月に議会に送付した「外交教書」によれば，「冷戦の軍事的対立が和らいだ」ことにより，「米国による軍事的庇護」は，もはや緊密な同盟関係を維持する「主要な根拠ではなくなり」，また国力を増大させた同盟諸国の「自立的行動の余地」は，顕著に向上していた。米国が直面した課題は，このような「新時代において同盟を堅固な基盤に置きつづけること」ができるか否かであり，それはまさに「ステーツマンシップの試金石」なのであった[2]。同時に米国は，1973年秋の石油危機によって顕在化した国際的な相互依存の深化に対応するうえでも，日本を含む西側先進諸国との関係を改めて重視するようにな

った。一方の日本もまた，冷戦対立が大幅に緩和するなかで，経済大国となった自国の対外政策のあり方，とりわけ米国との関係をいかに規定し，そこにいかなる意義を見出すのかという問いに直面していた。

少しく遡れば，日米関係は，1971年から翌年にかけて動揺を見せていた。71年7月にニクソンが米中接近を，さらに翌月には金・ドル兌換の停止を含む「新経済政策」を唐突に発表したことは，日本に衝撃を与え，二つの「ニクソン・ショック」として記憶されることとなった。また，緊張緩和の趨勢のなかで，日本国内において日米安保体制への風当たりも強まり，さらに繊維問題や貿易不均衡問題も，日米間の相互不信を高めた（石井 2015: 417-454）。細谷千博が論じるように，日米関係はこの時期「戦後最悪ともいうべき緊張状態を迎えた」のである（細谷 1986：17）。とはいえその後，両国関係は1970年代半ばにかけて改善に向かう。その過程で両国政府が強調したのが，「価値観の共有」であった。

本稿の目的は，1970年代の半ばにおいて，日米両国政府が「価値観の共有」を繰り返し謳ったことに着目し，その要因を明らかにすることにある。結論として本稿は，冷戦対立の緩和と西側先進諸国を覆った政治・経済的混迷とを背景に，日米両国が同盟関係の基盤として見出したのが「価値観の共有」であった，という主張を展開する。なお両国が強調した「価値観」とは，自由と民主主義を中核とする政治的側面に重点を置きつつも，同時に自由主義経済の理念をも含む概念であった。

日米関係に関する通史的研究は，本稿が注目する1970年代中盤を，両国関係が「危機から協力へと進展した」時期と理解するものの，その内実の実証的分析は十分とは言えない（添谷・エルドリッヂ 2008：249）。とりわけ，この時期の日米関係の展開における価値観の側面の重要性は，これまで等閑視されてきた[3]。本稿は，そこに焦点を当てることで，日米関係が動揺から緊密化に向かう戦後両国関係史の重要局面に，一次史料に基づいて新たな解釈を与える。

1．緊張緩和期における同盟の結束の模索

1973年初頭，キッシンジャーは，日本の自立化志向を危惧していた。彼は，2月の訪中の帰途に日本へ立ち寄り，田中角栄首相や大平正芳外相と会談した。帰国後，キッシンジャーはニクソン大統領に対し，日本は「米

国からより自立し，その経済力に見合った政治的役割を探し求めている」がゆえに，「対日関係に多大の注意を払う必要がある」と進言した[4]。

5月にニクソンが議会に送付した「外交教書」は，「日本の台頭」を「1970年代の国際情勢のもっとも顕著で新たな特徴の一つ」と指摘しながらも，米国が日本との「新たな政治的関係をいまだ十分に定義していない」ことを率直に認めるとともに，経済面で「超大国」となった日本が米国にとって「競争者へと復活」したと論じ，対日関係を，「主要な注意を向けるべき領域」と位置づけた[5]。米国は，経済大国化した日本との関係を再調整する必要を感じていたのである。

一方で米欧関係もまた，良好とはいえない様相を呈しており，キッシンジャーは，統合を深化させる西欧が「自らを米国との対立へと押しやる危険」を感じていた[6]。対中接近と対ソデタント政策が軌道に乗り，ベトナム和平も成立した1973年初頭，キッシンジャーは，自身がそれらの課題に専心する間に揺らぎはじめたかのようであった西側陣営の結束強化に乗り出したのである。

その試みの嚆矢となったのが，同年4月に「欧州の年」(The Year of Europe)と題してキッシンジャーが行った演説であった。彼は，変化した国際環境のなかで，西側同盟関係の再調整を行うべく，「新大西洋憲章」（この名称はのちに「原則宣言」と改められた）の共同作成を提案し，西欧諸国に加え，日本とカナダにも参加を呼びかけた。この演説において彼は，当初は「共通の危険によって作られた結束」も，今や「新たな目的」を共有する必要があり，そのためには「安全保障を超えた積極的価値を見出す必要がある」と訴えた[7]。キッシンジャーの考えるところ，西側同盟を束ねるうえで「ソ連の脅威」を強調することは，もはや説得力を有していなかった。

1973年10月に勃発した第四次中東戦争とそれに端を発する石油危機は，キッシンジャーにとって，西側陣営の団結を大きく毀損しかねない事態であった。9月から大統領補佐官に加え国務長官を兼任していたキッシンジャーは，11月の中東歴訪の帰途に来日し，折しも東京で開かれていた国務省の東アジア地域大使会議に出席した。そこで彼は，第四次中東戦争と石油危機に際しての西欧同盟諸国の米国に対する非協力姿勢を痛烈に批判した[8]。さらに日本も，中東政策においてアラブ諸国寄りの姿勢を鮮明にし

つつあった（白鳥 2015：163-210）。彼には，西側陣営の結束が音を立てて軋んでいるかのように思われた（Kissinger 1982: 707-722）。

その一方でキッシンジャーは，ソ連に対するデタント政策には自信を深めていた。大使会議で彼が述べたように，「ソ連に〔緊張――引用者注（以下同）〕緩和の用意がある」なかで，「対立を維持すること」が「同盟を結束させうる唯一の方法」であると考えるのは誤りであった。キッシンジャーは，「ソ連との対立が終わる可能性がある」ことに鑑みて，「脅威を作り出すことなしに同盟諸国を束ねておくこと」の必要性を指摘した[9]。彼の問題意識の根底にあったのは，明白な脅威が存在しないなかで，いかにして同盟の一体性を維持するかということであった。

そこでキッシンジャーが強調するようになったのが，「価値観の共有」であった。とりわけ彼は，日米欧共同宣言の構想実現にあたって「民主主義」という価値観を重視した。国務省スタッフ会議において，同構想へのポルトガルの参加が提起されたのに対し，キッシンジャーは「あれは民主主義国ではない」と一顧だにしなかった[10]。西側同盟を束ねるうえで，「ソ連の脅威」や「反共主義」がもはや十分ではないと認識した彼は，それに代わる西側同盟の紐帯として「民主主義」という価値観を強調するに至ったのである。

「現実主義者」で鳴らすキッシンジャーは，たしかにソ連や中国との関係においては，それらの諸国の価値観や国内体制を問題にすることを頑なに拒んだ。とりわけ対ソデタント政策について，彼は1973年11月の東アジア地域大使会議の場で以下のように説いていた。「我々の仕事は，ソ連の国内体制を変化させることではない。〔…〕もしデタントの影響で，ソ連の国内体制が変化することがあったとしても――それはあり得ないことではなく，ともすれば起こりうることですらあるが――それはありがたい配当金（welcome bonus）であろう」[11]。キッシンジャーは，ソ連の国内的変化の可能性を視野に入れつつも，それを米国が意図的に追求することは厳に慎むべきだと考えていたのであり，そこに彼の外政家としての深謀遠慮があった。

そのようなキッシンジャーにとって，中ソ両国との関係は，冷徹な「現実主義外交」によって処理すべきものであった。彼は，フォード（Gerald R. Ford）大統領に対して，当面は中国を支持すべきだとしても，長期的な中

国の動向次第では，いずれ「我々はソ連に与しなければならないかもしれない」と語っていた[12]。

一方でキッシンジャーの考えるところ，そのような中ソ両国との関係と，日本を含む西側同盟諸国との関係とは，根本的に性質を異にし，截然と区別すべきものであった。キッシンジャーは，米ソ・米中関係が大幅に改善した「新しい世界」において，西側同盟に対する新たな「感情的コミットメント」を創出する必要性を感じていた[13]。さらに彼は，演説において，「イデオロギー的分裂の時代にあって，友好諸国と敵対諸国との区別は，客観的現実」であり，「我々は，友好国とは，利害とともに理想を共有している」と論じた[14]。そしてその両者を分かつ重要な指標の一つが，「価値観の共有」の有無であった。

このような「価値観」の強調は，実のところ，キッシンジャーの国際政治観に深く根差すものであった。彼にとっての国際秩序の範型は，若き日の研究対象であり，19世紀において欧州の安定を維持したウィーン体制であった。彼は，「この国際秩序は，他のいかなるものよりも公然とバランス・オブ・パワーの名のもとにつくられたにもかかわらず，力に依存せずに維持されていた」と考え，その「最も重要な理由」を，欧州大陸の諸国が「同じ価値観を持つという点でお互いに結び付けられていたこと」に見出した（キッシンジャー 1996：96）。彼は，現実主義者でありながら，国際関係における「道徳的・心理的構成要素」に敏感であった（Kissinger 1982: 706）。

さらに，ファーガソン（Niall Ferguson）が説くように，キッシンジャーは元来，冷戦における西側の優越は，経済的繁栄といった物質的次元に還元されるものではなく，民主主義をはじめとする「価値観」の領域にこそ基づくという信念の持ち主であった[15]。たしかに，1969年のニクソン政権発足以降，中国・ソ連・北ベトナムとの交渉に奔走するなかで，キッシンジャーは「現実主義外交」に傾斜した。しかし1973年を境に，外交の重点を同盟諸国との関係強化に移行させたことにより，彼の国際政治観のもう一つの側面が，顕在化したのである。

一方の日本政府も，キッシンジャーの日米欧宣言構想に対し，概して積極的であった（山本 2013：157-167）。外務省は，国際的な緊張緩和の進展によって，日本国内において「西側諸国の連携を強くすることについて

疑問をもつ向きもあるので，先進自由諸国の強力な結束があってはじめて真の緊張緩和が可能であるということを示」す必要があると考えていた16。また外務省には，この構想への参加を，対米関係のみならず，対欧州関係を強化する一里塚としたいという思惑もあった（山本 2013：157 - 167）。とりわけ大平外相は，西欧諸国が「日本の急速な成長やヨーロッパに対する進出振りのために」，「日本を警戒するようになってきている」ことを憂慮し，その対日不信感を慰撫する必要を感じていた（クリッシャー 1976：80）。

冷戦対立の緩和のなかで，キッシンジャーは西側同盟の紐帯を強化するにあたって「価値観」の重要性を強調するようになった。一方の日本も，この時点ではとりたてて「価値観」に言及することはなかったものの，先進民主主義諸国の連帯を改めて打ち出す必要を感じていたのである。

2．相互依存の深化と先進諸国の政治・経済的混迷

キッシンジャーの努力にもかかわらず，西欧諸国との交渉は困難を極め，日米欧共同宣言が日の目を見ることはなかった。とはいえ，彼はその後も西側同盟の結束強化に向けた努力を惜しまなかった。とりわけキッシンジャーは，石油危機の勃発を受けて，国際的な相互依存状況への認識を深め，それへの対処の必要から，西欧および日本との関係を改めて重視しはじめた。この時期には，資源・エネルギー問題にとどまらず，国際経済・貿易・通貨をめぐる問題，食糧問題，南北問題などのグローバルな課題が急速に浮上したのである。サージェント（Daniel J. Sargent）が指摘するように，キッシンジャーは，「ソ連の脅威の封じ込め」ではなく，「経済的相互依存への対処」こそが「西側諸国の一体性」を維持するような「新たな基盤に西側同盟を移行させようと企図した」のであった（Sargent 2015: 159 and 183）。

一方で米国は，日本が有するアイデンティティとその対外政策の行方に一抹の不安を感じていた。国務省政策企画局長のロード（Winston Lord）と国務次官補代理（東アジア・太平洋担当）のハメル（Arthur W. Hummel Jr.）は，日本国内には，原材料供給国との提携や，アジアに力点を置いたアイデンティティの定義など，西側先進国間協調と背馳しかねない方向へ日本を押しやろうとする「諸圧力」が存在することへの憂慮を示した17。また，国務次官補（東アジア・太平洋担当）のハビブ（Philip C. Habib）がま

とめた覚書は，日本が「西側集合体」の一員なのか，それとも「たまたま工業化し資本主義的となったアジア国家」にすぎないのかと問い，「日本の基本的な政治的アイデンティティの焦点は未決着である」と論じた[18]。米国は，日本が西側先進諸国の一員として歩む決意を有しているのか否か，確信できずにいたのである。

　外相の大平正芳は，米国内に存在する対日不信感を敏感に察知し，その解消に努めた。5月にニューヨークのジャパン・ソサエティで演説した大平は，石油危機を受けた日本が大規模な再軍備や核武装を目論んでいるという「憶測」の存在に言及し，それが「いかに事実無根であるか」を切々と訴えた。また彼は，「政治と安全保障の問題における民主主義諸国間の協力」の重要性を指摘するとともに，国際経済秩序が脅かされていることへの憂慮を示し，それを支えてきた「自由・平等・公正・互恵」といった諸原理が「最高の価値を有し続けている」と説いて，日本がその維持・発展に積極的に貢献する姿勢を鮮明にした[19]。

　11月，蔵相となっていた大平は，キッシンジャーとの会談において，石油危機以降，世界には「大きな変化」が起こり，「まるで誰かがおもちゃ箱をひっくり返して，何の秩序もなくすべてが投げ散らかされたようだ」と嘆いた。そして彼は，先進国間協調の必要性を指摘するとともに，「日本にとっての唯一の選択肢は米国との協力である」と断言した[20]。大平は，相互依存の深化と国際経済秩序の動揺のなかで，日本が米国をはじめとする西側先進諸国との協調を最重視する姿勢を繰り返し表明したのである。

　1973年秋に勃発した石油危機を受けて，激しいインフレーション，経済不況，失業率の増加とそれらに起因する政治的不安定性が世界規模で深刻化したことに，先進民主主義諸国は効果的に対応できずにいた。加えて1970年代半ばには，それらの諸国において，民主主義体制そのものの前途への悲観的観測が広がった（Maier 2010: 27-45; Runciman 2013: chapter 5）。

　キッシンジャーは，『ニューヨーク・タイムズ』のコラムニストであったレストン（James Reston）のインタビューに応じ，国際的相互依存の現実が十分に理解されなければ，それぞれの地域が利益の最大化を企図するなかで一連の対立が生起し，多くの国で「国内的危機が助長され」，それらは徐々に「権威主義的体制へと進むだろう」との見方を示し，最終的に「西洋文明」は「解体」に至るという暗澹たる見通しを披瀝した。そして彼は

そのような帰結を防ぐべく、日米欧による「協調的政策」の必要を訴えた[21]。

大平は、6月の講演で、「先進国間の協力体制をもっと締めなおさなければならない」と述べるとともに、それらの諸国が「政治的に大変不安定」であるなかで「相対的に安定しているのは日本だけ」であり、日本が「政治的安定度においては、一歩上ではないかという世界的な信用を確立していくのは非常に大切なこと」であると語った[22]。

実際、1970年代中盤の西側先進各国の政治情勢は、混沌としたものであった。米国ではニクソン大統領がウォーターゲート事件の責任をとって辞任する事態に至り、日本でも金脈問題を追及された田中首相が退陣に追い込まれた。また西欧諸国においても、指導者や主要政党の求心力低下と「ユーロ・コミュニズム」の台頭などにより、国内政治基盤は動揺を見せていた（Sargent 2015: 190-191）。

世界規模の政治的・経済的混迷のなかで、日本は、米国をはじめとする西側先進諸国との協調路線を歩む安定した民主主義国家としての姿勢をより鮮明にすべきだと考えた。米国もまた、日本を含めた西側先進諸国の結束の必要性を改めて感じていた。このような状況を背景として、日米両国は、「価値観の共有」を繰り返し表明することとなる。

3．日米両国による「価値観の共有」の表明

3.1　対外政策における「道義」

1974年12月、日本では三木武夫政権が発足した。同政権の外相に就任した宮澤喜一は、翌年1月に国会で行った外交演説において、「米国との友好協力関係は、自由と基本的人権の尊重に立脚した政治体制及び個人の創意と能力を生かす自由主義経済体制を維持するとの、両国共通の理念をその基盤としており」、「日米関係を緊密に維持増進することが、わが国外交を多角的に展開する際の基軸」であると語った[23]。これが、日本政府による米国との「価値観の共有」の表明の嚆矢であった。宮澤は9月の国会演説でも「日米両国は民主主義の基本的価値観をともにする友邦」であると語るなど、米国との「価値観の共有」を繰り返し強調した[24]。

宮澤の姿勢の背景には、日本の外交政策のあり方を再検討すべきだとい

う彼の考えがあった。宮澤が外相退任後に語ったところによれば，彼は外相就任直後，「外務当局に宿題を出した」という。それは「日本の外交における"道義"というのは，いかなる位置をしめるのか」という問題であった。彼の考えるところ，「自由主義，社会主義，一種の独裁国家など，どこの国とも仲良くする」というのが日本の外交方針「ということになって」いるものの，それは「必然的にどこの国とも一定の距離を置く」ことにつながるため，外交政策は「便宜主義にならざるを得」ず，彼はそこに日本外交の限界を感じていた。とはいえ，「相手の国の体制のあり方，状況によって，こちらのつきあい方を変えるべきなのか，〔中略〕日本憲法で決めた平和外交というのは，そこのところをいかにすればいいのか」は「むずかしい問題」であった。しかし，日本はその問題に直面せざるを得ない状況にあった。「日本が食うや食わずの国である間はね，そんなことは，大して問題ではなかった。〔中略〕ところが，ここまで来ますとね，問われてくるのですな」。「宿題」の「答は，どうも出て来ませんでした」と振り返るものの，宮澤は，経済大国となった日本の外交政策のあり方に思いをめぐらせていた（田原 1977：25-27）。

　そもそも宮澤は，非民主主義国家の対外政策に根深い不信感を抱いていた。1960年代半ばに語ったところによれば，彼は，中国やソ連といった「独裁国というのは，国民の世論によって政治が動いていかないから，少数の人たちが何をするか判らない」がゆえに「信用ならん」と考えていた（坂本・宮沢 1966：14）。

　一方で外相に就任した1970年代半ば，宮澤は米国への評価を高めていた。彼の見るところ，ベトナムで苦杯をなめて以降，「イデオロギーだけでは世界のことは必ずしも片づかないということが，大変よくアメリカ人にはわかってきた」のであり，米国は「外に対して，寛大になってきている」ようであった（宮沢・高坂 1976：122-123）。宮澤にとって，そのような米国との「価値観の共有」の表明は，自ら問うた「宿題」への一つの答えであった。

　外務省内にも，外交政策における「価値観」を重視する考えが存在した。在米日本大使館の一等書記官であった池田廸彦は，雑誌に発表した論考において，「わが国の一挙手一投足が多大の影響力を有するようになった現在において」，「いったい日本にとっての外交目標とは何であるのか，どこ

にその根源を求めるべきか」と問うたうえで,「日本は自由主義思想国と思想的原点, 基本価値を共有し, この立場を動かすことはできない」と論じた。そして池田は, その点の認識を怠れば,「算術的な順列組み合わせの合衝連合発想に陥り, 日本の選択の範囲を過大に評価しがちになる」と警告した (池田 1975: 2, 13, 17)。

一方の米国もまた, 対外政策における「道義」の問題に直面していた。1970年代初頭以降, 米国の対外政策に, 米国的価値観, あるいは人権への考慮を反映させるべきであるとの主張が議会を中心に高まった (Sargent 2015: 198-209)。ことに東アジア政策について国務省は, 韓国・フィリピン・インドネシアといった権威主義体制をとる諸国と米国が取り結んでいる同盟・友好関係に対し, 国内外で批判が高まっていることを憂慮していた[25]。1974年12月の東アジア地域大使会議において, 東アジア政策の責任者たるハビブ次官補は, この問題が「米国にとって主要な対外政策上の問題となった」ことを強調し, 米国はその「政策と国家的伝統との矛盾」という「根本的問題に直面している」のであり, 米国がよって立つ理念や価値は「政策に反映されなければならない」と言明した。数カ月前まで大使として韓国の地にあり, その抑圧体制を目の当たりにしてきたハビブの言葉は, ことのほか熱を帯びた[26]。

このような状況にあって, 日本が安定的な民主主義体制を維持していることは, 米国の東アジア政策にとって大きな意味を持っていた。キッシンジャーが絶大の信頼を寄せる国務省のロードは, 日米のパートナーシップが「米国の東アジア政策の他の要素よりも, 将来の配当へのより大きな見込みを提供している」ことの理由の一つとして, 日本の「民主的体制」を挙げていた[27]。

3.2 「民主主義の危機」

西側先進諸国に広がった民主主義の前途への不安感を如実に示したのが, 1975年5月の日米欧委員会 (Trilateral Commission) 京都総会に提出された報告書「民主主義の危機」である (Crozier et al. 1975; ハンチントンほか 1976)。日米欧委員会とは, 1973年10月に, 相互依存関係が深化する国際社会の安定と発展のためには日米欧の三地域による協力が不可欠であるとの認識に基づき発足した, それら三地域の民間人により構成される組織であ

った28。この報告書は，世界的な不況とインフレーションの昂進や，民主主義諸国の社会の価値観の変化，国民の大半が中産階級に編入されたことなどを背景として，「民主政治は，共通目的達成の過程というより，対立する利害の主張の場となり，全般に一種のアノミー的な民主主義へとなりかかっている」との悲観的見通しを示した。とりわけ，執筆者の一人である国際政治学者のハンチントン（Samuel P. Huntington）は，西側先進諸国における「経済ナショナリズム」の高まりと政府の弱体化により，「リベラルで国際主義的な経済政策」が困難になりつつあること，そしてその結果「日米欧諸国の結束」が弱まることに対して警鐘を鳴らした（ハンチントンほか 1976：1 - 10，175 - 179，57）。

かつて日米欧委員会の日本側代表委員を務めていた宮澤外相は，この報告書が提出された同委員会京都総会における演説で，「日・米・欧三者の共通の基盤である個人の自由と民主主義の原則」が「未だかつてなかったような挑戦を受けて」いると指摘し，それを「遵守するというわれわれの不変の決意を再確認する」とともに，「これらの挑戦に対して，退くことなく，これに立ち向かっていく」べきだと訴えた29。「自由」を至高の価値と考える宮澤の，まさに面目躍如たる演説であった30。

この頃になるとキッシンジャーは，日米欧の西側同盟を「工業民主主義諸国の同盟」と位置づけ，その重要性を強調しはじめた。その嚆矢となったのが，南ベトナムのサイゴンが陥落した直後の1975年5月に彼が行った演説であった。そこで彼は，過剰なソ連脅威論を戒めるとともに，「当政権は，我々の同盟国と友好国を最優先に考えている」と宣言し，とりわけ「西欧・カナダ・日本という工業民主主義国との同盟」の重要性を論じた31。さらに翌年の演説でキッシンジャーは，「民主的価値観こそが，我々の犠牲（sacrifice）に意味を与え，我々の努力（exertions）に目的を与える」と述べたうえで，「我々の工業民主主義国との紐帯は，便宜上の同盟ではなく，価値観と生活様式を守るための原則上の結合（union of principle）である」と謳った32。彼が回顧するように，米国は「民主主義諸国の指導国として」，西側同盟の「道義的結束を維持する特別な責任」を負っていたのであった（Kissinger 1999: 628）。

キッシンジャーは，日米間の「価値観の共有」についても明言するようになった。1975年6月のジャパン・ソサエティで演説した彼は，「日米関係

が過去30年間で今ほどよかったことはな」く，日本は「永遠の友人」であると論じるとともに，「日米両国は，共に自由社会の政治的価値観を永続的に守り続けるとの決意を有して」いると謳った[33]。

同時にキッシンジャーは，「民主主義の危機」を深刻に受け止めていた。彼は演説において，かつての世界恐慌の時代，「インフレーションと不況が民主社会の構造を引き裂いた」ことを想起しつつ，先進諸国が現在直面している問題の「最も深刻な帰結」は，「民主的手段への信頼の喪失である」と警告した[34]。6月には，レストンが，『ニューヨーク・タイムズ』に「民主主義の危機」と題する論考を発表するなど，この問題への懸念は米国内で広く共有されていた（Reston 1975）。また日本でも，「自由社会は生き残れるか」をめぐって議論が交わされていた（高坂 1976）。このような危機感は，ソ連ないし共産主義の伸張への懸念から生じたものというよりも，むしろ緊張緩和を背景とした西側諸国の自己省察の発露であった。

3.3　同盟の基盤としての「価値観」

日本において「民主主義の危機」を深刻なものと受け止め，とりわけ米国との間で民主主義国家としての「価値観の共有」を強調することに並々ならぬこだわりを見せたのが，首相の三木武夫であった。三木の姿勢の背景には，同時通訳者として名を馳せ，自身のブレーンでもあった國弘正雄の助言があった。國弘は，当時の米国の政治家らが「もっとも関心を持っていたのは，衰退する民主主義は生きながらえうるかという問題であることを察知」し，レストンの論考「民主主義の危機」を「三木に読ませていた」（國弘 2008：202）。

さらに三木自身，日米関係のあり方について一つの信念を抱いていた。1975年6月の国会答弁において，三木は，日米関係に関して「余りにも軍事面に比重を置き過ぎた議論が私は多過ぎると思う。〔中略〕しかし，安保条約は，その条約の名前が日米の相互協力及び安全保障条約というので，もう少し日米間の包括的な総合的な協力関係を規定し」，それを「象徴した条約であって，もっと日米のこの条約というものは広くとらえることが必要である」と力説した[35]。

米国もまた，そのような日米関係についての理解を共有していた。前年11月に国務省が作成した文書は，日米安保条約が，「安全保障とともに協力

を強調している」ことに着目し，日米安全保障関係は，両国の「政治的関係」を「象徴」しており，軍事的関係にとどまらない日米間の「より広範な関係の網を発展させる」機能を有していると指摘した[36]。日米はともに，緊張緩和の進展にともなって，軍事面にとどまらない日米関係の重層性への理解を深めていた。そのなかで両国は，日米関係の基盤の一つとして，「価値観の共有」の重要性を認識するに至ったのである。

　三木は，1975年8月に予定されていた日米首脳会談を前に，ブレーンの平沢和重を通じ，キッシンジャーに対し，会談後に発表する共同声明は「より哲学的」なものにすべきであり，そこではベトナム戦争後のアジアや国際経済問題などに加え「自由民主主義の危機」についての文言を明記するよう要請していた。さらに三木は，「英国のように，日本が〔米国と〕特別な関係（special relationship）を有していると考えられるべきだと感じている」との自身の所感を伝えた[37]。

　これを受けた米側は，三木が望んでいるのは，日本が「民主主義的原則への共通のコミットメントによってつながった同盟国」と認識されることであると見て取り，そのような方向性は日米間の「相互依存を増大させる」という米国の方針に合致するとして，三木の姿勢を好意的に評価した[38]。前年まで米国政府が抱いていた日本のアイデンティティの所在に関する憂慮の念は，緩和に向かったのである。

　三木は，フォード大統領との会談において，「私は貴方と民主主義への強固な信頼を共有している」と語った。一方でフォードは，世界的な経済情勢の改善に当たって，日本が「大きな利害を有している」と述べ，「もし我々が将来において経済状況を悪化させてしまえば，〔西側諸国の〕民主的政府にとって破滅的となりうる」と指摘した[39]。会談後，両首脳は共同声明において，「日米両国民が民主主義の基本的価値観を分かちあい〔…〕自由な国際社会を築くために引続きあいたずさえて努力することを確認」した（細谷ほか 1999：896）。日米首脳会談の共同声明が，「価値観」に言及し，その共有を謳ったのは，戦後はじめてのことであった。首脳会談後に，ブレーンの一人が三木に書き送った覚書によれば，「三木がデモクラシーを強く支持したこと」は，「フォードが強く希望していたものであった」がゆえに，「ホワイトハウス当局者を特に喜ばせた」[40]。

　この時期，米国の対日評価は高まっていた。キッシンジャーは，日本が

米国との防衛協力，および東南アジアと韓国に対する政策を積極化させ，加えて食糧・エネルギー・貿易といった諸問題においても徐々にグローバルな責任を受け入れつつあることに意を強くしていた。12月には，フォード大統領が「新太平洋ドクトリン」を発表し，対日同盟関係をアジア太平洋政策の「支柱」と位置づけた。米国は，日本の対米基軸路線への信頼を深めるとともに，アジア太平洋地域の安定維持とグローバルな諸問題への対処の双方における協力者として，日本への評価を高めたのである（長 2014：171-181, 長〔近刊〕）。

西欧諸国をも含めた先進国間協調も進展を見せていた。同年11月には，日米に加え，英・仏・西独・伊の六カ国の首脳が一堂に会し，フランスにおいて第一回先進国首脳会議（サミット）を開催した。キッシンジャーは，相互依存の深化に対する先進諸国間協力の端緒として，その成果を肯定的に評価した（Sargent 2015: 192）。

1976年に入ってからも，日米両国は「価値観の共有」を繰り返し表明した。キッシンジャーは，1976年7月のシアトルにおける演説で，米国の戦後東アジア政策の最も誇るべき成果を「民主的な日本との緊密な同盟を作り上げた」ことと位置づけ，「日米は民主主義の諸原則への献身（dedication）を共有している」と説いた[41]。また国務省情報調査局は，「日本は米国の価値観と利害を共有しているが，中国とソ連はそうではない」と論じた[42]。米国政府における日本との「価値観の共有」の認識は，対外的な宣言にとどまるものではなかった。

宮澤の後を襲って外相に就任した小坂善太郎は，11月に日米協会で演説し，日米両国は「民主主義や自由市場経済へのコミットメント」という「基本的価値観を共有」しており，「米国にとって，アジアにおける先進工業民主主義国家として台頭した日本は，西欧と同じく，欠くことのできない友邦であり同盟国（ally）であると認識されている」と言明した[43]。日本政府の要人が，公の場で日米関係を「同盟国」という言葉を用いて語ることは，極めて異例であった。日本は，日米関係を，「価値観」を共有する「同盟」関係として位置づけるに至ったのである。

おわりに

冷戦対立の緩和によって差し迫った共通の脅威が低減し，さらに石油危

機を受けた西側先進諸国において政治・経済情勢が悪化するなかで，西側諸国間の競争関係ないし対立関係が熾烈化する可能性は無視しえないものであった。実際，米国は，経済大国となった日本との関係の再調整に苦慮し，日本のアイデンティティの所在にも不信感を抱いた。しかしながら，日米を含む西側先進諸国は，互いの深刻な対立を回避し，むしろ結束を固める方向へと向かった。そこで重要な役割を果たしたのが，「価値観の共有」の認識であった。

　米国は「価値観の共有」を掲げ，緊張緩和とグローバルな政治・経済情勢の混迷のなか，西側同盟の紐帯強化を牽引した。一方の日本も，国際秩序の変容を受けて自国の対外政策のあり方を模索するなかで，米国をはじめとした価値観を共有する西側先進諸国との協調路線を鮮明にした。そして日米両国は，「価値観の共有」を同盟関係の基盤の一つとして理解するようになった。それは両国が，軍事的意義にとどまらない，日米同盟関係のもつ重層性への認識を深めたことの帰結であった。そのことは，冷戦終結を経てもなお日米同盟が命脈を保ち続けている所以を考察するにあたっても，重要な示唆を与えうるであろう。

　そもそも，米国が日本および西欧諸国との間に築きあげた戦後の同盟関係は，民主主義の価値観と不可分であった（佐々木 2013：41-48）。1960年に調印された日米安保条約は，その前文において，両国が「民主主義の諸原則，個人の自由及び法の支配を擁護することを希望」すると謳っており，これは，1949年に米国がカナダ・西欧諸国とともに調印した北大西洋条約の文言を模したものであった（細谷ほか 1999：460，佐々木 2013：47）。さらに，久保文明が指摘するように，「1970年代後半までに，同盟国が自由・民主主義・人権を擁護する民主主義であるか否かは，アメリカにおける同盟国の位置づけに重要な意味を持つようになっていた」（久保 2013：11）。元来西側同盟の基盤の一つであった「価値観の共有」の重要性が，1970年代の半ばにおいてより高まったのである。その時期以降，「価値観の共有」は，日米同盟関係を形容するうえでの常套句となり，1970年代後半から80年代を通して，両国は，首脳会談の共同声明などにおいて，繰り返しそれを強調した。そして冷戦終結後の「日米安保再定義」において，両国は「価値観の共有」をより明確に表明し，それは今日まで継続している。

　ギャディス（John L. Gaddis）が喝破したように，「民主主義の諸原則は

冷戦が開始されるに当たって外交政策には不向きなものであるように思われた」ものの，実際には軍事力ではなく，「他の種類の力——経済・イデオロギー・文化・道徳——に生じた欠陥がソ連に超大国としての地位を失わせた」のであり，冷戦の終結によって，「民主主義的な理想の維持は結局のところ，西側が行ってきた非常に現実的な作業であったことが判明した」のであった（ギャディス 2004：467, 460, 469）。このことに鑑みれば，本稿で検討した1970年代半ばの展開は，冷戦そのものの帰趨にも深甚な影響を与えたといえよう。グローバルな政治・経済秩序の変動に，ソ連をはじめ多くの東側諸国が効果的に対応できなかったのに対し，西側先進諸国は，難局に立ちながらも概して協調し，新たな諸問題の克服に取り組む方向へと歩を進めた（Maier 2010: 44-46）。さらに重要なことに，西側諸国はその過程で自らのよって立つ価値観や理念を再認識することとなった。そのような自己省察の能力こそ，自由民主主義諸国がもつ活力の源泉なのであった。冷戦が後景に退いていたこの時期に，そして西側先進諸国が苦境に喘いでいたこの時期に，まことに逆説的ながら，西側陣営は，冷戦の文脈においても一層優位な地歩を固めつつあったのである。

（1） Memorandum of Conversation [hereafter memcon], Kissinger and Ohira, September 24, 1973, The National Security Archive, ed., *Japan and the United States: Diplomatic, Security, and Economic Relations, 1960-1976* [hereafter *NSA*], http://nsarchive.chadwyck.com/home.do, No. 1806.
（2） Fourth Annual Report to the Congress on United States Foreign Policy [hereafter 4th FPR], May 3, 1973, the American Presidency Project, the University of California, Santa Barbara, http://www.presidency.ucsb.edu/ws/index.php?pid=3832&st=&st1=#axzz1jXwNKOkT, accessed on January 14, 2012.
（3） 例外として，佐藤・井上（2012：317－320）は，日本政府要人の演説に言及しながら，日米がこの時期に「共通の価値観の再確認」を行ったことを指摘しているものの，米側の動向や，その再確認が行われた要因についての踏み込んだ分析はなされていない。一方で，中山（2013：80）は，日米同盟の「価値」の側面が両国間で強調されはじめたのは「1990年代半ばあたり」と指摘する。また加藤（2014：44－54）は，1970年代を通して，日米関係における「価値観」の側面は後景に退いていたことを示唆する。
（4） Kissinger to Nixon, February 27, 1973, *NSA*, No. 1707.
（5） 4th FPR.

日米関係における「価値観の共有」1973 – 1976 年(2016 – Ⅱ) 329

(6) Memcon, Kissinger and Scowcroft, August 3, 1973, *Foreign Relations of the United States* [hereafter *FRUS:*] *1969-1976*, Vol. XXXVIII, Part 1, Foundations of Foreign Policy, 1973-1976 (Washington, D.C: United States Government Printing Office, 2012), p. 70.
(7) Kissinger speech to the annual meeting of the Associated Press editors, New York, April 23, 1973, *ibid.*, p. 27.
(8) Minutes, East Asian Chiefs of Mission Conference [hereafter ECMC], November 15, 1973, Briefing Books, 1958-1976, Executive Secretariat, Box 179, RG 59, National Archives, College Park, Maryland [hereafter NA].
(9) Ibid.
(10) Minutes, Department of State Staff Meeting, March 8, 1974, Transcripts of Secretary of State Henry Kissinger's Staff Meetings, 1973-1977, Office of the Secretary of State, Box 2, NA.
(11) Minutes, ECMC, November 15, 1973.
(12) Memcon, Ford and Kissinger, November 16, 1974, *FRUS, 1969-1976*, Vol. XXXVIII, Part 1, p. 255.
(13) Memcon, Kissinger and Ohira, September 24, 1973, *NSA*, No. 1806.
(14) Kissinger speech to the Third Pacem in Tei'ris Conference sponsored by the Center for the Study of Democratic Institutions, Washington D.C., October 8, 1973, *FRUS, 1969-1976*, Vol. XXXVIII, Part 1, p. 91.
(15) ファーガソンは,キッシンジャーの大統領補佐官就任までを対象とした伝記的研究において,そのようなキッシンジャーを「反実利主義者」(antimaterialist),ないしある種の「理想主義者」(idealist)と規定している(Ferguson 2015: 175, 275, 415-416, 453, 472 and 803)。
(16) 調査部企画課「第17回日米政策企画協議報告」(1973年7月)外務省移管ファイル『日米政策企画協議』(2012 – 2879, 外務省外交史料館所蔵)。駐米大使の安川壮も,同様の考えを本省に具申していた(山本 2013：160)。
(17) Lord and Hummel to Springsteen, August 26, 1974, *NSA*, No. 1871.
(18) Habib to Department of State et al., October 21, 1974, NSC East Asian and Pacific Affairs Staff Files, National Security Adviser [hereafter EAP], Box 24, Gerald R. Ford Library, Ann Arbor, Michigan [hereafter GFL].
(19) Ohira speech to Japan Society, New York, May 21, 1974(大平 2011：545 – 548)。
(20) Memcon, Kissinger and Ohira, November 19, 1974, EAP, Box 14, GFL.
(21) Kissinger interview with Reston, October 6, 1974, *FRUS, 1969-1976*, Vol. XXXVIII, Part 1, pp. 241-242.
(22) 大平講演,関西経済連合会,1974年6月10日(大平 2011：498 – 499)。

(23) 「衆議院本会議録」(1975年1月24日)。
(24) 「衆議院本会議録」(1975年9月16日)。
(25) Policy Planning Staff memorandum, undated, Director's Files (Winston Lord) 1969-77, Policy Planning Staff, Box 347, RG 59, NA.
(26) Minutes, ECMC, December 6-8, 1974, ibid.
(27) Lord to Kissinger, May 24, 19741, 石井修監修『アメリカ合衆国対日政策文書集成』第32期第5巻(柏書房, 2013年)55頁。
(28) この委員会の邦語名称は, 当初は「日米欧委員会」であり, 2000年以降, 参加国の拡大に伴い,「三極委員会」に改称された。公益財団法人日本国際交流センター, http://www.jcie.or.jp/japan/gt_tri/(最終アクセス:2016年1月29日)。
(29) 宮澤演説, 日米欧委員会合同総会京都会議(1975年5月30日), データベース「世界と日本」(東京大学東洋文化研究所, 田中明彦研究室) http://www.ioc.u-tokyo.ac.jp/~worldjpn/documents/texts/exdfam/19750530.S1J.html (最終アクセス:2015年8月24日)。
(30) このような宮澤の信条については, 坂本・宮沢(1966:17)を参照。
(31) Kissinger speech to the St. Louis World Affairs Council, St. Louis, May 12, 1975, *The Department of State Bulletin* [hereafter *DOSB*], Vol. LXXII, No. 1875, June 2, 1975 (Washington, D.C: United States Government Printing Office, 1975), pp. 708-709.
(32) Kissinger speech to the Boston World Affairs Council, Boston, March 11, 1976, *FRUS, 1969-1976*, Vol. XXXVIII, Part 1, pp. 384 and 390.
(33) キッシンジャー演説, ジャパン・ソサエティ年次晩餐会(1975年6月18日),「世界と日本」http://www.ioc.u-tokyo.ac.jp/~worldjpn/documents/texts/JPUS/19750618.S1J.html (最終アクセス:2015年12月26日)。
(34) Kissinger speech to a dinner meeting sponsored by the Pittsburgh World Affairs Council and 18 other area organizations, Pittsburgh, November 11, 1975, *DOSB*, Vol. LXXIII, No. 1901 (December 1, 1975), p. 760.
(35) 「衆議院予算委員会議録」(1975年6月9日),「参議院予算委員会会議録」(1975年6月12日)。
(36) Department of State memorandum, November, 1974, *NSA*, No. 1916.
(37) Rodman to Kissinger, July 25, 1975, *FRUS: 1969-1976*, Vol. E-12, Documents on East and Southeast Asia, 1973-1976, https://history.state.gov/historicaldocuments/frus1969-76ve12, No. 204.
(38) Kissinger [no initial] to Ford, undated, Presidential Country Files for East Asia and the Pacific, National Security Advisor, Box 6, GFL.
(39) Memcon, Ford and Miki, August 5, 1975, *FRUS: 1969-1976*, Vol. E-12,

No. 207; Memcon, Ford and Miki, August 5, 1975, *ibid*., No. 208.
(40) 作成者不明「日米首脳会談に関するホワイトハウス・国務省筋の評価」（1975年8月12日）『日米首脳会談報道』（三木 8449），「三木武夫関係文書」（明治大学史資料センター所蔵）。
(41) Kissinger speech to the Downtown Rotary Club and Seattle Chamber of Commerce, Seattle, July 22, 1976, *DOSB*, Vol. LXXV, No. 1938 (August 16, 1976), pp. 218-219 and 221.
(42) Bureau of Intelligence and Research memorandum, December 31, 1976, *NSA*, No. 2014.
(43) Kosaka speech to the America-Japan Society, Tokyo, November 8, 1976, *The America-Japan Society Bulletin*, Vol. XXV, No. 2 & 3, August 1976-January 1977, pp. 8-9.

引用文献

有賀貞（2001）「日米安保協力の再定義と沖縄」細谷千博監修／A50日米戦後史編集委員会編『日本とアメリカ――パートナーシップの50年』ジャパンタイムズ。
池田廸彦（1975）「自主外交と日本の政治文化」『経済と外交』第639号。
石井修（2015）『覇権の翳り――米国のアジア政策とは何だったのか』柏書房。
大平正芳著／福永文夫監修（2011）『大平正芳全著作集（第4巻）』講談社。
加藤朗（2014）「条約，共同声明等に見る冷戦時代の日米同盟の変遷――価値観と世界認識の視点から」『桜美林論考法・政治・社会』第5号。
キッシンジャー，ヘンリー・A／岡崎久彦監訳（1996）『外交』日本経済新聞社。
ギャディス，ジョン・ルイス／赤木完爾・齊藤祐介訳（2004）『歴史としての冷戦――力と平和の追求』慶應義塾大学出版会。
國弘正雄著／鈴木英二編（2008）『烈士暮年に，壯心已まず――國弘正雄の軌跡』たちばな出版。
久保文明（2013）「アメリカ外交にとっての同盟と日米同盟――一つの見取り図」日本国際問題研究所監修／久保文明編『アメリカにとって同盟とはなにか』中央公論新社。
クリッシャー，バーナード／仙名紀訳（1976）『インタビュー――天皇から不破哲三まで』サイマル出版会。
高坂正堯企画監修（1976）『自由社会は生き残れるか』高木書房。
坂本義和・宮沢喜一［対談］（1966）「アジアにおける日本の進路をめぐって」『現代の理論』第3巻第2号。
佐々木卓也（2013）「アメリカの外交的伝統・理念と同盟――その歴史的展

開と日米同盟」日本国際問題研究所監修／久保文明編『アメリカにとって同盟とはなにか』中央公論新社.
佐藤晋・井上正也（2012）「危機のなかの日米関係――1970年代」五百旗頭真・久保文明・佐々木卓也・簑原俊洋監修／日米協会編『もう一つの日米交流史――日米協会資料で読む20世紀』中央公論新社.
白鳥潤一郎（2015）『「経済大国」日本の外交――エネルギー資源外交の形成1967～1974年』千倉書房.
添谷芳秀＝ロバート・D．エルドリッヂ（2008）「危機の中の日米関係 1970年代」五百旗頭真編『日米関係史』有斐閣.
田原総一朗（1977）「宮沢喜一――ニューライトからハイライトへ」『諸君！』第9巻第10号.
長史隆（2014）「米中接近後の日米関係――アジア太平洋地域安定化の模索 1971-1975」『立教法学』第89号.
長史隆（近刊）「冷戦の変容と日米関係 1973-1975年――米国による対日関係の再定義」『国際政治』.
中山俊宏（2013）「『理念の共和国』が結ぶ同盟――国益と価値の共鳴と相克」日本国際問題研究所監修／久保文明編『アメリカにとって同盟とはなにか』中央公論新社.
ハンチントン, サミュエル・P＝ミッシェル・クロジェ＝綿貫譲治／日米欧委員会編／綿貫譲治監訳(1976)『民主主義の統治能力――その危機の検討』サイマル出版会.
細谷千博（1986）「戦後国際政治システムの変容と日米関係の歴史的展開」同編『アメリカ外交――日米関係の文脈のなかで』日本国際問題研究所.
細谷千博・有賀貞・石井修・佐々木卓也編（1999）『日米関係資料集 1945-97』（東京大学出版会）.
宮沢喜一・高坂正堯［対談］（1976）「占領下の経済外交」『文藝春秋』第54巻第2号.
山本健（2013）「『ヨーロッパの年』と日本外交, 1973-74年――外交の多元化の模索と日米欧関係」『NUCB Journal of Economics and Information Science』第57巻第2号.
Crozier, Michel, Samuel P. Huntington and Joji Watanuki (1975) *Crisis of Democracy: Report on the Governability of Democracies to the Trilateral Commission*, New York: New York University Press.
Ferguson, Niall (2015) *Kissinger. Volume I, 1923-1968: The Idealist*, New York: Penguin Books.
Kissinger, Henry (1982) *Years of Upheaval*, Boston: Little, Brown.
Kissinger, Henry (1999) *Years of Renewal*, New York: Simon & Schuster.

Maier, Charles S. (2010) "'Malaise': The Crisis of Capitalism in the 1970s," Niall Ferguson, et al., eds., *The Shock of the Global: The 1970s in Perspective*, Cambridge: Belknap Press.

Reston, James (1975) "The Crisis of Democracy," *The New York Times*, June 29.

Runciman, David (2013) *The Confidence Trap: A History of Democracy in Crisis from World War I to the Present*, Princeton: Princeton University Press.

Sargent, Daniel J. (2015) *A Superpower Transformed: The Remaking of American Foreign Relations in the 1970s*, Oxford: Oxford University Press.

リアリズムにおける慎慮(プルーデンス)の意味内容に関する一考察
—— H・J・モーゲンソー,R・アロン,永井陽之助,高坂正堯を対象として——

宮下　豊*

要旨:本稿は,H・J・モーゲンソー,R・アロン,永井陽之助,高坂正堯における慎慮の意味内容として次の2点を提起する。第1に,「結果の考慮」に置き換えられる目的合理的な理解ではなく,国家が利用可能な手段に即して追求する目的を定義することによる〈穏和〉な政策であり,それは力の均衡や外交を擁護することに関連する。第2に,行動の自由を確保するために,法的思考および道義的思考を退け,状況の認識において徹頭徹尾具体的たろうとすることである。さらに,慎慮のリアリストの思考様式に基づき,状況認識が具体的であるための前提条件として次の2点を指摘する。第1に,米国や日本等,実在する国家について客観的条件に基づいた個性を重視して,他国から類推しないことである。第2に,状況が動態的・可変的である故に,日々の出来事をフォローしてその影響に注意を払うとともに,核兵器の開発に象徴される現代の革命的な変化を重視することである。こうした具体的な状況認識を重視したことが,彼らがゲームの理論を含めて単純な見方を退ける一方,政治を「わざ」と喝破してそれに固有の思考法・判断基準を強調したことが理解されるべきと論ずる。

キーワード:リアリズム,慎慮,プルーデンス,フロネーシス,政治的思考

はじめに

　本稿の目的は,国際関係論研究(IR)におけるリアリズムの倫理の一特質である慎慮 prudence の意味内容を考察することである。prudence とは一般的には「Ability to discern the most suitable, politic or profitable course of action, esp. as regards conduct」(OED)を指すが,そのギリシャ語に相当

---

*　早稲田大学政治経済学術院非常勤講師　国際政治学

する phronesis を含めて，西洋政治思想史研究では格別の重要性をもつ概念である。このことは，「実践哲学の復権」に際して現代におけるその可能性をめぐって多くの考察がなされたことにその一端をうかがうことができる1。これに対して，IR において prudence がリアリズムの倫理として言及されるようになったのは比較的近年のことである。しかし，それを主題とした考察がなされていないこともあって，prudence とは結果の考慮とするものから，アリストテレスやE・バーク等と関連づけたもの，さらに米ソの相互自制の規則と関連づけたもの等，各人各様の概念規定がなされていると言っても過言ではない2。さらに，prudence の適訳を見つけることが難しいという翻訳上の困難もある3。政治思想史研究において定訳があるとは言えないが，IR でも「慎慮」だけでなく，「深慮」や「打算」等が用いられている。しかし，これらの訳語は日本語として同義ではない。以上から，慎慮の意味内容を考察する作業は有意味ではなかろうか。

　こうした問題意識から，本稿は慎慮に触れることが特に多かったH・J・モーゲンソー，R・アロン，永井陽之助，高坂正堯を対象として，彼らが慎慮をいかなるものとして考えたかを考察する。もちろん，筆者は彼らに相違があることを否定するものではない。例えばモーゲンソー等，米国のリアリストを批判したこともあって，アロンがリアリストか否かは判断が割れているし，また高坂と永井にしても思考スタイルだけにとどまらない相違がある。にもかかわらず，慎慮の意味内容に関して一定の収斂が認められることを具体的に示すことによって，彼ら——本稿では慎慮のリアリストと総称する——が，政治に特有の思考法・判断基準というものを重視するとともに，アリストテレスの意味での「実践学」に傾斜していた点でも一致することを明らかにするという意義を持ち得ると考える4。

　以下ではまず，彼らの慎慮の意味内容として次の2点を提起する。第1に，結果の考慮＝目的合理性の要請を逆転させて，利用可能な手段に即して追求する目的を決定することの要請であり，それは〈穏和〉な目的および手段（外交と力の均衡）を擁護する。第2に，状況認識に際して具体的であることの要請であり，それは法的思考と道義的思考だけでなく，あらゆる抽象的な概念と思考を警戒することと不可分である。その上で，具体的な状況認識とは日本や米国等の実在する国家の個性と状況の可変性・歴史性の重視として理解されることを明らかにした上で，「わざ」としての政

治に固有の思考法を重視したことと併せて，彼らの慎慮とはアリストテレスの phronesis に相応するものとして理解され得ることを示したい。

1．目的および手段が〈穏和〉であること

　リアリズムの慎慮を結果の考慮と同一視する根拠として，次の一文が参照されることが多い。「リアリズムは，慎慮，つまりあれこれの政治行動の結果を比較考量することを政治における至上の美徳と考える。〔…〕政治的倫理は，行動をその政治的結果如何によって判断する」(モーゲンソー 2013a：57－58) [5]。しかし，結果を考慮することとはM・ヴェーバーの意味での「目的合理性」を言い換えたものに等しく (ヴェーバー 1972：39)，それ自体は規範倫理として意味をなさない。なぜなら政治において結果を全く考慮しないこと，つまり純粋に価値合理的に思考し行為することは，自国に損害を与える政策を意図的に選ぶことと同じく通常は考えられないからである。にもかかわらず，結果の考慮が慎慮と同一視されるのは，リアリズムが倫理学での帰結主義であり，またヴェーバーの責任倫理の立場であって，義務論的倫理や心情倫理ではないこと，そして後二者がアイディアリズムの特質と想定されていることが少なくないだろう。

　慎慮のリアリストが義務論に与しなかった点は，後述するように一定の妥当性を持つが，ここでは次の 2 点を指摘したい。第 1 に，ヴェーバー自身，結果の考慮と非合理的な心情・理想の重視は絶対的な二者択一ではないことを示唆しているが，このことはアイディアリストとリアリストにも妥当する [6]。例えば，高坂も永井も「構想」や「ヴィジョン」としてそれぞれの理想を披瀝しているが，そこに彼らの心情を読み取ることは容易であろう [7]。他方で，理想主義者と呼ばれた坂本義和が日米安保条約や自衛隊の軍備増大に反対した際，それによって核戦争に巻き込まれ，またアジアにおける軍備競争を激化させることで日本の安全が損なわれるという「結果」をも論拠としたのであり，それ故に永井も高坂も坂本が結果を考慮していないと少なくとも明言はしなかったのではなかろうか [8]。また，ウィルソン大統領やC・ハル国務長官の「ユートピアニズム」を批判したモーゲンソーも，彼らが現実離れした理想論を説いた点のみを問題視したのではなかったし，また結果を考慮するか否かで「政治的リアリズム」と「政治的アイディアリズム」を峻別していない (モーゲンソー 2013a：39)。

第2に，慎慮のリアリスト自身が政治における目的合理的な思考の限界を認めていた。例えばアロンは，国家の「外交・戦略行動」の目的にはパワー・栄光・理念が含まれるために，単純な経済行動の論理を適用できないことを論じたが，これはまさに「外交・戦略行動」を目的合理的行為に還元して理解することの限界を説いたに等しい（Aron 1984: 97f.）。また，永井は「技術的合理性」によって政治の問題を「解決」する発想そのものを危険視したが，特に政策決定が政府内での異なる目的・価値間の対立をともなうために，目的合理性の基準を導入することによってそうした対立を激化させてしまうことを論じている（永井 1968：156-157）。さらにモーゲンソーは，善なる目的が悪しき手段を正当化し得るか否かという道義的な問題を検討するなかで，何が目的であり何が手段であるかは一義的に決定できないことを指摘している（Morgenthau 1946: 183f.）。

　慎慮のリアリストにとっての慎慮とは，まず，この目的合理的な思考をいわば転倒させたものとして理解される必要がある。というのは，慎慮それ自体は政策の目的を提供するものではないとするR・W・タッカーによる批判（Tucker 1961: 464）とは裏腹に，むしろ手段こそが追求する目的を限定することが想定されているからである。言うまでもなく，一国が利用可能な手段は有限であるため，いかに望ましい目的であっても実現不可能なものがある。それ故に，実際に利用可能な手段に照らして追求する目的を決定することが必要であり，またそれによって目的はいきおい〈穏和〉なものとなろう。こうした利用可能な手段による目的の限定は，モーゲンソーが用いた「パワーとして定義された利益」という概念に明らかである。この周知の概念を彼は，世界各地の共産主義勢力に米国が対抗するというトルーマン・ドクトリンで示唆されたグローバルな反共主義が，米国のパワー＝手段では実現不可能であること，むしろ米国は利用可能な手段によって利益＝目的を定義しなければならないことを説くために用いた（モーゲンソー 1954：116f.）[9]。また，高坂は論壇デビュー論文「現実主義者の平和論」において，この概念を援用して坂本の中立論を批判した。中立という目的を決定しさえすれば，そのための手段の問題は「技術的」な問題になると述べた坂本に対して，高坂は「目的もまた手段によって規定されるということ」，「問題の解決は，まず目的を定め，次にその手段を見出すという思考法によってではなく，目的と手段との間の生き生きとした会話

を通じて設定された政策によってのみ得られる」（高坂 1998：25）と反論した[10]。こうした批判を永井は右派の保守勢力とマスコミに対して投じた。前者は日本の「『能力』を無視して，いたずらに自主外交の期待と願望を上昇させ」，後者は「高い目標（大国日本！）に見合うだけの『能力』をつけろと要求する」が，永井は「日本の能力に見合った次元の外交目標に自己を限定すること」が「国家安全保障の第一要件」であると述べて両者を批判した（永井 1973：304）[11]。このように目的が〈穏和〉であることの要請は，自国の利用可能な手段には限界があることを直視するのを避け，むしろ「全能の幻想」（永井 2012：83-84）や「傲慢さと自惚れ」（Morgenthau 1962: 325f.）に陥りやすいという人間一般の心理的傾向を想起すれば，明らかに規範性を持ち得るだろう。

　アロンは，*Paix et guerre entre les nations* の第22章において，ソ連は滅ぼさねばならないという「カトー的な戦略」を退けるとともに，共産主義勢力が西側諸国との共存を選び取ることが西側諸国の勝利に等しいとして，西側諸国の目的とは，「熱核戦争を防止することによる物理的な生存，自由文明を保護することによる道義的な生存，互いの存在と存在する権利を相互に認めることによる平和」であるべきと論じた（Aron 1984: 666）。S・ホフマンやP・アスネルが指摘したように，ここで説かれた目的が〈穏和〉なものであることは明らかである（ホフマン 2011：210; Hassner 2007: 503）。それは，「ヨーロッパとアジアにおける米国外交の最重要な目的は」，共産主義勢力を一掃することではなく，「戦争にならない方法で力の均衡を回復することである」としたモーゲンソーの〈穏和〉さと重なるだろう（モーゲンソー 1954：203）[12]。

　このように追求するべき目的が〈穏和〉であればこそ，手段に関しても新しい枠組みや制度よりは，これまでの制度・慣行に叡智を認めて，それを巧みに活用する〈保守的〉なアプローチを志向するのは不思議ではない。慎慮のリアリストが力の均衡や外交を肯定したことは周知の通りであるが，特に高坂と永井はそれらを慎慮と関連づけている。『古典外交の成熟と崩壊』第1章において高坂は，「古典外交」が「慎慮」を基礎としていたことを論じたが，その意味は極端・熱狂の対立物としての〈穏和〉に等しい。このことは，「慎慮」が18世紀の合理主義を極端にまで進めることを抑制し，他方で「『諸国家の諸利害』に基づく外交」が「『慎慮』を説くことによっ

て政治から熱狂を排除するのに貢献」したとする文章にうかがうことができる（高坂 2000b：41, 48）。また、永井は多極化の時代において、「国際関係の決定主体のもつ外交戦略的行動を指導する行動原理は、慎慮（prudence）であり、『政治的かしこさ』という保守的原理にならざるをえない。また、各政策決定者の行動を、その方向へ流しこむ基本的なシステムの拘束（多角的な力の均衡体系）こそが、いま、われわれの望みうる平和と秩序への唯一の希望なのである」と述べた（永井 2012：218)[13]。

　もちろん、慎慮のリアリストは誰一人として力の均衡が平和を保証するとは論じなかった。むしろ、力の均衡それ自体が本質的に不安定なものであるため、他国の動向に即して不断の調整を図ることが必須となる。このことは触れられることの少ない次の点と密接に関連する。すなわち、一国が利用可能な手段に限りがあり、「いかなる国も〔…〕自らの利益と理念を無制限に主張することはできない」（高坂 2000b：367）からこそ、行動の自由を確保することが至上命題になると考えたことである。例えば高坂は、「外交の世界の常識にしたがうならば、自国の行動可能性を狭く限るのはよくない」こと、この先、安保条約を「破棄した方がよい状況が現われないとは限らない」ことを理由に、安保条約を10年間固定延長する方策が無意味であると述べた（高坂 1998：507)[14]。永井も、日本が行動の自由を失って「ノー・チョイス」に追い込まれることを極度に警戒した。対中国交回復の戦略として、まずソ連への接近を図る「迂回的アプローチ」を提唱したのも、「大幅の行動選択の自由を確保」するためであったし、また核兵器を保有することで行動が制限されることを理由に、日本の核兵器保有に反対した（永井 2012：227, 169, 171)[15]。さらに、モーゲンソーが *Politics among Nations* の最終章のなかで「妥協の5つの前提条件」として列挙したものは、妥協だけでなく、行動の自由を喪失する条件を具体化したものとして読むことができる。そのことは、後退すれば重大な威信喪失を招き、前進すれば危機を招くような立場に「自己を深くコミットする」ことの危険と、「強国が、自国の利益と弱い同盟国のそれとを完全に同一視すること」に対する警告に明らかであろう（モーゲンソー 2013b：349f.）。

2．状況認識において具体的であること

　行動の自由を重視することは、それを阻害するものに対して警戒するこ

とを意味する。慎慮のリアリストが警戒したものとして次の2点がある。第1に，政治の問題を権利・義務，合法・違法といった法的カテゴリーに還元する法的思考（リーガリズム）である。実際，彼らはこうした法的カテゴリーで考察することは稀であった。モーゲンソーはソ連・フィンランド戦争に際して英仏両国が直面したディレンマを例にあげて，「法的権利」という「幻影」（！）に固執することによって妥協が困難になる危険に注意を促した（モーゲンソー 2013a：61-63；モーゲンソー 2013b：332f., 348）。また，アロンは「闘争の道徳」と「法の道徳」がともに一面的であるとして，両者の妥協としての「慎慮の道徳」を新たに提起したが，それは状況次第では国際法に反する武力行使をも正当と認めるものと述べた（Aron 1984: 592)[16]。さらに，高坂と永井も安保条約があるために米国は有事に日本を共同防衛するのは当然であるとする主張を退け，平時における友好関係の維持が重要であると論じたが（高坂 1998：183, 201f., 260；永井 2012:133f.），このこと自体両者がリーガリズムとは無縁であったことを裏付けている。

　第2に，共産主義との対決を含めて，国際政治の問題を道義原則によって判断する道義的思考である。モーゲンソーが批判した道義に基づく外交とは，自由を抑圧するものとして全ての共産主義勢力に反対する反共主義の外交であった（Morgenthau 1965: 87; モーゲンソー 1969：35）。永井と高坂も反共主義から一線を画していたことは，例えば「自民党右派の古くさい，反共防衛イデオロギーを粉砕しなければならない」（永井 2012:226）や，「共産主義が現在の闘争のなかに持ち込んだ価値のほとんどは正しいものであった」（高坂 1998：504）という文章に明らかである[17]。これは「善玉・悪玉説」を両者とも警戒したこととおそらく無関係ではない（永井 1984b：39；高坂 2000c：22-24）。例えば高坂は，侵略的であるのは相手国であって自国ではないと想定する「道義的不均衡」の誤りに触れるとともに，「混乱した国際政治の状況」が「邪悪な国家」のためではないことも指摘した[18]。また，両者とも「平和国家」の言説に典型的である自国が道義的に善なる特別な国家という観念から距離を置いていたが，特に永井が戦後日本を「国家理性の原罪性に盲目的な自称平和国家」と挑発的に論じた点はそうした距離を明瞭に示している（永井 2012：193)[19]。また，このような観念を，モーゲンソーはウィルソンの「ユートピアニズム」や反共主義とい

った米国人の思考様式に認めて，そこに潜む「冒涜的な確信」——米国が欲するものは神も欲するものである——を危険視したために「政治的リアリズム」の第5原則において警告したのである（モーゲンソー 1954：第4章；モーゲンソー 2013a：58f.）。

　もちろん，慎慮のリアリストは非合法的・非道義的な政策を積極的に奨励したのではなく，行動の自由を確保するために状況判断を最優先させたと考えるべきである。このことを高坂も引用しているアロンの「慎慮の道徳」に即して確認したい[20]。周知のように，アロンは自他ともに認める反共主義の立場であり，その限りで他の3人とは区別される。しかし，上述したソ連との共存を選ぶ〈穏和〉な戦略を擁護したことにその一端が認められるように，アロンの反共主義は首尾一貫したものであったというよりは，むしろ状況判断を優先させたものであった。実際，モーゲンソー等の慎慮を批判して提起されたものとして理解されることが多い「慎慮の道徳」それ自体が，次のように状況判断を重視したものである[21]。米国のリアリストとともに，アロンは「個々の事例をその具体的な特質に即して考察すること」，つまり「具体的状況の特殊性（これは体系の精神あるいは原則を無関係と宣告する）」を「議論の余地のない事実」であると認める（Aron 1984: 573）[22]。その上で「慎慮の道徳」とは，「原則とその実現可能性を無視することはせず，諸国家の力関係と諸国民の意思の双方への配慮を忘れない。〔…〕慎慮の道徳は，事実と価値の両面で最良の道義であり，〔…〕<u>個々の事例において，最も受け入れやすい妥協を見出そうと努力するのである</u>」（Aron 1984: 596）[23]。R・オズグッドとタッカーが的確に指摘したように，これは抽象的な原則の限界を知り，具体的状況への対応を重視すればこそ到達せざるを得ないものである（Osgood and Tucker 1967: 289f.）[24]。その意味でアロンは，「普遍的な道義原則は，その抽象的かつ普遍的な公式で国家行動に適用されることはあり得ず，時間と場所の具体的環境によって濾過されねばならない」と述べたモーゲンソーと大差はなかったと考えるべきであろう（モーゲンソー 2013a：57）[25]。

　ところで，こうした具体的状況の重視として通常想定されるのは，政策対応に関するものであろう。つまり具体的状況を重視することとは，現実的な政策を擁護することと同一視されることが多い。しかし，慎慮のリアリストは，状況の認識においても現実的，すなわち具体的たろうと努めた

ことに注意されねばならない。実際，彼らは道義的思考や法的思考だけでなく，あらゆる抽象的な原則や思考によってリアルな状況認識が曇らされる危険を警戒してやまなかった26。例えば，高坂は中立論をもっぱら〈現実性〉の観点から批判したと受け止められることが多いが，「現実主義者の平和論」では坂本らが同盟や中立の問題を「抽象的」に思考して，当時の極東の具体的状況を考慮しなかった点をも鋭く衝いていたし，自由貿易論に触れた別のところでも「すべての理想論」が「単純化と抽象化」を含むと指摘した（高坂 1998：19-23，437）。また，モーゲンソーはこのような抽象性を戦間期の自由主義の政治に認めた。彼によれば，枢軸諸国の「ローマ帝国」，「新秩序」，「生存圏」，「持てる国・対・持たざる国」が「具体的，特殊で，時間と場所に依存」していたのに対して，自由主義の目的である「集団安全保障，デモクラシー，民族自決，正義，平和」は「抽象的な一般性」を本質とするため，「政治的リアリティ」との乖離が生じたのは不可避であった（Morgenthau 1946: 72f.）。さらに，アロンは米国における抑止理論の抽象性に「反感を覚え」，「常に肝要なことは〔…〕誰が誰を，何から，どのような威嚇によって，どのような状況下で抑止しうるのかを知ることである」と述べて，具体的な状況を抜きにして抽象的に考察する抑止理論を批判した（アロン 1999：497；アロン 1978：337）27。このように状況を具体的に認識することの重要性を彼らは一致して説いたが，そうした認識によって実現可能性に乏しい構想や政策が案出される余地も減るだろう。おそらくこのように考えたために，高坂は「目前の具体的問題の解決という点に焦点をしぼった場合」，坂本も「極東の緊張緩和という目標の方が具体的でもあり，現実的でもある」という結論に達して，現実主義者と「意見の一致を見ることはより可能になるのではないだろうか」と期待したと推測できるだろう（高坂 1998：22f.）28。

　政治において抽象的な原則や単純な図式が多用されている実情をふまえれば，こうした意味内容での慎慮もすぐれて規範性を持ち得ることは否定できない29。また，状況認識において具体的であることの要請が，前節でとりあげた利用可能な手段に即して追求する目的を決定することの要請と密接に関連していることは，具体的状況を「善玉」と「悪玉」，あるいは自由主義勢力と共産主義勢力の対立等の抽象的な図式で置き換えることによって，利用可能な手段の限界を超えて目的を定義してしまう可能性がある

こと，またその結果行動の自由が失われる危険があることを想起すれば明らかであろう。

3．状況認識が具体的であるための前提条件

状況認識が具体的であることとは何を意味するだろうか。おそらく自明であったが故に，慎慮のリアリストがその実質内容を明言することはほとんどなかったものの，彼らの思考様式から状況認識が具体的であるための前提条件として次の2点を指摘できるだろう。

第1に，状況とは日本，米国，ソ連，中国等の実在する具体的な国家から構成されるが，これらの「関係する国の国力，体制，その地理的状況など，具体的状況に照らして具体的な判断をすること」である（高坂 2000c：325)[30]。実際，慎慮のリアリストは国家A，国家B，…，のように抽象的な形式に置き換えて状況を認識することはほとんどなく，地理，政治体制，歴史等の客観的条件に規定された各国の個性や特殊性といったものを重視した。例えば永井は日本を，「第一に基本的に現状維持国であり，第二に，アジア的文化圏のなかに位置する一国であり，第三に〔…〕大衆消費の段階にはいった高度の技術能力をもつ先進国であり，第四に，日本は，海洋国家であって，〔…〕軍事的には，米国の核のカサに〔…〕はいらざるをえない」と実に子細に規定している（永井 2012：123)[31]。また，モーゲンソーはソ連・東欧諸国・中国を共産主義国として一括りにしなかったばかりか，中ソ両国の利益が衝突する可能性を1951年の時点で示唆したが，これも両国の客観的条件を注視しその違いを見逃さなかったが故になし得たと言えよう（モーゲンソー 1954：207f.）。また，このように各国の個性を重視すればこそ，60年代に対中国交回復と自主外交を説いた政財界の動きを戦前の「バスに乗りおくれるな」の標語を持ち出して揶揄した永井のように（永井 2012：87），ある国の行動をその国の過去の行動を引き合いに出すことはあっても，別の国の前例を持ち出すことに対しては慎重にならざるを得ない。なるほど，高坂は「海洋国家日本の構想」においてイギリスを引き合いに出しているが，それは戦後の日本人から失われた海外に対する視野を回復する必要性を説くためであり，しかもそこでのイギリスは「ヘンリー7世からエリザベスにいたる時期」と狭く限定されている（高坂 1998：158)[32]。

第2に，状況とは動態的・可変的なものである。慎慮のリアリストが皆，スターリン批判，中ソ対立，中国の核実験といった共産圏の動向や，緊張緩和，ゴーリズム，米国のベトナム介入，ニクソン訪中等の出来事をフォローするとともに，それらのインパクトの考察に取り組んだ。さらに，こうした出来事だけでなく，米ソというヨーロッパ外の超大国によるイデオロギー対立，原爆・核兵器という未曾有の破壊力を持つ兵器の出現，植民地主義の終焉，敗戦国の復興と繁栄，パックス・アメリカーナの動揺等のマクロな歴史的変化をも重視したことも注意されるべきである[33]。この点に即して，慎慮のリアリストが第二次世界大戦後の国際政治を19世紀以前，あるいは原爆以前の国際政治の単なる連続として思考する傾向に乏しいことが理解できよう。例えば，モーゲンソーは米ソ二極体制とアテネとスパルタを含む歴史上の二極体制との相違点を指摘して，後者から前者を類推することが誤りであると明言した(Morgenthau 1968: 239f.)。高坂もキッシンジャー外交に触れつつ「古典外交」を評価する一方，相互依存の増大する現代において「古典外交の知恵」が「不十分」であり「将来への発展にとって障害とさえなるかもしれない」と述べてその限界を示唆した（高坂2000b：373)。永井は，キッシンジャーの *A World Restored* のようにウィーン体制と冷戦に関して「直面している問題の類似性」を根拠とした限定的な類推を許容しつつも（永井1973：252)，別のところで「現代のすべての政治的・歴史的事象は，厳密に言って，すべてオリジナル（個性的）で，不可逆的であり，予測不可能なものなのである。われわれは，過去の歴史的事例からの類比で理解できない事件がつぎつぎに発生していく奇怪な時代に生きているのである」と断言した（永井1968：141)[34]。

　以上の2点は状況認識が具体的であるための前提条件であるが，ここからその対極にある抽象的な思考様式というものも一層明確になるだろう。それは端的に言えば，各国の客観的条件に根差した個性や特殊性を捨象あるいは軽視するとともに，国際政治を静態的・硬直的なものとして単純化する思考様式である。また，それはモーゲンソーが *Scientific Man vs. Power Politics* で主題としたように，「常に複雑で，不調和で，具体的」である政治の問題を，「単純で，首尾一貫し，抽象的」なもので置き換える「科学的」な思考様式と重なるものであろう（Morgenthau 1946: 10)[35]。このように国際政治の問題を単純な図式で置き換えることに対して慎慮のリアリス

トが批判的であったことは，特にゲームの理論に対する批判に認めることができる。高坂は，「政治の世界」は「不可解で捉えどころがない」「価値の対立の激しい世界」であるため，「ゲームの理論」は「政治の世界を説明するのにあまり役立たない」と述べたが（高坂 1998：505），それは「現実主義」を「社会・歴史・政治について，それに内在する不可知なものを承認し，簡単な図式でもって置き換えないこと」と定義した高坂からすれば当然であった（高坂 1998：23）[36]。永井も，ゲームの理論は「二人ゲームが基本であり，「勝ったか，負けたか」「利得とコスト」といった観点からのみ国際政治」を捉えるために，「政治のもつ非合理的な要素を軽視し，〔…〕多角的行動や外交を無視しやすい」と指摘した上で，「われわれは，「ゲームの理論」の用語を，ただ口まねして気どるまえに，現実の「政治」を把握する，生き生きとしたゆたかな感受性を身につけなければなるまい」と喝破した（永井 1973：23f.）[37]。モーゲンソーも60年代の米国のIRで流行していた「行動主義，システム分析，ゲームの理論，シミュレーション」に触れて，それらが「現実をあるがままに反映しようとするのではなく，手に負えない現実に対して徹底的な合理化への欲求を満たす理論的な図式を焼き付ける」「ドグマ」に過ぎないと辛辣に批判した（Morgenthau 1970: 243）[38]。

このように国際政治の問題を単純化することを批判した慎慮のリアリストは，政治が「わざ（art）」であると断言した点でも一致する。「政治というものは常に予見できぬ状況と半ば無知のなかにあって，誤りをまぬがれ得ぬ人間の行為であり，訂正不可能な選択のわざである」（アロン 1970：214）[39]。「破局を避ける必要がある以上，なんとか事態を妥協的に収拾する他はない。そのときわざが決定的な重要性を持つ。理論的に解答のないとき，解答らしいものに接近するのがわざだからである」（高坂 2000b：375）[40]。「政治とは〔…〕不断の利益の調整を行わねばならないところでは，どこでも必要となる人間活動であり，『わざ』である」（永井 1984a：7）[41]。「政治はわざであって科学ではないし，その熟達のために必要なことは技術者の合理性ではなく，政治家の知恵と道義的強さである」（Morgenthau 1946: 10）[42]。この一致は単なる偶然ではないだろう。「わざ」は状況認識が徹頭徹尾具体的であればこそはじめて可能となるからである。さらに，このように政治を「わざ」と考えたが故に，彼らは，「政治的知恵」「政治の思惟

基準」(モーゲンソー),「政治的思考」(高坂),「政治感覚」「政治的かしこさ」(永井),「政治的理性」(アロン) という言葉で, 政治に固有の思考法・判断基準があることを一致して説いたことの意味も理解できるだろう43。

以上をふまえると, 既に指摘されているモーゲンソーのみならず, アロン・永井・高坂も, アリストテレスによる学問の区分での「理論学」――「他の仕方でありえないもの」「普遍かつ必然的な存在」に関わる――ではなく,「実践学」――人間の行為次第で「他の仕方でありうるもの」に関わり「良き行為」を目的とする――に傾斜する立場であったと考えられよう44。アリストテレスは「実践学」に関わる「魂の状態」としての phronesis は「普遍的な知識」だけでなく, それ以上に「個別的な知識」を必要とすると述べたが, この「個別的な知識」が個々の状況の具体的な認識を指すとすれば, 慎慮のリアリストにおける慎慮は phronesis と重なると言えよう。したがって, 彼らの慎慮とは「わざ」であるが故に独自の思考法・判断基準が求められる政治において, 現在および将来の「良き行為」を目的としたものとして理解される必要があるのである45。

おわりに

慎慮のリアリストは, 国際政治の〈複雑〉な現実を単純化して理解可能にすることに理論の存在理由を認める今日の IR の専門家とは対極に位置する。大国は全て「地域覇権国」を追求すると仮定する J・ミアシャイマーの攻撃的リアリズムも (Mearsheimer 2014a),「攻撃・防御バランス」と「情報」を重視する C・グレーザーの防御的リアリズムも (Glaser 2010), 国家を生存のみを追求する合理的行為者と単純化し, 従属変数を二国間関係が敵対的か協調的か等の二択のみに限定する点において, 慎慮のリアリストから見れば大差はない。また, ペロポネソス戦争から第二次世界大戦までの歴史上の戦争を,「現状維持国」「支配国」と「修正主義国」「挑戦国」の角逐として概念化することも, 各戦争に特定の原因があることを捨象する限りで, 同じく単純化を示すものである。このような単純化を志向する IR 理論を, 慎慮のリアリストは慎慮およびその前提である現在の状況の具体的な認識を阻害する有害な知的営為として一刀両断するのではなかろうか。

本稿で明らかにした意味内容での慎慮が, この先 IR において着実に継承

されるとすれば，IR理論が「実践学」へ転換することが求められる。それをC・ブラウンに倣って「実践知に関わるIR」と呼ぶならば（Brown 2012; McCourt 2012），その実質として次の点が必須となろう。すなわち，現在の状況を徹頭徹尾具体的に認識すること，日本，米国，中国等の実在する国家をそのパワー，政治体制，地理，歴史等の客観的条件に即して考察し，他国の先例を含めて歴史的類推に安易に頼らないこと，現在の状況が可変的・動態的なものであることを認めて，巨視的な変化を含めて，具体的な出来事が及ぼすインパクトを注視すること，さらに抽象的な概念や一般原則が状況の認識を誤らせる危険に対して警戒すること。このような実質を持つ「実践知に関わるIR」は具体的な認識を重視するが故に，米国のIR理論で懸案となって久しい「理論と政策のギャップ」を緩和させる一助になるのではなかろうか。もちろん，アカデミックな教育においても抽象的な理論やモデルを教育することからの転換が求められるだろう。

　実はこうした転換は米国のネオリアリスト個人にとって決して困難なものとは言えない。というのは，サッダーム・フセインは脅威ではないという理由からイラク戦争に反対したことや，近年でも例えばミアシャイマーによるウクライナ危機の透徹した分析に示されるように，米国外交に関わる問題が具体的かつ個別的であるほど，彼らは自らの学説や理論から離れて，その問題を具体的に認識する必要性を理解していることは明らかだからである[46]。したがって，〈複雑〉であることを理由にして抽象的なモデルや理論を構築し，それを例えば「中国は平和裏に台頭するか」のような抽象的な問題に適用して悲観的あるいは楽観的な展望を提起することを放棄し，個々の問題を具体的に認識し分析するとともに，米国が講ずるべき対応策を提起することは，彼らにとって決して困難なものではない。ともあれ，モーゲンソー・アロン・永井・高坂に比肩する慎慮のリアリストが今世紀において着実に輩出されるとすれば，こうした「実践知に関わるIR」への転換を図ることがまず求められるのである。

　　[謝辞]　啓発的なコメントをお寄せ下さった査読者の先生方，草稿段階でご教示下さった葛谷彩先生と森田吉彦先生，査読過程でお世話になった査読委員会の先生方に深謝申し上げたい。

（1）　*Oxford English Dictionary*, 2nd ed., Vol. 12, Oxford UP, 1989, p. 728. 政治思想史における概観として，荒木（2011）。佐々木（1986）は，IR でも触れられることがある J・リプリウスにおける prudentia を国家理性論との相違にも触れつつ考察している。「実践哲学の復権」に関しては，ベイナー（1988）。さらに，「実践知の政治学」を主題とした木村（2013）は高坂や永井にも触れており，本稿と重なる点が多い。

（2）　「結果の考慮」については，Donnelly (2008: 157). モーゲンソーやケナンの prudence をアリストテレスの phronesis と関連づけるものとして，Brown (2012). バークの prudence と関連づけるものとして，Coll (1991). トゥキュディデスやマキアヴェッリの prudence をも扱ったものとして，Clinton (2007) 所収の論文がある。また，米ソ共存の規則としての prudence については，Allison (1989). 邦語文献で prudence に触れたものとして，メイヨール（2009：207），土山（2004：42f.），中西・石田・田所（2013：21f.）。

（3）　このことは，モーゲンソーの *Politics among Nations* の邦訳者が直面した困難であった。同書における prudence の訳語の変遷については，石田（2014：66）。また，*In Defense of the National Interest*（モーゲンソー 1954）では，「思慮分別」（17頁），「深謀遠慮」（118, 225頁），「政治的な分別」（233, 239頁）が使われている。なお，本稿は永井と高坂にならって「慎慮」を用いる。

（4）　永井と米国のリアリストとの相違を前者の「実践的思惟」に着目して考察した研究として，中本（2015）。本稿は，「実践的思惟」を広く「実践学」として解するならば――永井も M・オークショットに触れつつ「政治のわざ」が合理的知識の習得によっては習得し難いことを述べている（永井 1971a：225）――，それはモーゲンソーや高坂等にも認められることを示すことを意図している。

（5）　訳は変更した。

（6）　ヴェーバーは目的合理的行為と価値合理的行為の類型が「理念型」であり，実際の行為はそれらの「混合物」であると明言している（ヴェーバー 1972：42）。言うまでもなく，この点は『プロテスタンティズムの倫理と資本主義の精神』に代表される宗教社会学の研究に負っている。また，IR では心情倫理と責任倫理とが絶対的な対立関係として論じられることが多いが，ヴェーバーが，政治には「判断力」とともに「真の情熱」も必要であり，「この世の中で不可能事を目指して粘り強くアタックしないうえでは，およそ可能なことの達成も覚束ない」こと，したがって「心情倫理と責任倫理は〔…〕両者相俟って「政治への天職」をもちうる真の人間をつくり出す」（ヴェーバー 1980：105, 103。下線は宮下）と述べた事実にも注意される必要があるだろう。なお，責任倫理と心情倫理に関するヴ

ェーバーの曖昧さについては，牧野（2002）。
（7）　例えば，高坂（1998：13-15），永井（2012：117-119）。
（8）　坂本における「結果の考慮」を論じたものとして，石田（2014：62）。なお，高坂（1998：526）では，坂本が結果を考慮していることが示唆されている。また，永井による坂本批判として，永井（1979：247）。後述するように，高坂と永井にとって理想主義者の問題点は単に非武装中立を説いた点<u>のみ</u>にあったとは言えない。
（9）　本節冒頭の引用文もこの点に即して理解される必要がある。また，モーゲンソー（2013b：352f.）におけるボリングブルックの引用も参照。
（10）　傍点は高坂。高坂による坂本批判に関しては，苅部（2012）が詳しい。
（11）　傍点とカッコ内は永井。また，永井（1985：328）における「戦略」の定義も参照。なお，永井が保守勢力を特に警戒した点については，永井（2012：147），永井（1979：195），も参照。
（12）　訳は変更した。なお，後年，アロンは「慎慮と中庸」という「政治の世界に関するアリストテレスの徳」が「この世における至上の美徳」と述べている（Aron 1974: 146, 329）。
（13）　カッコ内は永井。永井（1973：64-67）も参照。
（14）　高坂が「外交の柔軟性」を重視したことに触れたものとして，中西（2010：17）。
（15）　永井（1979：115）では日本に「自制と慎慮」を要請している。
（16）　なお，Aron (1972: 364) では，キューバ危機においてケネディが「法よりも状況と意図を考慮した」と評価されている。
（17）　永井（1979：163），永井（1973：166）も参照。さらに，戦後日本が目指すべき国内社会のあり方として永井が提起した「民主的社会主義社会」を，マルクスを持ち出して擁護した点も注目されてよい（永井 2012：117）。この点，酒井（2014）を参照。
（18）　「道義的不均衡」に触れた場所は，高坂（1998：522f.），高坂（2000c：35）。「邪悪な国家」については，高坂（2000c：176）。なお，「道義的不均衡」の語句の出所は，ブラケット（1964：131f.）。
（19）　傍点は永井。永井（1984a：17）は「平和国家」論が外国人に「戦前の『国体論』」の「裏返し」として受け止められる危険に触れている。高坂に関しては，高坂（2000c：168f.）を参照。
（20）　高坂（2000c：216）。なお，同書の末尾（217頁）で高坂がE・バークの文章として引用しているものはK・W・トンプソンのものであり（Thompson 1960: 172），高坂は誤記したと推測される。
（21）　アロンの柔軟な反共主義を「慎慮の道徳」と関連づける点は，Davis (2008: 174f.)。

(22)　カッコ内はアロン。
(23)　下線は宮下。
(24)　この「慎慮の道徳」が,「アンチノミーとパラドックス」をアロンが解消することを期待した人々を失望させたことについては,中本（2005：99f.）。特にホフマンの反応については,黒田（2009：208f.）。
(25)　下線は宮下。同趣旨の主張として,Thompson (1980: 175-185)。リアリストが反対したのは「道義主義 moralism」であって,道義それ自体に対してではないことを応用倫理学の立場から指摘したものとして,Coady (2008: 21-28)。また,文脈は異なるが,慎慮を「状況倫理」と関連づけた試みとして,Jackson (2000: 21f.)。
(26)　永井（1971b：184f.）は「状況の規定」の政治的影響に注意を促している。
(27)　傍点はアロン。
(28)　下線は宮下。モーゲンソーは,「国際平和」のような抽象的な問題は哲学者だけに存在すると述べたが（Morgenthau 1946: 217）,高坂（2000c：10）も同趣旨のことを論じている。
(29)　この関連で,初期のリアリストにおいてイデオロギー批判が重要な知的作業であったことを想起されたい。代表的なものとして,ニーバー（1998）,カー（2011）。
(30)　「その国の国力,その置かれた立場,国際社会の一般的状況」（高坂1999：527）。
(31)　中本（2015：154）で引用されている,永井の「国際関係」の理解には「その国の国民性,歴史,文化」の研究が不可欠であることを朝河貫一に触れつつ述べた一文も示唆的である。
(32)　中西（2016：196f.）は,高坂が父・正顕等を介してドイツ歴史主義の影響下にあったと指摘している。
(33)　核兵器のインパクトに関しては,例えば,モーゲンソー（1954：第2章）,Aron (1984: 402-404, 431),永井（1968）,高坂（1998：16）。
(34)　下線とカッコ内は永井。
(35)　この錯綜した著作の内容を検討した試みとして,宮下（2012：第4章）。なお,国際政治の問題を単純化することの誤りとして,モーゲンソー（2013a：83）,高坂（2000c：21）,Morgenthau (1946: 95, 150f.)。また,注（38）も参照。
(36)　下線は宮下。
(37)　永井（2012：223）も参照。この点につき,一査読者から,T・シェリングの軍備管理理論を永井と高坂が「肯定的」に言及した事実と「矛盾」しないかという指摘を得た。引用文の通り,永井も高坂もゲームの理論に批

判的であったことは事実であるから、この指摘はシェリングの貢献を両者がどのように評価したかという問題に置き換えられよう。これに関して永井と高坂の評価は次のように対照的なものであった。シェリングとM・ハルパリンから「慎慮の均衡」(Schelling and Halperin 1961: 59) の語句を援用した永井は、「両氏は、数学的素養はあっても現実の政治感覚ゼロの、いわゆるゲームの理論家とはまったくその質を異にする」(永井 1973：24) と述べ、二人の貢献が例外であることを示唆している。これに対して高坂は、アロンと同じく、高度に抽象的な米国の戦略理論そのものに対して批判的であった。なるほど、桃井真と共編の『多極化時代の戦略』(日本国際問題研究所、1973年) の一章「歴史的概観」において、高坂はシェリングの軍備管理理論を批判を交えずに紹介している (高坂 2000c：310)。しかし、戦略理論の「没落」を論じた後半部分で、アロンの一文「国際政治の観察者がその具体性において状況を見る代わりに図式や概念的単純化をする程度に応じて、彼は悪い助言者となる危険を冒している」(高坂 2000c：325) を引用しているが、そこに高坂が「国家が合理的な決定にもとづいて行動するとき、いかなる相互作用がおこるかというような図式を作るもの」(高坂 2000c：312) に分類したシェリングの貢献の限界が暗示されていると読むことが可能だろう。なお、アロンのシェリング評として、高坂が引用しているものの他に、アロン (1978：208f.)。また、アロンによるゲームの理論の批判として、Aron (1984: 756-64)。

(38) もっとも慎慮のリアリストは、ゲームの理論のように状況を単純化する図式が「不毛」なだけでなく、「危険」(Morgenthau 1946: 10) でもあると認識する点で一致していたことも注意されるべきである。モーゲンソーはデモクラシーや民族自決等の「抽象的な原則」のために、西欧諸国のリベラルはヒトラーの要求に反対できなかったことを指摘した (Morgenthau 1946: 55)。永井は「アメリカ型の国際秩序観」および戦前から変わらない日本人の思考様式――「非政治的な憲法機構に依存して、あらゆる政治問題を解決していく」――に具体化された「機構信仰」の危険性に注意を促した (永井 2012：16, 198)。アロンは、クラウゼヴィッツの文章を「政治において単純なものは何もない」に改めた上で、「スターリンとかヒトラーといった単純化する大物が明日また現れるならば、彼らは数千万どころか数億の死者の責任を引き受けることになろう」と喝破した (アロン 1978：374。訳は変更した)。なお、アロンの立場を示すものとして、「イデオロギーへの懐疑論」(Aron 1984: 782) も参照。

(39) 訳は変更した。別のところでアロンは、クラウゼヴィッツに触れつつ「外交」と「戦略」が「わざ」であることを論じている (Aron 1984: 36f.)。

(40) 傍点は高坂。「政治術は技芸なのである」(高坂 2000b：352)。「政治は

こうした矛盾したいくつかの要請にいかに対処するかという技術なのである」（高坂 2000a：228）。
(41)　「ふつう"政治"と呼ばれる高度のわざ」（永井 1968：142）。永井が好んで用いた「迂回的」や，「幾何学の精神」と対置した「フィネスの精神」（永井 1973：254；永井 1985：290）の語句も同様に理解されるべきであろう。
(42)　モーゲンソーが外交政策の「目的」と「方法」が「相対的かつ条件的である」（モーゲンソー 2013b：352）と述べている部分は，そうした「わざ」を示す一例である。なお，モーゲンソーは国際法学を専攻する前に，歴史学者H・オンケンの講義を受講して感銘を受けたことを回想しているが，彼から政治とは〈わざ〉であるとする理解を得たことを推測させる論文として，Oncken (1920).
(43)　アロンの「政治的理性」については，Anderson (1997: 3-12)，Frost and Mahoney, eds. (2007: 5)。
(44)　以下のアリストテレスからの引用は，アリストテレス（2002：268, 273）。また，佐々木（1999：287f.）も参照。モーゲンソーを「実践学」の系譜に位置付けたものとして，Brown (2012), McCourt (2012)。
(45)　ここで，本稿が明らかにした意味内容での慎慮を重視する複数の論者が同一の政治的判断に達するとは限らないことを指摘しておきたい。個人体験，信条，思考のクセ等によって判断が割れることは，例えば，吉田路線の評価をめぐる永井と高坂の相違や，マルクス主義に関するモーゲンソーとアロンの異なる評価から明らかだろう。この点の検討は別の機会に譲りたい。
(46)　イラク戦争に関しては，篠原（2009）。ウクライナ危機の分析として，Mearsheimer (2014b)。

引用文献

Allison, G. T. (1989) "Primitive Rules of Prudence," in Allison and W. L. Ury, eds., *Windows of Opportunity*, Ballinger.
Anderson, B. (1997) *Raymond Aron*, Lawman & Littlefield.
Aron, R. (1972) *Etudes politiques*, Gallimard.
―― (1974) *The Imperial Republic*, Prentice-Hall.
―― (1984) *Paix et guerre entre les nations*, Calmann-Lévy.
Brown, C. (2012) "The 'Practice Turn', Phronesis and Classical Realism," *Millennium* 40 (3).
Clinton, W. D., ed. (2007) *The Realist Tradition and Contemporary International Relations*, Louisiana State UP.

Coady, C. A. J. (2008), *Messy Morality*, Clarendon Pr.
Coll, A. R. (1991) "Normative Prudence as a Tradition of Statecraft," *Ethics & International Affairs* 5.
Davis, R. M. (2008) *A Politics of Understanding*, Louisiana State UP.
Donnelly, J. (2008) "The Ethics of Realism," in C. Reus-Smit and D. Snidal, eds., *The Oxford Handbook of International Relations*, Oxford UP.
Frost, B. P. and D. J. Mahoney, eds. (2007) *Political Reason in the Age of Ideology*, Transaction.
Glaser, C. L. (2010) *Rational Theory of International Politics*, Princeton UP.
Hassner, P. (2007) "Raymond Aron," *Constellations* 14 (4).
Jackson, R. H. (2000) *The Global Covenant*, Oxford UP.
McCourt, D. M. (2012) "What's at Stake in the Historical Turn?" *Millennium* 41 (1).
Mearsheimer, J. J. (2014a) *The Tragedy of Great Power Politics*, updated ed., W. W. Norton.
—— (2014b) "Why the Ukraine Crisis is the West's Fault," *Foreign Affairs* 93 (5).
Morgenthau, H. J. (1946) *Scientific Man vs. Power Politics*, U. of Chicago Pr.
—— (1962) *The Decline of Democratic Politics*, U. of Chicago Pr.
—— (1965) *Vietnam and the United States*, Public Affairs Pr.
—— (1968) "Review: *Thucydides and the Politics of Bipolarity*," *Journal of Politics* 30 (1).
—— (1970) *Truth and Power*, Praeger.
Oncken, H. (1920) "Politik als Kunst," in G. Anschütz, u. a., Hrsg., *Die Grundlagen der Politik*, Walther Rothchild.
Osgood, R. E. and R. W. Tucker (1967) *Force, Order, and Justice*, Johns Hopkins Pr.
Schelling, T. C. and M. Halperin (1961) *Strategy and Arms Control*, The Twentieth Century Fund.
Thompson, K. W. (1960) *Political Realism and the Crisis of World Politics*, Princeton UP.
—— (1980) *Morality and Foreign Policy*, Louisiana State UP.
Tucker, R. W. (1961) "Political Realism and Foreign Policy," *World Politics* 13 (3).

荒木勝(2011)「フロネーシス(知慮)」古賀敬太編『政治概念の歴史的展開』第4巻,晃洋書房。
アリストテレス(2002)『ニコマコス倫理学』朴一功訳,京都大学学術出版会。
アロン,R.(1970)『知識人とマルキシズム』小谷秀二郎訳,荒地出版社。

―――（1978）『戦争を考える』佐藤毅夫・中村五郎訳，政治広報センター。
―――（1999）『レーモン・アロン回想録』2，三保元訳，みすず書房。
石田淳（2014）「動く標的」『国際政治』第175号。
ヴェーバー, M.（1972）『社会学の根本概念』清水幾太郎訳，岩波書店。
―――（1980）『職業としての政治』脇圭平訳，岩波書店。
カー, E. H.（2011）『危機の二十年』原彬久訳，岩波書店。
苅部直（2012）「未完の対話」飯尾潤・苅部直・牧原出編『政治を生きる』中央公論新社。
木村俊道（2013）『文明と教養の〈政治〉』講談社。
黒田俊郎（2009）「レイモン・アロンの跡を追って」『思想』第1020号。
高坂正堯（1998）『海洋国家日本の構想』著作集第1巻，都市出版。
―――（1999）『豊かさの試練』著作集第2巻，都市出版。
―――（2000a）『宰相吉田茂』著作集第4巻，都市出版。
―――（2000b）『古典外交の成熟と崩壊』著作集第6巻，都市出版。
―――（2000c）『国際政治』著作集第7巻，都市出版。
酒井哲哉（2014）「未完の新左翼政治学？」『現代思想』第42巻11号。
佐々木毅（1986）「政治的思慮についての一考察」有賀弘・佐々木毅編『民主主義思想の源流』東京大学出版会。
―――（1999）『政治学講義』東京大学出版会。
篠原初枝（2009）「アメリカ国際政治学者の戦争批判」『思想』第1020号。
土山實男（2004）『安全保障の国際政治学』有斐閣。
永井陽之助（1968）「核時代における国家と革命」『中央公論』第83巻1号。
―――（1971a）『柔構造社会と暴力』中央公論社。
―――（1971b）『政治意識の研究』岩波書店。
―――（1973）『多極世界の構造』中央公論社。
―――（1979）『時間の政治学』中央公論社。
―――（1984a）「政治学とは何か」篠原一・永井編『現代政治学入門』第2版，有斐閣。
―――（1984b）「政治意識」篠原一・永井編『現代政治学入門』第2版，有斐閣。
―――（1985）『現代と戦略』文藝春秋。
―――（2012）『平和の代償』中央公論新社。
中西寛（2010）「高坂教授の「現実主義」的国際分析が必要な秋」『外交フォーラム』第23巻2号。
―――（2016）「権力政治のアンチノミー」五百旗頭真・中西編『高坂正堯と戦後日本』中央公論新社。
中西寛・石田淳・田所昌幸（2013）『国際政治学』有斐閣。

中本義彦(2005)「レイモン・アロンの「リアリズム」批判」『静岡大学法政研究』第9巻4号。
—— (2015)「『実践的思惟』としてのリアリズム」『静岡大学法政研究』第20巻2号。
ニーバー, R.(1998)『道徳的人間と非道徳的社会』大木英夫訳, 白水社。
ブラッケット, P. M. S.(1964)『戦争研究』岸田純之助・立花昭訳, みすず書房。
ベイナー, R.(1988)『政治的判断力』浜田義文監訳, 法政大学出版局。
ホフマン, S.(2011)『スタンレー・ホフマン国際政治論集』中本義彦訳, 勁草書房。
牧野雅彦(2002)「ウェーバーの政治理論」『年報政治学』第53号。
宮下豊(2012)『ハンス・J・モーゲンソーの国際政治思想』大学教育出版。
メイヨール, J.(2009)『世界政治』田所昌幸訳, 勁草書房。
モーゲンソー, H. J.(1954)『世界政治と国家理性』鈴木成高・湯川宏訳, 創文社。
—— (1969)『アメリカ外交政策の刷新』木村修三・山本義彰訳, 鹿島研究所出版会。
—— (2013a)『国際政治』上, 原彬久監訳, 岩波書店。
—— (2013b)『国際政治』下, 原彬久監訳, 岩波書店。

影響を受ける者が決定せよ
―― ステークホルダー・デモクラシーの規範的正当化 ――

松尾隆佑 *

要旨：集合的自己決定としてのデモクラシーには，決定の主体たるべきデモスの境界画定という根本的な決定を民主的に行うことの困難が伴う。本稿では，こうした「境界問題」を解決する指針として，決定の影響を被る者によってデモスを構成するべきとする「被影響利害原理」が有力であることを論じ，この原理に基づく「グローバル・ステークホルダー・デモクラシー（GSD）」の構想を検討することで，新たな民主的秩序化の可能性を示す。被影響利害原理の解釈は，1）影響の意味，2）影響の不確定性，3）影響を被る者への発言力の配分，などをめぐって多様でありうるが，GSD は，諸個人の自律を脅かすような影響を蓋然的にもたらす国家的・非国家的な公共権力を，等しい発言力を認められたステークホルダー間の熟議により統御すべきとする立場である。被影響利害原理に基づく場合にもデモスの境界をめぐる争いは避けられず，GSD が主権国家秩序に取って代わりうるわけでもないが，その制度化は従来の法的デモスに加えて，機能的・多元的なデモスを通じた集合的自己決定の回路を新たに整備するものであり，より適正な境界画定を導く構想として規範的に擁護しうる。

キーワード：デモス，境界問題，被影響利害原理，
　　　　　　ステークホルダー・デモクラシー，テリー・マクドナルド

はじめに

デモクラシーの理念を自己決定（self-determination）へのコミットメントと理解する立場によれば，民主的政体において，諸個人は自らを拘束する法や決定の作成過程に参与する正当な権利を持つのであり，そうした政

＊　法政大学政治学研究科博士後期課程　政治学・政治理論

治的自由を通じて他の基本的諸自由を守ることができる（López-Guerra 2005: 219-220; cf. Dahl 1989; ハーバーマス 2002）。だが，民主的政治手続きを，このように拘束的な決定を通じて統治される人びと，すなわちデモス（demos）による集合的な自己統治の過程と解した場合，当のデモスを「どのように構成するかという最初の決定は，決して民主的でありえない」のではないかとの疑問に突き当たる（Goodin 2007: 43）。したがって，デモスの「境界を画すること，政治的メンバーシップの決定は，おそらく最も根本的な政治的決定」でありながら，デモクラシー理論の枠組み内では解決できない問題を含んでいると言われるのである（Whelan 1983: 16）。

　こうした「境界問題（boundary problem）」は古くから知られているが，近年になって研究の蓄積が加速している（Whelan 1983; Macdonald 2003; 遠藤 2011; Abizadeh 2012; Song 2012）。その背景には，従来の政治理論が依拠してきた主権国家秩序に基づく境界の相対化があろう。グローバルな相互依存が深化するなかでは，政治的な諸決定がもたらす影響の脱領域性が高まると同時に，私企業やNGOなどの非国家主体による決定が人びとの社会生活の秩序づけに与える影響も強まっている。もはや政治的決定の拘束力がナショナルな単位で領域的に区切られたデモスに限られると前提することも，そうした法的デモスが，主権国家を通じた決定により，あらゆる分野の問題を一元的に秩序づけうると想定することも，妥当性を持ちにくい（Fung 2013; see also Fraser 2008）。

　境界問題の再浮上のなかで，デモスの構成をめぐる民主的な規範として注目を集めているのが，ある政治的決定の影響を受ける者は誰でも，当の決定の作成過程に参加する権利を持つべきだとする，「被影響利害原理（principle of affected interests）」である（Dahl 1990: 49-51; Shapiro 1999; Goodin 2007; Cavallero 2009; Näsström 2011; Karlsson Schaffer 2012; Owen 2012; Fung 2013）[1]。また，被影響利害原理に基づく新たな制度化の構想として「グローバル・ステークホルダー・デモクラシー（global stakeholder democracy）」論が提起され，一定の議論を呼んでいる（Macdonald 2008; Schmitter 2009; Marchetti 2012; Macdonald 2012; Erman 2013b）。そこで本稿では，被影響利害原理およびグローバル・ステークホルダー・デモクラシーの検討を通じて，境界問題の民主的解決へ向けた可能性を探究することにしたい。

以下ではまず，被影響利害原理の解釈が，いくつかの論点において多様でありうることを確認する（1節）。次に，被影響利害原理の解釈と照応させながら，グローバル・ステークホルダー・デモクラシーの構想を整理する（2節）。その上で，被影響利害原理やグローバル・ステークホルダー・デモクラシーへの主要な批判を採り上げながら，この構想の規範的な擁護を試みる（3節）。最後に検討の成果をまとめ，稿を閉じる。

1. 被影響利害原理とその解釈

　デモクラシーはいつでも，「その内部で人々が平等な意思決定に参加する平等な機会を持ち，平等な者として政治的権威に自らを拘束する，ある特定の境界を想定している」(Erman 2013b: 853)[2]。所与の境界を本質化するべきではないとしても，何らかの共通性により区切られたデモスの存在を前提にしてこそ，集合的な自己統治が可能になる以上，民主政治において境界が構成的な意義を持つことは否定しがたい(Mouffe 2005; 杉田 2015)。したがって境界問題への取り組みは，境界を取り払うことではなく，境界を適正に画すことを目的にするものと理解されなければならない。

　被影響利害原理もまた，デモスの境界を適正に画すために準拠すべき規範として解される。それゆえ，この原理が持つような，既存の境界を大きく変動させうるラディカルな含意が，「排除の原理的正当化」に資する側面があると認識することは正しい（Eisenberg 2015: 139）。被影響利害原理は，決定の影響を受けるにもかかわらず決定過程に参加できない者を残す過小包摂（underinclusiveness）と，決定の影響を受けないにもかかわらず決定過程に参加できる者を許す過大包摂（overinclusiveness）の双方を不公正な事態として想定することで，デモスの境界が包摂／排除すべき範囲を探索しようとする（Goodin 2007; Koenig-Archibugi 2012）。したがって，決定の影響を受けないと判断された者は，原理に基づき，当該決定の作成過程への参加を可能にする既存の権利を，剥奪ないし制限されうる（López-Guerra 2005; Macdonald 2012: 48）。

　もっとも，いくつかの論点において被影響利害原理には複数の解釈がありうるため，採るべき解釈を明確化しなければ，この原理が包摂／排除する具体的な範囲は明らかにならない。解釈の余地を許す第一の点は，原理が指示する影響，あるいは「被影響性（affectedness）」の意味である。被

影響利害原理は「全被影響者原理（all-affected principle）」とも表現されるが、どれほどささやかな被影響性でも決定過程に包摂されるべき理由になりうるとは考えにくいから（Young 2000: 23）、多くの論者は、何らかの基準にしたがって包摂の条件を「重要な」被影響性へと限定しようとする（遠藤 2011: 194; Eisenberg 2015: 139; Gould 2004: 178; Cavallero 2009）[3]。そこで、重要性を判断する妥当な基準が何であり、誰がどのようにして適切な判断を行いうるのかが問題となる（Shapiro 2003: 223; Fraser 2008: 40=2013: 56-57）。また、原理が適用される（重要な）被影響性に非国家主体の決定によるものを含むべきかについても、立場の違いがありうる（Näsström 2011: 124; Fung 2013; Cavallero 2009: 57）。

　第二に、影響の不確定性（indeterminacy）をどのように考慮するのかをめぐって、解釈が分かれうる。ある政治的決定による影響が誰に及ぶのかは、実際に決定が為され、その帰結が明らかになってからでなければ分からない（Goodin 2007: 52）。したがって、「現に影響を受ける（actually affected）」ことを包摂の条件とする解釈は、デモスの画定に役立たない[4]。他方、「影響を受けるかもしれない（possibly affected）」ことを条件とする解釈は、きわめて多様な可能性の考慮を許し、過大包摂を帰結するおそれが強い。そこで、考慮すべき影響可能性の程度について、「おそらく影響を受ける（probably affected）」ことや、「たびたび影響を受ける（regularly affected）」ことなどを条件とする解釈も提示されている（Goodin 2007: 59-62; Fung 2013: 249）。

　第三の解釈上の論点は、決定による被影響性を根拠として決定過程へ包摂された者に、決定作成にあたっての発言力（influence）をどのように配分するのか、という問いである。影響を受ける人すべてに発言権を認めることは、必ずしも、あらゆる発言が平等な重みを持って扱われるべきだということにはならない（Shapiro 1996: 232）。したがって、決定による被影響性の程度に応じて決定過程における発言力を配分すべきとする、「比例的（proportional）」な解釈がありうる（Brighouse and Fleurbary 2010）。他方、これを所与の選好に基づく集計として退け、決定過程へ包摂される者の発言力は相互に等しい程度にとどめたうえで、熟議による合意形成を重視する立場もありえよう。

　以上の整理から明らかなように、被影響利害原理の現実への適用にあた

っては解釈の多様性が存在しており，その評価のためには，より具体的な制度化の構想との結びつきのなかで検討することが求められる。したがって次に，有力な一構想であるグローバル・ステークホルダー・デモクラシー論を見ることで，必要な検討作業を行うことにしよう5。

2．グローバル・ステークホルダー・デモクラシー

国境を越えたデモクラシーの可能性をめぐっては多様な議論が展開されているが（五野井 2011; Erman and Näsström 2013; Kuyper 2015），そのなかでもテリー・マクドナルドが提起したグローバル・ステークホルダー・デモクラシー（以下，GSD）は，「諸個人に集合的な決定作成における役割を割り当てるにあたって，政治的なメンバーシップではなく（特定の決定ないし一連の決定による）政治的な被影響性（*affectedness*）に基づく」立場であり（Macdonald 2012: 47; see also Macdonald 2008: 85），被影響利害原理への明確なコミットメントを示す構想として注目される6。

これまで被影響利害原理の最大の難点として，決定による被影響性を根拠とする場合，個別の決定ごとに異なるデモスが構成されねばならないが，それは非現実的であるとの指摘が為されてきた（Dahl 1990: 49-50; Whelan 1983: 19; 遠藤 2011: 195）。これに対して GSD は，多様な政策分野・政策争点ごとに共通の利害関心を有する「ステークホルダー共同体（stakeholder community）」を想定し，これを被影響性に基づいて多元的に成立しうる統治権力の「構成母体（constituency）」と理解することにより，法的に一元化された「管区（jurisdiction）」としての従来のデモスを，より機能的な性格を持つものへと捉えなおそうとする（Macdonald 2008: 97）。そして，国境横断的に活動する各種の NGO が，分野・争点ごとのステークホルダー共同体への十分な答責性（accountability）を確立することにより，機能的デモスに基づく脱領域的な代表性が確保されうると期待するのである（Macdonald 2008: 142; 高橋 2015）7。

それでは，前述した被影響利害原理の解釈上の論点に沿って，GSD の構想を詳しく見てみよう。第一に GSD は，包摂の根拠となる（重要な）被影響性をどのように判断しようとするのだろうか。マクドナルドは，諸個人の「自律の保護（逆に言えば専制への抵抗）をデモクラシーの根本目的と解するような，民主的正統性についてのとりわけリベラルな構想」（Macdonald 2008: 36) に拠って立つ。その上で，諸個人の自律を脅かしうるような「公共権力（public power）」は，それが主権国家であれ，企業やNGOのような非国家主体であれ，自律への影響を被りうるステークホルダーによる民主的統制が行われなければならないとする（Macdonald 2008: 22-23）[8]。ここでは，影響の重要性はそれが自律（自己決定）への脅威を及ぼすか否かにかかっており，非国家主体による決定の影響も視野に収められることは明確にされているものの，判断基準そのものは「自律」の解釈に委ねられ，依然として明らかとは言えない（Macdonald 2008: 85）。マクドナルドが述べるところによれば，ある公共権力のステークホルダーが誰であるかを見定めるための「単純かつ非論争的な哲学的定式はありえない」のであって，問題の文脈や関連する経験的事柄については一定の合意が可能であるとしても，ステークホルダーの確定は，最終的には政治的論議に基づかせざるをえない（Macdonald 2008: 92）。

　次に，影響の不確定性をどのように考慮するべきかを見よう。GSDにおいて諸個人は，（たとえば環境，ジェンダー，人権といった）利害関心の「クラスター」ごとに，大まかな価値への合意に基づき，特定のNGOに代表されうるとされている（Macdonald 2008: 145）。したがって，あるステークホルダー共同体の一員となることが示す被影響性は，決定がかかわる分野・争点へ向けられた一定の持続的な関心を前提にしており，個別の決定により「影響されるかもしれない」というアドホックな可能性の水準ではなく，一連の決定により「たびたび影響される」といった蓋然性の水準にあるものと解すべきであろう[9]。ただしGSDにおいては，諸個人が自身の多様な利害関心に応じて同時に複数の異なるステークホルダー共同体に帰属すると想定されているため，各共同体への帰属はあくまで「部分的」なものにとどまる（Macdonald 2008: 91）。同一の個人が複数の機能的デモスにまたがって帰属し，分野・争点ごとに異なる代表を持つようになる一方，公共権力の側でも分野・争点ごとに異なる機能的デモスに責任を負うことで，デモスと公共権力が従来の主権国家秩序のように一対一の対応をしない点に，GSDの特徴がある（Macdonald 2008: 142）。

　最後に，デモスに包摂される者が決定過程で行使しうる発言力については，どのように捉えられているだろうか。この点についてGSDは，被影響利害原理の比例的な解釈を採っていない。マクドナルドによれば，個人間

で選好の強度を比較することは困難であるから，ステークホルダー同士は，共通の公共権力に服するという地位に基づく平等な重みの発言力を持つことが望ましい（Macdonald 2008: 132）。そして，多様なステークホルダーの利害関心は直ちに集計を通じた決定に結びつけられるのではなく，ステークホルダー共同体の代表間での熟議過程に付されるべきである（Macdonald 2008: 143）。熟議においてステークホルダー代表は，彼ら自身の利害関心だけではなく，他の代表が主張するような対立する利害関心についても考慮することを求められる[10]。その上で，ステークホルダー代表間での熟議を通じた合意形成がかなわなかった点については，集計型の決定過程に委ねられることになる（Macdonald 2008: 162）。

3．批判と擁護

こうした GSD の構想に寄せられている批判を大別すれば，構想の望ましさへ向けられたものと，実現可能性へ向けられたものとがある。以下では主に前者の批判を検討しながら，被影響利害原理と GSD の規範的擁護を試みたい。

3.1 適正な包摂は為されるか

第一の批判のパターンは，被影響利害原理や GSD に基づくことによっては，適正な包摂は可能にならないというものである。このうち最も素朴ながら根強い批判として，ある決定から波及しうる影響はきわめて複雑であり，誰もが相互に入り組んだ影響関係のなかにある以上，被影響性を根拠にしてデモスの境界を画すると，究極的にはあらゆる問題についてあらゆる人が発言権を持つべきことになりかねず，現実的ではないとの「バタフライ効果」論がある（Fraser 2008: 64=2013: 89; 遠藤 2011: 195; Näsström 2011: 125; cf. Goodin 2007）。こうした立場からは，平等なメンバー同士が幅広い分野での無数の諸決定を通じて自己統治を行う政治的共同体の下では，諸個人はおおよそ同等の利害関係（stakes）を有していると見なすべきだとの主張も現れてくる（Erman 2013b: 862）[11]。

だが，上記の批判の論理に基づけば，私という個人の一挙手一投足もまた，他者を巻き込んだ複雑な影響ネットワークの一部であるがゆえに，あらゆる人が発言権を持つべき対象と見なされかねない。この考えが愚かし

く映るのは，通常その決定がもたらす私自身の被影響性と他者の被影響性とでは，著しく重要性が異なると判断されているからであろう。既述の通り，ある決定がもたらす大小の被影響性を等しく重んじなければならない必然性は存在しない以上，判断基準は論争的であるとはいえ，決定の影響が複雑かつ広範であることが，何らかの基準により重要な被影響性を選び出すこと自体を不可能にするわけではない[12]。民主的自己統治を機能させるために受け入れるべきなのは，バタフライ効果論ではなく，「共通だが差異のある被影響性（common but differentiated affectedness）」という発想の方であろう[13]。

　この発想の利点は，被影響性が共通する部分をも否定しないことにある。適正な包摂範囲をめぐる，やや異なる角度からの批判には，分野・争点ごとにデモスを分ける GSD によっては，争点化をめぐる政治過程を左右できないとの指摘がある（Koenig-Archibugi 2012: 476）。どの政策課題にどの程度の資源を振り向けるかによって決定の帰結は大きく変わりうるが，個々の分野・争点ごとに代表を送り込めるだけでは，資源分配以後の決定過程にしか関与できず，きわめて限定的な発言力しか持ちえないおそれがあると言うのである。だが，各分野への資源分配のあり方は広範な人びとに共通して大きな影響をもたらすものであり，そのような一般的性格を持つ決定までを特定分野のステークホルダーによって作成させることが，適正な境界画定であると考えるべき根拠は乏しい。GSD は公共権力と一対一の対応をしない機能的デモスを求めるが，公共権力による被影響性が共通する範囲によっては，機能的デモスが従来からある法的デモスと大きく重なる場合はありうるのであって，資源分配はそのような性質を持つ決定であると見なせる（Macdonald 2008: 140）。

　さて，あらゆる人びとにあらゆる決定への発言権を与えることはできないとの極論に基づく批判は，現状のデモスにおける過小包摂や過大包摂を許容すべき理由を提示するものではないし[14]，GSD のような被影響利害原理に基づくデモス再編の企てがなお不十分な包摂／排除にとどまるとしても，より不公正な現状が正当化されることにはならない。決定作成過程への包摂根拠となる被影響性を明白に判断しうる非政治的基準を提出しえないことは，被影響利害原理の難点と考えられがちであるが（Fraser 2008: 40＝2013: 56），GSD が熟議モデルに依拠していることは，これを克服する

方途を示している。ある決定がもたらす被影響性への認識は、熟議を通じてこそ一層洗練されうる。またステークホルダー間の熟議過程が外部への公開性を保つことにより、当該の争点に無関心だった人びとも、自らの被影響性を問いなおす機会を得られる。決定過程へ包摂されるステークホルダーは、個別の政治的文脈のなかで特定の範囲へと限定されざるをえないが、ステークホルダー間の熟議を外部からの異議申し立てに開いておくことにより、包摂すべきステークホルダーの範囲は、絶えず修正していくことができる。デモスの適正な再編は、このような「民主的反復（democratic iterations）」によってのみ果たされうる持続的な営為であり（Benhabib 2004）、マクドナルドも示唆するように、誰がステークホルダーなのかを一意に確定しうる非政治的な基準を追い求めるべきではない[15]。

3.2　政治的平等は確保されるか

　第二に、被影響利害原理や GSD は政治的平等（political equality）を損なうとの批判がある（Schmitter 2009; Marchetti 2012; Song 2012; Erman 2013b）。マクドナルドによれば、デモクラシーにおける平等は、諸個人の自律が平等な配慮（equal concern）を受けることを要請するのであり、特定の争点に対して顕著に強い選好を持つ個人の意思と、同じ争点に無関心な個人の意思とが等しく扱われ、後者が相対的に多数であるために前者の意思が退けられるのであれば、それは平等な配慮とは言えず、不公正である（Macdonald 2008: 49, 131-132）。したがって GSD においては、政治的共同体内部のあらゆる決定への参加を保障するようなメンバーシップに基づく政治的平等ではなく、特定の決定に対する利害関係に応じた参加を保障するような政治的平等が要請される（Macdonald 2012: 53）。GSD における民主的平等は、多元的な構成母体のそれぞれが決定過程における公正な代表を獲得することにより実現されることになる（Macdonald 2008: 100）。

　これに対して、マクドナルドが「平等主義的シティズンシップ（egalitarian citizenship）」の見解と呼ぶ立場は、同じ政治社会のメンバーとしての平等な地位を保つためには、決定から直接に影響を受けるか否かにかかわらず、どのような政治的決定にも参加する権利を持つべきだと考える（Macdonald 2012: 51）。この観点から、最も力強く GSD を批判しているのが、エヴァ・エルマンである（Erman 2013b）。

エルマンによれば，GSD に欠如しているのは，政治的平等と政治的拘束性（political bindingness）であり，これらは民主的であるための最低限の条件である。ここでの政治的拘束性とは，メンバーの大部分が確かに参加するか，少なくとも妥当なものと受け入れるような決定手続きを通じて，彼らが実際に決定への発言力を持つときにのみ，人びとは自己統治が可能になるということを含意している。ところが GSD においては，ステークホルダーに平等な参加の機会を保障する制度的枠組みが（法的なかたちでは）存在せず，彼らの利害関心が平等な配慮を与えられるかは，NGO など公共権力の側の裁量によるところが大きい。すなわち GSD においては公共権力を問責するための手続きが十分に拘束的でないため，その決定に対するステークホルダーの発言力はきわめて限定的であり，人びとは自己統治を為しえない（Erman 2013b: 854）。それゆえ彼女は，GSD は民主的であるとは言えないと結論づける（Erman 2013b: 859）。

　このような批判は，部分的には妥当するものと認められる。GSD において，非国家的な公共権力をステークホルダー共同体によって規律するための制度体系は，十分に洗練された構想を備えているとは言いがたい。しかしながら，資源分配にかかわる決定について先に述べたように，GSD に基づくことは，ある政治的共同体のメンバーに共通して深くかかわるような一般的争点をめぐる決定過程への参加を，メンバー全員に等しく保障することまでを否定しているわけではない。したがって諸個人が複数のステークホルダー共同体に帰属することで，多元的な公共権力の規律を通じて脱領域的な政治的諸決定への発言力を行使する機会を得ることは，従来の法的デモスと結びついた政治的平等に機能的デモスと結びついた政治的平等を付加して，集合的自己統治のレパートリーを豊富化しうるものと理解すべきである。

　翻って見るに，エルマンの求める政治的拘束性に照らした場合，現代の脱領域的なガバナンスに対して，私たちは実際に発言力を行使できていると言えるのだろうか。本稿の立場は否定的である。エルマンを含む被影響利害原理に批判的な論者の多くは，法への服従をデモスの境界の根拠とする「被支配原理（subjected principle）」に拠っている（Dahl 1989: ch. 9; Dahl 1998: 78＝2001: 104-106; Walzer 1983: 60-61＝1999: 105; López-Guerra 2005; Fraser 2008: 65＝2013: 89-90; Karlsson Schaffer 2012; Owen 2012; Erman 2013a)。だが，諸個人の生は，法的な義務や物理的な強制によらずとも事実上の拘束を受けうるし，国家的主体のみに拘束されるわけではない。被支配原理は主権国家秩序に依拠した現状のデモスの構成を大きく修正しうるものではないために，たとえば国境を越えて人びとの生命と健康を脅かしうる原子力施設や，人びとの生活環境の大部分を規定しうる多国籍企業の管理・統御のような課題に対して，何ら独自の解決の方向性を導きえない[16]。この原理は，法的拘束力を持たないにもかかわらず人びとの社会生活を事実上秩序づけうる非国家主体の決定を民主的に統制する必要に，応えることができないのである。ここに被影響利害原理および GSD を擁護しうる余地が生ずると考えることは，不当ではあるまい。

あるいはまた，分野・争点ごとに基づくべき機能的デモスを構成しうると考える GSD には，人びとの社会生活を一元的に秩序づけるような統合的機能を果たしえないとの批判も寄せられうる。だが，主権国家へと法的に一元化されているはずの拘束的な決定権力が，部分的に非国家主体へと漏出しているとすれば，統合は既に脅かされているのではなかろうか。むしろ GSD は，ステークホルダー共同体との結びつきを通じて多元的な公共権力のそれぞれを民主的に統制していく回路にこそ，民主的な政治社会における正統性の回復可能性を見出していると言えよう。

3.3 望ましい帰結は導かれるか

最後に，被影響利害原理や GSD は望ましくない帰結をもたらしやすいとの批判を採り上げよう。たとえば，被影響利害原理に基づいてナショナル・マイノリティが多い地域の定住外国人に参政権が認められると，当該のマイノリティの政治的地位が相対的に弱められ，文化的・言語的な多様性が損なわれかねないとの指摘がある（Eisenberg 2015）。その議論によれば，受け入れ国での幅広い労働市場にアクセスするための言語能力を重視する移民は，マイノリティの言語の修得に積極的ではないし，当該言語による教育への公的支出を支持する動機に乏しい。また，ナショナルなレベルでの政策に地位を左右される移民は，居住地域よりもナショナルな共同体への帰属を意識しやすく，マジョリティに親和的な政策選好を持ちやすい。したがって定住外国人が票を得ることによってマイノリティの発言力は弱められ，政治的均衡が不安定化しうるため，マジョリティの側がこれ

を企図した政治的操作として当該地域への外国人の入植と参政権付与を行うようになれば，マイノリティの文化的・言語的アイデンティティは危機にさらされうる（Eisenberg 2015: 144-146）。

　このような指摘は被影響利害原理を退ける理由になるだろうか。被影響性を根拠とする参政権の付与が，選挙の勝敗をはじめとする政治情勢のゆくえを大きく左右する可能性は存在するだろう（López-Guerra 2005）。ただし，被影響利害原理を適用することが誰の政治的発言力を増大／減少させるのかは個別の文脈に依存するため，原理の適用が特定の政治的帰結と必然的に結びつくわけではない[17]。また繰り返すように，原理の解釈によって，被影響性に基づく決定過程への包摂のあり方は異なる。被影響性の比例的な解釈に基づけば，マイノリティが文化的多様性の尊重に対して有する強い選好を考慮して，加重的な投票権を認めるなどの選択肢もありうるだろう。GSD は熟議に失敗すると適切な範囲を包摂できないとの批判も考慮するなら（Koenig-Archibugi 2012: 476），マイノリティの権利を保護する観点からは，選好強度を反映しやすい集計型の決定過程の方が望ましいとの評価もありうるかもしれない。ただし GSD による場合でも，政策争点ごとに基づくべきデモスを分けた上で，一般的な争点については政治的発言力を等しく重みづけながら，文化的多様性にかかわる争点に限ってはマイノリティによるステークホルダー共同体の代表へ大きな政治的発言力を割り当てるといった対応はありうる。いずれにせよ，被影響性を包摂の根拠とすることは，必ずしもマイノリティの政治的発言力を弱める帰結をもたらすわけではない[18]。

　逆に，政策争点ごとのステークホルダー共同体に決定過程における発言力を付与することが，偏った利害関心を持つ少数派による支配を招きかねないとの危惧にも答えておこう[19]。もとより被影響性に基づいて過小包摂と過大包摂の双方を避けようとすれば，一般に，ある争点にかかわって構成されたステークホルダー共同体が，他の争点にも政治的発言力を持ってしまうことは望ましくない。被影響利害原理の比例的な解釈に基づき加重的な投票権などを認める場合，いったん配分された権利が異なる争点についても発言力の行使を許すおそれがある。これに対して，熟議に参加する者の発言力を等しく重みづける GSD では，同様の問題を回避しうる。熟議には集団極化など特有の問題が伴うこともあるが（Sunstein 2002），少数

派の強い選好を重視することは，多数派の弱い選好を無視してよいことを意味しないから，一定の授権を施されたミニ・パブリックスによる熟議は社会全体への応答性に開かれなければならない（Fishkin 2009）。GSD においては，資源分配のような一般的争点についての決定を通じて，法的デモスによる機能的デモスへの一定の統制が可能であり，弱い利害関心しか持たない受動的な観衆には，強い利害関心を持った能動的なステークホルダーたちが過大な権力を振るうことを抑制する役割が期待される[20]。

おわりに

繰り返し述べるようだが，ステークホルダー・デモクラシーは境界のない政治を希求する立場ではない。「たとえデモクラシーが依拠する境界の種類が地理的なものではなかったとしても，デモクラシーはボーダーレスではない」と言われるように（Erman 2013b: 853），デモクラシーにとって重要な問いは，いかなる境界に依拠すべきかである。本稿では，被影響性に基づいて境界を画すことを求め，主権国家秩序に基づく法的なデモスではなく，多元的な公共権力と結びつく機能的なデモスを集合的自己統治の一義的な主体として位置づける立場として，GSD が現代の統治の変容に対応しうる制度化の構想であることを擁護した。もっとも本稿は，GSD が直ちに主権国家秩序に取って代わりうるとか，取って代わるべきなどと主張するものではなく，従来とは別様の民主的自己統治の回路を示したにとどまる。また境界問題に対しては，被影響利害原理に基づいたからといって争う余地のない道徳的解決が導かれるわけではないとの，政治的回答を提出するに至った。GSD においても，デモスの境界内部に包摂されるべきステークホルダーの判断は，個別の政治的文脈と切り離せないからである。したがってデモクラシーが依拠すべき境界は，政治過程のなかで浮動し続ける。だがその過程は，被影響利害原理に方向づけられた民主的反復の途上でありうるだろう。小論の意義をここに求めたい。

> [謝辞] 草稿の段階で議論する機会を与えてくださった網谷壮介さんと森政稔先生，および議論に加わって頂いた方々すべてに感謝申し上げる。あわせて，有益なコメントを頂戴した 2 名の匿名査読者にも御礼申し上げたい。

（1）被影響利害原理および同様の立場は，多様な文脈で論じられてきた（Whelan 1983; Pogge 1994: 105; Held 1995: 235-236＝2002: 268-269; Rubio-Marın 2000: 31-34; Saward 2000; Young 2000: 23; Benhabib 2004: 112＝2006: 103; Eckersley 2004: ch. 7; Gould 2004: 175-178, 211-212; Agné 2006; Bauböck 2007; Fraser 2008）。
（2）強調は原文（以下，同様）。
（3）後述するように，包摂の条件は被影響性だけでは不十分であり，法への服従，すなわち「被支配性（subjectedness）」が求められるべきだと考える論者は，異なる原理を主張する（Erman 2013a）。
（4）この点については異論も存在するが（Owen 2012），ここでは立ち入らない。
（5）被影響利害原理の解釈が多様でありうることは，同じ原理に基づきながらもグローバル・ステークホルダー・デモクラシーとは別様の構想を生み出しうることを意味する。そうした構想の探究は本稿の射程を外れるが，それぞれ異なる解釈と結びつく複数の構想が妥当性を争うことは，原理の豊かな可能性を引き出すためには望ましい事態であると言えよう。
（6）GSD の検討は邦語でも行われているが（松尾 2014；高橋 2015），管見の限り，被影響利害原理とのかかわりに焦点を当てて論じたものは現れていない。なお，本稿では検討する余裕を持たないが，GSD と関連する議論として，各国が他国民へも参政権を配分するべきとする「あいまいなシティズンシップ（fuzzy citizenship）」（Koenig-Archibugi 2012）や，機能的デモスの多元的な討議に基づく「デモイクラシー（demoi-cracy）」（Besson 2006; 土谷 2013）などがある。
（7）変容する統治の条件に応じて，ステークホルダー概念を通じたデモクラシーの捉えなおしを図る試みは，マクドナルドに限られない（e.g. Bryson 2004; Bäckstrand 2006）。グローバル化が深まると同時に非国家主体による統治能力の補完が一般化するなかでは，政治的決定が影響を及ぼす範囲や対象は国家や公私の境界を越えて多様化している。従来の本人－代理人（principal-agent）関係のような「プリンシパル→エージェント＝プリンシパル→エージェントという単線的な図式には収まりきれない輻輳した関係」としての「相互行為的なネットワーク」に基づく現代のガバナンスを把握するため（伊藤／近藤 2010: 29－30），民主的問責主体をステークホルダーへと拡張し，「stakeholder の利益のための agent の規律付け」の観点からガバナンスのパフォーマンスを測ろうとするアプローチが必要とされているのである（河野 2006: 13; cf. Hill and Jones 1992）。
（8）マクドナルドはステークホルダーを決定の被影響性によって定義づけるが，これまでの主要なステークホルダー理論やステークホルダー分析

(stakeholder analysis)の枠組みにおいては，当該決定の影響を受けうる者，すなわち当該決定に利害関心（interest）を持つ者だけでなく，当該決定に影響を及ぼしうる者，その意味で権力（power）を持つ者をも決定過程に包摂することが求められてきた(Freeman 1984; Mitchell et al. 1997; Bryson 2004)。すなわちステークホルダー概念は利害関心と権力の両面から捉えられてきたのであり，厳密に言えば，決定の影響を受けうる者のみを決定過程に包摂しようとする被影響利害原理とのあいだには重要なズレが存在する。

(9) マクドナルドは民主的手続きによって正統化されるべき公共権力を，人びとの生に対して，問題のありうる仕方で体系的に（systematically）影響を及ぼすあらゆる権力と定義している（Macdonald 2012: 49）。

(10) ステークホルダーによる熟議の可能性には，特定の利害関心に拠って立つ者同士の対話は交渉の性格が強くならざるをえないとして，懐疑を抱く向きがある。だが，ステークホルダー概念には元来，短期的利益を求めがちな株主とは異なる長期的コミットメントを強調する含意があり（e.g. Fassin 2012），国際機関などでの合意形成に用いられるマルチステークホルダー・プロセスにおいても，各ステークホルダー団体には対等な責任に基づく参加が求められる（Hemmati 2002）。

(11) さしあたりの反論は次の一言で十分であろう。「しかしながら今日，シティズンシップが被影響性の代役を務めうるという考えは，もはや説得的ではない」（Fraser 2008: 95＝2013: 130，訳文は改めた）。

(12) 影響程度の段階的区別可能性を示す議論や，人権への影響を指標に用いようとする立場などが知られている（Held 2005: 249-250; Gould 2004: 178, 212）。ただし，個別の争点ごとに政策選択肢の予想される影響を調査し，誰がどのような利害関係を有するステークホルダーでありうるかを把握するステークホルダー分析の理論枠組みと具体的手続きは，より詳細な検討を別途必要とする課題であり，本稿では立ち入った論及を控えたい（cf. Brugha and Varvasovsky 2000）。

(13) この表現は，気候変動をめぐり形成されてきた「共通だが差異のある責任（common but differentiated responsibility）」の原則から示唆を得ている（Dobson 2003）。

(14) 原子力施設の立地・稼働に伴う地元同意を例に採るなら，施設から100km圏内の全自治体から同意を得ることが難しいからといって，立地自治体のみの同意で事足りるとすることには（通常）ならないのであり，30km圏内か50km圏内かなど，適切な範囲には争いがあるとしても，重要な影響が及びうる範囲をより適切に画そうとする政治的な努力が求められるであろう。

(15) ここで私たちは，次のような言葉を想起することができる。「高潮によって残された線のように，疑問の余地なくはっきりと示してくれる明瞭な境界線などは存在しない」ために，「そこにはしばしば論争の余地が残されている」。ゆえにこそ，境界線は「実験的に見つけ出されなければならない」(Dewey 1954: 62-63＝2014: 84)。

(16) とりわけ企業の過大な発言力が民主的自己統治を脅かしていることは，繰り返し指摘されてきた問題でありながら，深刻の度を増す一方である（Wolin 2008)。

(17) ステークホルダー共同体の代表間での熟議を重視する GSD に対しても，多くの政治的資源を有する既成の有力な集団に有利な帰結をもたらしやすいのではないかとの懸念が向けられることがある (Macdonald 2012: 52-53)。しかし，ここで述べた理由により，そうした懸念は根拠に乏しいと思われる。

(18) むしろ理論的には，GSDでは公共権力の構成母体がグローバルなレベルで成立しうると考えられるため，ナショナルなレベルではマイノリティである集団も，その利害関心が脱領域的な共通性を有している場合には，より有力な集団として捉えなおされる可能性が開ける。

(19) 被影響利害原理が，「共通の（特定のとは違う）関心事に参加したい他者との熟議の批判的フィルターなしに，政治的，ないし，行政的討議において特権的な発言権をより多くの影響を受けた人々に与える根拠」として用いられた場合，それは「政治的熟議への包摂というよりも排除のための根拠として寄与する可能性がある」(Eckersley 2004: 191＝2010: 215)。

(20) 諮問的なミニ・パブリックスでは，「熟議的代表」としての性格から，その外側の公衆による熟慮も促され，フォーマルな意思決定へと結びつくことを期待しなければならないが(内田 2013)，ステークホルダー代表は機能的デモスに対してのみ責任を負い，その限りで決定権限を付与されるため，そのような期待は不要と考えられる。

引用文献

Abizadeh, Arash 2012. "On the Demos and Its Kin: Nationalism, Democracy, and the Boundary Problem," *American Political Science Review*, 106(4): 867-882.

Agné, Hans 2006. "A Dogma of Democratic Theory and Globalization: Why Politics Need Not Include Everyone It Affects," *European Journal of International Relations*, 12(3): 433-458.

Baubӧck, Rainer 2007. "Stakeholder Citizenship and Transnational Political Participation: A Normative Evaluation of External Voting," *Fordham Law Review*, 75(5): 2393-2448.

Benhabib, Seyla 2004=2006. *The Rights of Others: Aliens, Residents, and Citizens*, Cambridge University Press. 向山恭一（訳）『他者の権利―外国人・居留民・市民』法政大学出版局.

Besson, Samantha 2006. "Deliberative Demoi-cracy in the European Union: Towards the Deterritorialization of Democracy," in S. Besson and J. L. Martí (eds.) *Deliberative Democracy and Its Discontents*, Ashgate, ch. 9.

Brighouse, H. and Fleurbary, M. 2010. "Democracy and Proportionality," *Journal of Political Philosophy*, 18(2): 137-155.

Brugha, R. and Varvasovsky, Z. 2000. "Stakeholder Analysis: A Review," *Health Policy and Planning*, 15(3): 239-246.

Bryson, John M. 2004. "What to Do When Stakeholders Matter: Stakeholder Identification and Analysis Techniques," *Public Management Review*, 6(1): 21-53.

Bäckstrand, Karin 2006. "Democratizing Global Environmental Governance? Stakeholder Democracy after the World Summit on Sustainable Development," *European Journal of International Relations*, 12(4): 467-498.

Cavallero, Eric 2009. "Federative Global Democracy," *Metaphilosophy*, 40(1): 42-64.

Dahl, Robert A. 1990[1970]. *After the Revolution?* revised ed., Yale University Press.

Dahl, Robert A. 1989. *Democracy and Its Critics*, Yale University Press.

Dahl, Robert A. 1998=2001. *On Democracy*, Yale University Press. 中村孝文(訳)『デモクラシーとは何か』岩波書店.

Dewey, John 1954[1927]=2014[1969]. *The Public and Its Problems*, Swallow Press. 阿部齊（訳）『公衆とその諸問題―現代政治の基礎』筑摩書房.

Dobson, Andrew 2003=2006. *Citizenship and the Environment*, Oxford University Press. 福士正博／桑田学（訳）『シチズンシップと環境』日本経済評論社.

Eckersley, Robyn 2004=2010. *The Green State: Rethinking Democracy and Sovereignty*, The MIT Press. 松野弘（訳）『緑の国家―民主主義と主権の再考』岩波書店.

Eisenberg, Avigail 2015. "Voting Rights for Non-citizens: Treasure or Fool's Gold?" *Journal of International Migration and Integration*, 16(1): 133-151.

遠藤知子 2011.「社会的協働と民主主義の境界」『年報政治学』2011（1）: 187-207.

Erman, Eva 2013a. "Political Equality and Legitimacy in a Global Context," in E. Erman and S. Näsström (eds.) *Political Equality in Transnational Democracy*,

Palgrave Macmillan, ch. 4.
Erman, Eva 2013b. "In Search of Democratic Agency in Deliberative Governance," *European Journal of International Relations*, 19(4): 847-868.
Erman, E. and Näsström, S. 2013. "Introduction: In Search of Political Equality," in *Political Equality in Transnational Democracy*, ch. 1.
Fassin, Yves 2012. "Stakeholder Management, Reciprocity and Stakeholder Responsibility," *Journal of Business Ethics*, 109(1): 83-96.
Fishkin, James S. 2009=2011. *When the People Speak: Deliberative Democracy and Public Consultation*, Oxford University Press. 岩木貴子（訳）『人々の声が響き合うとき―熟議空間と民主主義』曽根泰教（監修），早川書房．
Fraser, Nancy 2008=2013. *Scales of Justice: Reimagining Political Space in a Globalizing World*, Polity Press. 向山恭一（訳）『正義の秤―グローバル化する世界で政治空間を再創造すること』法政大学出版局．
Freeman, R. Edward 1984. *Strategic Management: A Stakeholder Approach*, Pitman.
Fung, Archon 2013. "The Principle of Affected Interests: An Interpretation and Defense," in J. Nagel and R. Smith (eds.) *Representation: Elections and Beyond*, University of Pennsylvania Press, ch. 11.
五野井郁夫 2011．「グローバル・デモクラシー論―国境を越える政治の構想」小田川大典／五野井郁夫／高橋良輔（編）『国際政治哲学』ナカニシヤ出版，5章．
Goodin, Robert 2007. "Enfranchising All Affected Interests, and Its Alternatives," *Philosophy & Public Affairs*, 35(1): 40-68.
Gould, Carol C. 2004. *Globalizing Democracy and Human Rights*, Cambridge University Press.
ハーバーマス，ユルゲン 2002-2003．『事実性と妥当性―法と民主的法治国家の討議理論にかんする研究』上下巻，河上倫逸／耳野健二（訳），未來社．
Held, David 1995=2002. *Democracy and the Global Order: From the Modern State to Cosmopolitan Governance*, Polity Press. 佐々木寛ほか（訳）『デモクラシーと世界秩序―地球市民の政治学』NTT出版．
Held, David 2005. "Democratic Accountability and Political Effectiveness from a Cosmopolitan Perspective," in D. Held and M. Koenig-Archibugi (eds.) *Global Governance and Public Accountability*, Blackwell Publishing, ch. 11.
Hemmati, Minu, 2002. *Multi-Stakeholder Processes for Governance and Sustainability: Beyond Deadlock and Conflict*, Earthscan.
Hill, C. W. and Jones, Th. M. 1992. "Stakeholder-Agency Theory," *Journal of Management Studies*, 29(2): 131-154.

伊藤修一郎／近藤康史 2010.「ガバナンス論の展開と地方政府・市民社会——理論的検討と実証に向けた操作化」辻中豊／伊藤修一郎（編）『ローカル・ガバナンス——地方政府と市民社会』木鐸社，1章．

Karlsson Schaffer, Johan 2012. "The Boundaries of Transnational Democracy: Alternatives to the All-Affected Principle," *Review of International Studies*, 38(2): 321-342.

Koenig-Archibugi, Mathias 2012. "Fuzzy Citizenship in Global Society," *Journal of Political Philosophy*, 20(4): 456-480.

河野勝 2006.「ガヴァナンス概念再考」河野勝（編）『制度からガヴァナンスへ——社会科学における知の交差』東京大学出版会，序章．

Kuyper, Jonathan 2015. "Global Democracy," in Edward N. Zalta (ed.) *The Stanford Encyclopedia of Philosophy*, Spring 2015 ed., URL = <http://plato.stanford.edu/archives/spr2015/entries/global-democracy/>.

López-Guerra, Claudio 2005. "Should Expatriates Vote?" *Journal of Political Philosophy*, 13(2): 216-234.

Macdonald, Terry 2003. "Boundaries beyond Borders: Delineating Democratic 'Peoples' in a Globalizing World," *Democratization*, 10(3): 173-194.

Macdonald, Terry 2008. *Global Stakeholder Democracy: Power and Representation beyond Liberal State*, Oxford University Press.

Macdonald, Terry 2012. "Citizens or Stakeholders? Problems of Exclusion and Inequality in Global Stakeholder Democracy," in D. Archibugi, M. Koenig-Archibugi, and R. Marchetti (eds.) *Global Democracy: Normative and Empirical Perspectives*, Cambridge University Press, ch. 3.

Marchetti, Raffaele 2012. "Models of Global Democracy: In Defence of Cosmo-Federalism," in Archibugi et al., *Global Democracy*, ch. 2.

松尾隆佑 2014.「マルチレベル・ガバナンスにおける民主的正統性と公私再定義——ステークホルダー・デモクラシーのグローバルな実現へ向けて」『社会科学研究』65（2）：185-206．

Mitchell, R. K., Agle, B. R., and Wood, D. J. 1997. "Toward a Theory of Stakeholder Identification and Salience: Defining the Principle of Who and What Really Counts," *The Academy of Management Review*, 22(4): 853-886.

Mouffe, Chantal 2005 [2000]=2006. *The Democratic Paradox*, new ed., Verso. 葛西弘隆（訳）『民主主義の逆説』以文社．

Näsström, Sofia 2011. "The Challenge of the All-Affected Principle," *Political Studies*, 59(1): 116-134.

Owen, David 2012. "Constituting the Polity, Constituting the Demos: On the Place of the All Affected Interests Principle in Democratic Theory and in Re-

solving the Democratic Boundary Problem," *Ethics & Global Politics*, 5(3): 129-153.
Pogge, Thomas W. 1994. "Cosmopolitanism and Sovereignty," in Chris Brown (ed.) *Political Restructuring in Europe: Ethical Perspectives*, Routledge, ch. 5.
Rubio-Marın, Ruth 2000. *Immigration as a Democratic Challenge: Citizenship and Inclusion in Germany and the United States*, Cambridge University Press.
Saward, Michael 2000. "A Critique of Held," in Barry Holden (ed.) *Global Democracy: Key Debates*, Routledge, ch. 2.
Schmitter, Philippe C. 2009. "Re-Presenting Representation," *Government and Opposition*, 44(4): 476-490.
Shapiro, Ian 1996. *Democracy's Place*, Cornell University Press.
Shapiro, Ian 1999. *Democratic Justice*, Yale University Press.
Shapiro, Ian 2003. *The Moral Foundations of Politics*, Yale University Press.
Song, Sarah 2012. "The Boundary Problem in Democratic Theory: Why the Demos Should Be Bounded by the State," *International Theory*, 4(1): 39-68.
杉田敦 2015［2005］．『境界線の政治学』増補版，岩波書店．
Sunstein, Cass R. 2002. "The Law of Group Polarization," *Journal of Political Philosophy*, 10(2): 175-195.
高橋良輔 2015．「国境を越える代表は可能か？」山崎望／山本圭（編）『ポスト代表制の政治学—デモクラシーの危機に抗して』ナカニシヤ出版，2章．
土谷岳史 2013．「EU 政体における領域性とデモス—デモクラシーと市民の境界」『日本 EU 学会年報』33：143－162.
内田智 2013．「熟議デモクラシー，国境横断的なその制度化の課題と可能性—欧州における討論型世論調査の試みを一例として」『年報政治学』2013（2）：208－229．
Walzer, Michael 1983=1999. *Spheres of Justice: A Defence of Pluralism and Equality*, Basic Books. 山口晃（訳）『正義の領分—多元性と平等の擁護』而立書房．
Whelan, Frederick G. 1983. "Prologue: Democratic Theory and the Boundary Problem," in J. R. Pennock and J. W. Chapman (eds.) *Liberal Democracy*, New York University Press, pp. 13-47.
Wolin, Sheldon S. 2008. *Democracy Incorporated: Managed Democracy and the Specter of Inverted Totalitarianism*, Princeton University Press.
Young, Iris Marion 2000. *Inclusion and Democracy*, Oxford University Press.

2015年 学 界 展 望

日本政治学会文献委員会

政治学・政治理論　「すべてが新しい世界には新たな政治学が必要である」というトクヴィルの指摘は，既存の政治秩序がゆらぐ現在にも当てはまると思われる。規範理論および実証理論・経験的研究などから構成される「政治学・政治理論」の領域では，現実世界の変容をふまえた諸研究をはじめ，すでに研究が蓄積されてきた課題・論点に関する新たな手法・アプローチを用いた分析など，多くの研究が蓄積されており，日本政治学会の学問的成熟が窺える。

　まず，代議制民主主義に対する懐疑が高まるなかで，それに関連した諸研究が蓄積されてきた。**山崎望・山本圭（編）**『ポスト代表制の政治学』（ナカニシヤ出版）は，代表制を支える思想・理念を多角的に検討し，その可能性と限界を明らかにしている。**中田瑞穂**「ヨーロッパにおける政党と政党競合構造の変容──デモクラシーにおける政党の役割の終焉？」（日本比較政治学会編『政党政治とデモクラシーの現在』ミネルヴァ書房）では，戦後のヨーロッパを事例として，代議制民主主義における政党の役割の変化が分析されるだけでなく，今後の可能性についても言及されている。**進藤兵**「新自由主義的緊縮，社会連帯，SYRIZA－2015年5月ギリシャ現地調査をふまえて」（『賃金と社会保障』1639・1640合併号）と，**同**「私は新しい種類の政治に票を投じたのだ－イギリス労働党2015年党首選」（『世界』2015年11月号）では，ギリシャとイギリスの現地調査をふまえて，代議制にとどまらない民主主義の可能性が示唆される。

　そして，代議制民主主義の今後を考察する上では，デモクラシー論に関連した諸議論の深化も参考となる。**山田竜作**「ラディカルデモクラシーと「民主的なるもの」──フェミニズム政治理論の視座から」（『政経研究』52巻2号）は，C.ムフ，C.ペイトマン，I.M.ヤングにおける「民主的なるもの」の理解の相違を明らかにしている。**坂井亮太**「『推論的ジレンマ』と熟議の分業」（『年報政治学2015-Ⅱ』）では，社会的選択理論の観点から，熟議民主主義の諸実践が効果的に機能するための条件・枠組が検討されている。**丸山正次**「気候変動否定（懐疑）論の討議作法」（『法学論集』76号）からは，環境問題という自然科学的な争点が政治的意思決定やデモクラシー論と密接に関連していることが分かる。

　次に，現代国家の変容をめぐる諸研究も蓄積されてきた。統治のあり方の

変化に注目し,「ガバメントからガバナンスへ」と言われるようになり久しいが,ガバナンス論自体の理論的分析も着実に進んでいる。**堀雅晴**「マルクスとガバナンス論（2・完）——アソシエーション論への包摂に向けて」(『立命館法学』359号）と,**千草孝雄**「ガバナンス論について（2・完)」『駿河台法学』(28巻2号)は,それぞれ異なる角度からガバナンス論の理論的課題と展望を示している。情報化の進展によりもたらされた現代国家の変容に関しては,**福永英雄**「国家と情報革命」(『比較文明』31号）において複眼的に論じられている。

続いて,現実世界の変容と関連した諸研究を離れて,政治学内部における研究の進展に目を向けてみよう。まず,方法論の精緻化を通じた貢献として,**福元健太郎** "What Happens Depends on When It Happens: Copula-based Ordered Event History Analysis of Civil War Duration and Outcome," *Journal of American Statistical Association*, vol. 110, no. 509. と,同著者による "The Effects of Election Proximity on Participatory Shirking: The Staggered-Term Chamber as a Laboratory" (with Akitaka Matsuo), *Legislative Studies Quarterly*, vol. 40, no. 4. がある。前者はイベントヒストリー分析という手法を,後者は自然実験という手法を,それぞれ改良することを通じて,政治学への新たな知見を提供している。**肥前洋一** "Does a Least-Preferred Candidate Win a Seat? A Comparison of Three Electoral Systems," *MDPI Economies*, vol. 3, no. 1. では,数理モデルを構築した上で,選挙制度の効果が説得的に考察されている。

そして,すでに研究が蓄積されてきた課題・論点に関して,新たな観点・アプローチから接近したものとして,**大園誠**「丸山眞男——日本発の『普遍的主体』像をめざして」(大井赤亥・大園誠・神子島健・和田悠（編)『戦後思想の再審判——丸山眞男から柄谷行人まで』法律文化社）と,同「丸山眞男と『平和の条件』——戦後日本における『平和主義』再考」南原繁研究会編『南原繁と平和——現代へのメッセージ』(EDITEX)は,新たな丸山眞男像を提示する意欲的試みといえる。政治理論家・政治哲学者として研究されることの多いC・テイラーだが,**梅川佳子**「ニューレフト時代のテイラーの理論と政治活動（1）・(2・完)」(『法政論集』261・262号）と,同「テイラーの政治参加論と行政的基金論の矛盾——カナダ政治と新民主党（1961-1971)」(『法政論集』264号）は,政治活動家としての側面にも光を当てることで,その思想の特徴・固有性を明らかにしている。**横地徳広**「アメリカ公民権運動の政治学——スマート・パワーの観点から読み解く」(『戦略研究』15号）では,J・ナイのパワー概念を援用することで,キング牧師による非暴力的抵抗に関する新たな分析が提示されている。**大山貴稔**「『国際貢献』に見る日本の国際関係認識——国際関係理論再考」(『国際政治』180号）は,1990年代前半の「国際貢献」をめぐる言説を分析することによって,日本の

国際関係認識の特殊性を析出している。日本においてファシズムという用語がどのように用いられてきたかをたどることを通じて，熊野直樹「戦後日本におけるファシズム論の再検討」(『法政研究』81巻4号)では，ファシズム論の現状と課題が整理される。ハイデガー研究に関連して，横地徳広『超越のエチカ——ハイデガー・世界戦争・レヴィナス』(ぷねうま舎)も刊行された。

政治学には，これからの社会秩序を構想する上での手がかりを提供することも期待されている。千葉眞「平和構築論の現在」(大串和雄編『21世紀の政治と暴力——グローバル化，民主主義，アイデンティティ』晃洋書房)と，鳴子博子「〈暴力・国家・女性〉とルソーのアソシアシオン論」(『中央大学経済研究所年報』46号)は，それぞれ安定的・平和的な国際秩序を構想し，実現していく上で重要となる理論的知見を提供してくれる。新たな社会秩序の構想・実現に関して，市民の果たすべき役割は大きい。この点に関する包括的なテキストとして，山岡龍一・岡崎晴輝（編）『市民自治の知識と実践』（放送大学教育振興会）が刊行された。そして，小川賢治「無利子社会の構想」(『人間文化研究』34号)では，経済成長をゼロにし，貧富の格差を縮小するための無利子社会の実現可能性が検討されている。その他として，日本が向かうべき具体的道すじを論じたものとして，村岡敬明「バブル崩壊後の甦生と新しい日本の開国をめざして」(『日本経大論集』44巻1号)もある。

最後に，専門分化が進み，全体像が見えにくくなる政治学の学問的現状を相対化し，「新たな政治学」を模索する動きも見られる。例えば，猪口孝『政治理論』(ミネルヴァ書房)は，規範理論と実証理論の統一を目指す大変重要な試みといえる。また，宇佐見誠 "Law and Public Policy in Contemporary Japan", Yukio Adachi, Sukehiro Hosono and Jun Iio (eds.) *Policy Analysis in Japan*, Policy Press および，同著者による "Justice after Catastrophe: Responsibility and Security", *Ritsumeikan Studies in Language and Culture*, vol. 26. no. 4 は，規範理論に詳しい著者による現代日本政治（学）の批判的分析である。山崎望（編）『奇妙なナショナリズムの時代』(岩波書店)は，学際的アプローチを採用することによって，現代ナショナリズムの特徴を明らかにしており，複眼的思考の重要性を示唆している。そして，安武真隆「『動員史観』再考——畠山弘文『近代・戦争・国家——動員史観序説』(文眞堂，2006年) を読む」(『政策創造研究』9号)では，政治学も含まれる近代社会科学のあり方が批判的に検討されている。

そして上記以外として，重要な翻訳書として，ベンジャミン・バーバー（竹井隆人訳）『消費が社会を滅ぼす?!』(吉田書店)が刊行されている。西川伸一『城山三郎『官僚たちの夏』の政治学』(ロゴス)は，政治学をはじめて学ぶ学生の副読本として有益である。

今後も現実世界の変容に関連した諸研究，新たな手法・アプローチからの分析，そして政治学自体の相対化などを通じて，日本における政治学がさらなる発展を遂げていくことが期待される。しかし，政治学という学問体系を確立し，これまで蓄積されてきた知見を有効に整理していくためには，政治学という学問領域を内的・外的に統制するメタ理論的考察が必要となることを指摘しておきたい。　　　　　　　　　　　　　　　（文責　加藤雅俊）

日本政治・政治過程　2015年は，集団的自衛権の行使を可能とする安全保障関連法が可決されたという点で歴史的な年であった。これと関連して国会における与野党の攻防だけでなく市民の異議申し立て運動にも注目が集まった。学界でも政党，選挙・投票行動，市民社会，地方政治，外交・安全保障などの多分野にわたり多くの論考が発表された。

政党に注目した研究としては，同時代的分析と歴史的な淵源・文脈を明らかにする業績とがある。まず当事者ヒアリングも交え，自民党の変容について分析した**日本再建イニシアティブ**『**「戦後保守」は終わったのか――自民党政治の危機**』（角川新書）では，**内山融**「経済財政政策――高度成長から負の分配へ」が中道保守勢力の弱体化と経済財政政策を結び付けて論じる。また **Hironori Sasada**, "The "third arrow" or friendly fire? The LDP government's reform plan for the Japan agricultural cooperatives," *The Japanese Political Economy*, Vol. 41, No. 1-2 は構築主義的制度論の立場から安倍内閣による JA 改革を説明する。他方，**黒澤良**「議会審議と事前審査制の形成・発展――帝国議会から国会へ」（奥健太郎・河野康子編『**自民党政治の源流――事前審査制の史的検証**』吉田書店）は，自民党の事前審査制が立法過程において重要な役割を果たすようになった経緯を分析する。そして**森本哲郎**「1980年～1996年の社会党における組織問題――理念と現実」（関西大学『法学論集』64巻5号）は，当事者証言を含む一次資料を詳細に検討し，社会党内で「大衆組織政党」理念が受け入れられる過程と，組織実態としてその理念を実行するだけの体力がすでにその時期の党には残っていなかったことを示す。また **Takayuki Hirosawa**, "The Corporate Dominated Society and the LDP Regime"（『福岡大学法学論叢』59巻4号）は自民党一党優位の55年体制と日本型雇用システムに特徴づけられる「企業社会」との関係を検討する。

投票行動に関しては，**平野浩**『**有権者の選択――日本における政党政治と代表制民主主義の行方**』（木鐸社）が公刊された。同書は2007年から2011年の間に実施された全国世論調査データに基づく政治意識と投票行動の実証分析を行い，現在の日本政治においては経済・社会的争点空間の構造が政治的な競争空間の構造に適切に反映されていないという問題を指摘する。「日本における『左右対立』の現在」を特集した『レヴァイアサン』57号では，日

本政治は右傾化しているのか，という問いに対して特集論文の各著者がいずれも実証分析に基づいて慎重な回答を示した。まず**谷口将紀**「日本における左右対立（2003～2014年）――政治家・有権者調査を基に」が東大朝日調査データをもとに政治家と有権者の政策位置の差が拡大しているが，その理由として自民党候補の右傾化があると主張し，**竹中佳彦・遠藤晶久・ウィリー・ジョウ**「有権者の脱イデオロギーと安倍政治」も有権者の中道化，脱イデオロギー化を見出した。一方**境家史郎**「戦後日本における政党間イデオロギー配置と投票参加行動」は，有権者による政党間のイデオロギー距離認識と投票参加の関係を検討し，**ケネス・モリ・マッケルウェイン**「株価か格差か――内閣支持率の客観的・主観的経済要因」は，内閣支持率と主観的経済評価，株価指数の関係を検証した。一方，**Hirofumi Miwa**, "Voters' Left-Right Perception of Parties in Contemporary Japan: Removing the Noise of Misunderstanding," *Japanese Journal of Political Science*, Vol. 16, No. 1 は，日本の有権者による政党の左右イデオロギー認知を問う設問に，不適切な回答や誤解した回答が存在する可能性を指摘し，その測定誤差を除去するモデルを構築している。今後調査票の設計を再検討する上でも重要な指摘である。**山田真裕**「有権者調査の現状と課題」（『法と政治』66巻1号）は日本における全国規模の有権者調査について，財政的，組織的課題について海外の例も参照しつつ考察しており参考になる。また大学生の政治意識について，**久保谷政義**「大学生の政治意識と生活満足度――政治について学ぶ1万人の学生アンケート調査から」（『地方政治研究・地域政治研究』2巻1号）がある。

　近年の情報技術革新が議員や有権者にどのような影響を与えているのかについて，**岡本哲和・石橋章市朗・脇坂徹**「ネット選挙解禁の効果を検証する――2013年参院選での投票意思決定に対する影響の分析」（関西大学『法学論集』64巻6号）では，有権者による候補者サイトへの接触がその候補者への投票を促す効果をもつことを示し，**石橋章市朗・岡本哲和**「国会議員による国会審議映像の利用――その規定要因についての分析」（『レヴァイアサン』56号）は，動員可能な資金や人的リソースの少ない議員のほうが国会審議映像を有権者への情報発信のためにより積極的に活用しているという「平準化」傾向を見出した。また **Kentaro Fukumoto and Akitaka Matsuo**, "The Effects of Election Proximity on Participatory Shirking: The Staggered-Term Chamber as a Laboratory," *Legislative Studies Quarterly*, Vol. 40, No. 4 は半数改選という参議院の選挙制度を自然実験として利用し，選挙が近づくと議員の国会審議への参加度が下がるのかを検証する。

　市民社会に関する論考として，**村上弘**「強くない日本の市民社会――市民の政治参加の『3層構造』モデル」（『政策科学』22巻3号）は，市民社会論から抽出される「市民」の定義と照らして現代日本の有権者がどのような特

徴を持っているかを各種調査に当てはめて検討し，公的場面での自立性，合理性の低さを指摘する。また**井竿富雄**「現代日本の排外主義運動」（『山口県立大学学術情報』8号）では，近年活発化する排外主義運動の特性について先行研究を手がかりに検討している。

飯尾潤「日本――統治構造改革の到達点と課題」（佐々木毅編『**21世紀デモクラシーの課題――意思決定構造の比較分析**』吉田書店）は，90年代以降の統治構造改革を他の諸改革との連関の中で整理し，改革が必要になった理由，成果，課題を概観している。**Naonori Kodate and Kashiko Kodate, *Japanese Women in Science and Engineering: History and Policy Change*,** Routledge は科学技術分野において女性科学者が増えて来なかった要因を歴史的に考察した上で，近年の政策転換とその成果を検証する。また明治期，戦前の日本政治の一端を定量的データの作成・分析によって解明しようとする業績として，**佐々木研一朗**「貴族院勅選議員の実態分析――栄典・学歴・キャリアパス」（『政治学研究論集』41号）と**同**「明治期の国家学会の実態に関する一考察――『国家学会雑誌』論説記事に注目して」（『政治学研究論集』42号）がある。

地方政治については，**辻陽『戦後日本地方政治史論――二元代表制の立体的分析』**（木鐸社）が出版された。同書は，戦後60余年にわたる全47都道府県の地方政治を通時的，共時的に検証し，55年体制期からその崩壊後の時期にかけての地方政治の対立構図の変化を浮き彫りにする力作である。また戦後の青森県の地方政治を概観したものとして，**藤本一美『現代青森県の政治（上）1945〜1969年』**（志學社）が，またそのなかでも初代民選知事について詳細に紹介した**同**「戦後青森県の民選知事①津島文治知事（1947〜1956年）」（『社会科学年報』49号）がある。

外交・安全保障に関連する業績としては，**庄司貴由『自衛隊海外派遣と日本外交――冷戦後における人的貢献の模索』**（日本経済評論社）は，冷戦後に自衛隊の海外派遣が拡大していく過程で外務省が発揮してきた影響力を，一次資料と関係者証言に基づいて詳細に解き明かしている。また，残存する戦前の機密費関係史料を収録した**『近代機密費史料集成Ⅰ外交機密費編 満洲事件費関係雑纂』**（全6巻・別巻1，監修・編集・解説：**小山俊樹**，ゆまに書房）が公刊された。同書の貴重な史料を使って**小山俊樹**は「解説・満州事変と在中国日本公館」で満州事変期の外交機密費の使用実態を分析している。**古川浩司**は「日本の『国境警備論』の構築に向けて」（神余隆博・星野俊也・戸﨑洋史・佐渡紀子編**『安全保障論――平和で公正な国際社会の構築に向けて』**信山社）で，国境警備に求められる3つの機能に沿って日本の警備体制の現状を解説し，課題を指摘している。また憲法九条と改憲をめぐる論争に資するものとして，**大矢吉之**「憲法九条とその改正試案の検討――大衆民

主主義下の憲法改正」(『憲法研究』47号), **西川伸一**「政府の憲法九条解釈の規範力——その確立過程を検証する」(『葦牙』41号) がある。

　2015年は政治学の教科書も相次いで出版された。東京大学出版会の「シリーズ日本の政治」からは**川人貞史『議院内閣制』, 待鳥聡史『政党システムと政党組織』, 増山幹高『立法と権力分立』, 谷口将紀『政治とマスメディア』**が公刊された。また放送大学教育振興会からは**飯尾潤『現代日本の政治』**が, 有斐閣からは「有斐閣ストゥディア」として**砂原庸介・稗田健志・多湖淳『政治学の第一歩』, 飯田健・松林哲也・大村華子『政治行動論——有権者は政治を変えられるのか』**が公刊された。次世代研究者の育成はもとより, 18歳選挙権の導入を受けた主権者教育の充実という観点からも, 現代政治学の最新の知見と方法論を解説する教科書の出版は歓迎されよう。

　　　　　　　　　　　　　　　　　　　　（文責　辻　由希）

　　行政学・地方自治　　集団的自衛権をめぐる内閣法制局のあり方や参議院における合区問題, そして憲法改正をどう考えるかなど, 広範な統治機構の改革が議論されていた2015年は, 行政学においても統治機構の問題を考える研究が目についた。日本の行政機構改革の変遷を追った**田中嘉彦**「日本の行政機構改革」(『レファレンス』65巻9号) は, そのような研究を検討するときに必要な知識を整理するものとなっている。さらに, 統治機構における官僚制の役割を考えるに当たって, **原田久**「政策類型と官僚制の応答性・再論」(『行政管理研究』152号), **藤田由紀子**「政策的助言・政策形成の専門性はどこまで定式化できるか」(『年報行政研究』50号) などは参照されるべき貴重な研究と言えるだろう。また, 社会の変化を受けた行政機構の変化についての実務家からの報告として**藤野知之**「内閣官房及び内閣府の事務の見直しについて」(『行政管理研究』151号) や**吉牟田剛**「人口減少社会に向けた行政改革について」(『行政管理研究』152号) もある。将来的に憲法改正が議論の俎上に載せられていくとき, 他国での憲法改正の事例についての知識が必要になると考えられるが, **芦田淳**「イタリア憲法改正と州の自治権」(『自治総研』445号) はイタリアの憲法改正における立法権分割や上院改革について分析しており, 日本にとっての示唆も大きい。

　近年では,「官邸主導」や「首相政治」といった表現がなされているように, 首相に権限を集中する形で制度・組織変更を行い, 首相の求心力を高めてその意思を貫徹しようとする改革が志向されている。内閣人事局や国家安全保障局といった内閣官房に作られた内局はその最たるものであるが, このうち国家安全保障局に至るまでの内閣の安全保障機構の変遷を扱った**千々和泰明『変わりゆく内閣安全保障機構』**(原書房) は, 首相を中心とした内閣の機能を考えるための重要な貢献となっている。また, 個別の政策領域におけるコ

アエグゼクティブの機能についての示唆を与えるものとして，ICT 分野の規制改革を事例とした**茂垣昌宏** "The Evolving Power of the Core Executive"(*Pacific Affairs*, vol.88, no.1) や，科学技術の振興とイノベーション政策の実施についての「司令塔機能」の変遷を検討した**村上裕一**「『司令塔機能』のデジャ・ヴュ」(『年報公共政策学』9号)があった。当然ながら，コアエグゼクティブのあり方が変われば周辺的な人事・組織についても従来のままという訳にはいかなくなる。そのような変容の可能性を考えさせるものとして，**古矢一郎**「国際平和協力研究員制度についての考察」(『福岡大学法学論叢』60巻) や**久保谷政義・旦祐介**「軍事部門におけるアウトソーシング」(『東海大学教養学部紀要』45輯) が挙げられる。

　統治機構のあり方は，現実の行政改革だけから考えることができるものでもなく，歴史に学ぶ必要も大きい。**柏原宏紀**「大隈重信の政治的危機と財政をめぐる競合」(『史学雑誌』124編6号) は大隈財政における予算編成過程に焦点をあてて，当時の大蔵省と正院財務課が制度的に競合するさまを分析しており，その後もたびたび問題になる予算編成権の内閣移管を想起させる。また，警察も内閣との距離感が常に意識されるべき行政機関であるが，戦後の警察制度は1960年代以降基本的に組織形態を変更しておらず，また政治学・行政学における警察制度研究も活発とは言えない。しかし2015年はそのような警察について歴史的に検討した分析が相次いだ。**伊藤正次**「戦後首都警察制度の形成」(『法学会雑誌』56巻1号)，**小宮京**「警視総監・消防総監・大阪市警視総監をめぐる分権の政治史」(**御厨貴編**『建築と権力のダイナミズム』岩波書店)，**黒澤良**「昭和戦前期の日本警察について」(『季刊行政管理研究』152号) などである。これらの研究を踏まえた警察研究の進展を期待したい。

　行政改革を支える理論的な検討に関連しても興味深い研究が示されている。**大山耕輔** "Which Effects Trust in the Civil Service, NPM or Post-NPM?"(『法学研究』88巻9号) では，NPM とポスト NPM のどちらが行政に対する信頼を回復させる効果を持つかについて検討し，成果よりもプロセスが重要であり，ポスト NPM が行政への信頼回復に効果を持つことを論じている。また，ガバナンス論については，フレデリクソンの所説について考察した**千草孝雄**「ガバナンス論について(2・完)」(駿河台法学28巻2号) がやはりプロセスの重要性を強調し，**堀雅晴**「マルクスとガバナンス論(2・完)」(立命館法学359号) がマルクスの『フランスの内乱』についての先行研究の検討からガバナンス論への含意を抽出することを試みている。

　地方自治に目を転じると，近年の「大阪都構想」関係議論の盛り上がりからか，自治体ガバナンスや都市行政，広域行政について検討した業績が目立つ。まず地方自治体のガバナンスに注目した著書としては，さまざまなデー

タを用いて314の市を「風格」という観点から定量的に評価することを試みた真渕勝『風格の地方都市』(慈学社)や,福井県の研究を軸にローカル・ガバナンスのあり方を検討した宇野重規・五百旗頭薫編『ローカルからの再出発』(有斐閣),行政史を手がかりに戦後府県の局部組織の変遷を検討し,都道府県が自ら組織改革の内容を制約することで,組織改革をめぐる内外での不確実性を抑制しようとすると論じる稲垣浩『戦後地方自治と組織編成』(吉田書店)などが挙げられる。その他,地方自治体の制度について論じるものとして,直接請求制度について住民投票と関連付けて論じた賀来健輔「条例の制定又は改廃の直接請求制度」(『政経研究』52巻2号),一般行政と教育行政の分離・統合という観点から教育委員会制度について論じた西東克介「戦後わが国教育委員会制度の『分離』と『統合』」(土岐寛編著『行政と地方自治の現在』北樹出版)があった。

　大都市など広域にかかわる行政のあり方については,藤井聡・村上弘・森裕之編『大都市自治を問う』(学芸出版社)が橋下徹大阪市長とそのもとでの大阪市政について,その改革の中身,政策の実態と問題点を総合的に検証したものとなっている。さらに,自治体の広域化については,市川喜崇「『昭和の大合併』再訪」(『自治総研』437号)は,最盛期のみに焦点が当てられがちだった昭和の大合併の全体像を描き出し,平成の大合併とは異なる町村自らが推進していったさまを浮き彫りにし,水谷利亮「新たな広域モデル構築事業にみる自治体連携の分析：序論」(『関門地域研究』24号)では複数の広域連携事例を比較分析し,連携のメリットと課題について考察している。フランスを対象として広域連携の事例を分析し,いわゆる「民主主義の赤字」問題とその解消についてのプロセスを追う中田晋自「フランスにおける自治体間協力型広域行政組織とその制度的発展」(『愛知県立大学外国語学部紀要』47号)は,国外事例からの示唆をもたらすものといえるだろう。

　その他,広域行政に関連するネットワーク型の事業についていくつかの研究が提出されている。東日本大震災という広域に甚大な被害をもたらした災害を受けての地方鉄道のあり方についての教訓を検討した村上裕一「地方鉄道の災害対策と復旧・復興」(城山英明編『大震災に学ぶ社会科学　第3巻　福島原発事故と複合リスク・ガバナンス』東洋経済新報社),ドイツのハレ市における路面電車の延伸過程を分析した田村伊知朗「後期近代の公共交通に関する政治思想的考察」(『北海道教育大学紀要（人文科学・社会科学編)』66巻1号)や,裁判例の検討から交通事業の公共性について考察した田畑琢己「鉄道裁判における裁量統制」(『公共政策志林』3号),「空港裁判における裁量統制」(『臨床政治研究』6号)などである。　　　　　　(文責　砂原庸介)

政治思想（日本・東アジア）　　近年,この分野では,「外交」と「思想」

が交叉する領域に多角的視座から新たな光が当てられている。**春名展生『人口・資源・領土——近代日本の外交思想と国際政治学』**（千倉書房）は，明治期の進化論受容から地政学に至る知的鉱脈を辿り，過剰人口，乏しい資源，貧困，移民，版図拡大，国際的な生存競争という問題群の先に日本の国際政治学の起源を見出した，壮大な系譜学的研究である。**月脚達彦『福沢諭吉の朝鮮——日朝清関係のなかの「脱亜」』**（講談社）は，『時事新報』の諸論説を東アジアの政治状況と突き合わせて丹念に読み解き，金玉均ら開化派との繋がりの中で福沢の朝鮮論の変遷を辿った作品。「文明主義」と「義侠心」の破綻を巡る考察は，現代の問題を考える上でも意義深い。**伊藤信哉・萩原稔編『近代日本の対外認識Ⅰ』**（彩流社）は，「中国の強国化」を前提とした日中連携論など盧溝橋事件以前の右翼思想の多様な要素を探った。**萩原稔**「一九三〇年代の日本の右翼思想家の対外認識——満川亀太郎・北一輝を中心に」や，帝国日本の膨張を批判し東アジアの民族運動に向き合った知識人達が現実政治を前に矛盾を抱えていく姿を描いた，**平野敬和**「デモクラットの対外認識——吉野作造・石橋湛山を中心に」を収載する。**大山貴稔**「『国際貢献』に見る日本の国際関係認識——国際関係理論再考」（『国際政治』180号）は，「国際貢献」の言説分析を通じて，1990年代に入り多元重層化する日本外交の様態を解き明かしている。近接領域として，今日の日中関係の源流に遡った，**奈良岡聰智『対華二十一ヵ条要求とは何だったのか——第一次世界大戦と日中対立の原点』**（名古屋大学出版会）や，近代日本の移民・植民と主権・帝国秩序に迫った，**塩出浩之『越境者の政治史——アジア太平洋における日本人の移民と植民』**（名古屋大学出版会）もまた，世界史的視座からの思想史研究の発展に大きく寄与する成果である。

　2015年を代表する作品に，後期水戸学や幕末国学から裕仁皇太子の台湾行啓まで，国体論の生成過程を思想史的に辿った，**米原謙『国体論はなぜ生まれたか——明治国家の知の地形図』**（ミネルヴァ書房）がある。同書は，数多の史料を渉猟してきた氏が多彩な方法論を駆使して，「国体」という「見えない磁場」と格闘した渾身の作品である。この問題との関連で，**嘉戸一将**「日本国憲法と国家——佐々木・和辻論争をめぐって」（『龍谷大学論集』485号）は，佐々木惣一の論文「国体は変更する」に端を発する論争の内側から，主権者をも拘束する規範の在処を巡る根源的な問いを鋭く抉り出す。**苅部直**「大正・昭和の歴史学と平泉史学」（『藝林』64巻1号）によれば，平泉澄は，「文化史学」との鋭い緊張関係のもと，世界主義的な人類学の視座を批判する中で，「国家」の「歴史」のうちに生きる「人格」の「精神」を中核に据えた歴史思想を確立した。美濃部達吉の自由主義的な警察法論への批判を通じて警察任務の拡大を図った，「新官僚」らの警察精神作興運動を分析した研究に，**宮地忠彦**「警察官僚の行政法学的警察観念批判における戦前と戦後——

高橋雄豺『過去の警察への反省』再考」（専修大学『法学研究所所報』51号）がある。

　近世思想では，岩下哲典や前田勉，竹村英二の論攷を含む，笠谷和比古編『徳川社会と日本の近代化』（思文閣出版）が刊行された。なかでも大川真「新井白石と『政治』」は，白石が稟議制・合議制に基づく武家官僚制を強化した背景に，古代日本の「まへつきみ」制への洞察が存在していたことを，本居宣長らとの比較から明らかにする。また伊東貴之「清朝考証学の再考のために」は，中国の清朝考証学に潜む，儒教を王朝国家の理念とする士大夫達の政治性や思想性を照射している。明清交替への評価や日本仏教の影響を視野に，昌平坂学問所の釈奠改革（寛政12年）を分析した，眞壁仁「神の宿るところ——徳川後期の釈奠における迎送神と神像」（『學士會会報』915号），宣長の言説を「粋」や「通」など江戸中期の文化史の文脈から読み解いた，高山大毅「『物のあはれを知る』説と『通』談義——初期宣長の位置」（『国語国文』84巻11号）は，ともに小編だが興味深い。最新の蘭学研究の成果を纏めた書に，松方冬子・F.クレインス編『日蘭関係史をよみとく』上下巻（臨川書店）がある。また，幕末明治思想史の領域で先駆的業績を残してきた，植手通有の著作集『植手通有集』全三巻（あっぷる出版社）が刊行された。

　戦後70年を迎え，戦後日本の出発点に遡りながら，政治思想の軌跡を再検討する研究も多く登場した。特筆すべき成果として，丸山眞男の古層論を，網野善彦の「飛礫」論や和辻哲郎の「清明心」論との関連のもとに読み解いた，冨田宏治『丸山眞男「古層論」の射程』（関西学院大学出版会），戦中戦後の「市民社会」に関する理論と論争の歴史を通じて，近代と共同性を巡る重層的な言説空間の再編を試みた，小野寺研太『戦後日本の社会思想史——近代化と「市民社会」の変遷』（以文社）がある。丸山眞男については，東京女子大学丸山眞男文庫編『丸山眞男集　別集』第二・三巻（岩波書店），ならびに『丸山眞男集　別巻　新訂増補』（岩波書店）が公刊された。丸山の政治思想における「『他者感覚』を備えた主体像」の内実と可能性を描いた論文に，大園誠「丸山眞男——日本発の『普遍的主体』像をめざして」（大井赤亥・大園誠・神子島健・和田悠『戦後思想の再審判——丸山眞男から柄谷行人まで』法律文化社）がある。出原政雄編『戦後日本思想と知識人の役割』（法律文化社）は，戦後の矢内原忠雄における宗教的絶対平和主義と社会科学的認識，ナショナルな使命意識との連関を分析した出原政雄「矢内原忠雄の戦後平和思想」をはじめ，萩原稔「竹内好の『アジア』『中国』『日本』」や，織田健志「『悔恨共同体』の断層——長谷川如是閑と中野重治」を含む質の高い論文集である。南原繁研究会編『南原繁と平和——現代へのメッセージ』（EDITEX）は，プラトンやカント哲学との往還の中で，南原繁の「正義＝永久平和」論を解読した千葉眞「南原繁の平和思想——その特質と

今日的意義」や，宮崎文彦，川口雄一，大園誠，柴田真希都によるパネル・ディスカッションの成果を収録する。

最後に，松田宏一郎 "Patriotism and nationality in nineteenth-century Japanese political thought" (**Jun-Hyeok Kwak and Koichiro Matsuda eds.,** ***Patriotism in East Asia***, Routledge) と，苅部直 "'Public discussion' and Confucianism in 19th-century Japan"(**Jun-Hyeok Kwak and Leigh Jenco eds.,** ***Republicanism in Northeast Asia***, Routledge) を取り上げたい。この分野を牽引する両氏の論攷は，今日のアジア・日本研究において，その成果を母語以外の言語で発信し，新たな学術討議の場を作ることの重要性を示す，貴重な業績である。　　　　　　　　　　　　　　（文責　大久保健晴）

政治思想（欧米）　まず率直に評者が困難を感じたのは，「政治思想（欧米）」というカテゴリーの曖昧さである。古代から近代のあいだで個別の思想家や時代に焦点を絞って遂行される従来型の政治思想「史」研究と，現代社会の問題に対する直接的な応答を主たる動機とする政治理論研究。良質の研究はその双方の方向性によって貫かれているべきである，という素朴な共通感覚を信じるには，あまりに展望するのに困難な分断を学界は抱え込んでいるようにも評者には思われた。

そして，この状況に拍車をかけているのは，その双方の領域の内部においても，研究手法やテーマにおいて細分化が進んでいっていることではなかろうか。たとえば，**関口正司**「クエンティン・スキナーの政治思想史方法論をふりかえる」（『法政研究』81巻第4号）は，1980年代に始まった「思想史とは何か」という問題設定の持続性を評者に想起させるものであった。また分析的政治哲学の立場を旗幟鮮明にした**松元雅和**『**応用政治哲学**』（風行社）も，政治理論研究においても自らの採用するアプローチへの自覚が重大な問題となっていることを物語っている。この点について，近年における政治的リアリズムをめぐる議論も興味深いが，それに触れる意味で**乙部延剛**「政治理論にとって現実とはなにか」（『年報政治学』2015－Ⅱ）も紹介しておこう。このような混乱した光景が目に浮かぶのは，多分に評者の整理能力の欠如に由来する面もあるが，それ以上に政治思想研究のアイデンティティの根本的な問い直しが，引き続き急務の課題となっていることの証左であろう。専門領域を異にする者同士の「対話」が空しい理想にならないために，そもそも「現実」とは何か，という存在論的次元と各研究者が真摯に向き合うことが，やがて要求されるのかもしれない。

そのような状況のなかで，古典的な通史的研究として，**小野紀明**『**西洋政治思想史講義**』（岩波書店），**田上雅徳**『**入門講義――キリスト教と政治**』（慶應義塾大学出版会）が公刊されていることは注目に値する。前者は精神史と

いう手法によって，後者はキリスト教というテーマによって，古代から現代までの思想史を一つの物語として描きだしたものであるが，いずれも一貫した思想史記述は可能かという問いを私たちに新たに喚起するものであるといえよう。さらにポーコックの研究や方法論の成果を踏まえ，「徳と商業」という主題に貫かれながら，近代から現代にまでわたる思想家についての論考を集成した**坂本達哉・長尾伸一編『徳・商業・文明社会』**（京都大学学術出版会）も挙げておきたい。また，これまで巻を重ねてきた**『政治概念の歴史的展開』**（晃洋書房）の第七巻と第八巻の刊行は，改めて概念史的な考察の重要性を想起させるものである。

歴史研究に重点をおいたものとしては，まず古代や中世を取り扱ったものがほとんど存在していないのが残念ではあるが，かろうじて古代について**石野敬太**「アリストテレス『政治学』第8巻における教育」（『西洋古典研究会論集』24号）と**近藤和貴**「哲学者の英雄化」（『年報政治学』2015−Ⅱ）を挙げておこう。また中世については，法・政治思想からオッカムの思想を網羅的に論じたものとして**小林公『ウィリアム・オッカム研究──政治思想と神学思想』**（勁草書房）が公刊されている。

近代へと眼を向けるならば，今年も数多くの価値ある研究がものにされている。まず**厚見恵一郎**「マキァヴェッリとルクレティウス」（『早稲田社会科学総合研究』第16巻第1号）は，ルネサンス思想にエピクロス主義がもたらした影響までも視野にいれながら，ルクレティウスとマキァヴェッリの関係性を丹念に明らかにしている。イギリスに目を向ければ，市民の自由と均衡原理を核としてジェームズ・ハリントンの制度思想を究明した**倉島隆『ハリントンの急進的共和主義研究』**（八千代出版）が出版されたほか，**大澤麦**「オリヴァ・クロムウェルの護国卿体制と成文憲法」（『法学会雑誌』第56巻第1号）も同時期についての貴重な研究である。また近年隆盛のヒューム研究においては，『人間本性論』をその根底にある道徳哲学的な動機から再解釈することでヒュームにおける独自の倫理学のあり方を導き出した**林誓雄『襤褸を纏った徳』**（京都大学学術出版会）が出版されている。その他論集として，刊行中の新版のベンサム著作集の成果を踏まえてベンサム像の刷新を図った**深貝保則・戒能通弘編『ジェレミー・ベンサムの挑戦』**（ナカニシヤ出版）も出版された。

ドイツに転ずれば，カントについて多くの思想史的研究が公刊されたが，たとえばアーレントのカント講義以来通例となった第三批判を基礎とした判断力概念の解釈を問い直し，『実践理性批判』を中心にカントにおける政治哲学の可能性を探求した**有吉弘樹**「実践的判断力の政治（一）（二）（三）」（『法学論叢』第177巻第4・5・6号），植民地支配への批判者としてのカントに着目した**愛甲雄一**「カントが世界共和国を退けたのはなぜか」（『政治思想研

究』第15号）があった。また**熊谷英人**『**フランス革命という鏡**』（白水社）は，19世紀におけるドイツの歴史主義の隆盛を，フランス革命史研究への熱情を手がかりに描きだした労作である。フランスについては，**落合隆**「17－18世紀のフランスにおける一般意思の概念の変遷について」（人文研紀要第81号），**杉本竜也**「トクヴィルと社会主義」（政経研究第52巻第2号），**北川忠明**「レオン・ブルジョワにおける連帯・共和国・国際連盟構想（一）（二）」（『山形大学法政論叢』第60・61・62号）を挙げておこう。

続いて20世紀の政治思想についての研究として，まずトーマス・マンの著作を彼の生きた政治状況に対する応答として解釈することによって，彼の政治思想を再構成してみせた作品である**速水淑子**『**トーマス・マンの政治思想**』（創文社）が挙げられよう。またヴァイマル共和国の成立と崩壊から戦後へという同時期に，連邦主義という切り口から接近した論集として**権左武志編**『**ドイツ連邦主義の崩壊と再建**』（岩波書店）がある。さらにニクラス・ルーマンの社会システム理論を，全体主義への批判的応答，市民的自由主義の復権の構想として描きだした**小山裕**『**市民的自由主義の復権**』（勁草書房）も底流においては同時代の問題意識を共有している。さらに今年はグラムシについての研究も数多く公刊されており，彼に対するクローチェの影響について新たな視座を提供した**倉科岳志**「獄中期におけるグラムシのクローチェ観（上）（下）」（『思想』第1092・1093号）のほかグラムシのカトリック教会との距離をそのクローチェ批判を手がかりに解明した**千野貴裕**「アントニオ・グラムシのカトリック教会論」（『政治思想研究』第15号）などが上梓されている。

現代政治理論と呼ばれる領域に属するものとしては，まずはロールズの正義論における功績の概念を精緻に分析することで，彼の理論の弁証を企図した**宮本雅也**「分配的正義における功績概念の位置づけ」（『政治思想研究』第15号）を初めに紹介しよう。正義論をめぐる問題構成がロールズ以降に多岐にわたって発展したことは周知の事実であるが，近年の動向からは，とりわけ平等が重要な概念の一つとなっていることをうかがうことができる。この点については，現代における様々な平等論を批判的に検討しつつ，品位の概念を中心に平等論を展開した**木部尚志**『**平等の政治理論**』（風行社）が出版されているが，あわせて**井上彰**「運の平等論とカタストロフィ」（『立命館言語文化研究』第26巻4号），**小田川大典**「平等論の分析的転回」（『岡山大学法学会雑誌』第64巻，第3・4号）も挙げておきたい。同じくロールズを端緒としてグローバル・ジャスティスの系譜を辿った**神島裕子**『**ポスト・ロールズの正義論**』（ミネルヴァ書房）も公刊されている。またプラグマティズムも引き続き注目を集めており，その点でラディカル・デモクラシーとプラグマティズムの異同を論じた**山本圭**「政治的オプティミストの弁明」（『現代

思想』第43巻第11号）は興味深い。その他チャールズ・テイラーについて，これまで注目されてくることのなかった1950年代後半における彼の営為に焦点を絞った貴重な研究として**梅川佳子**「ニューレフト時代のテイラーの理論と政治活動（1）（2）」（『名古屋大学法政論集』第261・262号），平和学における業績として**寺島俊穂**『**戦争をなくすための平和学**』（法律文化社）なども公に出ている。

　展望というには，あまりに見透しを欠いた羅列的なものとなってしまい，恐縮ではあるが以上である。
（文責　加藤哲理）

政治史（日本）　2015年は，戦後70年首相談話の発表等にみられるように，現実政治において「戦後政治」の一区切とされる一方，日ロ国交160周年，対華二十一ヵ条要求100周年，日韓基本条約50周年など，歴史上も数々の節目にあたる年だった。そうした中，新たな視点から，「戦後」など従来の研究枠組や歴史認識のあり方を問い直す論考，これまでの研究を集大成する論考が数多くみられた。以下，できるだけ時系列的にみていく。

　まず歴史認識・対外認識について。**服部龍二**『**外交ドキュメント歴史認識**』（岩波新書）は，靖国問題・従軍慰安婦など歴史問題をめぐる外交政策の形成過程を明らかにする。また**伊藤信哉ほか編**『**近代日本の対外認識Ⅰ**』（彩流社）は，1890年代後半から1950年代半における知識人の対外認識を扱っている。この時期区分がもつ意義については未知数だが，軍事戦略上に止まらない日本のモンゴル認識を明らかにした**鈴木仁麗**「モンゴル認識の形成」など，貴重な論考がみえる。いずれにおいても歴史認識や対外認識は，政策形成や対外関係の説明要因であり結果として位置づけられている。互いの存在や歴史をみる視線の形成を客観化していく過程は，新たな関係を構築する可能性を開くだろう。

　明治期の行財政分析としては，**柏原宏紀**「大隈重信の政治的危機と財政をめぐる競合」（『史学雑誌』124編6号）が，明治6－8年の「大隈財政」を検証。これを大蔵省主導で「殖産興業政策」を支えた積極財政とみる従来の議論や，「大久保政権論」への疑問を提示する。今後の「大隈財政」評価に関わる重要な論考である。帝国議会開設前後をつなぐ分析としては，**中元崇智**「板垣退助岐阜遭難事件の伝説化」（『日本史研究』629号），**真辺美佐**「民権派とヨーロッパの邂逅」（**小風秀雅ほか編**『**グローバル化のなかの近代日本**』有志舎）等の板垣退助研究がある。憲法・議会政治については，**久保田哲**「伊藤博文の『立法』観」（『年報政治学』2014－Ⅱ）が，明治憲法において議会の立法機能 consent の訳語が「協賛」となった経緯を，伊藤の「立法観」から明らかにした。**村瀬信一**『**帝国議会**』（講談社）は，戦後に至る議会制度史を代議士・選挙や議場での弁論を含め描き出し，**吉田武弘**「二院制の政

治史」（東アジア思想文化研究会『東アジアの思想と文化』7号）は，貴族院の「政党化」と政党内閣成立の関係に疑問を示す．政党・藩閥関係については，**中里裕司『桂園時代の形成』**（山川出版社）が第二次山県内閣と憲政党の提携を起点として桂園体制・1900年体制を論じている．

　大正期の政治・外交について．**奈良岡聰智『対華二十一ヵ条要求とは何だったのか』**（名古屋大学出版会）は，加藤高明が，英を初めとする外交関係や閣内政治，国内外世論との関わりを通じて，要求を作成し交渉した過程を克明に明らかにし，複雑な関係をはらむ二十一ヵ条要求の全体像を提示することに成功した．この交渉過程を中国側からみたのが，**楊海程『日中政治外交関係史の研究』**（芙蓉書房出版）である．**中谷直司「『強いアメリカ』と『弱いアメリカ』の狭間で」**（『近代日本の対外認識Ⅰ』）は，ワシントン会議に至る日英関係について，「強いパワーをもつアメリカの弱いコミットメント」に着目して見直しを行い，**伊藤信哉「外交論壇の新潮流」**（『歴史評論』789号）は，同時期の「外交論壇」の拡大・発展について論じている．また**井竿富雄**「第一次世界大戦による被害に対する追加救恤，1929年」（『軍事史学』50巻3・4合併号）は，戦争被害に対する政府理解について明らかにした．

　戦間期から昭和戦前期・戦時期の政軍関係についても，豊富な研究が得られた．**高杉洋平『宇垣一成と戦間期の日本政治』**（吉田書店）は，大戦後の軍縮・協調主義の風潮のもと軍人政治家として台頭した宇垣一成の政策・行動を日中戦争期に至るまで丹念に追い，陸軍との「親和性」ゆえに支えられた「政治力」にその限界と可能性を見いだした．**川田稔『昭和陸軍全史3』**（講談社）は本シリーズ完結編であり，武藤章や田中新一などの軍事戦略に即して，対米戦争に至った経緯を明らかにする．**大前信也『政治勢力としての陸軍』**（中央公論新社）・「誰なら陸軍を抑えられたか」（『文藝春秋スペシャル』2015春号）は，予算編成過程において大蔵省との調整を行う「官僚機構」・「政治勢力」として，「陸軍」をとらえる視点を提示した．なお在外日本公館の機密費については，**小山俊樹**「解説・満州事変と在中国日本公館」（**小山俊樹監修・編『近代機密費史料集成Ⅰ』別巻**，ゆまに書房）がある．

　戦前の警察行政については，**黒澤良**「昭和戦前期の日本警察について」（『季刊行政管理研究』152号）が，選挙を含む広範な許認可権限をもつ戦前警察と政党との関係などから警察精神作興運動をとらえ直し，行政警察優位の戦前警察が戦後の司法警察中心の体制へ変化する意味を明らかにした．**宮地忠彦**「警察官僚の行政法学的警察観念批判における戦前と戦後」（専修大学『法学研究所所報』51号）は，警察精神作興運動にみられる国民の「保護者」としての警察の位置づけと，同時期における警察権拡大の関係を論じている．

　一方，戦時議会については，**奥健太郎**「事前審査制とは何か」・**黒澤良**「議

会審議と事前審査制の形成・発展」・**矢野信幸**「戦時議会と事前審査制の形成」（**奥健太郎ほか『自民党政治の源流』**吉田書店）が，予算・法案をめぐる議会・内閣・省庁間の対立を速やかに調整するシステム，また議会や与党内で代議士が法案に意見を反映させる手段としての事前審査制の役割を明らかにし，それが戦後の自民党政務調査会につながる可能性を示唆した。

こうした政軍関係・警察行政・議会にもみられる「戦時」と「平時」，さらには「戦時」と「戦後」の関係を改めて結び直す視座を提供したのが，**米山忠寛『昭和立憲制の再建1932〜1945年』**（千倉書房），同「戦時体制再考」（『年報日本現代史』20号）である。特に前書は，政党政治が解体する戦前・戦時期を逸脱とみる従来の理解や戦時期の政治過程全般を戦争に還元する見方に対して，最初から戦時体制を包摂したものとしての「昭和立憲制」を構想し，日米開戦以降の戦時期については「昭和立憲制」の再建期と位置づける。同書は，総力戦体制下の平準化志向に限界をみる**佐々木啓**「総力戦の遂行と日本社会の変容」（**『岩波講座日本歴史』**18巻）とは異なる形で，総力戦体制論を問題化するものだが，その視座は当該期にとどまらない射程をもつ。

戦前から戦後の政治については，政治アクターとしての昭和天皇像を提示した**古川隆久ほか編『「昭和天皇実録」講義』**（吉川弘文館）や，**茶谷誠一**「新史料発見　御用掛・寺崎英成1949年日記」（『中央公論』2015年9月号）がある。外務省というアクターに視点をおいた**庄司貴由『自衛隊海外派遣と日本外交』**（日本経済評論社）も注目される。

また，戦後70年の「沖縄」については，**櫻澤誠『沖縄現代史』**（中公新書）が，「沖縄革新勢力」や「復帰」だけでは説明できない，「保革対立」から「オール沖縄」に至る沖縄現代史の全体像を描出した。**黒柳保則**「日本復帰と二つの『議会』」（沖縄国際大学法学会『沖縄法学』44号）は立法権のあり方から，「沖縄」を問題化する。

アジアとの関係では，**宮城大蔵**「戦後70年の日本とアジア」（『年報日本現代史』20号）が，戦後めざましい経済発展をとげたアジアと日本の関係を整理し，「アジア冷戦の終わりの始まり」である1965−75年を「転換の10年」と位置づける。日韓関係については，日韓基本条約50年を記念した**『日韓関係史1965−2015』**全3巻（東京大学出版会）の刊行，地方紙を含む社説をとりあげた**梶居佳広**「朝鮮戦争・日韓関係（1950〜1953年）に関する日本の新聞社説」（立命館大学社会システム研究所『社会システム研究』30号）がある。

なお**福永文夫編『第二の「戦後」の形成過程』**（有斐閣）は，**福永文夫**「1970年代日本の政治的・外交的再編」，**村井良太**「1970年の日本の構想」，**吉次公介**「屋良朝苗県政と米軍基地問題1968〜1976年」等の論考を含み，70年代を戦後日本の内政・外交における転機として位置づける。前記，宮城の論考とも関わり，1970年代論の登場については今後大いに議論が期待される。

最後に，政財関係については，戦後の「ビジネス政治家」に至る財界出身閣僚の系譜を追った**松浦正孝**「ビジネス・財界と政権のあいだ」（『立教法学』92号）をあげておく。

(文責　高島千代)

政治史・比較政治（西欧・北欧）　この分野では，論文，著書の別を問わず，計25本の成果が申告された。まず同時代史研究として，**西田慎・梅崎透編『グローバル・ヒストリーとしての「1968年」——世界が揺れた転換点』**（ミネルヴァ書房）は，1968年前後の主要な社会運動について，従来の枠を超えてチェコ，中国等を含め，さらにサブカルチャーのグローバル化等にも注目した包括的な再考の試みである。

各国別に見ると，イギリスでは，**板倉孝信**「反革命戦争前後の英国における財政請願運動の比較分析——議会における請願紹介とそれに対する主要閣僚の対応」（『早稲田政治經濟學雜誌』388号）は，18－9世紀のイギリスにおける戦費調達のための租税と請願運動の関係，その変化を歴史的に考察する。

またスコットランドの分離独立，EU離脱などが注目される現代政治については，**渡辺容一郎**「2014年スコットランド住民投票と政党政治」および「デーヴィッド・キャメロンの『大きな社会』構想とイギリス保守主義」（『政経研究』第51巻第4号および第52巻第2号）が出た。前者は2014年のスコットランド住民投票の結果を，中央＝地方関係ではなく，政党政治の観点から捕捉しようとした。後者はキャメロンの保守主義を，イギリス保守主義の系譜の中で位置づけようとする試みである。

田中嘉彦『英国の貴族院改革——ウェストミンスター・モデルと第二院』（成文堂）は，二院制の意義という現代的な問題関心から出発し，ウェストミンスター・モデルにおける第二院の存在意義を，ブレアの貴族院改革を軸に考察する。また，**鈴木健人**「冷戦初期米英世界戦略の形成—— NSC-68とGSP-1950に関する比較研究」（『情報コミュニケーション学研究』第15号）は，1950年のイギリスの防衛・外交戦略の転換を，従来重視されていなかった史料読解を通じて明らかにする。

フランスについては，フランスの分権改革の諸相を，丁寧な現地調査の積み上げによって明らかにした**中田晋自『市民社会を鍛える政治の模索——フランスの「近隣民主主義」と住区評議会制』**（御茶の水書房）が出た。**久邇良子**「フランス・オランド政権下の政治的代表制」（『年報政治学』2015－Ⅱ）は，オランドの政権運営の低迷を，各選挙結果の分析を通じて第五共和制の代表制の機能不全として捕捉する試みである。なお同氏からは，「欧州債務危機と統合の行方」（『東京学芸大学紀要　人文社会系』第66集）の申告もあった。

土倉莞爾「パスカル・ペリノーのフランスFN（国民戦線）論」（『関西大学　法学論集』第65巻3号）は，フランスの選挙政治研究者ペリノーのFN研究に注目し，その理論の体系化と位置づけを試み，それを通じて現代フランス政治の動態を読み解こうとした。

　ドイツでは歴史研究の申告が目立った。**遠藤康弘**「ヴァイマル憲法制定の審議過程におけるフーゴー・プロイス――直接公選大統領制をめぐって」（**権左武志編『ドイツ連邦主義の崩壊と再編――ヴァイマル共和国から戦後ドイツへ』**岩波書店）は，ヴァイマル共和国崩壊の要因を，直接公選大統領制の予期せぬ「一人歩き」とその後の過程にあることを，起草者のプロイスに着目して明らかにしようとした。また，同氏からは**クリストフ・シェーンベルガー**「ドイツ連邦国家の発展――1870年から1933年まで」（同書所収，翻訳）の申告もあった。

　戦後冷戦期のヨーロッパ秩序の形成という古典的テーマを，新しい資料にもとづき，東ドイツの成立過程を通して再考したものとして，**清水聡『東ドイツと「冷戦の起原」1949〜1955年』**（法律文化社）が出た。やはり同氏による冷戦史再考の試みとして「冷戦とプロテスタント教会――東ドイツ国家による教会政策の展開と『社会主義の中の教会』」（**増田実，池田亮，青野利彦，齋藤嘉臣編『冷戦史を問い直す――「冷戦」と「非冷戦」の境界』**ミネルヴァ書房）が申告された。

　イタリアについては，**高橋進**「幻想の『帝国』とその破綻――ファシズム体制への国民の『同意』はあったのか？」（『龍谷法学』第48巻1号）は，イタリアの植民地獲得とファシズムへの変容過程における国民の「同意」が，実は失望をともなう受動的なものであることを明らかにした。同じくイタリアについて，**石田憲**「民主共和国への孤独な伴走者――ウンベルト・テッラチーニと憲法の系譜」（『千葉大学法学論集』第30巻1・2号）は，イタリア共和国憲法第一署名者ウンベルト・テッラチーニが，イタリアのファシズム国家から民主的国家への変容に果たした役割を考察した。

　さらに**芦田淳**「イタリア憲法改正と州の自治権――立法権分割と上院改革を素材として」（『自治総研』445号）は，連邦国家でもなく単一国家でもない「地域国家」モデルとしてのイタリアの特性，導入の過程を共和国憲法の改正に注目して検討した。同氏はまた「合憲性統制の日伊比較試論」（**Andrea Ortolani ed.『イタリアと日本における法と司法――直面する課題と将来的展望』**，Cafoscarina）において，違憲審査制導入後の運用における日伊の積極主義と消極主義の相違が，裁判官の選任方法，業務量など，その制度設計によることを明らかにした。

　北欧では，**清水謙**「スウェーデンにおける国籍不明の領海侵犯事件についての分析――『中立』と西側軍事協力と武力行使基準に着目して」（『IDUN

──北欧研究』21号）が，領海侵犯をする潜水艦に対するスウェーデンの安全保障政策に注目し，武力行使基準が施行された政治過程を，外交官トイテンバリの日記等の資料を通じて考察している。

小国については，**水島治郎**「『理想の国』のポピュリズム──スイス国民党と国民投票」および「『民衆の代表』か『防疫線』か──ベルギー・フランデレンのポピュリズム政党」（『千葉大学法学論集』29巻3号，4号）が，デモクラシーとポピュリズムの関係の機微を，各国ごとに丁寧に考察する。

最後に，申告された業績のうち，ここまで挙げられなかった本格的な比較研究を二点。**近藤康史**「社会民主主義政党の戦略的・政策的柔軟性と政党組織──イギリス労働党とドイツ社会民主党との比較から」（1）（2完）（『国際公共政策論集』第35，36号）は，1990年代以降のイギリス労働党とドイツ社民党の政策・戦略における柔軟性の相違に注目し，パーネビアンコの優越連合モデルを用いて比較検討し，その相違が党の組織改革の成否に負うと論じた。

また，フランスと日本の近代国民国家建設における国家と個人の関係を，祭政一致か政教分離かという相違に注目し，歴史社会学的手法を用いて明らかにしようとした **Yusuke Inenaga, *L'allégeance à l' Etat modern. Construction de la morale politique en France et au Japon*, L'Harmatten** が出た。なお同氏からは「第三共和政における二つのフランス──ナショナリストの憎悪をめぐって」（『日仏政治研究』第9号）の申告もあった。全体として重みのある歴史研究に恵まれた年であった。　　　（文責　松尾秀哉）

政治史・比較政治（北米）　　現代のアメリカ国内政治における最も重要な現象は，間違いなく二大政党の分極化である。分極化は数十年単位で進行している現象であり，その性質や，それが発生した原因やその帰結など，研究課題が尽きる気配はない。**西川賢『分極化するアメリカとその起源──共和党中道路線の盛衰』**（千倉書房）は，ドワイト・アイゼンハワーによる共和党の政策路線を中道に移行させる試みとそれに対抗する保守派の台頭を分極化の起源とする新しい議論を提示している。分極化の帰結については，**岡山裕**「アメリカ二大政党の分極化は責任政党化につながるか？」（日本比較政治学会編『政党政治とデモクラシーの現在』）は，今日の政党政治家は政党からの自立性を増しているために，分極化は政党が有権者に責任を負う「責任政党」の登場を導いていない，という重要な議論を提示している。

アメリカは厳格な三権分立を採用していることから，分極化は大統領制との関連で理解することも重要である。**梅川健『大統領が変えるアメリカの三権分立制──署名時声明をめぐる議会との攻防』**（東京大学出版会）は，法案に署名する際に付与する「署名時声明」という文書を通じて，大統領が法

案の一部を執行しないことを宣言するという行動が，分極化の進展に伴って，大統領主導で立法を行う「現代大統領制」が立ち行かなくなったことで定着してきたことを明らかにしている。「現代大統領制」において大統領が直面する困難については，**待鳥聡史**「アメリカ大統領制への今日的視座」(『法学論叢』176巻5・6号）が，比較政治の枠組みを用いながら論じている。その他，**高橋善隆**「アメリカ社会の分極化とオバマ政権——米国における格差拡大の政治的考察」(跡見学園女子大学文学部紀要第50号）は，バラク・オバマ政権の下で社会の分極化と経済的格差が進展した原因を論じている。

地方自治や都市政治の分野では，**平田美和子**「アメリカ南部サンベルトにおける大都市圏政治の変容」(『武蔵大学人文学会雑誌』第47巻第1号)，**千草孝雄**「市支配人制の現状」(『駿河台法学』第29巻第1号）がそれぞれ公表されている。いずれも筆者の過去の著作や最近の論文と併せて読まれたい。**櫛田久代**「1989年エクソン・バルディーズ号座礁事故後アラスカ州における地域住民参加の石油流出事故再発防止体制づくり」(『敬愛大学国際研究』第28号）は，石油流出事故の再発防止について，連邦と州との関係や地域住民の参加の実態を明らかにしている。

社会の側からアメリカ政治をみる研究としては，1970年代以降の政府監視団体を論じた**岡山裕**「アメリカの政府監視団体の政治過程——利益団体政治の視角から」(**高橋百合子編**『**アカウンタビリティ改革の政治学**』(有斐閣))や，アメリカの政治学の教科書におけるアジア系アメリカ人への言及の内容分析を行った **Takeda, Okiyoshi（武田興欣）** "A Forgotten Minority? A Content Analysis of Asian Pacific American in Introductory American Government Textbooks." (*PS: Political Science and Politics* 48-3) が公表されている。

社会や文化は国内政治だけでなく外交とも密接な関係にある。文化や価値観の国際的な影響力である「ソフト・パワー」を扱った研究が揃って公表された。**渡辺靖**『**沈まぬアメリカ——拡散するソフト・パワーとその真価**』(新潮社）は，アメリカを支える各種の制度や文化について，他国への普及も含めて詳細に明らかにしている。同じ著者による，**渡辺靖**『**アメリカのジレンマ——実験国家はどこへゆくのか**』(NHK出版）と併せて読まれたい。**藤田文子**『**アメリカ文化外交と日本——冷戦期の文化と人の交流**』(東京大学出版会）は，主に1950年代の日本におけるアメリカの文化広報活動の実態を明らかにしている。**ジョゼフ・S・ナイ（村井浩紀訳）**『**アメリカの世紀は終わらない**』(日本経済新聞出版社）は，ソフト・パワーという概念を提唱した原著者の最新の著書である。

アメリカ外交や日米関係については，**北岡伸一**『**門戸開放政策と日本**』(東京大学出版会）が刊行された。日本政治外交史の代表的な研究者である著者のこれまでの論考をまとめたもので，著者の議論の長期にわたる展開をまと

めて理解することができる。その他，**鈴木健人**「冷戦初期米英世界戦略の形成――NSC-68 と GSP-1950 に関する比較研究」（『情報コミュニケーション学研究』第15号）・同「ジョージ・F・ケナンとアメリカ冷戦戦略の形成――『封じ込め』構想と国家戦略のダイナミズム」（『戦略研究』第17号）などが公表されている。

カナダについては，**荒木隆人『カナダ連邦政治とケベック政治闘争――憲法闘争を巡る政治過程』**（法律文化社）が刊行された。ケベックの位置づけをめぐる「カナダ憲法闘争」の政治過程を，連邦と州の指導者の理念や相互の論争に焦点をあてて論じた意欲作である。

北米においては，政治と社会の境目は，他の地域よりも明瞭ではない。政治を知るためには，経済・宗教・文化なども含めて，社会から観察することが重要である。こうした必要を満たすための，北米地域を包括的に論じた概説書として，**上智大学アメリカカナダ研究所編『北米研究入門――「ナショナル」を問い直す』**（ぎょうせい）が刊行された。　　　　（文責　松本俊太）

政治史・比較政治（中南米）　　中南米政治分野では，まず単著として**小倉英敬『ラテンアメリカ1968年論』**（新泉社）がある。著者は，「1968年に先進諸国や社会主義諸国において生じた『若者の叛乱』に象徴される諸事件は，世界資本主義システムの展開とそれに対抗するシステムの双方において生じた世界的現象」であるとの認識に立ち，1968年にラテンアメリカの各国で生じた諸現象を世界史的な視野から考察する。

共同研究の成果としては，**村上勇介編『21世紀ラテンアメリカの挑戦――ネオリベラリズムによる亀裂を超えて』**（京都大学学術出版会）がある。本書は，1990年代のようなネオリベラリズム一辺倒ではなく，ネオリベラリズムを堅持する国とそこから乖離する国とが混在するラテンアメリカ諸国の現状を分析するものであり，取り上げているのはエクアドル，コロンビア，ブラジル，ペルー，チリの5ヵ国である。いずれの章もネオリベラリズムと政治の絡み合いを組み込んでいるが，エクアドルの章は先住民族運動，コロンビアの章は和平プロセスに焦点を当てており，チリの章は選挙制度に注意を向けている。中南米社会における女性の問題を総合的に考察する**国本伊代編『ラテンアメリカ　21世紀の社会と女性』**（新評論）は，執筆者の中で政治学者が占める割合は少ないものの，女性の政治参加（クオータ制を含む），女性の社会運動，女性政策，武力紛争下の女性など，政治に関わるテーマを多く扱っている。取り上げているのはハイチを除くラテンアメリカの19ヵ国とジャマイカである。

単発の論文では，**岡田勇**「ラテンアメリカにおける石油・天然ガス部門の国有化政策比較――1990～2012年の主要生産国についてのパネルデータ分

析」(『アジア経済』第56巻第3号)が，主要生産国8ヵ国を対象として，国有化志向政策の決定要因を，ロジスティック回帰分析とボリビアの事例分析で考察している。著者の結論は，経済における石油・天然ガスのレントの増加と行政府に対する政治的制約の低下が国有化志向政策の要因として重要であり，左派イデオロギーはさほど重要でないというものである。**高橋百合子**「ラテンアメリカにおける会計検査制度改革——メキシコの事例分析」(**高橋百合子編『アカウンタビリティ改革の政治学』**有斐閣)は，ラテンアメリカの会計検査制度改革を概観し，改革の説明要因に関する先行研究を検討した後，メキシコの事例を分析して，政党間競争の高まりと市民社会の活発化が重要であったと結論する。**岩崎絢子『チャベス政権の参加型民主主義の実態と課題——ベネズエラにおける地域住民委員会の分析を通して』**(上智大学イベロアメリカ研究所，ラテンアメリカ研究 No. 41)は，ベネズエラのローカル・レベルの政治参加制度の実態と課題を考察している。

　現状分析としては，**内田みどり**「ウルグアイ2014年大統領・国会議員選挙——『拡大戦線の時代』到来か」，**菊池啓一**「ブラジルの選挙における便乗効果」，**舟木律子**「2014年ボリビア総選挙——MASによる一党優位政党体制の確立」，ロメロ・イサミ「メキシコにおける政権交代と外交の変容」(以上，『ラテンアメリカ・レポート』Vol. 32, No. 1所収)，**松本八重子**「ガイアナの二大政党制の変化と2015年総選挙」，**馬場香織**「メキシコ2015年中間選挙——左派再編と政党政治」，**坂口安紀**「ベネズエラ2015年国会議員選挙の行方」(以上，『ラテンアメリカ・レポート』Vol. 32, No. 2所収)がある。松本の論考はガイアナの政党政治の歴史と現状を簡潔にまとめたものであり，研究が手薄なガイアナに関する手頃な文献として貴重である。　(文責　大串和雄)

政治史・比較政治（ロシア・東欧）　本年も，ユニークな視点からロシア・東欧の政治社会の特質を浮き彫りにしようとする興味深い研究が数多く見られた。また，博士論文に基づく重厚な実証研究書の出版という歓迎すべき傾向も続いている。まず，現代ロシアについては，**油本真理『現代ロシアの政治変容と地方』**(東京大学出版会)が，1990年代の「安定した与党の不在」状況から，2000年代における「統一ロシア」の圧倒的一党優位が，なぜ，そしていかなるプロセスを経て成立したのかという問いを立て，地方エリートというミクロなアクターに着目することで，この政治変容の解明を試みた。具体的には，沿ヴォルガ地域の4州における地方エリートの合従連衡や与党形成・浸透のプロセスを，比較の視座から，現地での聞き取り調査などの貴重な資料を用いつつ丹念に跡付け，全国与党への結集という現象が，地域ごとの独自の力学に基づき多様な形態をとりながら進展したことを明らかにし

た。

　ソ連については，**Kazuko Kawamoto** "Public and Private Matters in Comrades' Courts under Khrushchev" (**Yasuhiro Matsui ed., Obshchestvennost' and civic agency in late imperial and Soviet Russia,** Palgrave) が，フルシチョフ期ソ連における同志裁判所について，公私の区別という観点から分析を試みた。理論的に公私の区分がないソヴェト体制の下で，工場の同志裁判所に家庭内トラブルという私的案件が持ち込まれる一方，労働規律違反の解決にあたり個人的事情が限度なく斟酌されるなど，興味深い傾向が明らかになった。また，**Nobuo Shimotomai** "Bolsheviks, Soviets and Old Believers" (*Japanese Slavic and East European Studies*, Vol. 35) は，正教異端派＝古儀式派がロシア革命期に，ボリシェヴィキ党とソビエトという組織（形態）の形成やその活動に与えた影響という，興味深い視点を提示している。

　ウクライナ問題の長期化を受け，『地域研究』（16号）では「ロシアとヨーロッパの狭間」と題した特集が組まれたが，溝口修平「ウクライナ危機をめぐる二重の相互不信」は，ウクライナ国内で生じた相互不信と，国際政治におけるロシアと欧米諸国の相互不信との連鎖が生じたことが，ロシアがウクライナに介入し，ウクライナ危機が深刻化した最大の要因であると主張する。また，同誌において，大串敦「ウクライナの求心的多頭競合体制」は，2014年のマイダン政変以前のウクライナ政治体制を「求心的多頭競合体制」と位置づけた上で，中央政治と地方政治のダイナミズム，派閥競合と統合のメカニズムについて考察した。

　次に，中東欧諸国に目を向けると，**中井遼『デモクラシーと民族問題――中東欧・バルト諸国の比較政治分析』**（勁草書房）は，中東欧新興民主諸国におけるエスノポリティクス・政治的民族関係の相違を説明する際に，様々な要因が考えられる中で，政党間競争の構造，とりわけ多数派民族側の中間的な実務政党の意思決定（選択）・政治行動に着目する。その上で，多数派民族に依拠する政治勢力が結集している場合，民族集団「内」の競争性が低くなり，民族政治が宥和的・妥協的になる一方で，多数派民族側が分散している場合には，民族集団「内」の政治的競争が激化し，民族政治は対立的になる，という興味深いメカニズムについて，中東欧10カ国に関する計量分析とラトヴィア・エストニアの詳細な比較事例分析を通じて明らかにした。

　中田瑞穂「ヨーロッパにおける政党と政党競合構造の変容」（『日本比較政治学会年報』17号）は，戦後ヨーロッパの代議制デモクラシーは，部分社会を代表・統合する政党のすみ分けに基づいていたと指摘した上で，現在の個人化する社会の中で，政党が直面している代表性と応答性の問題について，チェコの事例を取り上げつつ説得的に論じている。また，**Mizuho Nakada-Amiya and Takashi Narihiro** "New Parties' Effects on the Instability of Coalition Governments in East-Central Europe" (*International & Regional Studies*, Meiji Gakuin University, No.47) は，東中欧諸国では2000年代以降も「新党」が絶えず参入し続けていることに着目する。具体的には，チェコとスロヴァキアにおける新党のプロフィールと，支持有権者の判別分析を行い，これらの新党が，既存研究の想定とは異なり，連合政治や政党競合の構造に変化を与えていないことを示した。

最後に，旧ソ連・東欧の外交に関する研究としては，**清水聡**『**東ドイツと「冷戦の起源」1949〜1955年**』（法律文化社）が，東ドイツの政治外交について，その成立期から冷戦秩序が確立した1955年までの時期を対象に，主として「東ドイツからの冷戦」という視角からアプローチし，東ドイツ指導部とソ連指導部との間の利害対立を始め，「ドイツ問題」をめぐるヨーロッパ国際秩序の形成過程を動態分析により浮き彫りにした。さらに，冷戦後に公開された新史料を用いて，1953年のベルリン蜂起が生じた諸要因や，それが冷戦の制度化に与えた影響について丹念に跡付けている。また，**湯浅剛**『**現代中央アジアの国際政治――ロシア・米欧・中国の介入と新独立国の自立**』（明石書店）は，ソ連解体によって新たに独立した中央アジア諸国の国際政治（史）について，ロシアや米欧といった主要国との関係を軸に論じている。とりわけ，ロシアを上位者とする「階層的秩序」や「介入と自立」の相互作用という視点から，新興国家群としての中央アジアにおける国際秩序の特質を浮き彫りにした。　　　　　　　　　　　　　　　　（文責　藤嶋　亮）

政治史・比較政治（アジア）　　中国政治史では，**土屋光芳**「中華民国維新政府はなぜ平穏に汪精衛政権に吸収されたのか―陳羣と伍澄宇を中心に」『政経論叢』83巻3／4号がある。本論文は，1938年に設立された中華民国維新政府が1940年に南京で成立した汪精衛政権に平穏に吸収された理由を，陳羣と伍澄宇という二人のキーパーソンによる日本留学を通じた孫文との関係と，反共の立場に焦点を当てて説明する。

日韓関係史では，1965年の日韓国交正常化から50年を振り返りつつ，新たな未来を探求する『**日韓関係史　1965-2015**』（東京大学出版会）が，三巻本シリーズで出版された。「Ⅰ　政治」の第二章に収められた**木宮正史**「日韓外交協力の軌跡とその現代的意義」では，米中の和解によって東アジアにおける冷戦状況が流動化するなか，日韓が外交において協力したことを明らかにした。同「日本の安全保障と朝鮮半島」『**シリーズ日本の安全保障6　朝鮮半島と東アジア**』（岩波書店）は，日本と韓国が安全保障上の協力・共存関係を築けない理由を，日本は韓国の存在を重要としたのに対して，韓国は日本との関係を重視したという歴史的につくられた非対称性の観点から明らかにした。現代の日韓政治については，**猪口孝（監修）**『**日本と韓国――**

互いに敬遠しあう関係』(原書房)が，日韓の研究者11名が両国の経済政策，国内政治，外交を分析し，なぜ深く相互関与を深める隣国同士が「互いに敬遠しあっている」ように見えるのかを説明している。

東南アジアでは，民主主義の定着過程を捉えたインドネシア政治研究の出版が盛んだ。**岡本正明『暴力と適応の政治学——インドネシア民主化と地方政治の安定』**(京都大学学術出版会)は，多元的なインドネシアで社会的亀裂が過度に争点化されず，民主化が安定的に進行した理由を説明する。細分化された自治体に権限が移譲され，地方で首長が公選される際に，暴力集団が新たな民主主義のゲームに自らを適応させていったためだという。**森下明子『天然資源をめぐる政治と暴力—現代インドネシアの地方政治』**(京都大学学術出版会)も，地方政治における暴力の有無に着目し，資源をめぐる利権構造の違いから説明する。編著では，**川村晃一編『新興民主主義大国インドネシア——ユドヨノ政権の10年とジョコウィ大統領の誕生』**(アジア経済研究所)が，計量政治学と地域研究のアプローチを併用して，ユドヨノ政権10年の成果を総括しつつ，2014年選挙のおけるジョコウィの当選と今後の課題について包括的かつ実証的に分析している。

民主主義への移行期を対象とするものでは，**工藤年博編『ポスト軍政のミャンマー——改革の実像』**(アジア経済研究所)が，政治制度の変化，法の支配，少数民族との和平など，ミャンマーにおける改革の進展と課題を明らかにしている。権威主義体制の安定性を説明するものとしては，**山田紀彦編『独裁体制における議会と正当性——中国，ラオス，ベトナム，カンボジア』**(アジア経済研究所)がある。本書は，党と国家が高度に融合した四カ国の独裁制における議会の役割に焦点をあて，それらを体制内外の脅威緩和という点だけでなく，体制への正統性の維持・獲得という観点から分析して理論的に貢献している。**瀬戸裕之『現代ラオスの中央地方関係——県知事制を通じたラオス人民革命党の地方支配』**(京都大学学術出版会)は，県知事の役割に着目して，いかに人民革命党が中央から地方を統治しているのかを詳細なデータでもって説明する。中国については，**天児慧『「中国共産党」論——習近平の野望と民主化のシナリオ』**(NHK出版)が，中国政治の安定性と将来的な見通しを，反汚職闘争，治安維持費の増強，共産主義からナショナリズムへのイデオロギー変更など，中国共産党による新たな状況への適応から読み解く。

南アジアでは，**近藤則夫『現代インド政治——多様性の中の民主主義』**(名古屋大学出版会)が，大量の統計データをもとに計量政治学の手法を駆使して，独立後から50年にわたる社会と政党システムの関係を分析し，会議派の一党支配から多党化へというインド民主主義の長期的な変化とその安定性を明らかにした。**石坂晋哉編『インドの社会運動と民主主義——変革を求める

人びと』(昭和堂)は，長期的な歴史の視座を射程に入れつつ，冷戦の終結，経済の自由化とグローバル化といった変化のなかで生じた多様な社会運動を学際的に検討している。 （文責　日下　渉）

政治史，比較政治 (アフリカ)　2015年1月から12月にかけてのアフリカ政治に関する研究では，地域紛争及び終結後の平和構築のあり方を考察する著書・論文が幾つか公表された。そのうちの著作の一つが，冷戦後に「紛争の大陸」と呼ばれたアフリカの政治的特徴を概観する，**戸田真紀子『貧困，紛争，ジェンダー——アフリカにとっての比較政治学』**(晃洋書房) である。本書は，現代アフリカ政治に関する概説書だが，比較政治学の分析枠組みを用いつつ，アフリカの政治的現状を浮き彫りにさせる。また，土地や資源といった紛争要因が，アフリカ各国の政治に与えた影響を考察した著作もある。**武内進一編『アフリカ土地政策史』**(アジア経済研究所) は，国家建設と土地政策の関係の変遷を様々な国別事例から分析した好著である。本書は，植民地統治時代にまで遡りつつ，統治者にとって，土地が支配と開発の重要な手段であったことを描き出している。また，室井義雄「ナイジェリアにおける石油戦争——国家・少数部族・環境汚染」(『専修大学社会科学研究所月報』622号) は，ナイジェリアの石油資源問題に焦点をあて，独立時から今日にまで至る，開発と分配をめぐる政治的対立の様相を詳述した力作である。他方で，紛争後の平和構築のあり方の知見を提供する著作もあった。まずその一つとして，シエラレオネ紛争を事例とする，**岡野英之『アフリカの内戦と武装勢力——シエラレオネにみる人的ネットワークの生成と変容』**(昭和堂) がある。本書は，シエラレオネ紛争を研究対象とし，これまで充分な学術的関心が払われてこなかったカマジョー／市民防衛軍の全体像を明らかにする。この組織は，同国南部に作られた自警団的民兵組織で，紛争が生み出した鬼子とも言える存在である。筆者は，関係者への独自のインタビュー等を通じて，軍事化せざるをえなかった人脈ネットワークの有り様を描き出す。また別のアフリカにおける平和構築に関する重要な著作として，**遠藤貢『崩壊国家と国家安全保障』**(有斐閣) を挙げる。本書は，破綻国家の典型としてのソマリアを取り上げ，いつ国家は国家であるのか，という根源的な問いを踏まえる。そして，詳細な分析を通じて，政府が存在せずとも，政府を介さないかたちでの統治が機能し，秩序が実現しうる可能性を論じる。また，アフリカの国際関係の実態に興味深い形で光を当てるのが，**村主道美「アフリカの国際関係における中心性と繋がり」**(学習院大学『法学会雑誌』50巻2号) である。この論文は，文献データの統計的分析を通じて，アフリカの国家間の繋がりを描く。そして，アフリカ大陸には，欧州における英独仏，太平洋地域における米中のような強い中心がなく，アフリカ外との強い繋がりを持

つことを指摘する。この意味で，村主の指摘に符合するのが，以下の論文である。**山本健太郎**「緊密化する米仏同盟――アフリカ・中東地域を事例として」(関西学院大学『法と政治』65巻4号）は，主にフランス側に焦点を当てつつ，近年見られる米仏両国の協力関係を，マリや中央アフリカ問題などへの対応から描き出す。また，**神田英宣**「中西部アフリカの海洋安全保障――欧米の戦略目標の実行と沿岸諸国」（『防衛大学校紀要』110号）も，ギニア湾岸地域での事例について，やはり米欧の軍事的協力の有り様を考察する。他方，歴史的考察だが，中国のアフリカでの活動を考察したものもある。**村上亨二**「中国のアフリカ宣伝活動――1950年代後半から1960年代前半」（愛知大学『愛知論叢』98号）は，中国政府が，独立期のアフリカ諸国に対して，国交樹立前の段階で，それら地域を対象としたラジオ国際放送を行っていた事実を明らかにしている。

（文責　三須拓也）

国際政治・外交　戦後70年の節目を迎えた2015年は，「戦争と平和」という国際政治の課題を考えるにふさわしい業績が多く発表された。なかでも安保関連法案をめぐる議論を受けて，日米安保・集団的自衛権を再考する試みが活発に展開された。たとえば，**吉次公介**「アジア冷戦のなかの日米安保体制」（『岩波講座日本歴史第19巻』岩波書店）は，日米安保の構造的特徴を，冷戦や日米間の「非対称性」を背景に日本が「対等性」を確保すべく，憲法や国民感情に配慮しながら「負担分担」に応じてきたと分析。現在の状況に目を転じ，集団的自衛権の行使により対米「貢献」を重ねても，日本政府が国民の不満を解消しなければ安定した日米安保は成立しえないことを示唆している。**肥田進**『**集団的自衛権とその適用問題――「穏健派」ダレスの関与と同盟への適用批判**』（成文堂）では，集団的自衛権が創設される過程において当該権利は地域機構への適用が想定されており，二国間同盟への適用には否定的であったことを論証している。集団的自衛権が日米安全保障条約など二国間同盟を強化，或いはそれによる武力行使を正当化するために設定されていることを前提とした昨今の日本における議論に一石を投じている。**信夫隆司**「日米安保条約にもとづく事前協議制度の原型」（日本大学法学会『政経研究』第52巻第2号）は，新日米安保条約と日米地位協定への改定の目玉が（駐留米軍の行動に日本側の発言権を確保するために導入された）事前協議制度であることを踏まえ，その原型が国連軍協定交渉において日本側が提示した事前協議案になることを明らかにしている。

こうした流れから日本による国際貢献のあり方への関心が集まった。**大山貴稔**「『国際貢献』に見る日本の国際関係認識――国際関係理論再考」（日本国際政治学会編『国際政治』第180号）は，「国際貢献」が日本特有の概念であり，高度経済成長を遂げた「大国」としての日本の「国際社会からの期待

と国際社会における現実の間の乖離を埋めようとする意識」がその背景にあると指摘している点が興味深い。また「国際貢献」という概念は冷戦後の自衛隊派遣問題とともに流布するのだが，**庄司貴由『自衛隊海外派遣と日本外交——冷戦後における人的貢献の模索』**（日本経済評論社）は，約半世紀前自衛隊を海外へ派遣しないことを固く誓ったはずの日本が，なぜこれほどの変貌を遂げたのかについて分析した力作である。

さらに，長期にわたり各国の安全保障のあり方を規定してきた冷戦に関しても，様々な視点からの検証が行われている。**鈴木健人**「ジョージ・F・ケナンとアメリカ冷戦戦略の形成——『封じ込め』構想と国家戦略のダイナミズム」（戦略研究学会『戦略研究』第17号）は，ケナンによる卓越したソ連分析と戦後の安全保障観が冷戦初期のアメリカの国家戦略形成に及ぼした影響を検証している。現在そのあり方が問われる日米同盟の起源と役割を再確認する上でも興味深い。他方**清水聡『東ドイツと「冷戦の起源」1949～1955年』**（法律文化社）は，冷戦を米ソという超大国のみから分析することの限界を指摘している。特に東ドイツは「ソ連からの冷戦」という要素は少なく，むしろ「現地（東ドイツ）からの冷戦」の要素が大きかったことを，従来入手困難だった東側の資料を丹念に紐解きながら論じている。

その他の安全保障に関連する業績としては，たとえば**久保谷政義・旦祐介**「軍事部門におけるアウトソーシング——行政学・政策科学の観点から」（『東海大学教養学部紀要』第45輯）は，軍事部門も行政機関の一部であるという前提に立ち軍事部門のアウトソーシングの分析をし，行政学や政策科学分野の先行研究と架橋させた研究といえる。**櫻田大造『NORAD 北米航空宇宙防衛司令部』**（中央公論新社）は，日本では先行研究が少ない米国とカナダの軍事同盟である NORAD 設立について，カナダ・米国両政府の交渉過程を歴史的に検証している。**清水譲**「スウェーデンにおける国籍不明の潜水艦による領海侵犯事件についての分析——『中立』と西側軍事協力と武力行使基準に着目して」（大阪大学言語文化研究科言語社会専攻デンマーク語・スウェーデン語研究室『IDUN』第21号）は，領海侵犯する潜水艦に対してスウェーデンがなぜ武力行使を伴う強硬な手段を採るに至ったのかを分析しており，NATO との関係やロシアの脅威など同国の安全保障上の困難な立場を垣間見せる。**野口和彦**「国際関係理論は将来を予測できるのか——政策とインテリジェンスへの含意を探る」（『群馬県立女子大学紀要』第36号）は，国際関係理論が政策立案やインテリジェンスの大枠を示しうる一方で，政策決定者の選択を示すものではないと指摘している。

2015年は日韓国交正常化50周年でもあり，あらためて日韓関係を検証する機運が高まり重要な業績が多く上梓された。**木宮正史**「第 2 章　日韓外交協力の軌跡とその現在的含意」（木宮正史・李元徳編**『日韓関係史1965-2015**

Ⅰ政治』東京大学出版会）は，歴史認識問題や領土問題の陰に隠れ過小評価されている日韓外交協力を再評価している。同「第3章　日本の安全保障と朝鮮半島」（**木宮正史編著**『**シリーズ　日本の安全保障　第6巻朝鮮半島と東アジア**』岩波書店）は，日韓の歴史的前提に起因する安全保障における非対称性を明らかにし，そうした状況の下で両国の協力関係と安全保障が展開されてきたことを論じている。**梶居佳広**「朝鮮戦争・日韓関係（1950～1953年）に関する日本の主要紙社説」（立命館大学社会システム研究所『社会システム研究』第30号）は，朝鮮戦争時の日本の主要紙社説を分析することで当時の対南北朝鮮認識を探ることを試みている。**峯良一編著**『**金正恩の北朝鮮――隣国を客観的に「読む」**』（遊絲社）は，北朝鮮三紙の共同社説などの資料をもとに同国の政策や動向を理解することの必要性を説いた初学者向け解説書となっている。

その他にも幅広い領域において優れた業績が見られた。**大串和雄編著**『**21世紀の政治と暴力――グローバル化，民主主義，アイデンティティ**』（晃洋書房）は，21世紀における暴力と紛争の力学を解明すべく多角的に分析している。暴力や紛争の発生メカニズムだけでなく，事後処理までその研究対象は広範囲に及ぶ。たとえば，**同**「第8章　移行期正義の相克――「左翼的批判」に対する批判的考察」では，左翼的批判は主流の移行期正義モデルに「西洋」的バイアスを見出すが，その西洋と非西洋の二分法の境界は恣意的なものであり，非西洋文化の人々の要求を無視しかねないという問題点が指摘されている。

思想史的な研究としては，**宮下豊**「バターフィールドとニーバーにおける自国・敵国批判――政治的判断の比較研究のための一試論」（『政治思想研究』第15号）と同「ニーバーとバターフィールドにおける自己義認批判――誤読された原罪説と『ホッブズ的恐怖』」（『国際政治』第180号）は，古典的リアリストを再評価する試みである。そして20世紀における英米のメシアニズムや自己義認が終わりのない「巨大な敵を根絶させる戦争」を誘発させるというニーバーらの警告を，現代国際政治学が正しく継承していないことのリスクを指摘している。**伊藤信哉・萩原稔編著**『**近代日本の対外認識Ⅰ**』（彩流社）は，第一次世界大戦など世界を大きく変えた事象を日本人はどのように認識していたのかを探るべく，当時の知識人に着目した思想史的な論文が多数収録された意欲作である。

最後に2015年には，TPP（環太平洋パートナーシップ）協定が大筋合意したことも忘れてはならない。**椛島洋美**「TPPの制度論的考察――APECとの構造比較」（九州大学法政学会『法政研究』第82感2・3合併号）は，APECとの比較を通じてTPPの枠組みの意義を考察している。（文責　細井優子）

2016年文献委員会

　本委員会では，各分野を次の各委員が担当した。加藤雅俊〔政治学・政治理論〕，辻由希〔日本政治・政治過程〕，砂原庸介〔行政学・地方自治〕，大久保健晴〔政治思想（日本・アジア）〕，加藤哲理〔政治思想（欧米）〕，高島千代〔政治史（日本）〕，松尾秀哉〔政治史・比較政治（西欧・北欧）〕，松本俊太〔政治史・比較政治（北米）〕，大串和雄〔政治史・比較政治（中南米）〕，藤嶋亮〔政治史・比較政治（ロシア・東欧）〕，日下渉〔政治史・比較政治（アジア）〕，三須拓也〔政治史・比較政治（アフリカ）〕，および細井優子〔国際政治・外交〕である。なお，表記の統一を含めた全体の調整は，委員長の田村哲樹が行った。

　分野名などについては，前年委員会での方針を踏襲した。執筆にあたっては，会員からの自己申告があった業績を中心的に取り上げた。ただし，各委員の判断で未申告の文献を加えている場合もある。また，紙幅の都合等の理由から，自己申告された業績のすべてを紹介できたわけではない。会員各位のご海容をお願いする次第である。なお，日本政治学会ホームページおよび『日本政治学会会報』No.70（2015年12月）に掲載の「研究業績自己申告のお願い」に基づいて本委員会が受理した業績数は203点（一つの業績だが複数の分野に申告されたものをすべて数え上げた場合は251点），申告者数は145名であった。

　最後に，研究業績自己申告書および業績本体をご送付いただいた会員各位と，各分野の執筆を担当された委員各位に心からのお礼を申し上げたい。

（文責　田村哲樹）

2016年度日本政治学会総会・研究大会日程

日時　2016年10月1日（土）～10月2日（日）
場所　立命館大学大阪いばらきキャンパス

【第1日目】10月1日（土）
10：00～12：00　＜分科会Ａ1～Ａ9＞
Ａ1　企画委員会企画　投票で政治は変わるのか
　　　―選挙アカウンタビリティの検証
司会者：山田真裕（関西学院大学）
報告者：大村華子（関西学院大学総合政策学部）「日本の有権者の経済投票と再
　　　　　　　　　分配政策」
　　　　五野井郁夫（高千穂大学）「参加民主主義と代表制」
　　　　松林哲也（大阪大学）"Voter turnout, election outcomes, and policy"
討論者：荒井紀一郎（首都大学東京）・吉田　徹（北海道大学）

Ａ2　企画委員会企画　日常生活と政治―ジェンダーの視点を踏まえて
司会者：田村哲樹（名古屋大学）
報告者：武田宏子（名古屋大学大学院法学研究科）「政治課題としての日常生活」
　　　　辻　由希（東海大学）「保守政党における女性の政治活動と日常性」
　　　　久保田裕之（日本大学）「共同生活と集合的意思決定
　　　　　　　　　　―家族の政治学に向けて」
討論者：尾内隆之（流通経済大学）

Ａ3　企画委員会企画　「民本主義」再考
司会者：小川原正道（慶應義塾大学）
報告者：大川　真（吉野作造記念館）「吉野作造の代表制論」
　　　　尾原宏之（立教大学）「右から見た吉野作造」
　　　　趙星銀（日本学術振興会外国人特別研究員PD）「大正デモクラシーと戦
　　　　　　　　　後民主主義―「大衆」の問題を中心に」
討論者：苅部　直（東京大学）・千葉　眞（国際基督教大学）

Ａ4　公募企画　"政治的資源"としての時間
　　　―基地政策・平和構築・安定化の過程からの抽出
司会者：高橋良輔（青山学院大学）
報告者：川名晋史（（財）平和・安全保障研究所）「沖縄における基地集合の偏移

　　　　　　　と時間性」
　　　　中内政貴（大阪大学大学院国際公共政策研究科）「平和構築活動におい
　　　　　　　て「時間」が国際／現地アクターに及ぼす影響」
　　　　中村長史（東京大学大学院総合文化研究科国際社会科学専攻博士課程）
　　　　　　　「新しい戦争が終わるとき
　　　　　　　　―責任を負うべき時間の伸縮」
討論者：大庭弘継（九州大学）・池田丈祐（富山大学）

A 5　公募企画　語られざる政治の思想史
　　―プラトン，カント，ハイデッガーの間で
司会者・討論者：鏑木政彦（九州大学）
報告者：隠岐（須賀）麻衣（日本学術振興会）「「眩暈」後のプラトン
　　　　　　　　―彼はなぜシュラクサイへ行ったのか」
　　　　隠岐理貴（日本学術振興会）「世界市民の郷愁
　　　　　　　　―カントはなぜ故郷を離れなかったのか」
　　　　加藤哲理（名古屋大学）「沈黙の声を聴く：後期ハイデガーにおける政
　　　　　　　　治の所在」

A 6　公募企画　行政改革以降の日本外交における制度的な変化とその影響
司会者：森脇俊雅（関西学院大学）
報告者：Beata Bochorodycz（アダム・ミツキェヴィッチ大学）「小泉内閣におけ
　　　　　　　るテロとの戦い―政策決定過程において2001年行政
　　　　　　　改革の影響分析を中心に」
　　　　Marcin Socha（University of Lodz, ウッジ大学）「ポスト京都議定書に関
　　　　　　　する交渉と日本国内での議論」
　　　　Karol Zakowski（ウッジ大学）「小泉官邸による対北朝鮮政策」
討論者：金丸裕志（和洋女子大学）

A 7　公募企画　MexAmerica―新しい移民コミュニティの形成・発展要因
司会者：吉野　孝（早稲田大学）
報告者：前嶋和弘（上智大学）「アメリカの移民政策：政策の行き詰まりと今後」
　　　　山崎眞次（早稲田大学政治経済学術院）「メキシコの移民政策の転換」
　　　　高橋百合子（早稲田大学）「メキシコにおける2014年政治・選挙改革と
　　　　　　　在外投票」
討論者：田中　高（中部大学）・安井清峰（早稲田大学）

A 8　自由論題　国際関係の変容

司会者・討論者：古城佳子（東京大学）
報告者：伊藤　岳（人間文化研究機構／富山大学）"Violence diffusion shapes when civil conflict ends: An empirical analysis"
　　　　宮下　豊（早稲田大学）「「現状維持国」・「修正主義国」という単純化の陥穽―モーゲンソーがこれらの言葉を用いなかった理由の考察を中心にして」
　　　　小久保康之（東洋英和女学院大学）「非 EU 加盟の EFTA 諸国と EU 統合」
討論者：中村英俊（早稲田大学）

A 9　自由論題　自治体に関する政治・行政
司会者・討論者：市川喜崇（同志社大学）
報告者：石見　豊（国士舘大学）「英国における自治体連携によるまちづくり」
　　　　菊地端夫（明治大学）「米国カリフォルニア州における"ゲーテッドコミュニティ"の官民関係論：自治体と「私的政府」の協調と共創？」
討論者：佐藤克廣（北海学園大学）

12：00〜12：20　次期理事会
12：20〜13：00　第 2 回理事会

13：20〜15：20　＜分科会 B 1 〜 B 9 ＞
B 1　企画委員会企画　内政と外交・安全保障の接点―ポスト冷戦期の日本政治
司会者：高安健将（成蹊大学）
報告者：宮城大蔵（上智大学）「冷戦後の外交安全保障問題と政党政治」
　　　　黒崎　輝（福島大学）「冷戦後の日本の国内政治と核政策論議の変容」
　　　　薬師寺克行（東洋大学）「冷戦後の日米同盟関係と日本政治の変容」
討論者：中北浩爾（一橋大学）

B 2　企画委員会企画　「陛下」の政治学―デモクラシーと君主制
司会者：水島治郎（千葉大学）
報告者：君塚直隆（関東学院大学）「デモクラシーとイギリス王政
　　　　　　　　　　　　　　　　　―地上最後の王様？」
　　　　松尾秀哉（北海学園大学）「合意型民主主義における君主
　　　　　　　　　　　　　　　　　―ベルギーを事例に」
　　　　原　武史（放送大学）「戦後日本におけるデモクラシーと天皇制
　　　　　　　　　　　　　　　―占領期を中心として」

討論者：細田晴子（日本大学）・宇野重規（東京大学）

B3　企画委員会企画　「地域民主主義」の現在
司会者：小原隆治（早稲田大学）
報告者：小野寺研太（東京大学大学院）「松下圭一の「革新」思想とその系譜」
　　　　新垣二郎（地方自治総合研究所）「地域政治における町内会・自治会の機能」
　　　　安藤丈将（武蔵大学）「松下圭一「地域民主主義」論の活かし方」
討論者：進藤　兵（都留文科大学）・今井　照（福島大学）

B4　日本政治過程研究会　代議制民主主義の実証分析
司会者：小林良彰（慶應義塾大学）
報告者：谷口将紀（東京大学）「議院内閣制と政策
　　　　　　　　　　　　　　　—有権者・国会議員・内閣の政策位置」
　　　　飯田　健（同志社大学）「政策選好，争点の重要性，内閣支持」
　　　　鎌原勇太（横浜国立大学）「政治参加と平等
　　　　　　　　　　　　　　　　—投票率と一票の格差からの再検討」
討論者：真渕　勝（京都大学）・森　正（愛知学院大学）

B5　公募企画　政治思想における「アジア」問題—西洋と東洋の相互反照
司会者：川崎　修（立教大学）
報告者：名和賢美（高崎経済大学）「古代ギリシア人の「アジア」観と同胞意識の深化」
　　　　安藤裕介（日本学術振興会）「18世紀フランスにおける統治改革と中国情報 —フィジオクラットからイデオローグまで」
　　　　松田宏一郎（立教大学法学部）「日本の近世・近代における「アジア」」
討論者：渡辺　浩（法政大学）

B6　公募企画　『ユートピア』出版500年—1516年と現代
司会者：高野清弘（甲南大学名誉教授）
報告者：菊池理夫（南山大学法学部）「モアの『ユートピア』と現代」
　　　　河野雄一（慶應義塾大学）「エラスムス作品とトマス・モア『ユートピア』における公平と格差」
　　　　厚見恵一郎（早稲田大学）「ルネサンス・イタリアにおける反キケロ主義とユートピア」
討論者：田上雅徳（慶應義塾大学）

B7　国際交流委員会企画　若者の政治参加 Political Participation of the Youth
司会者：ケネス・マッケルウェイン（東京大学）
報告者：Sarah Pickard（Universite Sorbonne Nouvelle - Paris 3）"Lowering the voting age for referenda in Scotland on independence and Britain on the European Union"
　　　　CHA, Jae-Kwon（Pukyong National University）"Voting Behavior of Korean Youths and its Political Impact on Electoral Outcome in Korea's 20th National Assembly Election"
　　　　YI, Seong-Woo（Jeju Peace Institute）"Political Opinion of Korean Young Generation about Japan and its Causes"
討論者：スティール若希（東京大学）・遠藤晶久（高知大学）

B8　自由論題　比較政治
司会者：粕谷祐子（慶應義塾大学）
報告者：Konrad Kalicki（Harvard University）"Security Fears and Bureaucratic Rivalry: The Politics of Foreign Labor Admission in Japan and Taiwan"
　　　　久保浩樹（大阪大学）・Royce Carroll（エセックス大学）「政治空間と政治代表の比較分析」
　　　　荒木　宏（作新学院大学）「「公－私」政策変容と年金体制の比較分析」
討論者：上神貴佳（岡山大学）・鹿毛利枝子（東京大学）

B9　自由論題　国際政治思想
司会者：池田丈祐（富山大学）
報告者：大原俊一郎（亜細亜大学）「古典的国際政治論としてのドイツ歴史学派」
　　　　大山貴稔（筑波大学大学院人文社会科学研究科国際公共政策専攻博士後期課程）「なしょなる・いんたれすと
　　　　　　　　―戦後日本における「国益」概念の淵源」
討論者：芝崎厚士（駒澤大学）

15：40～18：00　＜共通論題＞
格差社会と政治
司会者：齋藤純一（早稲田大学）
報告者：西澤由隆（同志社大学法学部）「世論調査による政治的格差の時系列分析」

　　　　三浦まり（上智大学）「ジェンダー・ギャップと選挙：政党行動からの
　　　　　　　　　　　　　分析」
　　　　木部尚志（国際基督教大学）「政治的平等と格差社会—政治的不平等の
　　　　　　　　　　　　　２つの経路と関係論的アプローチについて」
討論者：宮本太郎（中央大学）・湯浅　誠（法政大学）

18：20〜20：00　懇親会

【第２日目】10月２日（日）
 9：30〜11：30　＜分科会Ｃ１〜Ｃ９＞
Ｃ１　企画委員会企画　民主主義の衝突？—危機から競合へ
司会者：向山恭一（新潟大学）
報告者：山崎　望（駒澤大学）「危機の時代における民主主義
　　　　　　　　　　　　　　—民主主義の主体をめぐって」
　　　　松尾隆佑（法政大学大学院）「分割して統治させよ
　　　　　　　　　　　　　　　—ステークホルダー・デモクラシーの複数性」
　　　　高橋良輔（青山学院大学）「アドボカシーの形態学
　　　　　　　　　　　　　　—国際協力NGOの葛藤」
討論者：小川有美（立教大学）・山本　圭（岡山大学）

Ｃ２　企画委員会企画　日本の政治学におけるマックス・ウェーバーの遺産
司会者：野口雅弘（立命館大学）
報告者：蔭山　宏（無所属）「ウェーバーとワイマール」
　　　　石井知章（明治大学）「戦後政治学におけるマックス・ウェーバーと中
　　　　　　　　　　　　　国—丸山真男と近代をめぐり」
　　　　ヴォルフガング・ザイフェルト（ハイデルベルク大学名誉教授）「マッ
　　　　　　　　　　　　　クス・ウェーバーと丸山眞男における「遅れている」
　　　　　　　　　　　　　社会—類似点と相違点」
討論者：今野　元（愛知県立大学）

Ｃ３　企画委員会企画　個別自治体の政治学—事例でも標本でもなく
企画委員：金井利之
司会者：金井利之（東京大学）
報告者：今村都南雄（中央大学名誉教授）「大牟田調査研究：二つの難題〜その
　　　　　　　　　　　　　歴史をふり返って〜」

佐藤　学（沖縄国際大学法学部）「名護市政研究
　　　　　　　　　　　　　　　　　―沖縄都市の典型と異形の振幅」
嶋田暁文（九州大学大学院法学研究院）「海士町は「地方創生」のモデルたりうるか？
　　　　　　　　　　　　　　　　　―「一般化」と「ケーススタディ」の意義と限界」
討論者：原田晃樹（立教大学）

C 4　戦前戦後・比較政治史研究フォーラム　官僚制とガバナンス
　―専門と総合をめぐる歴史的展開を考える
司会者：村井良太（駒澤大学）
報告者：柏原宏紀（関西大学）「開明派官僚と参議の「政官関係」形成史」
　　　　若月剛史（成蹊大学）「昭和戦前期における「技術」をめぐるガバナンス―土木系技術官僚を中心として」
　　　　大前信也（同志社女子大学）「臨時軍事費特別会計の政治的意味
　　　　　　　　　　　　　　　　　―大蔵省の「戦争責任」」
討論者：清水唯一朗（慶應義塾大学）・前田健太郎（東京大学）

C 5　臨床政治学会　環境政治の展開
司会者・討論者：渡邉智明（九州大学）
報告者：高野恵亮（嘉悦大学）「環境政策と議員立法」
　　　　岡﨑加奈子（法政大学）「環境政策の形成と自民党の審議制度
　　　　　　　　　　　　　　　―「新しい政策」にたいする国会・政党の変容」
　　　　勝田美穂（岐阜経済大学）「環境問題と市民運動―歴史展開のなかで」
討論者：土肥勲嗣（久留米大学）

C 6　公募企画　「18歳選挙」の政治学
司会者：杉田　敦（法政大学）
報告者：苅部　直（東京大学）「「市民」と「公民」をめぐって」
　　　　羽場久美子（青山学院大学大学院国際政治経済学研究科）「欧州のネット選挙と若者の右傾化傾向―EU各国の事例から」
　　　　佐々木信夫（中央大学）「18歳参政権移行で地方自治に変化が起きるか」
討論者：古城佳子（東京大学）・西川伸一（明治大学）

C 7　公募企画　資源地政学
司会者：山本武彦（早稲田大学名誉教授）
報告者：宮脇　昇（立命館大学）「内陸国の資源輸送をめぐる政治」
　　　　横田匡紀（東京理科大学）「資源・エネルギー・環境の相互連関をめぐ

　　　　　る政治」
　　　　玉井雅隆（立命館大学）「北極海航路と政治」
討論者：上久保誠人（立命館大学）・湯浅　剛（広島平和研究所）

C 8　自由論題　投票と熟議
司会者：松本正生（埼玉大学）
報告者：前田幸男（東京大学大学院情報学環）・平野　浩（学習院大学法学部）
　　　　　　　　「投票選択の分析―内閣支持が果たす役割」
　　　　白崎　護（関西外国語大学）「投票行動におよぼすインターネット情報
　　　　　　　　の影響―2013年参議院選挙の分析」
　　　　三村憲弘（武蔵野大学）・遠藤晶久（高知大学）・山崎　新（早稲田大学）
　　　　　　　　「熟議の政治的メカニズム：党派性・知識・イデオ
　　　　　　　　ロギー」
討論者：中村悦大（愛媛大学）・稲増一憲（関西学院大学）

C 9　自由論題　比較政治史・外交史
司会者・討論者：内田みどり（和歌山大学）
報告者：板倉孝信（早稲田大学）「反革命戦争期の英国における納税者の増税批
　　　　　　　　　判―所得税帳簿から見る徴税過程の実態」
　　　　豊田　紳（慶應義塾大学／日本学術振興会特別研究員）「独裁体制にお
　　　　　　　　　いて，なぜ野党か―メキシコとソ連の比較分析」
　　　　番定賢治（東京大学大学院）「普遍的国際秩序のなかの移民問題と日本
　　　　　　　　　外交―国際連盟における議論を中心に」
討論者：水島治郎（千葉大学）・国吉知樹（早稲田大学）

11：30～12：30　総会
12：30～13：10　第3回理事会

13：10～15：10　＜分科会D 1～D 8＞
D 1　企画委員会企画　安全保障論の再検討
司会者：遠藤誠治（成蹊大学）
報告者：石田　淳（東京大学）「あらためて軍備管理論について
　　　　　　　　　―安全保障とは何か」
　　　　柄谷利恵子（関西大学政策創造学部）「人の移動と安全保障」
　　　　篠田英朗（東京外国語大学）「平和構築と安全保障
　　　　　　　　　―国際立憲主義の観点から」
討論者：遠藤　乾（北海道大学）

D 2　企画委員会企画　政治思想史のナラティヴ―歴史叙述と素材選択
司会者：小田川大典（岡山大学）
報告者：関谷　昇（千葉大学法政経学部）「ナラティヴとしての社会契約説成立史」
　　　　竹澤祐丈（京都大学経済学研究科）「思想史の通史的記述と素材選択」
討論者：犬塚　元（東北大学）・安武真隆（関西大学）

D 3　現代政治過程研究フォーラム　現代日本の選挙過程・立法過程に関する実証分析
司会者：谷口尚子（東京工業大学）
報告者：三輪洋文（学習院大学）「現代日本人の価値観とその党派的対立構造」
　　　　梅田道生（愛媛大学法文学部）「政党党首による参院選選挙区訪問の影響の検証」
　　　　三谷宗一郎（慶應義塾大学大学院政策・メディア研究科後期博士課程）
　　　　　　　　　「有効期限の明記は「政策終了」を促すか
　　　　　　　　　―時限立法の実態調査」
討論者：前田幸男（東京大学）・境家史郎（首都大学東京）

D 4　欧米政治研究会　欧米諸国におけるガバナンスの機能不全と異議申立ての諸相
司会者：菅原和行（釧路公立大学）
報告者：前嶋和弘（上智大学）「トランプ，サンダース現象とアメリカの反エスタブリッシュメント運動：ポピュリストの系譜とこれまでとの相違，今後への影響」
　　　　八十田博人（共立女子大学）「五つ星運動とは何か：議会進出後の活動による位置づけ」
　　　　渡辺容一郎（日本大学）「BREXITの政治学：イギリスの保守主義と欧州懐疑主義」
討論者：櫛田久代（敬愛大学）・大八木時広（日本大学）

D 5　現代地域政治研究会　「迷惑施設」をめぐる政治過程
司会者：照屋寛之（沖縄国際大学）
報告者：出水　薫（九州大学）「迷惑施設をめぐる「距離」と「当事者性」の政治過程―原発再稼働問題の事例を通じて」
　　　　平井一臣（鹿児島大学）「原発再稼働問題をめぐる政治過程
　　　　　　　　　―川内原発再稼働問題を中心に」

土肥勲嗣（久留米大学）「なぜ迷惑施設は回避されたのか：川辺川ダム建設をめぐる政治過程」
討論者：岡田　浩（金沢大学）・白鳥　浩（法政大学）・外山公美（立教大学）

D6　自由論題　日本政治史
司会者：後藤　新（武蔵野大学）
報告者：笘米地真理（法政大学大学院政策科学研究所）「「琉球処分」をめぐる日清間交渉再考
　　　　　　　　　——「尖閣諸島問題」の起源としての沖縄帰属問題」
　　　　萩原　淳（京都大学大学院法学研究科）「昭和初期の枢密院運用と二大政党」
　　　　山口希望（法政大学大学院）「議会側からみた1945年選挙法改正
　　　　　　　　　——衆議院調査会議会制度調査特別委員会における論議を中心に」
討論者：玉井　清（慶應義塾大学）・小山俊樹（帝京大学）

D7　自由論題　政治思想
司会者：田村哲樹（名古屋大学）
報告者：谷本純一（福岡教育大学）「近代のアポリア
　　　　　　　　　——例外状態，単一性，複数性」
　　　　山田　陽（駒澤大学／神奈川大学非常勤講師）「熟議民主主義論における代議制の意義：熟議システム論の可能性」
　　　　稲永祐介（大阪市立大学／CNRS-GSRL）「国家への忠義：国家エリートの比較歴史社会学」
討論者：田中拓道（一橋大学）・大竹弘二（南山大学）

D8　自由論題　公共政策
司会者・討論者：小原隆治（早稲田大学）
報告者：豊福実紀（東京大学）「配偶者控除制度にみる日本の租税政策の展開」
　　　　森山花鈴（南山大学総合政策学部／社会倫理研究所）「自殺対策の政策形成過程と内閣府の役割」
　　　　野口暢子（長野県短期大学多文化コミュニケーション学科）「公共施設建設の是非を問う住民投票の背景と意義」
討論者：北村　亘（大阪大学）

15：30〜17：30　＜分科会E1〜E9＞

E 1　企画委員会企画　民主的正統性とガバナンス
　　　—1990年代の政治・行政改革をふりかえる
司会者・討論者：中野晃一（上智大学）
報告者：大山礼子（駒澤大学）「忘れられた改革—国会改革の現状と課題」
　　　　山口二郎（法政大学）「制度改革は政党政治をどう変えたか」
討論者：マッケルウェイン・ケネス（東京大学）

E 2　企画委員会企画　立憲主義と政治
司会者：千葉　眞（国際基督教大学）
報告者：安武真隆（関西大学政策創造学部）「「立憲主義」と Fortuna —モンテスキュー『法の精神』と18世紀ヨーロッパ政治経済学」
　　　　山岡龍一（放送大学）「立憲主義と政治的リアリズム
　　　　　　　　—ロックにおける信託概念と国王大権論」
討論者：愛敬浩二（名古屋大学）・萩原能久（慶應義塾大学）

E 3　政治学方法論研究会　「熟議民主主義」研究の理論と方法
司会者：平野　浩（学習院大学）
報告者：池田謙一（同志社大学）「オンラインディスカッションは政治的寛容性をもたらすか：二種類の集団の異質性の効果の実験研究」
　　　　坂野達郎（東京工業大学）・澁谷壮紀（東京工業大学）「高レベル放射性廃棄物処分に関する討論型世論調査実験
　　　　　　　　—オンラインでの小集団討議の効果について」
　　　　坂井亮太（早稲田大学大学院）「熟議民主主義研究における「中範囲の理論」は可能か？
　　　　　　　　—リベラル・パラドクスの議論を援用して」
討論者：田村哲樹（名古屋大学）・飯田　健（同志社大学）

E 4　現代政治学研究会　連立政権におけるジュニアパートナーの研究
司会者・討論者：網谷龍介（津田塾大学）
報告者：岩崎正洋（日本大学）「連立政権下のジュニアパートナーの問題」
　　　　安井宏樹（神戸大学）「ドイツにおけるジュニアパートナーとしての連立政権参加」
　　　　新川匠郎（ベルリン自由大学オットー・ズール政治学研究所）「シュレスヴィヒ・ホルシュタイン州での大きな連立パートナー—ドイツとオーストリアの州の比較分析から」
討論者：古賀光生（二松学舎大学）

E5　公募企画　一票の格差に関する実証研究
司会者：粕谷祐子（慶應義塾大学）
報告者：勝又裕斗（東京大学大学院法学政治学研究科）"Malapportionment and Redistribution: Evidence from a Regression Discontinuity Design"
　　　　名取良太（関西大学）「都道府県議会選挙における一票の格差――その実態と影響」
　　　　東島雅昌（東北大学）「一票の格差が選挙不正および選挙暴力に与える影響」
　　　　鷲田任邦（早稲田大学）「一票の格差の規定要因：マレーシアを事例に」
討論者：和田淳一郎（横浜市立大学）・鎌原勇太（横浜市立大学）

E6　公募企画　批判的安全保障研究（CSS）の新たな展開
司会者：南山　淳（筑波大学）
報告者：北川眞也（三重大学）「ポストコロニアル・ヨーロッパに抗する批判地政学／反地政学――地中海，移民，境界，戦争，島」
　　　　前田幸男（創価大学）「領土と聖性の観点から批判的安全保障研究（CSS）を練り直す」
　　　　土佐弘之（神戸大学大学院国際協力研究科）「ポスト・ヒューマニティの倫理／政治学へ：批判的安全保障研究から批判的動物研究」
討論者：和田賢治（武蔵野学院大学）・黒田俊郎（新潟県立大学）

E7　公募企画　大規模災害時における自治体と自衛隊の連携に関する法制度の現状と課題
司会者：牛山久仁彦（明治大学）
報告者：田村達久（早稲田大学）「自衛隊の災害派遣をめぐる法と制度」
　　　　伊藤　剛（明治大学）「自衛隊から見た自治体災害派遣と国際比較」
　　　　山岸絵美理（明治大学）・三浦正士（公益財団法人日本都市センター）「大規模災害時の災害派遣の連携と多様性」
討論者：幸田雅治（神奈川大学）

E8　自由論題　政治過程
司会者：高安健将（成蹊大学）
報告者：水田岳志（一橋大学経済研究所）「日本における政治資金構造の社会的ネットワーク分析」

　　　　深谷　健（武蔵野大学）「規制とレントの実証分析：政治制度は市場を
　　　　　　　　いかに規定するのか」
　　　　武居寛史（東京大学法学政治学研究科）「集団における公平性の進化」
討論者：曽我謙悟（京都大学）

E 9　自由論題　行政学
司会者：金井利之（東京大学）
報告者：西東克介（弘前学院大学）「教育行政「専門職」・アカウンタビリティ・
　　　　　　　　組織」
　　　　小森雄太（明治大学）・松岡信之（明治大学）「行政管理に関する基礎的
　　　　　　　　研究─「管理官」に注目して」
　　　　河合晃一（金沢大学）「中央省庁の制度設計をめぐる90年代日本の政治
　　　　　　　　過程」
討論者：伊藤正次（首都大学東京）

13：10〜17：10　ポスターセッション：政治学のフロンティア（F 1〜F 8）
F 1　佐藤智美（日本安全保障危機管理学会）「サイバー人材不足の解決策に関
　　　　　　　する一考察〜米国のサイバー予備構成部隊（RC）を
　　　　　　　モデルとした提言〜」
F 2　福井英次郎（ジャンモネ EU 研究センター（慶應義塾大学））「大規模災害
　　　　　　　時における地方自治体の外国への情報発信」
F 3　平山　実（日本ウェルネススポーツ大学）「政治家輩出システムの比較研
　　　　　　　究─日本政策学校，TOKYO自民党政経塾，松下政経
　　　　　　　塾を中心に」
F 4　北村　浩（公益財団法人　政治経済研究所）「ソーシャルワークにおける
　　　　　　　専門知をめぐる問題─規範的政治理論の立場から」
F 5　李正吉（筑波大学）「東アジアの国際関係と日韓両国の保守政権の成立と
　　　　　　　の関連性について：2008年以後，日韓両国の保守勢
　　　　　　　力による安保関連の言説形成過程を手がかりに」
F 6　平野淳一（甲南大学）「市長の行財政改革：その手法と市議会・有権者の
　　　　　　　反応」
F 7　上ノ原秀晃（文教大学）「2016年参議院選挙におけるソーシャルメディア
　　　　　　　─「ネット選挙」の継続と変化」
F 8　田中智和（上宮高等学校／関西大学）「「泡沫候補の研究」を考える」

『年報政治学』論文投稿規程

※第9条の「投稿申込書」は，日本政治学会のホームページからダウンロードできます（URL: http://www.jpsa-web.org/publish/nenpo.html）。

1．応募資格
   ・日本政治学会の会員であり，応募の時点で当該年度の会費を納入済みの方とします。

2．既発表論文投稿の禁止
   ・応募できる論文は未発表の原稿に限ります。

3．使用できる言語
   ・日本語または英語とします。

4．二重投稿の禁止
   ・同一の論文を本『年報政治学』以外に同時に投稿することはできません。
   ・また，同一の論文を『年報政治学』の複数の号に同時に投稿することはできません。

5．論文の分量
   ・日本語論文の場合，原則として20,000字以内（注，引用文献，図表を含む）とします。文字数の計算はワープロソフトの文字カウント機能を使って結構ですが，脚注を数える設定にしてください（スペースは数えなくても結構です）。半角英数字は2分の1字と換算します。図表は，刷り上がり1ページを占める場合には900字，半ページの場合には450字と換算してください。
   　論文の内容から20,000字にどうしても収まらない場合には，超過を認めることもあります。ただし査読委員会が論文の縮減を指示した場合には，その指示に従ってください。
   ・英語論文の場合，8,000語（words）以内（注，引用文献，図表を含む）とします。図表は，刷り上がり1ページを占める場合には360語（words），半ページの場合には180語（words）と換算してください。
   　論文の内容から8,000語にどうしても収まらない場合には，超過を認めることもあります。ただし査読委員会が論文の縮減を指示した場合には，その指示に従ってください。

6．論文の主題
  ・政治学に関わる主題であれば，特に限定しません。年報各号の特集の主題に密接に関連すると年報委員会が判断した場合には，特集の一部として掲載する場合があります。ただし，査読を経たものであることは明記します。

7．応募の締切
  ・論文の応募は年間を通じて受け付けますので，特に締切はありません。ただし，6月刊行の号に掲載を希望する場合は刊行前年の10月20日，12月刊行の号に掲載を希望する場合は刊行年の3月20日が応募の期限となります。しかし，査読者の修正意見による修正論文の再提出が遅れた場合などは，希望の号に掲載できないこともあります。また，査読委員会が掲載可と決定した場合でも，掲載すべき論文が他に多くある場合には，直近の号に掲載せず，次号以降に回すことがありますので，あらかじめご了承ください。掲載が延期された論文は，次号では最優先で掲載されます。

8．論文の形式
  ・図表は本文中に埋め込まず，別の電子ファイルに入れ，本文中には図表が入る位置を示してください。図表の大きさ（1ページを占めるのか半ページを占めるのか等）も明記してください。また，他から図表を転用する際には，必ず出典を各図表の箇所に明記してください。
  ・図表はスキャン可能なファイルで提出してください。出版社に作成を依頼する場合には，執筆者に実費を負担していただきます。
  ・投稿論文には，審査の公平を期すために執筆者の名前は一切記入せず，「拙著」など著者が識別されうるような表現は控えてください。

9．投稿の方法
  ・論文の投稿は，ワードまたは一太郎形式で電子ファイルに保存し，『年報政治学』査読委員会が指定する電子メールアドレス宛てに，メールの添付ファイルとして送信してください。投稿メールの件名（**Subject**）には，「年報政治学投稿論文の送付」と記入してください。
  ・なお，別紙の投稿申込書に記入の上，投稿論文と共にメールに添付して送付してください。
  ・また，投稿論文を別に3部プリントアウト（A4用紙に片面印刷）して，査読委員会が指定する宛先に送ってください（学会事務局や年報編集委員会に送らないようにご注意ください）。
  ・送付された投稿論文等は執筆者に返却致しません。

10. 投稿論文の受理
    ・投稿論文としての要件を満たした執筆者に対しては，『年報政治学』査読委員会より，投稿論文を受理した旨の連絡を電子メールで行います。メールでの送受信に伴う事故を避けるため，論文送付後10日以内に連絡が来ない場合には，投稿された方は『年報政治学』査読委員会に問い合わせてください。

11. 査読
    ・投稿論文の掲載の可否は，査読委員会が委嘱する査読委員以外の匿名のレフリーによる査読結果を踏まえて，査読委員会が決定し，執筆者に電子メール等で結果を連絡します。
    ・「掲載不可」及び「条件付で掲載可」と査読委員会が判断した場合には，執筆者にその理由を付して連絡します。
    ・「条件付で掲載可」となった投稿論文は，査読委員会が定める期間内に，初稿を提出した時と同一の手続で修正稿を提出してください。なお，その際，修正した箇所を明示した修正原稿も電子メールの添付ファイルとして送ってください。

12. 英文タイトルと要約，キーワード，引用文献目録
    ・『年報政治学』に掲載されることが決まった論文（特集論文を含む）については，著者名の英文表記，英文タイトル，和文及び英文の要約（ただし英語論文の場合は英文要約のみ），キーワード（5語程度），引用文献目録を必ず付してください。和文要約は400～500字，英文要約は150語程度（150words）になるようにしてください（200語以内厳守）。英文タイトル及び英文要約について，査読委員会は原則として手直しをしないので，執筆者が各自で当該分野に詳しいネイティヴ・スピーカーなどによる校閲を済ませてください。

13. その他の留意点
    ・執筆者の校正は初校のみです。初校は，遅滞なく返送してください。期限までに返送がない場合には，入稿原稿のままとすることがあります。また，初校段階で大幅な修正・加筆をすることは認められません。査読を経た原稿は，査読委員会の了承がなければ，誤植等を除き，原則として修正・加筆をすることはできません。万一，査読委員会の了承の下に初校段階で大幅な修正・加筆を行う場合，そのことによる製作費用の増加や発行遅延による郵送費の発生は執筆者に負担していただくとともに，査読委員会・年

報編集委員会・学会事務局・出版社の指示に従っていただきます。次号以下に掲載を繰り延べることもあります。
・本『年報政治学』への同一の著者による論文の投稿数については何ら制限を設けるものではありませんが，採用された原稿の掲載数が特定の期間に集中する場合には，次号以下に掲載を順次繰り延べることがあります。

附則
　この規程は，2016年7月1日より施行します。

査読委員会規程

1. 日本政治学会は，機関誌『年報政治学』の公募論文を審査するために，理事会の下に査読委員会を置く。査読委員会は，委員長及び副委員長を含む7名の委員によって構成する。
　　②査読委員会委員の任期は1年間とする。任期の始期及び終期は総会を基準とする。ただし再任を妨げない。
　　③委員長及び副委員長は，理事長の推薦に基づき，理事会が理事（次期理事を含む）の中から任命する。その他の委員は，査読委員長が副委員長と協議の上で推薦し，それに基づき，会員の中から理事会が任命する。委員の選任に当たっては，所属機関，出身大学，専攻分野等の適切なバランスを考慮する。
2. 査読委員会は，『年報政治学』に掲載する独立論文および特集論文を公募し，応募論文に関する査読者を決定し，査読結果に基づいて論文掲載の可否と掲載する号，及び配列を決定する。特集の公募論文は，年報委員長と査読委員長の連名で論文を公募し，論文送付先を査読委員長に指定する。
3. 査読者は，原則として日本政治学会会員の中から，専門的判断能力に優れた者を選任する。ただし査読委員会委員が査読者を兼ねることはできない。年報委員会委員が査読者になることは妨げない。査読者の選任に当たっては，論文執筆者との個人的関係が深い者を避けるようにしなければならない。
4. 論文応募者の氏名は査読委員会委員のみが知るものとし，委員任期終了後も含め，委員会の外部に氏名を明かしてはならない。査読者，年報委員会にも論文応募者の氏名は明かさないものとする。
5. 査読委員長は，学会事務委託業者に論文応募者の会員資格と会費納入状況を確認する。常務理事は学会事務委託業者に対して，査読委員長の問い合わせに答えるようにあらかじめ指示する。
6. 査読委員会は応募論文の分量，投稿申込書の記載など，形式が規程に則しているかどうか確認する。
7. 査読委員会は，一編の応募論文につき，2名の査読者を選任する。査読委員会は，査読者に論文を送付する際に，論文の分量を査読者に告げるとともに，論文が制限枚数を超過している場合には，超過の必要性についても審査を依頼する。
　　査読者は，A，B，C，Dの4段階で論文を評価するとともに，審査概評を報告書に記載する。A〜Dには適宜＋または−の記号を付してもよい。記号の意味は以下の通りとする。
　　　A：従来の『年報政治学』の水準から考えて非常に水準が高く，ぜひ掲

載すべき論文
　　B：掲載すべき水準に達しているが，一部修正を要する論文
　　C：相当の修正を施せば掲載水準に達する可能性がある論文
　　D：掲載水準に達しておらず，掲載すべきではない論文。
　査読者は，BもしくはCの場合は，別紙に修正の概略を記載して査読報告書とともに査読委員会に返送する。またDの場合においては，論文応募者の参考のため，論文の問題点に関する建設的批評を別紙に記載し，査読報告書とともに査読委員会に返送する。査読委員会は査読者による指示ならびに批評を論文応募者に送付する。ただし査読委員会は，査読者による指示ならびに批評を論文応募者に送付するにあたり，不適切な表現を削除もしくは変更するなど，必要な変更を加えることができる。
　　AないしCの論文において，その分量が20,000字（英語論文の場合には8,000語）を超えている場合には，査読者は論文の内容が制限の超過を正当化できるかどうか判断し，必要な場合には論文の縮減を指示することとする。

8. 修正を施した論文が査読委員会に提出されたときは，査読委員会は遅滞なく初稿と同一の査読者に修正論文を送付し，再査読を依頼する。ただし，同一の査読者が再査読を行えない事情がある場合には，査読委員会の議を経て査読者を変更することを妨げない。また，所定の期間内に再査読結果が提出されない場合，査読委員会は別の査読者を依頼するか，もしくは自ら査読することができるものとする。

9. 最初の査読で査読者のうち一人がD（D＋およびD−を含む。以下，同様）と評価した論文は，他の査読者に査読を依頼することがある。ただし，評価がDDの場合は掲載不可とする。修正論文の再査読の結果は，X（掲載可），Y（掲載不可）の２段階で評価する。ＸＹの場合は，委員会が査読者の評価を尊重して掲載の可否を検討する。

10. 査読委員会は，年報委員長と協議して各号に掲載する公募論文の数を決定し，その数に応じて各号に掲載する公募論文を決定する。各号の掲載決定は，以下の原則によるものとする。
　　1) 掲載可と判断されながら紙幅の制約によって前号に掲載されなかった論文をまず優先する。
　　2) 残りの論文の中では，初稿の査読評価が高い論文を優先する。この場合，ＢＢの評価はＡＣの評価と同等とする。
　　3) 評価が同等の論文の中では，最終稿が提出された日が早い論文を優先する。
　　上記３つの原則に拘らず，公募論文の内容が特集テーマに密接に関連している場合には，その特集が組まれている号に掲載することを目的として掲載号を変えることは差し支えない。

11. 応募論文が特集のテーマに密接に関連する場合，または応募者が特集の一部とすることを意図して論文を応募している場合には，査読委員長が特集号の年報委員長に対して論文応募の事実を伝え，その後の査読の状況について適宜情報を与えるものとする。査読の結果当該論文が掲載許可となった場合には，その論文を特集の一部とするか独立論文として扱うかにつき，年報委員長の判断を求め，その判断に従うものとする。
12. 学会は査読委員長，査読副委員長の氏名・所属のみを公表する。査読委員の氏名・所属は，担当巻公刊までは公表しないものとする。査読者の氏名・所属は公表しない。

付則1
1．本規程は，2005年10月より施行する。
2．本規程の変更は，理事会の議を経なければならない。
3．本規程に基づく査読委員会は2005年10月の理事会で発足し，2006年度第2号の公募論文から担当する。最初の査読委員会の任期は，2006年10月の理事交代時までとする。

付則2
1．本規程は，2007年3月10日より施行する。

付則3
1．本規程は，2016年10月2日より施行する。

『年報政治学』の著作権に関する規程

1．目的
　この規程は，『年報政治学』（以下『年報』という。）に掲載されるすべての論文・書評・学界展望・その他の記事（以下「論文等」という。）の著作権について必要な事項を定める。

2．著作権
　この規程にいう著作権は，以下を含むものとする。
　一．論文等を複製する権利
　二．論文等について，公衆送信（送信可能化を含む。）を行う権利

3．著作権の委譲
　論文等の著作権は，著作権法第61条により，執筆者が日本政治学会に委譲するものとする。

4．論文等の転載
　論文等の執筆者が当該論文等の転載を行う場合には，必ず事前に文書で本学会事務局と出版社に連絡するものとし，転載は，当該『年報』刊行後1年以上経過した後に行うものとする。

5．論文等の電子化
　論文等は，原則として，刊行されてから3年を経過した適切な時期に，電子ファイルとして複製され，公衆送信されるものとする。

6．他者の著作権侵害の禁止
　執筆者は，論文等の執筆に際し，他者の著作物を引用するときは出典を明記し，他者の著作権の侵害，名誉毀損の問題を生じさせてはならない。
　他者の著作権を侵害したことに伴う一切の責任は，執筆者本人が負うものとする。

7．遡及効
　この規程は，2015年6月以前に刊行された『年報』の論文等にも適用するものとする。

8．改廃

この規程の改廃は，理事会によって行われるものとする。

附則
　この規程は，2015年7月1日より施行する。

(2015年6月6日制定)

The Annuals of
Japanese Political Science Association 2016-II

Summary of Articles

How modern Japan established its electoral districts:
lightening the districts as the political spatial institute

Yuichiro SHIMIZU (13)

Associate Professor, Keio University

Japan's electoral district began its history in 1889 with the introduction of the single-seat constituency system. Since then, it has changed among large-constituency, middle-constituency, and single-seat systems over the years, and is today using combination of single-seat constituencies and proportional representation. On the other hand, the allocation of the individual electoral districts has been implemented with reasonable continuity since the Meiji Era. In understanding Japan's electoral system, perceiving electoral districts as a spatial political regime and discussing its historical developments will become an imperative task.

This paper will elucidate the process in which the original 1889 districts were decided upon, based on multiple proposals considered at the time. Only including the Cabinet, Ministry of Interior, and prefectural governors in formulating its decision resulted in a method that retained the former clan districts for stable operations of elections, as well as from an administrative aspect of managing election administration. Notably, the inheritance of the old order and the adoption of the single-seat system allowed local worthies to retain their influence on the elections, and therefore left an significant impact on the development of constitutional government in Japan.

Primary Election Reform in California:
Were Policy Demanders really the Cause of the Reform?

Masaru NISHIKAWA (37)

Professor, Department of International and Cultural Studies, Tsuda College

In California, means by which political parties nominate candidates for public office have transformed many times. How can we explain these transformations?

Marty Cohen et.al. have proposed a theory of political parties in which policy demanders such as interest groups, mass media, and activists are the principal actors of political parties. Namely, coalitions of policy demanders develop common political agendas and choose candidates for party nominations that are loyal to their interests. Seth Masket has explained the case of California as due to the influence of intensive policy demanders. However, there is a room for reexamination of this explanation. Adopting the method of process tracing, I found evidence to show that the influence of policy demanders was quite limited, and could not have been a decisive factor in the case of California.

Sartori Revisited

Seiki OKAZAKI (56)
Professor, Faculty of Law, Kyushu University

Giovanni Sartori's typology of party systems has long been dominant in Japanese political science. However, it has lost its relevance, at least in its initial formulation. There has been controversy regarding party system and electoral system ever since the so-called political reforms (1988-94): the identifiability/accountability argument for the two-party and first-past-the-post systems versus the representation argument for moderate pluralism and proportional representation. Yet Sartori's typology cannot defend either of them, for it underestimates the difference between a two-party system and moderate pluralism. What is required is to modify Sartori's typology in order to fill in the gaps (See Table 3 in Section 4). Then, it may be possible to classify party systems in a more structured way. Moreover, by distinguishing the three types of moderate pluralism (consociational, negotiational and bi-coalitional), the modified typology will make it possible to identify the party system that satisfies both the arguments. This would be the bi-coalitional type of moderate pluralism.

A model of real existing party democracy in twentieth century Europe: Insights drawn from the work of Hans Kelsen

Ryosuke AMIYA-NAKADA (78)
Professor, Tsuda College

This article is an attempt to re-conceptualize the theoretical core of parliamentary democracy in twentieth century Europe. The article builds on the work of Hans Kelsen and reconstructs the logic of contemporary democracies. In his view, a sort of "integration" by political parties and their compromise in the shadow of majority decision is crucial to the working of parliamentary democracy. In this theoretical foundation of party democracy, "competition" is even redundant. It also suggests that a rather monist view of democratic institutions, which puts the parliament in the center, had underlain European party democracies in the twentieth century, in contrast to the prevailing "rule of law" views teressing the separation of the executive and the legislature. As an implication, this article highlights the importance of social preconditions which are not amenable to constitutional engineering, which elucidates the limits of institutionalist view of politics.

Parties' Electoral Strategy and Resource Allocation: Prime Ministerial Campaign Visits to Districts during Upper House Elections in Japan

Naofumi FUJIMURA (99)

Associate Professor, Kobe University

A prime minister's campaign visits to candidates during elections are one of the most valuable resources that contribute to the electoral success of a party and its candidates, as well as campaign funds and legislative posts. This study discusses how a party allocates resources to its members by examining a prime minister's visits to districts during elections. An analysis of the campaign behavior of a prime minister in Upper House elections in Japan finds that a prime minister's visits are strategically designed to maximize party membership. In particular, a prime minister is more likely to visit those candidates who depend on party reputations for their electoral success and those who faces competitive races.

How did the Liberal Democratic Party of Japan coordinate policies in its early days?

Kentaro OKU (120)

Professor of Political Science, Tokai University

Recent studies have shown new views concerning the government led by the Liberal Democratic Party in its early days. Especially, my previous papers demonstrated that the "Jizen-shinsasei", the procedure in which cabinets had to get prior approval from the LDP to send bills to the Diet, was introduced just after the foundation of the LDP.

Given this theory, it would be expected that the Policy Affair Research Council of the party (PARC) of those days, which was given authority to decide policies of the party, coordinated policies not only within the party but also between the party and the government. Thus, this paper examines how the PARC actually functioned, focusing on a specific case: the law revision process in 1956 about Government-managed Health Insurance.

In conclusion, this case study will show that the PARC functioned well to coordinate general policies, though there were certain limitations in coping with highly contested policies.

Illusion of Left-Wing Populism: Greece's SYRIZA and Spain's PODEMOS
Akiko NAKAJIMA (144)
Associate Professor, Faculty of Regional Development Studies, Toyo University

Previous literature has discussed how populism could be beneficial to existing democracies by covering issues that mainstream political parties failed to address, the purpose of these studies being to attract public attention to revitalize politics. Some argue that, in order to counter right-wing populism that emphasizes the unity of 'the people' by using a xenophobic rhetoric, it is necessary to foster left-wing populism that creates 'the people' by determining an adversary represented by neoliberal forces. This article examines how left-wing populist parties influenced democracies in the cases of SYRIZA in Greece and PODEMOS in Spain. The findings of this study show that the two parties had surged due to the countries' specific socio-economic and political conditions and eventually failed to alter the prevailing mode of the democracies. The problems with the left-wing populist parties included the assumption of homogeneity among 'the people', lack of coordination between horizontal social movements and the vertically structured parties, weak influence of the European Parliament on domestic politics, and the lack of a narrative as tangible as that of the right-wing populist parties.

Does Party Support Explain Voting Behavior?
Examining the conditional effects of partisanship through survey experiments

Masahiro ZENKYO (163)
Associate Professor, Kwansei Gakuin University

This article examines the influence of party support on voting behavior on the basis of survey experiments conducted in Japan. Contrary to previous studies arguing that party support has a strong influence on voting behavior, this paper indicates that the causal effect of party support on voting behavior is not strong. The results of three survey experiments in Osaka City and the Kansai area demonstrate the following findings. First, party labels may not be as important as heuristics for a large number of votes in Japan. Second, supporters of a specific political party do not always vote for a candidate supported by their own party. Particularly, supporters of Japan's Liberal Democratic Party frequently voted for candidates belonging to other political parties. These findings imply that the influence of party support is not as strong as was mentioned in previous studies.

A Study of Voting Behavior under the Bolivian Mixed-Member Electoral System

Ritsuko FUNAKI (185)
Associate Professor, Faculty of Commerce, Chuo University

Beginning with the 1997 election, Bolivia introduced a mixed-member electoral system wherein constituencies vote through two ballots. The first ballot is a fused ticket based on proportional representation,where votes are cast for the president, the vice president, a party list for the senate, and another list constituting half the members of the Chamber of Deputies. In the second ballot, the electorates vote for a candidate in a single-member district (SMD). Since then, five elections have been held under this system; in all of them, clear signs of split ticket voting can be observed, especially from the third election onward. The most common pattern of split ticket voting showed in the case of popular presidential candidates with party lists and one blank vote. In this study, I conducted a multivariable regression analysis on aggregate electoral data and found that for the first two elections, the ticket splitting was driven by personal voting; however, after the rise of Movimiento Al Socialismo in 2005, an additional factor, a decrease in political efficacy, has started affecting constituencies with regard to casting blank votes in an SMD.

Policy Measures to Achieve "Academic Excellence"?:
Social Learnings, Conflicts of Ideas, and Institutional Conversion of the Education Standards in the United States

Mari SAKABE (208)

Daito-Bunka University, Faculty of Law, Associate Professor

With growing awareness that a supply of highly-educated workforce is vital to their economic competitiveness and social cohesion, many industrialized countries have pursued education reforms since the 1980s.

From the perspective of social learning theory (Hall 1993), I examine the process of elementary and secondary education reforms in the U.S., focusing on the transformation of policy paradigms underlying this process. In this analysis, I also explore how institutional structure affects the process of social learning. Since the 1990s, education reforms based on a new policy paradigm have been ascendant at the federal and state levels. However, some local authorities and school teachers have developed different ideas on the "true" causes of poor academic performance, and actively exploited the newly introduced education standards to promote their own reform objectives. By studying the case of school finance litigations, I illustrate how American system of federalism and judicial independence have provided opportunities for such institutional 'conversion' by local actors.

In contrast to the original Hall's theory based on a punctuated equilibrium model, I reconstruct the process of social learning as more *gradual* one, with enduring conflicts between 'rule makers' and 'rule takers' over policy paradigms unfolding within the institutional framework, which subsequently generates various impacts on the course of institutional development.

Succession and Change of the Ideas in Health Insurance Policy

Soichiro MITANI (237)

Graduate School of Media and Governance, Keio University
Research Fellow of Japan Society for the Promotion of Science

Hospitalization Preliminary Review Program (HPRP) is the Germany's Health Insurance System that examines the necessity of hospital treatment in advance. In Japan, HPRP used to be known before WW II that was later abolished. However, lately there have been some discussions on adapting HPRP to Japan in terms of reducing inappropriate hospitalization. This paper aims to analyze the policy decision-making process involving Japan's HPRP including reference of undisclosed documents. The main findings are as the followings: (1) The Japan's HPRP was abolished for simplifying administrative business during wartime. (2) Policy-makers in Ministry of Health and Welfare have considered internally adapting HPRP again until 1980s. (3) Due to lesson-drawing in the early of 1990s, Idea (2) has fundamentally been changed. As a result, those who tried to adapt HPRP in 1994 were not existing, therefore Insurer Function Reinforcement still hasn't achieved.

The Origin of the Conflict between the Sōhyō-JSP Bloc and the Dōmei-JDSP Bloc: The Formation and Denunciation of Dokusei

Shinichiro HORIUCHI (261)

Doctoral Program, Graduate School of Media and Governance, Keio University

This paper analyzes the formation of Dokusei (the Independent Youth League) in 1949, which triggered a fierce left-right factional conflict within labor movement and the then-JSP, and its organizational scale, organizational theory, and ideology. The findings show that the right-leaning younger union members belonging to Sōdōmei (JFL) and Mindō (Democratization League factions) instigated the formation of Dokusei. However, due to the failure of JSP to build cooperative relationships within its organization, Dokusei was denounced by left-leaning factions within Sōdōmei and Mindō, and by JSP's youth wing. Given the intentions of the GHQ Labor Section, the conflict over Dokusei became a left-right factional conflict within labor movement and the JSP, which resulted in the leftist dominance. The analysis implies that even till today, the inter-organizational and human relationships shaped by the formation and denunciation of Dokusei remain unresolved within RENGO (JTUC) and the Democratic Party, and could be argued to represent the initial germination of the factional conflict between the Sōhyō (GCTUJ) -JSP bloc and the Dōmei (JCL) -JDSP bloc.

Reexamination of the debate on the repeal of income tax in Britain (1816): focusing on the relevance to the repeal of wartime malt duty

Takanobu ITAKURA (285)

Research Associate, Faculty of Political Science and Economics, Waseda University

This paper employs a political and social historical approach to reexamine the debate over the abolition of income tax in Britain. After the end of the Napoleonic wars, a heated controversy erupted in Parliament in 1816 over the repeal of income tax. At that time, as a result of a major petition movement for the repeal, a government bill to extend the income tax was defeated in the House of Commons. In this paper, by emphasizing the relevance to other taxes that have conventionally been overlooked, my analysis considers the controversy over the abolition of income tax from an angle different from that of previous studies. First of all, I analyze the fact that the controversy did not arise solely over opposition to the extension of income tax, but also stemmed from dissatisfaction with the many wartime tax increases. In addition, I analyze on how the wealthy classes who insisted on the abolition of income tax and the middle and lower classes who did on the abolition of malt duty worked closely together with respect to their demands for tax relief.

The "Shared Values" in U.S.-Japan Relations, 1973-1976: The Foundation of the Alliance in the Transformed Cold War

Fumitaka CHO (312)

Ph.D. Student, Rikkyo University

By 1973, the Asia-Pacific regional order had experienced a dynamic transformation due to President Richard Nixon's trips to Beijing and Moscow in 1972, as well as to the settlement of the Vietnam peace negotiations.This transformed international environment posed the U.S. and Japan a challenge of redefining the rationale for their close relationship. This article examines how both countries overcame this challenge and solidified their relations by the mid-1970s. It argues that they did so by emphasizing their "shared values," particularly, their commitments to the principles of liberal democracy and economic liberalism. It demonstrates that the U.S. and Japan came to recognize these values as the foundation of their alliance as they dealt with the easing of the Cold War confrontation and the politico-economic turmoil across the western industrial countries. As a result, the U.S.-Japan alliance came to take on multilayered significance beyond a sheer military meaning.

On the Semantic Content of 'Prudence' in the Realist Thought of International Relations:
A Consideration of Hans J. Morgenthau, Raymond Aron, Yōnosuke Nagai, and Masataka Kōsaka

Yutaka MIYASHITA (334)
Part-Timed Lecturer, Waseda University

This paper aims to consider the semantic content of 'prudence' in the political thought of Hans J. Morgenthau, Raymond Aron, Yōnosuke Nagai, and Masataka Kōsaka and suggests the two contents. First, in contradistinction to *zweckrational* understanding of prudence typified as 'consideration of consequences', they asserted the states must define their ends/interests in terms of available means and hence both the ends/interests and the means must be moderate ones. Second, in order to retain an ample margin of choice for the states, they rejected thinking political problems in abstract terms and understood the present situation in thoroughly concrete terms. Furthermore, two preconditions were essential for them to understand the situation concretely. First, the states must be understood as actual existing ones with particular characteristics. Second, not only the impacts of political events but also revolutionary changes of the twentieth century typified as the development of nuclear weapons must be heeded.

That Which Affects All Should be Decided by All:
A Normative Justification of Stakeholder Democracy

Ryusuke MATSUO (356)
Ph.D. candidate, Hosei University

People often have trouble delineating the legitimate boundaries of "demos," or people who are entitled to govern themselves. This article addresses the democratic boundary problem by examining the principle of affected interests (PAI), which states that everyone affected by a decision should be able to participate in making it. PAI is used to expand on three points: 1) the definition of affected interests, 2) how to consider the indeterminacy of affectedness, and 3) whether the preferences of different stakeholders hold different weights. Global Stakeholder Democracy (GSD), proposed by Terry Macdonald, interprets PAI in a particular way; namely, Macdonald argues that "public power," which may threaten individuals' autonomy, should be controlled during deliberations among stakeholders, all of whom have an equal weighted voice. This article concludes that GSD introduces multiple ways to take part in collective self-determination processes through various functional demos—in addition to conventional legal demos—and thus can promote a more appropriate delineation of boundaries.

年報政治学2016 - Ⅱ
政党研究のフロンティア

2016年12月10日　第1刷発行　Ⓒ

編　者　日 本 政 治 学 会（年報編集委員長　待鳥聡史）

発行者　坂　口　節　子
発行所　有限会社　木鐸社

〒112-0002　東京都文京区小石川 5 -11-15-302
電話 (03) 3814-4195　　郵便振替　00100- 5 -126746番
ファクス (03) 3814-4196　http://www.bokutakusha.com/

印刷　㈱アテネ社／製本　吉澤製本
乱丁・落丁本はお取替致します

ISBN978-4-8332-2505-2　C 3331

シリーズ「政権交代期における政治意識の全国的時系列的調査研究」JES Ⅴ　全4巻

第一巻　代議制民主主義の計量分析
小林良彰

A5判・330頁・3500円（2016年）ISBN978-4-8332-2499-4 C3031

　日本をはじめ多くの民主主義諸国で，有権者が満足していない現状がある。たとえ政党やメディアが複数あり，一定の年齢以上の市民に選挙権が付与されていても，それで有権者の民意が反映されるとは限らない。即ち「民主主義の質」（Quality of Democracy）を問う必要がある。従来の選挙研究が投票行動を被説明変数とし，有権者意識の分析を行っていたのに対して，分析の視野を代議制民主主義の機能に拡大し，意識調査データ，選挙公約データや議会議事録データ等を結合した分析を行うことで，選挙研究を代議制民主主義研究に進化させる。

第二巻　有権者のリスク態度と投票行動
飯田　健

A5判・200頁・2500円（2016年）ISBN978-4-8332-2500-7 C3031

　本書は，日本政治をケースとしつつ，投票先の変更（第3章），分割投票（第4章），政策変更への支持（第5章），投票選択（第6章），投票外参加（第7章），政治信頼（第8章）といった様々な従属変数に対する有権者のリスク態度の影響を分析することで，有権者のリスク態度の理論一般の構築を目指す。最後に本書のデータ分析の結果と知見をふまえ，リスク受容的有権者は日本の政治，とりわけ代表民主制に何をもたらすのか考察する。リスク受容的有権者は，代表民主制において「良い」効果をもたらすのか，それとも「悪い」効果をもたらすのか。

第三巻　民主党政権の失敗と日本の民主政治（仮題）
山田真裕

A5判・頁・価未定

第四巻　政権交代期の選挙と投票行動
　　　　～一党優位体制への回帰か（仮題）
名取良太

A5判・頁・価未定